Henry Lloyd, Georg Friedrich von Tempelhof

Geschichte des siebenjährigen Krieges in Deutschland

Henry Lloyd, Georg Friedrich von Tempelhof
Geschichte des siebenjährigen Krieges in Deutschland
ISBN/EAN: 9783742893130

Hergestellt in Europa, USA, Kanada, Australien, Japan

Cover: Foto ©ninafisch / pixelio.de

Manufactured and distributed by brebook publishing software (www.brebook.com)

Henry Lloyd, Georg Friedrich von Tempelhof

Geschichte des siebenjährigen Krieges in Deutschland

Geschichte
des
siebenjährigen Krieges in Deutschland
zwischen
dem Könige von Preußen
und
der Kaiserin Königin mit ihren Alliirten
vom
General Lloyd.

Aus dem Englischen aufs neue übersetzt,
mit verbesserten Planen und Anmerkungen,
von
G. F. Tempelhof,
Königlichen Preußischen Major bei dem Feld-Artilleriekorps.

Erster Theil
welcher die Feldzüge von 1756 und 1757 enthält.

Bellum maxime memorabile omnium, quae unquam gesta sunt, me scripturum. — Nam neque validiores opibus ullae inter se civitates gentesque contulerunt arma; neque his ipsis tantum vnquam virium aut roboris fuit; et haud ignotas belli artes inter se, sed expertas primo — conferebant bello, et adeo varia belli fortuna ancepsque Mars fuis, vt propius periculo fuerint, qui vicere; odiis etiam prope majoribus certarunt, quam viribus. Liv.

Mit Königl. Preuß. und Churfürstl. Sächsischen Privilegien.

Berlin, 1783.
Gedruckt und verlegt von Johann Friedrich Unger.

Vorrede des Uebersetzers.

Ich bitte diese Uebersetzung lediglich als eine Beschäftigung zu betrachten, die ich mir in den müßigen Stunden machte, die mir der Dienst übrig ließ. Ich glaubte diese nicht besser anwenden zu können, als über Vorgänge nachzudenken, bei denen ich größtentheils selbst gegenwärtig gewesen bin. Alle Erfahrung, die ich in 27 Dienstjahren Gelegenheit gehabt habe zu erlangen, würde ohne allen Nutzen seyn, wenn ich sie nicht mit der Theorie verbinden wollte. Ich gestehe meine Schwäche, ich halte viel von der Theorie. Und wenn jemand sagt, ich mache nichts aus der Theorie, aber wenns dazu kommt, mache ich gleich alles auf der Stelle; so bewundre ich sein ausserordentliches Genie, und denke: Gott theilt seine Gaben oft wunderlich aus. Ich habe

Vorrede des Uebersetzers.

habe übrigens das niedergeschrieben was ich dachte, ohne dabei zu verlangen, daß man meine Meinung so gerade zu annehmen soll. Ein jeder hat einen andern Gesichtspunkt, aus dem er eine Sache betrachtet.

Meine hinzugesetzten Anmerkungen habe ich mit römischen Zahlen von den Betrachtungen des Verfassers unterschieden. Um den Herren Recensenten die Arbeit zu erleichtern gestehe ich frei, daß in meiner Uebersetzung verschiedene Sprachfehler sind. Allein jeder Soldat wird mich verstehen, und für diesen schrieb ich nur.

Berlin den 18ten Junius 1783.

Verzeichniß
der resp. Militärpersonen bei der Königl. Preuß. Armee.

Nach alphabetischer Ordnung der Regimenter.

Beim Gräfl. Anhaltschen Infanterieregiment.

Herr Generalmajor Graf zu Anhalt.
— Obristlieutenant v. Winterfeld.
— Major Freiherr v. Hahn.
— — von der Marwitz.
— — v. Klinggräff.
— Hauptmann v. Unfried.
— — — v. d'Enbers.

Herr Hauptmann v. Trützschler.
— Premierlieutenant v. Prüschenk.
— — — v. Düsterloh.
— Secondelieutenant Graf v. Röder.
— — — v. Wittberg.
— — — v. Knorr.
— — — v. Kossetzky.

Beim v. Arnimschen Kürassirregiment.

Herr Generalmajor v. Arnim.
— Major v. Birkhahn.

Herr Rittmeister v. Kleist.
Die Regimentsbibliothek.

Beim Königl. Feld-Artilleriekorps.

Herr Generalmajor und Chef der ganzen Artillerie v. Holtzendorff.
— Major v. Linger.
— — v. Lochau.
— — Reesch.
— — v. Wolffrat.
— Hauptmann Fibler.
— — — Wendt.
— — — Blanck.
— — — Becker.
— — — Hornbostel.
Die Artilleriebibliothek.

Herr Hauptmann Koch.
— — — v. Weiße.
— — — v. Strampff.
— — — Fischer.
— — — v. Hüser.
— — — Eckenbrecher.
— Lieutenant Ordon.
— — — v. Scheel.
— — — v. Tettenborn.
— — — v. Runckel.
— Regimentsquartiermeister Schmidt.

Beim v. Bandemerschen Grenadierbataillon.

Herr Major v. Bandemer.
— Hauptmann v. Kettler.

Herr Hauptmann v. Schlichting.
— Lieutenant v. Senf.

Verzeichniß der resp. Militärpersonen bei der Königl. Preuß. Armee.

Beim v. Billerbeckschen Infanterieregiment.

Herr Generalmajor und Chef v. Billerbeck.   Herr Major v. Bandemer.
— Obristlieutenant und Commandeur v. Grollmann.   — — v. Unruh.
— — Hauptmann v. Wateser.
— Obristlieutenant v. Below.   — Hauptmann v. Schaper.
— Major v. Wigell.   — — — v. Bräske.
     Herr Hauptmann v. Somnitz.

Beim v. Borckschen Dragonerregiment.   Vier Ungenannte.

Beim v. Borckschen Grenadierbataillon.

Herr Major v. Borck.   Herr Lieutenant v. Wißleben.
— Hauptmann v. Osen.   — — — v. Transche.
— — — v. Herzberg.   — — — v. Schirnding.

Beim v. Bornstedtschen Infanterieregiment.

Herr Generalmajor v. Bornstedt.   Herr Fähnrich v. Schweder.

Beim v. Braunschen Infanterieregiment.

Herr Generalmajor v. Braun.   Herr Lieutenant v. Brederlow.
— Major Graf v. Schlieben.   — — — v. Arnim.
— — v. Eichstorff.   — — — v. Schütz.
— — v. Klöden.   — — — v. Bülow.
— Hauptmann v. Walther und Croneck.   — — — Graf Truchses zu Walbburg.
— — — v. Rüger.   — — — v. Vieregg.
     Herr Fähnrich v. Schliessen.

Beim v. Courbierschen Garnisonbataillon.

Herr Generalmajor de s' Homme de Courbiere.   Herr Major Piper.

Beim v. Dallwigschen Cuirassierregiment.

Se. Excellenz Herr Generallieut. v. Dallwig.   Herr Lieutenant v. Thun.
Herr Obrist v. Mannstein.   — — — v. Wächter.
— Major v. Oldenburg.   — Kornet Graf v. Ballestrem.
— Lieutenant v. Dallwig.   — — v. Prittwitz.
— — — v. Paczinsky.   — — v. Dierick.
     Herr Regimentsquartiermeister Schander.

Beim v. Eichmannschen Infanterieregiment.

Herr Major v. Hartog.   Herr Hauptmann v. Niebelschütz.
— Hauptmann v. Birckhahn.   — Hauptmann v. Rothemburg.
     Herr Hauptmann v. Milchling.

Verzeichniß der resp. Militärpersonen bei der Königl. Preuß. Armee.

Bei des Prinzen Eugen von Würtemberg Husarenregiment.

Herr Major v. Lebiwarn.
— Lieutenant v. Diozeghi.
Herr Lieutenant Müller.
— — — v. Grabowsky.
Herr Kornet v. Jena.

Bei des Prinzen Ferdinand von Preussen K. H. Infanterieregiment.

Herr Hauptmann du Troussel.

Bei des Herzogs Friedrich von Braunschweig Infanterieregiment.

Herr Obrist v. Bonin.
— Obristlieutenant v. Reineck.
— Major v. Mosch.
— Grenadiermajor v. Sydow.
— Hauptmann v. Schweinichen.
— — — v. Foller.
— — — v. Mosch.
Herr Hauptmann v. Grumbkow.
— — — v. Dyherrn.
— — — v. Heugell.
— — — v. Schierstädt.
— Premierlieutenant v. Guionneau.
— Secondelieutenant v. Kropff.
— — — F. A. v. Pannewitz.

Bei der Garde du Corps.

Herr Major v. Byern.
Herr Staabsrittmeister Freiherr v. Seher und Thoß.

Beim v. Gaudyschen Infanterieregiment.

Herr Generalmajor v. Gaudy.

Beim Gens d'Armes-Regiment.

Herr Generalmajor v. Prittwitz.
— Obristlieutenant und Kommand. v. Dolffs.
— Major v. Holtzendorff.
— — v. Kleist der 1te.
— — v. Kleist der 2te.
— Rittmeister Freiherr v. d. Goltz.
Herr Rittmeister v. d. Gröben.
— — — v. Massow.
— — — v. Schwerin.
— Lieutenant v. Katte.
— Kornet Graf v. Medem.
— Auditeur Bach.

Beim Grenadier-Garde-Bataillon.

Herr Generalmajor v. Rodich.

Beim v. Hackschen Infanterieregiment.

Se. Excellenz Herr Generallieutenant v. Hacke.
Herr Major v. Wrangel.
— — v. Arnim.
— — v. Eyff.
Herr Hauptmann v. Münchow.
— — — v. Werner der 1te.
— — — v. Werner der 2te.
— — — v. Kalckreuth.

Herr

VIII Verzeichniß der resp. Militärpersonen bei der Königl. Preuß. Armee.

Herr Hauptmann v. Carmer.
— Premierlieutenant und Generaladjutant v. Schönermarck.
— Premierlieutenant v. Rebenstock.
— Secondelieutenant und Adjutant Graf v. Küssow.

Herr Secondelieutenant v. Flemming.
— — — v. Oberländer.
— — — v. Lorch.
— Fähnrich v. Kamecke.
— — von der Mülbe.
Die Regimentsbibliothek.

Beim v. Hallmannschen Infanterieregiment.

Herr Obrister v. Hallmann.
— Major v. Müllenheim.
— — v. Buchenau.
— — v. Heyse.

Herr Major v. Willhelmy.
— Hauptmann v. Heyse.
— — — v. Sojacinski.
— — — v. Hausen.

Herr Auditeur Heling.

Bei des Prinzen Heinrich K. H. Infanterieregiment.

Herr Obristlieutenant v. Görlitz.
— Major v. Lattorff.
— — v. Knobelsdorff.
— Hauptmann v. Manteuffel.
— — — v. Ibben.
— — — v. Franckenberg.
— — — v. Röbel.
— — — v. Bardeleben.

Herr Hauptmann v. Brandenstein.
— Premierlieutenant v. Franckenberg.
— — — Küchmeister v. Sternberg.
— — — v. Bardeleben.
— Lieutenant v. Pröck.
— — und Adjutant v. Bardeleben.
— Fähnrich v. Tauentzien.

Herr Fähnrich v. Bünau.

Beim v. Heuckingschen Infanterieregiment.

Herr Obristlieutenant v. Schmidthenner.

Beim Herzog von Braunschweigschen Infanterieregiment.

Herr Obrist und Kommandeur v. Below.
— Major v. Tümpling.
— Gernad. Hauptmann v. Liebermann.
— Hauptmann v. Bültzingslöwen.
— — — v. Schauroth.

Herr Hauptmann v. Zieten.
— — — v. Flemming.
— — — v. Schierstedt.
— Premierlieutenant v. Schwerin.
— Regimentsquartiermeister Culewarm.

Vom Jäger= Ingenieur= und Mineurkorps.

Herr d'Albert, Hauptmann beim Mineurkorps in Neiß.
— Hammard, Ingenieurlieutenant in Plesse.
— v. Haas, Ingenieurmajor und Commendant der Festung Silberberg.

Herr Hensel, Hauptmann beim Ingenieurkorps in Stettin.
— v. Kleist, Lieutenant beim Ingenieurkorps in Glogau.
— Leonhardi, Lieutenant beim Feldjägerkorps.

Herr

Verzeichniß der resp. Militärpersonen bei der Königl. Preuß. Armee.

Herr v. Regler, Obrister des Ingenieurkorps und Kommendant zu Glatz.
— v. Reibnitz, Lieutenant beim Ingenieurcorps in Brieg.
— v. Settau, Major vom Fußjägerkorps aus Mokeller.

Herr v. Stansford, Hauptmann beim Ingenieurkorps in Potsdam.
— v. Voß, Major vom Fußjägerkorps.
— v. Wahzold, Fähnrich beim Ingenieurcorps in Silberberg.

Beim v. Kalckreuthschen Dragonerregiment.

Herr Hauptmann v. Barbeleben.   Herr Hauptmann v. Misitschel.

Beim v. Kalksteinschen Infanterieregiment.

Herr Generalmajor v. Kalkstein.   Herr Hauptmann v. Eberstein.
— Obrist v. Kleist 2 Exempl.   — — — v. Rappold.
— Hauptmann v. Wedelstedt.   — — — v. Riemberg.
— — — v. Brust.   — Fähnrich v. Haas.
Herr Regimentsquartiermeister Luther.

Beim v. Kellerschen Infanterieregiment.

Herr Obrist und Commandeur v. Leepziger.   Herr Premierlieutenant v. Münchow.
— Hauptmann v. Knobelsdorff.   — — — v. Niebelschütz.
— — — v. Wuthenau.   — Regimentsquartiermeister Engel.
— — — v. Wedell der 2te.   — Auditeur Strelt.

Beim v. Knobelsdorffschen Dragonerregiment.

Herr Major v. Stranz.   Herr Lieutenant v. Hahn.
— Hauptmann v. Dietherd.   — Fähnrich la Roche v. Starckenfels.

Beim v. Königschen Garnisonregiment.

Herr Obrist und Chef des Regiments v. König.   Herr Major v. Bußler.
— Obristlieutenant v. Oelsnitz.   — Hauptmann v. Sydow.
Herr Hauptmann Martini.

Beim v. Kowalskyschen Garnisonregiment.

Herr Major Baron v. Lyncker.   Herr Hauptmann Hornberger.
— Hauptmann Polborn.   — — — v. Freysleben.
— — — v. Wedell.   — — — Sprenger.
— — — v. Hanff.   — Lieutenant Crovecke.

Beim v. Krockowschen Infanterieregiment.

Se. Excellenz Herr Generallieutenant v. Krockow.   Herr Obrister v. Chaumontet.
Herr Obrister und Commandeur Gr. v. Schweria.   — Major v. Puttlitz.

x　Verzeichniß der resp. Militärpersonen bei der Königl. Preuß. Armee.

Herr Major v. Osorowsky.　　　　　　Herr Lieutenant v. Gloger.
— Graf v. Wartensleben.　　　　　　— — — v. Corsuant.
— Hauptmann v. Oldenburg (senior)　— — — v. Reck.
— Hauptmann v. Kauffberg.　　　　　— — — v. Kleist.
— Lieutenant v. Clingenau.　　　　　— Regimentsquartiermeister Nache.

Beim v. Larischen Grenadierbataillon.
Herr Hauptmann v. Ramthon.

Beim v. Lehwaldschen Infanterieregiment.
Herr Obrist v. Klitzing.　　　　　　　Herr Lieutenant v. Francken.
— Hauptmann v. Jerschau.　　　　　　— Lieutenant v. Freyburg.
Die Regimentsbibliothek.

Beim Leibkarabinir-Regiment.
Herr Generalmajor v. Bohlen.　　　　Herr Rittmeister v. Rötger.
— Obrist und Kommandeur v. Bubbenbrock.　— — — v. Böhmer.
— Obrist v. Jlow.　　　　　　　　　　— — — v. Holtzendorff.
— Obristlieutenant v. Schmettau.　　— — — v. Derzen.
— Major v. Bismarck.　　　　　　　　— Lieutenant v. Kleist senior.
— Rittmeister v. Bertkow.　　　　　　— — — v. Kaphengst.
Herr Regimentsquartiermeister Kettler.

Beim v. Lengefeldschen Infanterieregiment.
Se. Excellenz Herr Generallieutenant v. Lenge-　Herr Hauptmann v. Wins.
feld.　　　　　　　　　　　　　　　　— — — v. Krajewsky der 1te.
Herr Obrist und Kommandeur v. Bose.　— — — v. Krajewsky der 2te.
— Hauptmann v. Graurock.　　　　　　— — — v. Bose.
— — — v. Natzmer.　　　　　　　　　— Lieutenant und Adjutant v. Mirbach.
— — — v. Obernitz.　　　　　　　　　Die Regimentsbibliothek.

Se. Hochfürstl. Durchl. der Herzog Leopold von Braunschweig
in Frankfurt an der Oder.

Beim v. Lossowschen Husaren- und Bosniakenregiment.
Se. Excellenz Herr Generallieutenant und Chef　Herr Rittmeister v. Krahn.
eines Husaren- und eines Bosnlakenregi-　— — — Getthandt.
ments v. Lossow.　　　　　　　　　　— — — v. Lossow.
Herr Major des Husarenregiments v. Salzwedel.　— Staabsrittmeister v. Wesenbeck.
— — v. Trenck.　　　　　　　　　　　— — — v. Preetzmann.
— — v. Suler.　　　　　　　　　　　　— Staabsrittmeister v. Hoven.
— — v. Hoffmann.　　　　　　　　　　— Lieutenant v. Oltrock.
— — v. Malachowsky.　　　　　　　　— Kornet v. Wittinghoff.

Herr

Verzeichniß der resp. Militärpersonen bei der Königl. Preuß. Armee.

Herr Major und Kommandeur des Bosniaken-
regiments v. Heilsberg.
— Major v. Hülsen.
— — v. Tallatzko.
— — Mayer.

Herr Rittmeister Schultz.
— — — Glaser.
— Lieutenant Gralath.
— — — Johnsson.
— Regimentsquartiermeister Meißner.

Beim v. Mahlenschen Dragonerregiment.

Herr Generalmajor v. Mahlen.
— Major v. Bornstedt.
— — v. Koschenbahr 2 Exempl.
— Hauptmann v. Kölichen.
— Lieutenant v. Luck.

Herr Lieutenant v. Seidl.
— — — v. Wechmar.
— — — Graf v. Haugwitz.
— — — v. Pförtner.
— Fähnrich v. Meyen.

Herr Regimentsquartiermeister Lumme.

Beim v. Marwitzschen Kuirassirregiment.

Herr Generalmajor v. Marwitz.
— Obristlieutenant v. Boyen 2 Exempl.
— Major v. Falckenberg.
— Rittmeister v. Krahn.
— — — v. Göchhausen.

Herr Lieutenant v. Platen.
— — — v. Ingersleben.
— — — v. Wedell.
— — — v. Wiersbitzky.
— — — v. Möllendorff.

Herr Auditeur Finger.

Beim v. Meuselschen Grenadierbataillon.

Herr Obristlieutenant v. Meusel. Herr Hauptmann v. Puttkammer der 2te
Herr Hauptmann v. Richter.

Beim v. Möllendorffschen Infanterieregiment.

Herr Major v. Bubritzky.
— — v. Bülcknitz.
— — v. Holtzmann.
— Hauptmann v. Kamecke.
— — — v. Lepell.

Herr Hauptmann v. Knebell der 1te.
— — — v. Lützow.
— Lieutenant v. Wittken der 1te.
— — — v. Lettow.
— Fähnrich v. Brun.

Herr Regimentsquartiermeister Müller.

Beim Alt=Möllendorffschen Infanterieregiment in Königs-
berg in der Neumark.

Herr Lieutenant v. Osten.

Beim v. Natalisschen Garnisonregiment.

Herr Hauptmann v. Paschkowsky.

Verzeichniß der resp. Militärpersonen bei der Königl. Preuß. Armee.

Beim v. Pfulschen Infanterieregiment.

Herr Hauptmann Marschall v. Bieberstein.
— — v. Clebofsky.
— — v. Steinwehr.
— Lieutenant v. Lepell.

Herr Lieutenant v. Glasenap.
— Fähnrich v. Thisenhausen.
— — v. Kleist.
— Regimentsquartiermeister Hugo.

Beim v. Platenschen Dragonerregiment.

Herr Obrist v. Kalkreuth.   Die Regimentsbibliothek.

Beim v. Podewilsschen Kuirassirregiment.

Herr Major v. Voß.
— Rittmeister v. Arnstädt.
— — v. Ketler.
— Lieutenant v. Podewils.
— — Graf v. Burghaus.

Herr Kornet v. Prittwitz.
— — v. Randow.
— — v. Stillfried.
— — v. Frankenberg.
— Auditeur Ludwig.

Beim v. Posadowskyschen Dragonerregiment.

Herr Major v. Heyking.
— Hauptmann v. Kalkstein.
— — Baron v. Schröter.
— Lieutenant v. Pelenz.
— — v. Melitz.

Herr Lieutenant Baron v. Droßl.
— — v. der Reck.
— Fähnrich v. Kallnein.
— — v. der Gröben.
— Regimentsquartiermeister Linck.

Bei des Prinzen von Preussen K. H. Infanterieregiment.

Herr Lieutenant v. Kalckreuth.   Herr Lieutenant v. Schulz.

Beim v. Rohrschen Kuirassierregiment.

Herr Major Günther.   Herr Lieutenant v. Dresden.

Beim Alt-Rothkirschen Infanterieregiment.

Herr Obrist und Kommandeur v. Oelsnitz.
— Obristlieutenant v. Jvernois.

Herr Hauptmann v. Reber.
— — v. Kalckreuth.

Herr Lieutenant v. Wiese.

Beim Jung-Rothkirchschen Infanterieregiment.

Herr Major v. Hausen.
— — v. March.
— — v. Laurentz.
— Hauptmann v. Halleben.

Herr Hauptmann v. Bronsort.
— — Herrmann.
— — v. Kowalsky.
— Lieutenant v. Pestel.

Beim

Verzeichniß der resp. Militärpersonen bei der Königl. Preuß. Armee. XIII

Beim v. Saldernschen Infanterieregiment.

Se. Excellenz Herr Generallieutenant v. Saldern. Herr Hauptmann v. Blomberg.
Herr Major v. Ratiel. — Lieutenant v. Wedell.

Beim Gräfl. v. Schliebenschen Infanterieregiment.

Herr Obrister v. Raumer. Herr Hauptmann v. Bergen.
— Major Prinz George von Hohenlohe — — — v. Magusch.
Durchlaucht. — — — v. Wegener.
— Hauptmann v. Bredow. — Regimentsquartiermeister Weißmann.

Beim v. Schottschen Infanterieregiment.

Herr Generalmajor v. Schott. Herr Secondelieutenant Graf v. Bronsart.
— Obristlieutenant v. Thiedemann. — — v. Duwe.
— Major v. Rabecke. — Fähnrich v. Budenbrock.
— Hauptmann v. Miloszewsky. — — v. Derschau.
— Premierlieutenant v. Bland. — Regimentsquartiermeister Kuhn.

Beim v. Scholtenschen Grenadierbataillon.

Herr Major v. Borcke. Herr Lieutenant v. Keyserling.
— Lieutenant v. Görtzke. — — — v. Berg.

Beim v. Schwartzschen Infanterieregiment.

Herr Lieutenant v. Scheidt. Herr Auditeur Wischke.

Beim v. Stwolinskyschen Infanterieregiment.

Herr Obristlieutenant v. Wolfframsdorff. Herr Major v. Schack.
— Major v. Hiller. — — v. Hundt.
Herr Regimentsquartiermeister Herrmann.

Beim v. Thaddenschen Infanterieregiment.

Se. Excellenz der Generallieutenant und Gou- Herr Hauptmann v. Kalkreuth.
verneur zu Glatz Herr v. Thadden. — — — v. Pirch.
Herr Major v. Conradi. — — — v. Winnig.
— — v. Heidebrandt. — — v. Schlerbrandt.
— — v. Pogrell. — Fähnrich v. Buttler.
Herr Regimentsquartiermeister Gerhard.

Beim v. Thauenzienschen Infanterieregiment.

Se. Excellenz der Generallieutenant von der Infanterie Herr v. Thauenzien.
Se. Hochf. Durchl. Herr Obrist und Commandeur Friedrich Ludwig Erbprinz v. Hohenlohe. Herr

Verzeichniß der resp. Militärpersonen bei der Königl. Preuß. Armee.

Herr Obristlieutenant v. Kowalsky..
— Major v. Lüttwiß.
— — v. Tschirsky.
— — v. Münchow.
— Hauptmann v. Pelchrzim.
— — v. Gravert.

Herr Hauptmann v. Wertdorff.
— — — v. Norrmann.
— — — v. Holzmann.
— Lieutenant und Generaladjutant v. Mülbe.
— — — Graf v. Schönaich.
— — — v. Eistermann.
Herr Regimentsquartiermeister Bütner.

Beim v. Thünaschen Infanterieregiment.

Herr Obrister v. Platen.
— Major v. Steinwehr.
— — v. Zißwiß.
— — v. Thadden.
— — v. Irwing.
— Hauptmann v. Zenge.

Herr Hauptmann v. Glinsky.
— — — v. Willbschütz.
— — — v. Sidow.
— — — v. Wiesinger.
— — — v. Koslowsky.
— Fähnrich v. Bergen.
Herr Regimentsquartiermeister Schlüsser.

Beim v. Thunschen Dragonerregiment.

Herr Generalmajor und Inspekteur v. Thun.
— Obristlieutenant v. Zäbelkiß.
— Major v. Brückner.
— Lieutenant und Inspektionsadjutant des Prinzl. Würtembergschen Cürassierregiments v. d. Marwiß.

Herr Lieutenant v. Dequede.
— — — v. Benekendorff.
— — — Freiherr v. Dieherrn.
— — — v. Honstädt.
— — — v. Tschammer.
— Fähnrich v. Waldow.

Beim v. Troschkeschen Infanterieregiment.

Herr Obrist und Commandeur v. Steensen.
Herr Major v. Cronsaß.
— Hauptmann v. Hauteville.
— — v. Sennft.
— Premierlieutenant v. Crissier.

Herr Premierlieutenant v. Esbons.
— Secondelieutenant v. Laganby.
— — — v. Maisons.
— — — v. Hordt.
— — — v. Martines.
Herr Fähnrich v. Peyer.

Beim v. Wendessenschen Infanterieregiment.

Herr Hauptmann v. Frankenberg.
Herr Lieutenant v. Selßer.

Beim v. Usedomschen Husarenregiment.

Herr Generalmajor v. Usedom.
— Major v. Szekely.

Herr Major v. Buddenbrock.
— Kornet v. Schlabrendorff.
Herr Regimentsquartiermeister Bertram.

Beim

Verzeichniß der resp. Militärpersonen bei der Königl. Preuß. Armee.

Beim v. Wernerschen Husarenregiment.

Herr Obrist v. Gröling.
— Obristlieutenant v. Schill.
— Major v. Lindner.
— — v. Bieberstein.
— Rittmeister v. Witten.
— — — v. Pásensky.
— — — v. Mikusch.
— — — Henning.
— — — Byton.
— Lieutenant v. Erichsen.

Herr Lieutenant v. Rosenbusch.
— — — v. Winterfeld.
— Lieutenant und Generaladjutant v. Sack.
— — — v. Falkenhayn.
— — — v. Rumpf.
— — — George v. Gorretzky.
— — — Carl v. Gorretzky.
— — — Freiherr v. Welezeck.
— Kornett v. Schill.
— — v. Gröling der erste.

Herr Kornet Graf v. Poniatofsky.

Beim v. Winterfeldschen Infanterieregiment.

Herr Generalmajor v. Winterfeld.
— Hauptmann v. Puttkammer.

Herr Lieutenant v. Cranach.
— Fähnrich v. Hoheneck.

Herr Regimentsquartiermeister Herrhuth.

Beim v. Woldeckschen Infanterieregiment.

Herr Generalmajor v. Woldeck.
— Obrister v. Troschke.
— Major v. Bandemer.
— — v. Hertzberg.
— — v. Fabian.
— Hauptmann v. Unruhe.
— — — v Zschüschen.
— — — v. Bock.
— — — v. Wiese.

Herr Hauptmann v. Bardeleben.
— Lieutenant v. Walther.
— — — v. Libermann.
— — — v. Lichnowsky.
— — — v. Wedell.
— — — v. Meyrinck.
— — — v. Below.
— — — v. Garten.
— — — v. Rohr der ältere.

Herr Fähnrich v. Rohr der jüngere.

Beim v. Wuthenowschen Husarenregiment.

Herr Rittmeister v. Hoven.

Beim v. Zarembaschen Infanterieregiment.

Herr Lieutenant v. Forcabe.

Beim v. Ziethenschen Husarenregiment.

Herr Obrist und Commandeur v. Krockow.
— Major v. Wolffradt.
— Berg.
— Rittmeister v. Luck.

Herr Rittmeister v. l'Estocq.
— Staabsrittmeister Zimmermann.
— — — Baron d Ungern Sternberg.

Herr

Verzeichniß der resp. Militärpersonen bei der Königl. Preuß. Armée.

Herr Lieutenant v. Schauroth.
— — — v. Berg.
— — — v. Coswart.
— — — v. Jurgas.

Herr Lieutenant v. Scheel.
— — — v. Maltzahn.
— — — v. Ziethen.
— Regimentsquartiermeister Grube.

Beim v. Zitzewitzschen Infanterieregiment.

Herr Generalmajor v. Zitzewitz.
— Obrist v. Beville.
— Major v. Bauvrye.
— — v. Voß.
— Hauptmann v. Milkau.

Herr Hauptmann v. Below.
— — — v. Berg.
— — — v. Gruben.
— — — v. Grell.
— Lieutenant v. Kantz.
Herr Regimentsquartiermeister Liebe.

Bei der Kurfürstl. Sächsischen Armee.
Von der Kurfürstl. Artillerie.

Herr Obrister und Oberzeugmeister Baron v. Fröben.
— Hauptmann Berger.
— — — Klette.

Herr Hauptmann Dietrich.
— — — Lesch.
— Lieutenant Tüllmann.
— — — Siegismund.

Beim Regiment Benningsen.

Herr Hauptmann v. Schönberg.
— — — v. Schönfeld.
— Premierlieutenant und Regimentsquartiermeister Moritz. 2 Exempl.

Herr Premierlieutenant v. Sare.
— — — v. Arenswalde.
— — — v. Sperl.
— Souslieutenant Kuhlow.
Herr Fähnrich v. Stieglitz.

Beim Kürassierregiment Churfürst.

Herr Major v. Ferber.
— Rittmeister Senft v. Pilsach.

Herr Premierlieutenant u. Adjutant Baumann.
— Lieutenant Gärtner.
Herr Lieutenant Baron v. Stettler.

Beim Regiment Garde du Corps.

Herr Rittmeister v. Blücher.
— — — Graf Bellegarde.

Herr Rittmeister v. Brandenstein.
— Lieutenant v. Dombrowsky.

Verzeichniß der resp. Militärpersonen bei der Churf. Sächß. Armee. XVII

Beim Regiment Prinz Gotha.

Herr Obristlieutenant aus dem Winkel.
— Major Graf v. Löser.

Herr Hauptmann v. Burgsdorff.
— Fähnrich v. Flemming.

Beim Regiment Prinz Maximilian.

Se. Excellenz Herr Generallieutenant Graf zu Anhalt.
Herr Obrister v. Froeden.
— — v. Langenau.
— Major v. Trautschen.

Herr Hauptmann v. Dreßler.
— — — Graf zu Stollberg.
— Premierlieutenant v. Watzdorff.
— — — u. Adjutant v. Süßemilch.
Die Regimentsbibliothek.

Beim Regiment v. Riedesel.

Herr Hauptmann v. Brandenstein.

Se. Excellenz der Herr Generallieutenant Graf zu Solms, Commandant der Festung Königstein.

Beim Regiment v. Zanthier.

Herr Obrister Pabst v. Ohain.
— Hauptmann Tretzen.
— — — v. Egidy.
— — — v. Polentz.
— — — v. Zschüschen.

Herr Hauptmann v. Beschwitz.
— Premierlieutenant Graf v. Löser.
— — — v. Klingel.
— Lieutenant Loeber.
— Auditeur Patschke.

Nachtrag
zum
Verzeichniß der resp. Herren Pränumeranten.

A.
Se. Hochfürstl. Durchl. Fürst Friedrich Erdmann zu Anhalt=Cöthen.
Herr Anderson in Hamburg.
— v. Arnim in Blankensee.

B.
Herr Rendant Baer in Berlin.
— Lieferant Barth in Berlin.
— Assessor Becker in Berlin.
— Hauptmann v. Beltzig in Mittenwalde.
— Graf v. Bernstorff zu Dreylützow.
Für die Bibliothek der Akademie Militäre.
— — — des Cadettencorps.
Herr Hauptmann v. Bockelberg.
— Landrath v. Borck in Stettin.
— Hauptmann v. Bredow.
— v. Brodowsky, Obristlieutenant in Königl. Polnischen Diensten.
Herr Kriegesrath und Stadtgerichtsdirector Buchholz in Berlin.

C.
Herr Chappuis in Berlin.

E.
Herr Stadtgerichtsactuarius Elmbke in Berlin.
— Ellermann in Neumünster.
— Kriegscommissar Elten in Stettin.

Herr Geheimerath Engelbrecht in Berlin.
— Landjäger Eyh in Kummersdorf.

F.
Herr Geheimersekretair Fischbach in Berlin.
— Buchhändler Frommann in Züllichau, 3 Exempl.
— Fromme, Oberamtmann zu Fehrbellin.

G.
Herr Kammergerichtsrath Gause in Berlin.
— Assistenzrath Geisler in Berlin.
— Gerike in Kopenhagen.
— Stadtrichter Gerresheim.
— Glave, Generallandschaftsrendant in Stettin.
— Professor Grillo in Berlin.
— v. Gröller, Kaiserl. Königl. Hauptmann vom Regiment Graf Franz Kinsky zu Hof im Voigtlande.
— Münzmeister Göschke in Königsberg in Pr.

H.
Die Hemmerdische Buchhandlung in Halle.
Herr Stadt= und Criminalrichter v. Hoff.

J.
Herr Kammersekretair Jablonsky in Berlin.

K.

Nachtrag zum Verzeichniß der resp. Herren Pränumeranten.

K.

Herr Referendarius Koels in Berlin.
— v. Komarzevsky, General in Königl. Polnischen Diensten.
— Buchhändler Koppe in Rostock. 3 Exempl.
— Buchhändler Korn sen. in Breslau. 2 Exempl.
— Hauptmann v. Kotzebue in Erlangen.
— v. Köttritz, Chursächs. Legationssekretair am hiesigen Königl. Hofe.
— Krieges- und Domainenrath Krusemark in Krossen.
— Major v. Kröcher in Lohm bei Wusterhausen.
— Krüger in Hamburg.

L.

Herr Lehnmann, Prediger in Schweidnitz.
— Geh. Legationsrath Leisching aus Caden.
— Rendant Lessel in Berlin.
— Kammerherr v. Lindenau.
— Chirurgus Lohmann in Berlin.
— Lucanus in Quaritz.
— Luther in Berlin.
— v. Lutzenkirch, Fürstbischöfl. Hofrichter in Neiße.
— Landjägermeister v. Lüderitz.

M.

Herr J. P. M. in G.
— v. Maltzow, Russ. Kaiserl. Legationssekretair in Berlin. 2 Exempl.
— Advocat Moderach in Görlitz.
— Stadt- und Criminalrichter Möller in Berlin.
— Generalmajor v. Mosch in Berlin.
— Buchhändler Mylius in Berlin.

N.

Herr Holzverwalter Möbeling in Berlin.

O.

Herr v. Oppeln Brunikowsky der ältere, Landrath des Krohner Kreises in Westpreussen.

P.

Herr Buchhändler Petri in Berlin.
— v. Podewils in Tenzerow bei Demmin.

R.

Herr Geheimerrath Ransleben in Berlin.
Se. Erlauchten Heinrich der XIV. Prinz Reuß v. Plauen, Kaiserl. Königl. Obristwachtmeister von Tillier Infanterieregiment.
— Baron v. Rhein in Neudorf bei Graudenz.
— Hof- und Baurath Riediger in Berlin.
— Rose, Obereinnehmer in Neufahrwasser bei Danzig.

S.

Herr Konsistorialrath Schmidt in Waselingen.
— Schmidt, Königl. Preuß. Kammerrath und Oberamtmann in Sandow.
— Schmidt, Hofgerichtsreferendarius in Cöslin.
— Justizcommissarius Schmidt.
— J. E. Schulz in Berlin.
— v. Seidlitz, Landrath des Neumärkschen Kreises.
— Oberpostmeister Seyffert in Dresden.
Se. Excellenz Herr Graf zu Solms und Tecklenburg, Churfürstl. Sächs. wirklicher Geheimerrath rc.
— Graf v. Solms Excellenz.
— Kaufmann Starenhagen zu Windau.
— Friedr. Stechow in Berlin.
— Kammerrath Stößler in Neiße.
— Kaufmann Stempel in Schweidnitz.
— Stropp, der G. G. Candidat in Dransee.

T.

Nachtrag zum Verzeichniß der resp. Herren Pränumeranten.

T.

Herr Geheimerath v. Taubenheim in Berlin.
Herr Tepper in Warschau. 2 Exempl.
— v. Treskow, Lieutenant beim Leibregiment in Frohsee.

V.

Die Vandenhöck'sche Buchhandlung in Göttingen. 6 Exempl.
Herr v. Voß, Geheimer Legationsrath und Dompropst in Berlin.
— Buchhändler Voß in Berlin.

W.

Herr Baron v. Weißershausen, Markgräfl. Ansp. Bayr. Geheimerath und Landeshauptmann zu Hof im Vogtlande.
— Baron v. Weißershausen, Lieutenant von der Markgräfl. Ansp. Garde zu Anspach.

Herr Weißel, Kaufmann in Glatz.
— v. Wilke, Hochfürstl. Sachsen-Weimar und Eisenachscher Hof- und Regierungsrath.
— v. Winterfeld, Ritterschaftsrath auf Spiegelberg.
— v. Witzezky, Hofbuchhändler in Düsseldorf. 3 Exempl.

Z.

Herr Zander, Controlleur in Neufahrwasser bei Danzig.
— Landkammerrath v. Ziegenhirt in Liebschwitz.
— Rittmeister v. Zieten, Erbherr auf Dechtow.
Se. Excellenz, Herr Graf v. Zinzendorf, Churfürstl. Sächs. Gesandter am hiesigen Königl. Hofe.

Vorrede des Verfassers.

Man kann die militärischen Schriftsteller füglich in Lehrer und Geschichtschreiber eintheilen. Erstere haben ohne Zweifel einen großen Nutzen, sie kommen aber den andern, besonders einem Xenophon, einem Polybius, einem Cäsar und Arrian gar nicht gleich; weil diese nicht allein Augenzeugen von dem, was sie beschrieben, waren, sondern auch selbst große Unternehmungen ausführten. Ihr Urtheil über alle diese Vorgänge konnte daher weit treffender und richtiger seyn, als das eines bloßen Geschichtschreibers, der nichts weiter thut, als vorgefallene Begebenheiten zusammen zu ordnen. Ihre Schriften sind daher besonders für den Kriegsmann die reinsten Quellen, aus denen er die allgemeinen Grundsätze des Krieges schöpfen kann; unendlich besser, als aus irgend einem andern systematischen Schriftsteller.

Unter den Neuern, welche die Geschichte der verschiedenen Kriege oder das Leben berühmter Heerführer beschrieben haben, findet man in der That Männer von ausgebreiteten Kenntnissen und keiner gemeinen Gelehrsamkeit; gemeiniglich aber sind sie mit den Geschäften des Kriegs wenig bekannt, und daher können sie ihren Schriften zwar das Angenehme, das Unterhaltende, aber nicht das Lehrreiche geben.

Indessen können Männer, deren Handwerk eigentlich der Krieg ist, beide Arten von Schriften mit Nutzen gebrauchen; vielleicht ist ihnen auch das Lesen beider nothwendig, ohngeachtet sie nach meiner Meinung in manchen Stükken sehr unvollkommen sind. Der in dem Tone seines Systems unterrichtende Schriftsteller trägt seine Grundsätze trokken und in der größten Allgemeinheit vor, ohne ihre Anwendung zu zeigen. Daher hat der Eindruk, den sie machen, nicht die gehörige Tiefe und Stärke, und verliert sich durch die Länge der Zeit völlig; daher ist es zum Sprichwort geworden, daß eine Menge Regeln und Grundsätze den Weg zu den Wissenschaften lang und beschwerlich, Beispiele hingegen kurz und angenehm machen.

Die Aufmerksamkeit des Lesers wird unstreitig durch wirkliche Begebenheiten mehr als durch Vorgänge unterhalten, welche ihm die Einbildungskraft eines Schriftstellers vormalt. Wenn er sieht, daß Unternehmungen in der That ausgeführt worden, so begreift er wenigstens die Möglichkeit, sie in ähnlichen Fällen nachahmen zu können. Große, erhabene Seelen suchen überdies in dem Innern ihres Wesens eine gewisse Kraft der Nacheiferung, die ihnen, um mich so auszudrükken, ein neues Leben giebt und sie antreibt in die Fußstapfen der großen Männer zu treten, deren Handlungen und Charakter mit Recht ein Gegenstand unserer Zuneigung und Hochachtung sind. Aus diesem Grunde empfiehlt man die Geschichte allemal als das beste, leichteste, wirksamste und zum Unterricht geschikteste Mittel, um den Charakter der Menschen zu bilden.

Die alten sowohl als neuern Schriftsteller, welche uns eine Schilderung verschiedener Kriege geliefert, haben in der That einen Werth, den ihnen Niemand streitig machen wird; indessen fehlt ihnen doch eine gewisse Genauigkeit, die allerdings in Betrachtung gezogen zu werden verdient. Gemeiniglich sind sie nicht sorgfältig genug in Beschreibung der Länder, welche zum Schauplatz des Krieges dienten; noch weniger genau in der Zergliederung des Terreins, auf welchem große und wichtige Begebenheiten vorgingen und entschieden wurden. Sie übergehen nicht selten die Anzahl, die Art und den eigenthümlichen Charakter der Truppen, aus denen die auf einander treffenden Heere bestanden. Sie vergessen den Operationsplan anzuzeigen, die Ausführung desselben gehörig aus einander zu setzen, und nur dann, wenn etwas außerordentliches ihre Aufmerksamkeit in Bewegung setzt, halten sie es der Mühe werth, sich in eine umständlichere Entwikkelung einzulassen; da es doch die Schuldigkeit eines militärischen

Vorrede des Verfassers.

tischen Geschichtschreibers seyn sollte, alle Umstände, sie mögen auch noch so unbedeutend seyn, anzuzeigen, welche einen Einfluß auf das haben können, was vorgegangen und ausgeführt worden. Ihre Geschichte besteht daher größtentheils in gewöhnlichen allgemeinen alltäglichen Ausdrükken. Die Bewegungsgründe, wodurch die Generale bei ihren Verfahren geleitet wurden, die Art der Zusammenkettung und Ausführung ihrer Entwürfe, und eine Beschreibung des Terreins, worauf alles vorging, sind Dinge, von welchen sie gänzlich stillschweigen. Nichts ist indessen nothwendiger, als von allen diesen Punkten unterrichtet zu seyn, wenn man über militärische Vorgänge ein billiges, treffendes und vernünftiges Urtheil fällen will.

Der Verfasser nachfolgender Geschichte hat daher einen ganz neuen Plan gewählt, dem er den Beifall der Kunstverständigen verspricht. Er nimmt sich dabei vor, eine genaue und deutliche Beschreibung der wichtigsten Vorfälle vorangehen zu lassen, welche sich in diesem merkwürdigen Kriege zugetragen haben. Diese sollen die Grundlage eines Systems seyn, in dem er hernach die mannichfaltigen Grundsätze des Krieges gelegentlich aus einander setzen will. Um den Leser in den Stand zu setzen, ein richtiges und passendes Urtheil über das Betragen der Generale zu fällen, welche die Armeen anführten, so nimmt er sich dabei vor, einige Gedanken über die allgemeinen Grundsätze des Krieges voranzuschikken; zweitens will er den Operationsplan eines jeden Feldzuges anzeigen, und drittens eine militärische Beschreibung des Kriegsschauplatzes geben, viertens sich aber in eine etwas genauere und umständlichere Beschreibung des Terreins einlassen, auf dem eine Begebenheit von Wichtigkeit vorgefallen. Diese wird er mit einer Zeichnung begleiten, das Gefechte selbst umständlich beschreiben, und sich alle Mühe geben, diejenigen Manöver zu bezeichnen, welche zu dem Gewinn oder Verlust der Schlacht das meiste beitrugen.

Auf diese Art wird sich der Leser im Stande befinden, nicht allein die Vorgänge selbst sondern auch die Meinungen und Anmerkungen des Verfassers

richtig

richtig zu beurtheilen. Es geschieht nicht ohne sich einigen Zwang anzuthun, daß der Verfasser von sich selber spricht; indessen hält er dies doch für nothwendig, um den Verdacht zu vermeiden, daß er Dinge behaupte, welche keinen hinlänglichen Grund haben.

Er war so glüklich verschiedene Feldzüge unter dem Befehl des Grafen von Lascy, gegenwärtigen Generalinspektors der kaiserlichen Armee, in den Jahren zu machen, da er Generalquartiermeister war. Dadurch bekam er Gelegenheit die Länder genau kennen zu lernen, wovon er hier eine Beschreibung giebt, und eine richtige Kenntniß von den Bewegungen der verschiedenen Armeen und den Gründen zu erhalten, welche sie nothwendig machten. In dem Feldzuge von 1760 bekam er das Kommando über ein ansehnliches Detaschement Infanterie und Kavallerie mit dem Auftrage, die preußische Armee niemals aus dem Gesichte zu verlieren; dieses befolgte er auf das pünktlichste, und war dabei niemals unglüklich.

In den beiden letzten Feldzügen hatte er das Glük nahe um die Person eines Prinzen zu seyn, der sich durch seine gesellschaftlichen und militärischen Eigenschaften die Liebe und Hochachtung dieses Jahrhunderts erworben, und ohne Zweifel einen rühmlichen und unsterblichen Nahmen auf die Nachwelt bringen wird.

Der Verfasser weiß recht gut, daß seine Schreibart voller Spracheigenheiten und fremder Redensarten ist. Dies gesteht er, um Kunstrichter in diesem Fache der Mühe zu überheben, ihn davon durch ihre Anmerkungen zu überzeugen, die ohnehin für jeden überflüßig sind, der seine Meinung versteht.

Er ist weit entfernt seine Meinungen für unfehlbar zu halten, und sie andern aufzudringen; indessen glaubt er, daß sie richtig sind. Wenn seine Arbeit etwas zum Nutzen seines Vaterlandes beiträgt, so wird dies eine hinreichende Belohnung für ihn seyn.

Geschichte
des
siebenjährigen Krieges in Deutschland.

Vorbericht.

Um dem Leser einen deutlichen und vollständigen Begrif von der Geschichte dieses Krieges und den mannichfaltigen Ereignissen in demselben zu machen, wollen wir zuförderst die Gründe anzeigen, wodurch die in demselben verwikkelten Mächte bewogen wurden, ihn zu unternehmen, und auf diese vorläufigen Betrachtungen eine genaue Beschreibung der Länder folgen lassen, in denen er geführet worden. Wenn man sich von diesen beiden Hauptgegenständen eine richtige Kenntniß verschaft hat, so wird sich, wie wir glauben, der Leser in dem wahren Gesichtspunkte befinden,

den Karakter der Heerführer der verschiednen Armeen, ihr Verhalten und das Eigenthümliche, das Originelle bei den Manövern zu beurtheilen, die ein jeder zur Erhaltung seiner besondern Absichten am zwekmäßigsten fand.

Die Gründe, welche Engelland bewog, Frankreich den Krieg zu erklären, sind zu bekannt, als daß eine nähere Entwikkelung derselben hier nöthig wäre. Wir gehen daher gleich zu den übrigen Mächten.

Frankreich.

Frankreich ist von jeher sehr geneigt gewesen, sich ein gewisses Uebergewicht, ein ausschließendes höheres Ansehen in Europa anzumaßen. Die Erfahrung hat es aber hinlänglich überzeugt, daß dieser Entwurf nicht eher zur Wirklichkeit gebracht werden könnte, als bis es seine Pflanzörter in Amerika in einen blühenden und dauerhaften Zustand gebracht hätte. Gleich nach dem Aachner Frieden war es daher ungemein aufmerksam auf jeden Entwurf, der zur Unterdrükkung unserer Kolonien abzuzwekken schien, zur Aufnahme der ihrigen aber etwas beitragen konnte. Der erste Schritt, der in dieser Absicht gemacht wurde, war, uns die Gemeinschaft mit den indianischen Völkerschaften abzuschneiden, deren Freundschaft zur Erhaltung und zum Wohlstand unserer Kolonien einigermaßen nothwendig ist. Auf diese Art wären die erstern endlich gezwungen gewesen, sich mit den Franzosen zu vereinigen, die ihren Bedürfnissen gegen Eintauschung ihrer Landesprodukte abhelfen konnten; und nach und nach konnten sie auch als ein Werkzeug gebraucht werden, uns aus diesen Gegenden gänzlich zu vertreiben.

Um diesen Entwurf auszuführen, legten sie einige Forts im Rükken unsrer Besitzungen an, und besetzten verschiedene Länder, die, wenigstens bis zu dieser Zeit, noch von keiner europäischen Macht waren in Besitz genommen worden. Ohngeachtet sie nun zwar noch nicht alle ihre Absichten völlig erreicht hatten, so hatte dieser Schritt doch schon einen so starken Einfluß auf unsern einländischen Handel, daß wir die traurigsten Folgen befürchten mußten, wenn wir uns nicht beizeiten in gehörige Verfassung setzten, und den Schaden, den sie uns zuzufügen gedachten, mit Gewalt abzuwenden suchten. In dieser Absicht ergrif man vorläufig einige Maßregeln, die aber keine sonderliche Würkung hervorbrachten, und gab Befehl die französischen Unterthanen in beiden Welttheilen feindlich zu behandeln. Da Frankreich zu eben dieser Zeit noch nicht hinlänglich vorbereitet war, um sich blos zu geben und seine Ansprüche

Vorbericht.

sprüche zu behaupten, so setzte es unsern wiederholten Angriffen lediglich Vorstellungen und eine erzwungene angenommene Mäßigung entgegen. Hierdurch glaubte es Zeit zu gewinnen, uns bei den Zurüstungen einzuschläfern, und bei den übrigen Mächten gehässig zu machen. In wiefern ihnen dieses alles gelungen ist, beweiset die Geschichte dieser Zeiten hinlänglich.

Am Ende sahen die Franzosen ein, daß dieser Streit lediglich mit den Waffen in der Hand entschieden werden müsse. So fürchterlich indessen ihre Landmacht war, so war der Streit in Amerika immer sehr ungleich und würde wahrscheinlich zu unserm Vortheile entschieden sein; denn dieser hing lediglich von der mehr oder wenigern Leichtigkeit ab, eine hinlängliche Anzahl Truppen überzusetzen und sie mit allen den erforderlichen Bedürfnissen zu versehen, und diese war unstreitig auf Seiten desjenigen, der die Uebermacht zur See hatte. Daher faßten sie sehr weislich den Entschluß, uns in Hannover anzugreifen. Die Eroberung dieses Landes schien ihnen übrigens eine leichte Sache zu sein. Sie kannten die Neigung, welche der König natürlicher weise für dieses Land hatte, und hofften durch die Zurückgabe desselben das wieder zu erlangen, was sie in Amerika einbüßten, oder doch wenigstens durch andere Vortheile schadlos gehalten zu werden. Ihre Armee glaubten sie darin auf Unkosten des eroberten Landes den ganzen Krieg über unterhalten zu können, und vermöge der Lage desselben an der Elbe, nicht allein Deutschland in Furcht zu erhalten, sondern auch den kriegführenden Mächten Gesetze vorschreiben zu können.

Dieser Plan hatte anfänglich den glücklichsten Fortgang, am Ende aber schlug er fehl, ohne daß daran etwas anders Schuld war, als die Unwissenheit und Raubsucht des französischen Generals, dem die Armee anvertraut war.

Unsrer Meinung nach war das System des Pariser Hofes sehr wohl ausgesonnen, und in der That groß. Er hatte damals, wenn man die Miliz mit einrechnet, eine Armee von 220,000 Mann. Diese zu unterhalten wurden große Summen erfordert und so lange der Krieg blos in Amerika blieb, oder wenn er sich auch nach England gezogen hätte, blieben alle diese Truppen unthätig, weil keine Seemacht da war, und es schwer hielt, diese während des Krieges zu bilden, besonders da wir schon eine zu große Ueberlegenheit bekommen hatten.

Alle diese Gründe machten, daß die Franzosen einen Krieg in Deutschland wünschten und in der That war er für diesen Staat nothwendig. Die Kosten, welche dazu erfordert wurden, konnten in keine sonderliche Betrachtung kommen; denn sie betrugen lediglich den Unterschied, eine Armee im Felde und in seinem Lande zu unterhalten. Sie hatten eine hin-

länglische

längliche Anzahl Truppen, eine Armee in Deutschland auftreten zu lassen, ihre Gränzen zu beschützen, und wenn ihre Seemacht stark genug gewesen wäre die Ueberschiffung der Truppen nach Amerika zu decken, auch dieses Land zu erobern. Um aber die Kosten zu diesem ausserordentlichen Aufwande zu bekommen, machten sie den Entwurf, alle deutsche Länder zwischen dem Rhein und der Elbe in Contribution zu setzen. Sie glaubten auf diese Art das Erforderliche überflüssig zu bekommen, und auf Unkosten anderer nicht allein eine fürchterliche Armee auf den Beinen zu halten, sondern solche auch noch überdies zu bereichern. Dazu kam noch, daß sie Gränznachbarn der Deutschen waren, wodurch sie allein schon vieles vor uns voraus hatten.

Wollte hingegen Engelland eine Armee nach Deutschland schikken, so mußte es solche aus Nichts schaffen, das will sagen: man hatte noch keinen einzigen Mann dazu angeworben. Ueberdies hätten diejenigen Truppen, welche man hinüber geschikt hätte, augenbliklich durch neue Refruten ersetzt werden müssen, um den Krieg in Amerika mit Nachdruk zu führen. Deutsche Truppen würden außerordentlich theuer zu stehen gekommen sein, und Engelland allein hätte die Kosten dazu hergeben müssen, weil erstere keine Eroberungen machen konnten, die sie für den Theil, den sie davon auf sich genommen, schadlos gehalten hätten. Alles dieses war dem Hofe zu Versailles hinlänglich bekannt. Er wußte, daß dadurch die Nation erschöpft, die Aufmerksamkeit des Königs, folglich auch seiner Minister, auf die Vorgänge in Deutschland gezogen werden, und dadurch in den Zubereitungen, den Krieg in Amerika fortzusetzen, eine gewisse Lauigkeit entstehen würde. Die Folge davon würde Misvergnügen in der Nation, Uneinigkeit bei den Rathschlüssen der Regierung und endlich die Nothwendigkeit gewesen sein, den Frieden von Frankreich unter den Bedingungen anzunehmen, die es uns vorzulegen für gut befunden hätte. Der merkwürdige Gedanke, daß Amerika in Deutschland erobert worden, stimmt mit diesen Umständen am besten überein. Wenigstens hatte Frankreich kein anderes und besseres Mittel Amerika entweder zu erobern oder zu retten, als den Krieg in Deutschland mit einem glüklichen Erfolg zu führen.

Uebrigens war es den Franzosen sehr gleichgültig, ob sie als Bundesgenossen des Königs von Preussen oder des Oesterreichischen Hauses in Deutschland rükten; denn es kam lediglich darauf an, wer von diesen beiden Mächten ihnen bei ihren Entwürfen am meisten die Hand bieten würde. Es ist indessen sehr wahrscheinlich, daß sie sich lieber mit ersterm würden verbunden haben, weil ihnen bei diesem Kriege die Oesterreichischen Staaten besser gelegen

Vorbericht.

gen waren, als die Preußischen. Denn sobald sie von unsrer Verbindung mit Rußland Nachricht erhielten, wurde gleich ein Bevollmächtigter abgeschikt, um mit dem Preußischen Hofe auf eben dem Fuß, wie im Jahre 1741, in Verbindung zu treten. Da sie aber fanden, daß wir genöthigt gewesen waren, die Verbindung mit erstrer Macht aufzugeben, und mit der letztern ein Bündniß zu schließen, so nahmen sie die Freundschaft der beiden Kaiserlichen Höfe an. Es wurde auch sogleich ein Heer von mehr als 100,000 Mann in marschfertigen Stand gesetzt, unter dem Vorwand, die Bedingungen zu erfüllen, zu denen es sich bei diesem neuen Bündnisse anheischig gemacht hätte. 20,000 Mann davon waren bestimmt, an den Main zu marschiren, wo sie denn weitere Verhaltungsbefehle von der Kaiserin bekommen sollten. Der Ueberrest, welcher die Hauptarmee ausmachte, sollte an den Niederrhein rükken, und von da aus seine Operationen gegen Hannover und dessen Bundesgenossen richten. Dem Marschall von Etrees wurde der Oberbefehl über diese Armee aufgetragen, zur Vergeltung, daß er den Traktat von Versailles zu Stande gebracht hatte. Hätte auch in der Folge das Ansehen einer intriguanten Maitresse nicht einen so mächtigen Einfluß auf die Wahl der Generals gehabt, die bestimmt wurden diesen Plan auszuführen, so würde troz aller Anstrengung der Kräfte Engellands und seiner Bundesgenossen, troz aller der großen und geschikten Generals, denen in jedem Zeitalter wenig an die Seite gesetzt werden können, doch aller Wahrscheinlichkeit nach der Erfolg für Frankreich glüklich gewesen sein.

Oesterreich.

Die Kaiserin konnte nicht ohne den größten Verdruß an den Verlust von Schlesien denken. So wol ihre Macht als Einkünfte waren dadurch um ein großes vermindert worden. Das Ansehen und der Einfluß, den der König von Preussen durch diesen neuen Zuwachs seiner Macht erhielt, vergrößerten ihr Misvergnügen um bestomehr, da sie, wie man sagt, einen persönlichen Haß gegen diesen Monarchen hegte. Sie sahe, daß die meisten europäischen Höfe ihm mit einer besondern Achtung begegneten, ihn fürchteten und sich um seine Freundschaft bewarben. Bei diesen Gesinnungen war es kein Wunder, daß sie den Entwurf machte, Schlesien wieder zu erobern. Wenn man die verschiedenen Schriften durchgeht, welche diesen Gegenstand betreffen, und vom König von Preussen bekannt gemacht worden, so überzeugt man sich leicht, daß dieses gleich von der Zeit an, da sie Schlesien abgetre-

A 3

ten, die vornehmste Beschäftigung ihres Ministeriums gewesen. In dieser Absicht wandte sie sich an die Kaiserin von Rußland, und wußte diese Prinzeßin gegen den König von Preußen dergestalt aufzubringen, daß es ihr hernach etwas leichtes war, sie zu bewegen, zu den Maßregeln, die zu seinem Untergange genommen wurden, das ihrige willig beizutragen. Die beiden Kaiserlichen Höfe vereinigten sich aufs-neue durch ein festes Bündnis. Die Wiedereroberung von Schlesien war nicht der einzige Gegenstand desselben; ihre Absicht war, den König von Preussen völlig zu Grunde zu richten und hernach seine Länder unter sich zu theilen. Um diesen Zwek desto gewisser und leichter zu erreichen, wurde der König von Polen eingeladen, diesem Bündnisse beizutreten. Er wußte aber aus der Erfahrung, daß ihn Preußen eher und leichter unterdrücken, als Oesterreich beschützen konnte; daher lehnte er es anfänglich von sich ab, sobald er aber sahe, daß die beiden Kaiserinnen dabei mit Ernst und Thätigkeit zu Werke gingen, glaubte er, sich ohne Gefahr gegen Preussen erklären zu können.

Der österreichische Gesandte am Petersburger Hofe hatte sich alle Mühe gegeben, einen Subsidientraktat zwischen diesem und Engelland zu Stande zu bringen; lediglich in der Absicht, daß wir zur Unterhaltung der Truppen, welche die beiden Kaiserlichen Höfe in ihrer eignen Sache gegen den König von Preussen gebrauchen wollten, die Kosten hergeben und ihnen dadurch die Eroberung von Schlesien erleichtern sollten. Wahrscheinlich würde ihnen auch dieser Anschlag nach Wunsch gelungen sein, wenn der König von Preussen sich nicht erklärt hätte: Er würde denjenigen als einen Feind behandeln, der fremde Truppen in das Reich zöge. Dadurch gab er deutlich zu verstehen, daß er sich nicht allein den Russen widersetzen, wenn sie Hannover zu Hülfe kommen wollten, sondern auch dieses Kurfürstenthum vielleicht selbst als ein feindliches Land ansehen würde. Der König von Engelland begrif ohne Mühe, daß die Russen nicht im Stande sein würden, seine Staaten zu beschützen, wenn sie mit Preussen in einen Krieg verwikkelt wären. Denn wenn sie auch noch so viel Vortheile über ihn in Preussen und Pommern erhielten, so konnten sie ihn doch nicht hindern, sich der hannöverischen Länder zu bemächtigen, die weder durch Natur noch Kunst gedekt sind.

Diese Gründe bewogen den König von Engelland die Freundschaft des Königs von Preussen weislich vorzuziehen, und die Verbindung mit den beiden Kaiserinnen aufzugeben. Die römische Kaiserin, zu deren Vortheil allein das Bündnis mit Rußland geschlossen war, sahe also ihren Anschlag vereitelt, und bewog die russische Kaiserin, den mit Engelland geschlossenen Traktat aufzuheben. Dieses war um desto leichter, da in der That beide Höfe

dabei

Vorbericht.

dabei daß sie unsre Subsidien nehmen wollten, keine andre Absicht hatten, als ihre Entwürfe gegen Preussen desto besser auszuführen, keinesweges aber gemeinschaftlich mit uns zu verfahren, es sei denn, daß wir auch das unsrige zu dem Plane beitragen wollten, den sie zur Unterdrückung des Königs von Preussen entworfen hatten. Unsre Verbindung mit dem letztern hob also die mit Rußland geschlossenen Traktaten auf, und brachte sodann ganz natürlich die Allianz zwischen den beiden Kaiserlichen Höfen und Frankreich zuwege, dessen Absichten dabei wir bereits angezeigt haben.

Preussen.

Der verstorbene König von Preussen suchte aus Grundsätzen die Künste des Friedens in Aufnahme zu bringen; ich verstehe darunter diejenigen, die vorzüglich in das Fach des Fürsten gehören, die Verwaltung der Gerechtigkeit und die Einrichtung der innern Polizei. Wenn er die Kriegskunst verbesserte, so geschah dieses mehr aus Gefallen an einem militärischen Gepränge, als aus besondern Absichten, Ruhm, oder Eroberungsbegierde. Er hinterließ bei seinem Absterben eine Armee von 67,000 Mann, die auf's beste gezogen und in den Waffen geübt war. Seine Vorrathsniederlagen waren mit Artillerie- und andern Kriegsbedürfnissen reichlich versehen, sein Schatz angefüllt rc.

Bei dem Tode Kaiser Karls des VI befanden sich die Angelegenheiten des Hauses Oesterreich in einer verwirrten und traurigen Lage. Der König von Preussen hielt dieses für die bequemste und beste Gelegenheit seine Ansprüche auf einen Theil von Schlesien geltend zu machen. Durch dieses kühne Unternehmen gleich bei dem Antritt seiner Regierung hofte er zugleich seinen Ehrgeiz zu befriedigen und der Welt zu zeigen, daß er als eine fürchterliche und unternehmende Macht vermögend sei, das Gleichgewicht in Deutschland zu halten und diejenigen Fürsten zu schützen, die in der Folge ihn um seinen Beistand ansuchen dürften. Er war der erste, der die Königin von Ungarn bekriegte, und da alles nach seinem Wunsche ablief, so endigte er diesen Krieg mit einem Frieden, worinnen ihm beinahe ganz Schlesien abgetreten wurde.

Seit diesem Zeitpunkt beschäftigte die Wiedereroberung dieser fruchtbaren Provinz das österreichische Ministerium beständig, und brachte, wie wir bereits erwähnt haben, das Bündnis mit Rußland zuwege, welches keinen andern Zwek hatte. Ohngeachtet es nun schon einige

8 Geschichte des siebenjährigen Krieges in Deutschland.

einige Jahre unaufhörlich mit diesem Entwurfe umgegangen war, so war es doch im Jahr 1756 noch nicht zur Ausführung desselben hinlänglich zubereitet, sondern das folgende Jahr wurde erst dazu festgesetzt.

Der König von Preussen war von allem auf das genaueste unterrichtet. Er hielt es also der Klugheit gemäß, seinen Feinden zuvorzukommen, und die vornehmste Macht unter den Verbundnen anzugreifen. Da diese noch nicht in gehöriger Verfassung war, so hofte er solche über den Haufen zu werfen, und dadurch das Bündnis zu trennen, ehe sich die Mächte vereinigen und ihren Plan ausführen könnten. In dieser Absicht rükte er in Sachsen. Dadurch entstand der Krieg in Deutschland, den wir hernach mit aller möglichen Genauigkeit beschreiben wollen.

Sachsen.

Geiz, ohnmächtiger Stolz, ein gewisser Geist der Intrigue mit Unthätigkeit verbunden, eine gänzliche Vernachläßigung alles dessen, was zum Nutzen und Wohlstande des Landes etwas beitragen kann, eine unmäßige Neigung für Schaugepränge, Lustbarkeiten und Flitterstaat waren schon seit langer Zeit die charakteristischen Züge dieses Hofes. Man darf sich dieses aber nicht befremden lassen. Der Mann, der im Namen eines zu gütigen Herrn die Regierungsgeschäfte besorgte, brachte in seinen Ministerstand alle die Neigungen und Gewohnheiten mit, die er in seinem Pagenstande angenommen hatte. Er war zum Aufwarten gewöhnt, und hatte sein Leben in den eitlen müßigen und nichtsbedeutenden Beschäftigungen eines Hofmannes zugebracht. Wenn er ja ein Talent hatte, so war dies die Verschwendung, worin er seinem morgenländischen Despoten etwas nachgab, wofür ihn seine kriechenden Schmeichler den Prächtigen nannten. Nur alsdenn zeigte er Thätigkeit, wenn es darauf ankam, vor der Thüre seines Herrn zu liegen, um der Wahrheit und Tugend den Zutritt zu versperren. Dieser gütige und menschlich denkende Fürst, der ein wahres Verlangen trug, das Wohl seiner Länder zu befördern, wurde in einer beständigen Unwissenheit in Ansehung des Zustandes seiner Unterthanen erhalten, die unglüklich und seines Schutzes bedürftig waren. Ohngeachtet diesem Minister hinlänglich bekannt war, daß die elende Verfassung, in die er Sachsen durch seine schlechte Staatsverwaltung gesetzt hatte, es schlechterdings außer Stand setzte etwas von Wichtigkeit zu unternehmen, so war er dennoch beständig sehr

Vorbericht.

sehr geschäftig sich mit den Höfen von Wien und Petersburg in allerlei Ränke einzulassen, und Entwürfe zu machen, um Sachsen auf Kosten des Preußischen Hauses zu vergrößern, ohne auch nur auf ein einziges Mittel zu denken, diese lächerliche Geburt seiner Einbildung in die Welt zu setzen, oder doch wenigstens sein Vaterland gegen einen Angrif zu sichern. Das Geld, welches die armen Unterthanen mit vieler Mühe zur Unterhaltung einer Armee aufbringen musten, die sie beschützen sollte, wurde zur Erbauung herrlicher Palläste für diesen Günstling, zur Bestreitung der Kosten seiner üppigen Reisen, und zur Befriedigung seiner bis zur Niederträchtigkeit gehenden Eitelkeit angewendet; daher kam es denn, daß eben das Land, welches, ohne dadurch gedrückt zu werden, eine Armee von 50,000 Mann unterhalten könnte, wirklich kaum 15,000 Mann hatte, und noch dazu ohne Artillerie, ohne Magazine. Daher fiel es einem ehrgeizigen und mächtigen Nachbar sehr leicht, sich desselben zu bemeistern.

Rußland.

Ohngeachtet die Nachfolger Peters des Großen den Plan, den er entworfen, und mit unermüdeter Thätigkeit und Wachsamkeit auszuführen angefangen hatte, nicht mit eben der Sorgfalt und dem Erfolge bearbeiteten, so war doch schon das, was er gethan hatte, hinreichend, dieses Reich so mächtig zu machen, daß man es fürchtete, und sich daher um seine Freundschaft bewarb. Der weitläuftige Umfang der Länder, die Mannichfaltigkeit der natürlichen Erzeugnisse, die Menge der Einwohner sind eben so viel Quellen innerer Stärke, daß eine kleine Unordnung, die in kleineren Staaten von unmittelbaren und schädlichen Folgen seyn würde, in diesem Reiche gar nicht bemerkt wird, oder doch wenigstens keine gar merkliche üble Wirkung hervor bringt. Es hat so viel innere Hülfsmittel, daß dadurch in gewissem Verstande die Fehler wieder gut gemacht werden, welche bey der Verwaltung der öffentlichen Angelegenheiten hin und wieder unterlaufen, so daß dieser Staat sich immer noch bey einer gewissen Größe erhalten hat, ohngeachtet der Plan des großen Peters nicht eben in allen Stücken befolgt worden.

So lange die Ottomannische Pforte noch furchtbar war, waren natürlicherweise dieser und der Wiener Hof beständig mit einander verbunden. Die Furcht vor einem gemeinschaftlichen und mächtigen Feind vereinigte beide durch die stärksten Bande der Freundschaft, um die Sicherheit ihrer Länder zu befördern. Seitdem aber das Türkische Reich in Verfall gerathen, findet Rußland für nöthig mit mehrern auswärtigen, besonders den Seemächten, ein gutes Vernehmen und Freundschaft zu unterhalten, weil diese letztern eine Menge Waaren aus diesem Lande holen, die sonst unbenutzt bleiben würden. Dadurch kommen denn beträchtliche Summen Geldes in dieß Reich, deren Umlauf diese große Maschine in Bewegung erhält, und sie daher furchtbar macht. Eben dieses Geld ist auch der Grund, warum die Nordischen Mächte ohne Ausnahme mit so vieler Bereitwilligkeit, oder besser Geldbegierde, jede Gelegenheit ergreifen Hülfsgelder zu bekommen. Sie sehen sich dadurch in den Stand gesetzt, Ueppigkeit und Pracht an ihren Höfen zu unterhalten, ihre Prinzen mit allen den überflüßigen Bedürfnissen der Bequemlichkeit reichlich zu versehen, welche Eitelkeit und Wollust nothwendig gemacht haben, und Armeen auf Unkosten anderer zu halten. Doch dieses waren nicht die einzigen Bewegungsgründe, welche bey der verstorbenen Kaiserin von Rußland so würksam waren. Wir haben bereits gesagt, daß sie einen bittern Haß gegen den König von Preussen gefaßt hatte, und sich daher sogleich bereit finden ließ, das ihrige zu seiner entworfenen Demüthigung beyzutragen; überdies schmeichelte sie sich mit der Hofnung ihre Herrschaft an dem baltischen Meere weiter auszubreiten, wornach die Russen schon längst getrachtet hatten; Sie schloß daher sehr bereitwillig ein Bündnis mit uns, weil sie glaubte, dadurch ihre Entwürfe, die ihr Haß und Staatskunst eingaben, auf unsre Unkosten ausführen zu können. Da sie aber nachher gewahr wurde, daß wir mit Preussen nicht brechen wollten, so gab sie augenblicklich unsre Freundschaft auf, und verband sich mit Frankreich, das ihr so viel Hülfsgelder versprach, als sie zur Unterhaltung ihrer Truppen und Ausführung ihrer eignen Entwürfe nöthig haben würde.

Schweden.

Außer Dännemark hat gewis kein Staat die Grundlage seiner innern Verfassung in so kurzer Zeit verändert, als dieser. Aus einem beinahe despotischen Staate ward Schweden nach dem Tode Carls des XII. in wenigen Jahren die eingeschränkteste Monarchie in Europa

Europa. Dännemark hingegen hat fast in eben dem Zeitlaufe seine Freiheit verlohren, und ist gegenwärtig völlig despotisch. Beide scheinen bei dieser Veränderung nichts gewonnen zu haben. Denn man findet nicht, daß ihre Macht und Credit, so wenig im innern als auswärtig zugenommen haben. Schweden hat besonders an seinem Interesse bey auswärtigen Mächten sehr verlohren. *) Das Ansehen der Krone ist zu eingeschränkt, die verschiedenen Stände aber, die diesen Staat ausmachen, nicht zwekmäßig genug eingerichtet, um einen Plan zu entwerfen, der Klugheit bei Untersuchung, Entschlossenheit und Lebhaftigkeit in der Ausführung erfordert. Es wurde zwar vor einiger Zeit ein Versuch gemacht, die Macht der Krone zu vergrößern, allein mit der Ausführung desselben war das Leben und die Glücksumstände verschiedener angesehener Personen zu genau verbunden, als daß er gelingen konnte. Es wurde also noch bei Zeiten entdekt, und die Urheber desselben erhielten ihre Strafe, so wie sie alle diejenigen mit Recht verdienen, welche die Verfassung ihres Vaterlandes umstürzen, und es in die Fesseln einer willkührlichen Gewalt werfen wollen. Ohngeachtet nun zwar die Verschwörung entdeckt war, so ließ dieser Vorfall doch ein allgemeines Misvergnügen, um nicht Haß und Groll zu sagen, gegen den Hof zurük, der die Verschwörung, wo nicht offenbar unterstützt und befördert, doch wenigstens begünstigt hatte, um der Krone einen größern Einfluß in die Angelegenheiten des Staats zu verschaffen. Besonders waren die Schweden äußerst aufgebracht gegen die Königin, eine Prinzeßinn von vorzüglichen Talenten, und Schwester des Königs von Preußen, weil sie glaubten, daß dieser Entwurf, sie ihrer Freiheit zu berauben, von ihr herrühre. Frankreich ergrif sogleich diese Gelegenheit, und wuste durch Hülfsgelder, und durch den Geist der Intrigue, wodurch sich seine Bevollmächtigten fast an allen Höfen auszeichnen, die Schweden dahin zu bringen, daß sie sich wider den König von Preußen erklärten. Da indessen dieser Krieg gegen die Neigung des Königs unternommen wurde, so wurde er nur sehr schläfrig fortgesetzt, und sie ergriffen die erste Gelegenheit einen Frieden zu schließen, den man niemals hätte brechen sollen. Schweden muß allemal ein wachsames Auge auf Rußland haben, das noch immer auf Eroberungen an den Ufern des baltischen Meeres denkt; diese mögen nun geschehen wo sie wollen, so lei=

---

*) Dieses ist nunmehr nach der durch den jetzigen König bewirkten Veränderung etwas anders. Ueb.

der Schweden allemal darunter. Das gemeinschaftliche Interesse von Preußen und Dännemark verbindet diese Mächte sich den weitern Fortschritten der Rußen zu widersetzen. Wie wenig stimmte es daher mit der Staatsklugheit überein, daß die Schweden nach ganz entgegengesetzten Grundsätzen handelten. Hätten die verbundenen Mächte ihre Absichten gegen Preußen erreicht, so wäre Schweden und Dännemark, besonders das erste, das Opfer ihrer elenden Staatskunst, und eine Beute für das ehrgeitzige Rußland geworden.

Mili-

Militärische Beschreibung des Kriegs-Schauplatzes.

Böhmen und Mähren.

Diese beide weitläuftigen Provinzen gehören dem Hause Oesterreich. Eine ununterbrochne Reihe von hohen Gebirgen trennt sie von Schlesien, der Lausitz, Sachsen, einem Theil von Bayern und Oesterreich. Dies macht die Gemeinschaft zwischen diesen Ländern außerordentlich schwer, besonders da es darin wenig Straßen giebt, auf denen eine Armee mit Infanterie, Cavallerie, Artillerie, und allen Arten von Fuhrwerken marschiren kann. Die erste von diesen geht von Olmütz in Mähren nach der Stadt Sternberg, wo sie sich in zwey andre theilet, davon eine über Hof nach Troppau und Jägerndorf in das österreichische Schlesien, die andre bey Friedland vorbey, nach Würbenthal und Zugmantel und von da nach Neisse geht. Beide Straßen, besonders die letztre, können als ein beständiges durch Berge, Abgründe und Flüsse verursachtes Defilee angesehen, und daher von wenigen gehörig gestellten Truppen, gegen eine zahlreiche Armee vertheidigt werden. Die Preussen haben indessen einen großen Vortheil; denn wenn sie zwey Corps, das eine über Jägerndorf, und das andre aus der Grafschaft Glatz von Habelschwerdt nach Altstadt und Schomberg vorrücken lassen, so sind die Oesterreicher gezwungen, eine jede Stellung zu verlassen, die sie zwischen Freudenthal und Neiß nehmen können, wenn ihnen die Gemeinschaft mit Olmütz abgeschnitten wird, woher sie schlechterdings ihren Unterhalt nehmen müssen. Hingegen können diese keine Stellung im Mittelpunkte nehmen, wodurch die Preussen abgehalten werden, über Zukmantel aus der Grafschaft Glatz, und über Troppau in Mähren zu brechen und diese drey Kolonnen ohne Gefahr zu vereinigen. Denn Olmütz liegt zu weit landeinwärts, und ist daher von gar keinem Nutzen um die Pässe zwischen Schlesien und Mähren zu decken.

14   Geschichte des siebenjährigen Krieges in Deutschland.

Da der König von Preußen von keinem Orte mit mehrerer Bequemlichkeit, als von Neisse aus, durch Mähren den Krieg in die österreichischen Besitzungen spielen kann, und von dieser Seite ein glücklicher Erfolg gerade die nachtheiligsten Folgen haben würde, so muß man sich in der That wundern, daß die Kaiserinn nicht darauf bedacht gewesen, ihm eine stärkere Schutzwehr entgegen zu setzen als Olmütz, welches immer nur ein Platz von geringer Bedeutung ist. Die geschikte Vertheidigung dieses Orts durch den General Marschall im letzten Kriege, ist sowol der Schwäche der Preußischen Armee, als den eigenthümlichen Talenten und der Wachsamkeit dieses Mannes zuzuschreiben, wie aus der Geschichte dieser berühmten Belagerung deutlich erhellet. Da diese Festung so weit im Lande zurük liegt, daß sie alle Zugänge aus Schlesien und der Grafschaft Glatz nach Mähren völlig offen läst, und ein beträchtliches Korps Truppen nicht weit vorwärts in die Gebirge gestellt werden kann, ohne es einer offenbahren Gefahr auszusetzen; so würde nichts wirksamer seyn, die Preußen am Vorrücken zu hindern, als wenn entweder in der Gegend von Altstadt, oder zwischen Freudenthal und Zukmantel, oder endlich zwischen Jägerndorf und Johannisthal eine Festung angelegt würde. Die erste würde nicht allein Neisse und Glatz beunruhigen, sondern auch die Oesterreicher in den Stand setzen, beständige Streifereyen in diesen Provinzen vorzunehmen. Hingegen scheint es den Preußen nicht möglich zu seyn, entweder von Neiß oder Glatz aus in Mähren einzudringen, bevor sie nicht diese Festung eingenommen haben. Denn wenn hier ein Korps Truppen stünde, das durch eine starke Garnison unterstützt würde, so könnte dieses alle Gemeinschaft mit gedachten Oertern abschneiden, und eine Armee, die auf Olmütz losgehen wollte, würde sich bald genöthigt sehen zurükzugehen, oder aufgerieben werden.

 Die zweite und dritte würden in der That noch ein besseres Mittel seyn die Preußen zu hindern in Mähren vorzurücken, bis sie sie eingenommen hätten. Es würde ihnen aber leicht seyn sie zu belagern, weil sie leicht aus Oberschlesien und der Grafschaft Glatz eine hinreichende Anzahl Truppen können marschiren lassen, um die Defileen zwischen dieser Festung und Mähren zu besetzen, wodurch der Entsatz unmöglich gemacht würde.

 Viele bilden sich ein, ein Lager sey gut, eine Festung habe eine gute Lage, wenn man nicht anders, als mit vieler Schwierigkeit zu ihnen kommen kann. Dies ist aber nur alsdann richtig, wenn sie in sich selbst alle die Hülfsmittel haben, die zu ihrer Vertheidigung erfordert werden. Da dieses aber nur selten, oder vielleicht niemals der Fall ist, so muß

                       man,

Militärische Beschreibung des Krieges-Schauplatzes. 15

man, um beide der Vollkommenheit so nahe als möglich zu bringen, eine solche Gegend aufsuchen, die dem Feinde alle mögliche Hindernisse in den Weg legt, aber auch zu gleicher Zeit, wenns nöthig ist, leicht entsetzt werden kann. Die Schwierigkeit eine solche Lage zu finden, oder der Mangel des dazu erforderlichen richtigen Augenmaßes, hat verschiedene bewogen, ebene flache Gegenden zu Festungen auszusuchen, wo sie nicht allein wegen der schlechten Wahl des Terrains keinen Vorwurf zu befürchten haben, sondern auch Gelegenheit erhalten ihrer Eitelkeit zu schmeicheln, indem sie dabei alle die Werke anbringen können, die sie in der Schule gelernt haben und die sich auf dem Papiere so schön ausnehmen.

Die zweite Heerstrasse geht von Olmütz über Littau und Altstadt in die Grafschaft Glatz. Die nächstfolgende geht aus dem Königsgrätzer Kreise über Neustadt und Nachod ebenfalls in die Grafschaft Glatz, und von da weiter in die übrigen Schlesischen Provinzen. Sie ist eben so schwer zu passiren, als die vorhin erwähnten. Denn sie ist, so wie diese, ein beständiges Defilee, besonders da, wo sie in das preußische Gebiete tritt. In dieser Gegend ist es einem beträchtlichen Korps Truppen schlechterdings unmöglich zu marschiren, wenn es nur den mindesten Widerstand antrift; besonders, da die Berge von Böhmen aus allmählig steigen, wenn man aus diesem Lande auf Glatz gehen will. Hieraus sieht man auch, daß die Preußen leichter in Böhmen bringen können, als die Oesterreicher in die Grafschaft Glatz. Die erstern haben noch einen andern beträchtlichen Vortheil; sie können nehmlich aus der Festung Glatz mit allem Nöthigen versorgt werden, und es giebt ihnen einen sichern Rückzug, wenn sie durch eine überlegene Macht zurück getrieben werden; und da sie Meister von den Pässen nach Böhmen sind, so können sie leicht in dieses fruchtbare Land bringen und eine lange Zeit darin Unterhalt finden. Sind hingegen die Pässe gehörig besetzt, so können die Oesterreicher schlechterdings nicht in das Glatzische bringen. Gesetzt aber auch, sie trieben die Besatzung zurück, so finden sie doch keinen Unterhalt in diesem Lande, und sind gezwungen ihre Operationen mit der Belagerung von Glatz anzufangen. Dieser Ort hat aber eine so vortheilhafte Lage, daß er schwerlich erobert werden kann, wenn er auch nur allein der Vertheidigung seiner eignen Besatzung überlassen ist, und vielleicht gar nicht, wenn ein beträchtliches Korps Truppen in dieser Provinz steht.

Die Geschichte des letzten und vorhergehenden Krieges beweist das, was ich hier behaupte. In dem erstern wurde es durch Hunger zur Uebergabe gezwungen, und in dem

letztern

16   Geschichte des siebenjährigen Krieges in Deutschland.

letztern waren Zufall, Feigheit und Unwissenheit, welches alles der General Laudon sich sehr gut zu Nutz zu machen wuste, die unmittelbaren Ursachen, daß sie erobert wurde. Die nächste Straße geht gleichfalls aus dem Königsgrätzer Kreise über Trautenau und Landshut nach Schweidnitz und Jauer in Schlesien. Sie ist wie alle übrigen ein beständiges Defilee, und so schwer zu passiren, daß, wenn die Pässe gehörig besetzt sind, keine Armee von dieser Seite in Schlesien einbringen kann. Die Preußen können eine geschikte Stellung nahe bei Landshut nehmen, von wo aus sie durch einen leichten Marsch linker Hand die Heerstraße von Friedland nach Schweidnitz decken, und ein Korps, das sie nach Schmiedeberg und Hirschberg marschiren lassen, allemal mit Nachdruck unterstützen können. Von diesem Lager aus hat Fouquet mit einer wenig bedeutenden Armee mehrmalen die Versuche der Oesterreicher, in Schlesien einzudringen, vereitelt, ohngeachtet sie ihm weit überlegen waren. Daß er zuletzt überwältigt und gänzlich geschlagen wurde, war seine eigene Schuld.

Die Preußen haben hier eben die Vortheile, als an der Seite von Glatz. Die Festung Schweidnitz, ebenfalls ein Waffenplaz, unterstützt sie mit allem was sie brauchen, und setzt sie durch die Nähe in den Stand, ihre Operationen viel eher anzufangen, als die Oesterreicher. Das Gebürge ist voller Dörfer, wo eine Armee sicher kantoniren kann, wenn nur die Defilern zwischen ihnen und Böhmen sorgfältig besetzt sind. Dies kann aber leicht geschehen, weil sie im preußischen Gebiete liegen. Es kann sie also nichts hindern, diese Provinz von dieser Seite anzugreifen, selbst wenn die Oesterreicher eine Armee darin haben.   Denn diese kann keine nähere Stellung an den Zugängen nehmen, als hinter der Elbe, etwa zwischen Königshof und Königsgrätz. In dieser kann sie nun zwar die Preußen hindern, einen Schritt weiter vorzurücken, allein das Einbringen selbst kann sie ihnen nicht wehren.

Wenn man bedenkt, daß die Preußen auf dieser Seite ihre größte Stärke gebrauchen müssen, sowohl wegen der Lage ihres Landes, als auch weil sie in verschiedenen Kolonnen ungehindert einbringen, aus Glatz und Schweidnitz mit Mund= und Kriegsbedürfnissen ꝛc. überflüßig versehen werden, und wenn ihnen ein Unglük begegnet, sich ohne Gefahr zurückziehen können; so muß man erstaunen, wenn man sieht, daß die Kaiserinn diese Provinz ganz vertheidigungslos und den beständigen Verheerungen des Feindes ausgesetzt läßt. Da gar keine Festung in dieser Gegend ist, so muß schon eine ziemliche Armee da stehen,

um

Militärische Beschreibung des Kriegs-Schauplatzes.

um sie gegen die Streifereyen zu vertheidigen, die der Feind aus der Grafschaft Glatz und dem Geburge von Landshut unternehmen kann.

Ist der Feind oberhalb Königsgrätz einmal über die Elbe gegangen, so müssen alle Provinzen an dem rechten Ufer der Elbe geräumt werden. Die Truppen welche an den Grenzen der Lausitz stehen, müssen gleich ihre Posten verlassen, und sich nach Prag zurück ziehen, um nicht Gefahr zu laufen abgeschnitten zu werden. Selbst die Armee muß sich in den Chrudimer Kreise zurückziehen, um Mähren zu decken und die Gemeinschaft mit Oesterreich und der Donau offen zu behalten. Läge hingegen hinter der Elbe zwischen Königshof und Königsgrätz eine Festung, die Kasernen und gewölbte bombenfeste Magazine hätte, und eine Besatzung von 10000 Mann Infanterie und 4000 Mann Cavallerie einnehmen könnte, so würde es den Preußen unendliche Mühe kosten sie zu erobern. Sie würde, nach der Kenntnis, die sie in der Belagerungswissenschaft bey verschiedenen Gelegenheiten gezeigt haben, zu urtheilen, leicht einige Monathe aushalten, und daher Zeit haben Hülfe zu erwarten. Diese Lage ist so vortheilhaft, daß dadurch nicht allein das Land auf dieser Seite völlig gedeckt wird, sondern sie giebt auch ein bequemes Mittel an die Hand in Schlesien einzudringen.

Diese Festung könnte zu einem allgemeinen Waffenplatz gemacht werden, um die Armeen, die auf dieser Seite zu stehen kommen, mit allem Nöthigen zu versorgen. Der Feind dürfte es auch nicht wagen sie hinter sich zu lassen und weiter ins Land vorzudringen. Denn die Garnison, nebst einigen Kroaten und Husaren, wäre allein hinreichend ihm die Gemeinschaft mit Schlesien und Glatz dergestalt abzuschneiden, daß er bald würde gezwungen seyn sich zurück zu ziehen, wenn er nicht mit seiner ganzen Armee umkommen wollte. Selbst ein Korps von 20000 Mann, welches er zurücklassen könnte um die Garnison zu beobachten und seine Zufuhren zu decken, würde dies nicht verhindern können.

Ueberdies würde eine Festung von dieser Art, wenn sie mit einer zahlreichen Garnison versehen wäre, den Feind nöthigen, ein beträchtliches Korps, sowohl in der Grafschaft Glatz, als in den Geburgen von Landshut stehen zu lassen. Die Vortheile derselben sind unendlich, und machen ihre Anlage, meiner Meinung nach, schlechterdings nothwendig.

Die nächstfolgende Straße kömmt aus dem Bunzlauer Kreise und geht über Backofen, Schwigau, Liebenau bis Reichenberg, wo sie sich in zwey andre theilet, davon eine über Friedland auf Greifenberg in Schlesien, und die andere nach

Seidenberg in der Lausitz führt. Diese Straße geht ebenfalls über verschiedene hohe Geburge und ist daher nicht leicht zu paßiren, wenn die Defileen hinlänglich mit Truppen besetzt sind.

Der König von Preußen wird zwar von dieser Seite aus nie seine größte Stärke gebrauchen, weil er keinen Waffenplatz in der Nähe hat; da er indessen bey jedem Kriege mit Oesterreich es für nöthig finden wird, sich Sachsens zu bemächtigen, so wird allezeit eine Division von seiner Armee durch die Lausitz in Böhmen einzubringen suchen, so lange es so offen bleibt, wie es jetzt wirklich ist. Es würde daher ohne Zweifel sehr zuträglich seyn, wenn hier so nahe als möglich an der Grenze eine starke Festung läge, die ein Korps von 20000 Mann weder schleunig einnehmen, noch ohne Gefahr hinter sich liegen lassen könnte. Wenn in der Gegend von Friedland eine Festung von Wichtigkeit angelegt würde, so könnte eine Armee in den Gebürgen von Friedland bis Schandau und um Greifenberg, Markliffa, Lauban und Görlitz keine Winterquartiere nehmen; auch würde, um die Gemeinschaft zwischen Schlesien und Sachsen offen zu halten, jederzeit eine Armee in dieser Gegend stehen müssen. Zu diesen wichtigen und in den Augen fallenden Ursachen kommt noch, daß, da Schlesien von Markliffa an bis Krossen ohnweit Frankfurth an der Oder ein völlig offenes Land, und durch keine Festung gedeckt ist, es von dieser Seite leichter angegriffen werden kann, als von Mähren und Böhmen aus. Dieses geht aber gegenwärtig nicht an, ohne eine Armee zur Deckung dieser beiden Provinzen zurückzulassen. Wären sie aber durch die von uns in Mähren und Böhmen ohnweit Königsgrätz vorgeschlagenen Festungen gedeckt, und die Oesterreicher hätten in der Nachbarschaft von Friedland einen guten Waffenplatz, so könnten sie durch die Lausitz in Schlesien dringen und mit Sicherheit und Nachdruck auf dieser Seite agiren. Der Mangel einer solchen Festung machte die Siege der Russen bey Züllichau und Kunersdorf fruchtlos, und vereitelte alle Versuche der Oesterreicher am Queis und am Bober.

Nur in dem Falle, wenn die vorgeschlagenen Festungen wirklich angelegt werden, sind 30000 Mann nebst den Garnisons vollkommen hinreichend Böhmen zu decken, und der Ueberrest der Oesterreichischen Macht kann alsdenn am Queis und Bober seine Operationen mit dem besten Erfolg fortsetzen, sonst aber nicht.

Eine

Militärische Beschreibung des Krieges-Schauplatzes.

Eine andere Straße geht ebenfalls aus dem **Bunzlauer** Kreise über **Böhmisch Leipa** und **Gabel** nach **Zittau**, und von da weiter nach der **Lausitz**. Diese ist unter allen, die wir beschrieben haben, am wenigsten beschwerlich; doch sind in dem Gebürge bey **Gabel** einige Defileen, die mit wenigen Truppen besetzt werden können.

Aus eben diesem Kreise geht noch eine Straße über **Romburg** und von da weiter nach **Löbau** in die Lausitz. Man trift auf diesem Wege die meisten Schwierigkeiten an, und ich erinnere mich nicht, daß ihn in dem ganzen letzten Kriege ein Korps von Wichtigkeit genommen hat, außer das welches der Prinz von Preussen nach der Schlacht bey **Kollin** führte. Von diesen beiden letzten Straßen können die Preussen wenig Gebrauch machen, da sie so entfernt von ihren Vorrathsniederlagen sind; doch kann vielleicht ein Korps von ihnen auf dieselben vorrücken, wenn sie von verschiedenen Seiten in Böhmen einbrechen wollen. Es scheint daher von keiner Erheblichkeit zu seyn, sie durch Festungen zu decken. *)

Die folgende und eine der wichtigsten Straßen in dem ganzen Lande ist die, welche von **Prag** über **Budin**, **Lowositz**, **Aussig**, **Peterswalde** und **Gishübel** geht und bey diesem letzten Orte in Sachsen tritt. Sie geht von **Lowositz** bis zu diesem letzten Städtchen in beständigen Defileen fort, und läuft dicht an der Elbe bis **Aussig** hin, wo sie der kleine Fluß **Bila** durchschneidet; eine andre große Tiefe findet man hinter **Peterswalde** und eine dritte bey **Gishübel**. Bey einem jeden von diesen drey Orten kann man so vortheilhafte Stellungen nehmen, daß zwölf oder vierzehn Bataillons hinreichend sind, sie gegen eine ganze Armee zu vertheidigen, wenn auch gar keine Festung da wäre. Wäre aber eine gute Festung in dieser Gegend, so scheint es fast unmöglich zu seyn, auf dieser Seite von Sachsen **Böhmen** mit einem guten Erfolge anzugreifen. Wenn eine Armee aus einem von diesen beiden Ländern in das andre gehen will, so muß sie schlechterdings Meister von der Elbe seyn. Denn auf diesen Fluß allein können ihr die Bedürfnisse zugeführt werden, da die Berge so hoch und die Wege so schlecht sind, daß zu gewissen Jahrzeiten kein Wagen durchkommen kann. Eine Festung in dieser Gegend würde also einer Armee, die aus einem Lande in das andre gehen wollte, unüberwindliche Hindernisse in den Weg legen.

C 2   Die

---

*) Das dieses Urtheil des Verf. eben kein Orakelspruch sei, beweißt der Krieg von 1778, da der Pr. Heinrich von Preussen mit einer so starken Armee, als jemals von dieser Seite aus in Böhmen eingedrungen, gerade diese beschwerliche Straßen wählte. Ueb.

Die folgende Straße geht ebenfalls aus der Ebene von Lowositz über die Geburge bey Töplitz und von da über Zinwald in Sachsen. Dieser Weg ist sehr schlimm und so voll Defileen, daß schwerlich etwas anders als Infanterie darauf fortkommen kann. Man kann verschiedene gute Stellungen darauf nehmen, die beste ist aber bey Töplitz.

Die nächste Straße geht aus dem Saatzer Kreise über Laun und Commotau und von da über Basberg nach Sachsen. Diese und die folgende, welche ebenfalls aus diesem Kreise über Kaden und Kupferberg nach Sachsen geht, sind außerordentlich schwer zu passiren und die Preußen sind jedesmal zurückgeschlagen worden, wenn die Defileen gehörig besetzt waren. Während des Krieges haben schwerlich andre als leichte Truppen versucht, diese Defileen zu passiren, ausser daß dieses durch den Fürst Moritz 1757 in zwey Kolonnen geschahe.

Aus den Ellnbogener Kreise gehen zwey Straßen, eine über die Geburge nach Plauen, die andre über Eger. Beide sind für eine Armee, die in Böhmen eindringen will, auf gewisse Weise gar nicht zu passiren, da es gefährlich seyn würde durch so lange Defileen so nahe bey einer Festung vorbey zu gehen. — Dieses sind die vornehmsten Straßen und Päße in den Ländern, wo der letzte Krieg in Deutschland geführt wurde.

Böhmen und Mähren werden durch verschiedene Flüsse gewässert, unter denen die Teis der vornehmste ist. Sie entspringt auf dem Schlesischen sogenannten Schneegeburge, geht bey Altstadt, Müglitz, Littau, Olmütz, Hradisch ꝛc. vorbey, und fält bey Presburg in die Donau. Nahe am Ende ihres Laufs verändert sie ihren Nahmen und heißt die Morau. *) Sie ist nicht schifbar, und an ihren Ufern kann man keine Stellung nehmen, den Feind, der aus Schlesien kömmt, aufzuhalten. Allenfalls gienge es noch an sich auf den Höhen bey Littau zu setzen, so daß der rechte Flügel sich gegen Olmütz erstreckte. Denn aber muß auch ein Korps bey Müglitz stehen, weil sonst eine feindliche Kolonne die Teis hinunter gehen, und diese Stellung sehr gefährlich machen könnte.

---

*) Der Fluß Morau, Morava oder Marsch entspringt an der Gränze der Grafschaft Glatz, nimmt da, wo er aus dem Brünner Kreise tritt und die Gränze zwischen Ungarn und Oesterreich macht, die Teja oder Teis auf, die sich noch vorher mit den Svarzava, Szvitava und Gihlava vereinigt, so daß die Morau der Hauptfluß ist, und ihren Nahmen nicht verändert.

könnte. Sie ist unstreitig unter allen die geschickteste Olmütz zu decken, das, so lange hier eine Armee steht, nicht angegriffen werden kann. Diese kann aber durch kein Manöver unmittelbar gezwungen werden, ihre Stellung zu verlassen, da sie von Olmütz aus ihren Unterhalt erhalten kann, und der Feind darf es nicht wagen näher an die Oesterreichische Gränze vorzurücken und diese Festung und Armee hinter sich zu lassen.

Es giebt noch verschiedene kleinere Flüsse zwischen Olmütz und Brünn, die durch die Gebürge laufen und allenthalben gute Lagerplätze bilden. Mähren ist überhaupt ein haltbares Land, und kann durch eine kleine Armee gegen eine überlegene Macht leicht vertheidigt werden, wie aus dem Kriege nach Carls VI. Tode hinlänglich erhellet. Denn damals trieb Prinz Carl von dem großen Kevenhüller unterstützt, an der Spitze einer Armee, die in Vergleichung mit der Feindlichen nur schwach war, den Feind gänzlich aus diesem Lande und aus Böhmen, lediglich durch kühne und geschickte Manöver, die ihm die Beschaffenheit des Landes zu machen erlaubte.

Die Elbe entspringt auf dem Riesengebürge in Schlesien und läuft bey Arnau, Königshof, Jaromirs, Königsgrätz, Pardubitz, Neuhof, Kollin, Nimburg, Brandeis, wo sie die Iser aufnimmt, Melnik, wo die Moldau in sie fällt, vorbey, nimmt oberhalb Leutmeritz noch die Eger auf, fließt hernach bey dieser Stadt und Aussig vorbey, und dann weiter nach Königsstein in Sachsen. Sie ist nur bis Lowositz schiffbar, wo sie erst anfängt beträchtlich zu werden. Ohngeachtet ihr Lauf ziemlich ausgedehnt ist, lassen sich doch nur wenig gute Stellungen an ihren Ufern nehmen. Die erste und wichtigste unter allen findet sich zwischen Königshof und Königsgrätz. Sie ist so stark, daß wenn hier eine Armee steht, der Feind von Schweidnitz und Glatz aus, gar nicht in die innern Theile von Böhmen dringen kann.

Es giebt noch andre gute Stellungen zwischen Nimburg und Brandeis, wodurch Prag gegen eine Armee gedeckt wird, die aus der Lausnitz kommt. Zwischen diesen Oertern und Sachsen aber kann man an ihren Ufern weiter keine gute Stellung mehr nehmen, weil sie mit der Landstraße parallel läuft; blos der rechte oder linke Flügel einer Armee, die sich zwischen Lowositz und Aussig lagert, kann an ihr angesetzt werden nachdem die Fronte genommen wird.

An der Zassawa kann man nur Eine vortheilhafte Stellung nehmen, nemlich bey Beneschau. Sie deckt die beiden großen Straßen welche von Prag nach Wien gehen.

An der Moldau können einige gute Stellungen genommen werden, um Böhmen, Ober- und Niederösterreich gegen eine Armee zu decken, die vom Voigtlande aus einige Versuche machen wollte. Durch diese Stellungen wurden die Franzosen unter dem Herzog von Maillebois in der That gehindert in Böhmen einzudringen, um den Marschall von Belleisle zu befreyen, der in Prag eingesperrt war.

Prag ist der stärkste Ort an diesem Flusse, und in der That in dem ganzen Lande, und ziemlich gut befestigt; weil er aber von den umliegenden Höhen beherrscht wird, von weitläuftigem Umfange ist und von der Moldau durchschnitten wird, so erfordert derselbe einen so außerordentlichen Vorrath von Artillerie und andern Kriegsbedürfnissen und eine so zahlreiche Besatzung, daß es zweifelhaft zu seyn scheint, ob man einen Versuch machen müße, ihn zu vertheidigen oder nicht; es sey denn, daß man ein Paar Bataillons darin halten wollte, um durch eine gute Capitulation die Plünderung zu verhüten. Das Schicksal dieser Stadt in dem Kriege von 1741 beweist die Richtigkeit meiner Meinung. Das erstemahl wurde sie mit einer Besatzung von 4000 Mann durch Sturm eingenommen; das zweitemahl that sie nur wenige Tage Widerstand; und das drittemahl wurde sie von den Preußen plötzlich geräumt, als sie Böhmen verließen. In diesem letzten Kriege würde ihr Schicksal in wenigen Tagen mehr entschieden und sie mit einer ganzen Armee in ihren Ringmauern weggenommen worden seyn.

Die Eger entspringt in dem Kreise gleiches Nahmens, läuft bey den Städten Eger, Ellenbogen, Saatz, Laun und Budin vorbey, und fällt nicht weit von dieser letzten Stadt in die Elbe. Eger ist die einzige Stadt von Bedeutung an diesem Flusse und gut befestigt; da sie aber von einer Anhöhe an dem linken Ufer des Flusses commandirt wird, so kann sie keinen langen Widerstand thun. In dem letzten Kriege wurde daher die Frage untersucht, ob man die Werke schleifen sollte oder nicht.

Es verdient angemerkt zu werden, daß überhaupt genommen das rechte Ufer dieses Flusses höher ist, als das entgegengesetzte; folglich von selbst Mittel an die Hand giebt es zu vertheidigen. Man kann verschiedene gute Stellungen an demselben nehmen; die erste und vortheilhafteste ist indessen an dem rechten Ufer hinter Budin, wodurch der Feind, wenn er aus Sachsen die Straße über Aussig kömmt, die, wie wir gesagt haben, der vornehmste Eingang in Böhmen ist, leicht aufgehalten werden kann, wenn ein starkes Korps höher herauf bey Laun gesetzt wird, um die feindliche Colonne aufzuhalten die zugleich auf der

Straße

Straße über Commotau vorrückt. Dieses Korps muß stark genug seyn, den Uebergang so lange streitig zu machen, bis die Armee, welche bey Budin steht, ankömmt, welches durch einen leichten Marsch linker Hand geschehen kann. Hätte im Jahre 1756 der Herzog von Ahrenberg diese Stellung genommen, anstatt sich nach Mikowitz zurück zu ziehen, so würde es dem König von Preussen schwer geworden seyn die Eger zu passiren, und aller Wahrscheinlichkeit nach wäre der Versuch gar nicht gelungen, da der Feldmarschall Brown ihm mit einer zahlreichen Armee den Uebergang verwehren konnte.

Dies Land wurde ehemals, wie der größte Theil der übrigen in Europa, durch das Feudalsystem regiert. Dieses findet in gewissen Verstande noch gegenwärtig statt und ohngeachtet der großen Macht des Hauses Oesterreich, hat der Adel doch noch verschiedene Vorrechte. Daher findet man darin eine Menge Städte, welche befestigt oder vielmehr nach gothischer Art mit einer Mauer umgeben sind. Dieses hat seinen großen und ausgebreiteten Nutzen. Denn sie geben ein vortreffliches Mittel an die Hand, den kleinen Krieg mit dem besten Erfolge zu führen, den Feind zu beunruhigen und abzumatten, seine Zufuhren zu erschweren, und ihm die Lebensmittel abzuschneiden, wodurch er endlich gezwungen wird, sich aus dem Innern des Landes näher an die Gränze zurückzuziehen. Durch sie ist man im Stande, mit einer kleinen Armee dem Feinde jeden Fußbreit Landes streitig zu machen und er darf es nicht eher wagen, seine Armee auseinander zu legen, bis er seinen Gegner über die Donau getrieben. Dieses war die Ursach, warum die Preussen, Franzosen und Sachsen im Kriege von 1741, ohngeachtet sie sich schnell von dem Lande Meister machten, es doch gleich wieder verlassen mußten, sobald nur eine kleine Armee gegen sie erschien. Wir glauben überhaupt, daß es unmöglich sey, sich darinnen zu behaupten, wenn man nicht zugleich im Besitz von Mähren und Oesterreich bis an das Ufer der Donau ist. Nur wenn dieser große Fluß die Schutzwehr ist, kann man sich in dem Besitz desselben erhalten, sonst aber nicht.

Ohngeachtet dieses Land, nach der Beschreibung die wir davon gemacht haben, haltbar zu seyn scheint und es auch in der That ist, so finden sich doch dabey verschiedene Unbequemlichkeiten, die es unmöglich machen, einen Einfall, besonders von der Seite von Schlesien aus, zu hindern. Das Gebürge, welches diese beiden Länder von einander trennt, macht einen Theil von Schlesien aus, und gehört also dem König von Preussen. Dieser ist also Meister von den Defileen, von denen die Festungen Neiße, Glatz und Schweidnitz nicht weit entfernt sind. In diesen kann er mit aller Bequemlichkeit insgeheim die nöthigen Vorkehrungen machen, und sodann mit einem Marsch in drey Kolonnen in Böhmen rücken, ohne daß es möglich wäre dies zu hindern. Denn man kann keine Stellung so nahe an den Ausgängen nehmen, daß man ihm dadurch die Lebensmittel abschneiden könnte. Er hingegen kann sich zwischen der gegenseitigen Armee und den Gebürgen allemahl so vortheilhaft agern, daß es nicht möglich ist ihn mit Gewalt zum Rückzuge zu zwingen. Die nächste und beste Stellung, um das Land gegen einen Einbruch von der Seite von Schweidnitz und Glatz aus zu decken, ist, wie wir bereits angezeigt haben, hinter der Elbe zwischen Königshof und Königsgrätz: und doch muß man auch diese verlassen, wenn man nicht stark genug ist, ihm den Einbruch in Mähren auf dem rechten Flügel über Zukmantel zu verwehren, wie in dem Feldzuge von 1758 geschahe, oder zu verhindern, daß er nicht über Friedland und Gabel auf dem linken Flügel in Böhmen einfalle. Geht dieses nicht an, so muß sich die Armee gleich nach Mähren zurückziehen, um Wien zu schützen, oder an die Moldau, um Prag zu decken. In dem Innern des Landes ist ohne Zweifel die vortheilhafteste Stellung bey Kollin und Czaslau, weil man von dort aus mit wenigen Märschen entweder hinter die Elbe bey Königsgrätz kommen, sich der Moldau nähern, oder sich nach Mähren zurückziehen kann, je nachdem es die Umstände mit sich bringen.

In diesem Lande sind die besten Stellungen bey Leutomischel, Müglitz und Littau, wenn starke Korps in der Gegend von Zuckmantel und Troppau gesetzt werden um die Eingänge an dieser Seite zu decken. Sie stehen daselbst sicher und können nur von vorne angegriffen werden und in diesem Falle können sie sich entweder zu der Armee oder nach Olmütz zurückziehen. Man mag eine oder die andre Stellung nehmen, so deckt man dadurch Mähren und Oesterreich, und behält die Gemeinschaft mit Böhmen offen, wo der Feind seine Armee nicht in die Kantonirungs- oder Winterquartiere verlegen darf, so lange noch eine starke Armee in Mähren steht. Noch findet sich bey der Vertheidigung dieses Landes die große Unbequemlichkeit, daß man an keinem Ort mit Sicherheit beträchtliche Magazine anlegen kann, außer in Prag und Olmütz. Diese beiden Städte liegen aber so weit von der Gränze, daß alle Lebensmittel der Armee auf der Axe zugeführt werden müssen. Dieses verursacht gemeiniglich am Ende eines Feldzuges viele Schwürigkeiten, besonders wenn der Krieg im Lande lange dauert, und Pferde und Ochsen nicht häufig mehr zu haben sind.

Schle-

Militärische Beschreibung des Krieges-Schauplatzes.
Schlesien und die Grafschaft Glatz.

Dieses Land erstreckt sich von Süden nach Süd-Ost von Böhmen. Seine Länge von Liebenau an der Gränze von Brandenburg bis nach Oberschlesien an der Gränze von Polen und Ungarn beträgt beinahe 60; die Breite, die Grafschaft Glatz mit eingeschlossen, bis Militsch an der polnischen Gränze ohngefähr 30 Meilen. Es hat beinahe eine und eine halbe Million Einwohner, bringt jährlich ohngefähr vier Millionen Thaler ein, und ist eins der reichsten und fruchtbarsten Länder in Europa.

Es ist schon gesagt worden, daß es von Böhmen durch eine Kette von Bergen abgesondert wird, die von Zukmantel, an der Gränze von Mähren bis Greifenberg am Queis fortgehen. Dieser Fluß, der bey Greifenberg, Markliffa und Lauban vorbei geht und bei Halbau in dem Bober fällt, trennet es von der Lausitz. Dieser letzte Fluß dient zugleich zur Schutzwehr gegen die Oberlausitz, bis er bei Krossen in die Oder fällt.

Die vortheilhafte Lage dieses Landes setzt den König von Preussen in den Stand, Böhmen leicht und mit Erfolg anzugreifen: hingegen ist jeder Versuch von Böhmen aus gegen Schlesien mit vieler Gefahr und Schwürigkeit verbunden. Wenn irgendwo in der Nachbarschaft von Glatz eine kleine Armee steht, und von zwei andern Korps das eine zwischen Freywald und Johannisthal, das andre in der Gegend von Trautenau gestellt wird, so können diese jeden Versuch auf dasselbe, nach meiner Ueberzeugung, vereiteln und fruchtlos machen. Eine auf diese Art gestellte Armee kann durch kein Manöver geradezu mit Gewalt aus dieser Stellung vertrieben werden, da das Land voll starker Posten ist, und sie sich allenfalls unter die Kanonen von Glatz ziehen kann. Gesetzt auch, es würden beide rechts und links postirte Korps geworfen, so darf der Feind sich doch nicht unterstehen, mit seiner Armee weiter in Schlesien vorzurücken, so lange der Feind in der Grafschaft Glatz steht. Dieser würde ihr von da aus leicht die Gemeinschaft mit Böhmen und Mähren abschneiden, und sie in kurzer Zeit dadurch zwingen sich wieder zurückzuziehen, wenn sie nicht in dem Gebürge vor Hunger umkommen wollte. Denn in dem ganzen Lande zwischen diesem Gebürge und den Festungen Neiße und Schweidnitz findet eine Armee nicht auf zwei Tage Unterhalt. Gegen diese beiden Oerter kann man aber nichts unternehmen, so lange in der Grafschaft Glatz oder in der Nachbarschaft dieser Festungen feindliche Truppen stehen, wenn ihre Anzahl auch nur geringe ist. Die Armee muß also lediglich aus ihren

Geschichte des siebenjährigen Krieges in Deutschland.

ihren Magazinen in Böhmen unterhalten werden, die unmöglich nach Schlesien verlegt werden können, so lange noch ein starkes feindliches Korps in der Grafschaft Glatz steht. Wenn aber auch keine feindliche Truppen da wären, so würden doch die Zufuhren, wenn sie auch noch so stark wären, bald aufgezehrt werden und aufhören müssen, besonders wenn Regenwetter einfällt, wodurch die Straßen völlig unbrauchbar gemacht werden. Sodann darf man auch nicht darauf denken, die schwere Artillerie und die übrigen zur Belagerung erforderlichen Bedürfnisse eher heran kommen zu lassen, bis der Ort völlig eingeschlossen und nicht weit vom Lager ein beträchtliches Magazin angelegt ist. Dergleichen Vorkehrungen erfordern aber mehr Zeit, als der König braucht, um zum Entsatz herbeizukommen. Man sieht hieraus, wie schwer die Eroberung von Schlesien ist, sobald eine kleine Armee darin zur Bedeckung steht. Wenn die österreichischen Waffen in den Feldzügen von 1757, 1760 und 1761 darin einen glücklichen Fortgang hatten, so muß man, unserer Meinung nach, dieses lediglich dem fehlerhaften Verfahren der preußischen Generale zuschreiben, welches wir darthun wollen, wenn wir auf die Beschreibung dieser Feldzüge kommen werden.

Dieses Land wird von kleinen Flüssen bewässert, ist, wie Böhmen, mit Waldungen bedekt, und wird von Bergen und Thälern durchschnitten. Man findet daher überall vortrefliche Lagerpläze. Die besten Posten auf dieser Seite sind in der Gegend von Glaz, bey Frankenstein, Wartha, u. s. w. wie wir bereits erwähnt haben. Linker Hand ist eine gute Stellung bei Omoschau, wodurch Neiße, rechter Hand eine bei Landshut, wodurch Schweidnitz gedekt wird. Eine andere findet man auf den Anhöhen bei Würben zwischen Schweidnitz und Breslau, welche beide dekt; noch eine andere hinter dem Reichenbachschen Wasser, mit dem rechten Flügel an Pilsen und dem linken an Faulbrük, die eben dieser Absicht entspricht; endlich kann man zwischen Liebenthal und Löwenberg eine vortrefliche Stellung nehmen, um das Land gegen eine Armee zu dekken, die auf der Straße von Görlitz, Markliffa und Lauban eindringen will.

Weiter herunter am Queis ist ein guter Lagerplatz zwischen Naumburg und Bunzlau, dessen man sich aber nur in einigen besondern Fällen bedienen kann. Denn der Feind kann bei Lauban über den Queis gehen und linker Hand der Armee in Schlesien einbrechen. Bei diesem letzten Ort ist ein gutes Lager für ein kleines Korps, das als eine Avantgarde der Armee, die bei Löwenberg steht, hingesetzt werden kann. Noch weiter herunter am Bober findet man gute Läger bey Sagan und Christianstadt, durch welche das Land völlig gedekt wird.

Der

Der einzige schifbare Fluß in diesem Lande ist die Oder. Sie entspringt in den Gebürgen an der hungarischen Gränze, ohnweit Jablunka, fließt bei Ratibor, Kosel, Oppeln, Teschen, Brieg, Breslau, Großglogau, Frankfurth, Küstrin, Stettin vorbey, und fällt nicht weit unterhalb dieser Stadt in das baltische Meer.

Der erste haltbare Ort an diesem Flusse ist Kosel, der zwar klein, aber durch seine Lage sehr fest ist. Könnte er eine zahlreiche Besatzung einnehmen, so wär er eine ansehnliche Schutzwehr gegen die Oesterreicher und Hungarn. Die übrigen vorhin genannten Oerter bis Breslau haben weiter keinen Nutzen, als das Land gegen die Streifereien leichter Truppen zu decken; doch können auch Magazine darin angelegt werden, wo man in Kriegszeiten die Erdfrüchte in Sicherheit bringt.

Breslau, die Hauptstadt von Schlesien, ist ein großer und volkreicher Ort. Ohngeachtet sie ziemlich gut befestigt ist, kann sie doch keinen großen Widerstand thun, weil sie von einer benachbarten Höhe kommandirt wird, und keine Außenwerke von Wichtigkeit hat.*) Ueberdies liegt ein großer Theil der Stadt und der Vorstädte außerhalb den Werken, so daß man, durch sie völlig gedekt, die Laufgräben in einer geringen Entfernung von den Werken eröfnen kann. Da überdies der Graben kein Glacis und kaum einen gut verpalisabirten bedekten Weg vor sich hat, so kann man in kurzer Zeit in die Stadt dringen. Sie ist aber dennoch in anderer Rüksicht von großem Nutzen. Man kann nemlich darin ohne alle Gefahr ansehnliche Magazine von Mund- und Kriegsbedürfnissen anlegen, und ein starkes Korps den Winter über einquartiren, wo es Gelegenheit findet, sich wieder zu erholen. Auch kann sie ein Lager decken, wenn das Terrein gehörig gewählt wird. Die Besatzung muß indessen zahlreich seyn, wenn sie ohne weitere Unterstützung zugleich das Land decken soll. Wenn man von Breslau die Oder weiter hinunter geht, so kömmt man nach Großglogau, welches mit allem Recht als der Schlüssel und die Schutzwehr von Niederschlesien anzusehen ist. Es ist eine starke Festung, wenn man sie mit den übrigen in diesem Lande vergleicht, allein gar nichts, wenn man sie gegen die in Flandern hält.

Gemeiniglich sind die stärksten und ansehnlichsten Magazine und eine zahlreiche Besatzung in dieser Stadt. Sie dekt auch das Land so vollkommen, daß man auf dieser Seite nichts eher von Wichtigkeit gegen Schlesien unternehmen kann, als bis man sich ihrer be-

---

*) Bey dieser neuen Ausgabe würde der V. diese Meinung ohne Zweifel geändert haben, wenn er vollständige Nachrichten von den Verbesserungen gehabt hätte, die bei dieser Festung angebracht worden. b. Ueb.

28 Geschichte des siebenjährigen Krieges in Deutschland.

meistert hat; dies dürfte aber keine so leichte Sache seyn. Denn der König wird in dieser Gegend allemahl eine Armee stehen haben, um den aus Polen anrückenden Feind zu beobachten, und wenn diese auch ihrer Schwäche wegen gezwungen seyn sollte das Feld zu verlassen, so kann sie sich doch sicher unter die Kanonen der Festung zurückziehen, wo sie denn weiter durch kein Manöver unmittelbar vertrieben werden kann. Sollte der Feind ja wagen, sie im Rücken stehen zu lassen und auf Breslau marschiren, so kann sie ihm entweder zuvorkommen, oder ein Korps Husaren nach Polen senden, das dem Feind den Unterhalt so kräftig und vollkommen abschneiden kann, daß er gezwungen wird, alle seine Entwürfe kurz weg aufzugeben und sich wieder an die Gränzen dieses Landes zu ziehen. Da überdies der König allemal darauf bedacht ist, alles Getreide in diesem Lande in Breslau und Glogau aufzuschütten, so findet der Feind weiter nichts als das Korn auf dem Halme, und dies ist nicht zureichend eine Armee auch nur einen Tag zu unterhalten, besonders in dem ganzen Striche längst der Oder, welcher überhaupt sandig und nichts weniger als fruchtbar ist. Hieraus erhellt also, daß eine aus Polen kommende Armee, wenn sie auch noch so zahlreich ist, doch nichts von Erheblichkeit unternehmen kann. Der nächste Ort an der schlesischen Gränze, wo ein Magazin angelegt werden kann, ist Posen, und dieser ist 20 Meilen von Glogau. Wenn nun eine Armee in der Nachbarschaft von diesem Orte steht, so kann ihr kaum so viel zugeführt werden, als sie täglich zu ihrem Unterhalte gebraucht, das Magazin mag auch mit allem bis zum Ueberfluß angefüllt seyn; noch weniger aber kann es nach Glogau gebracht werden, um die Armee wenigstens zwei Monate hindurch zu erhalten. Wie will man vollends die schwere Artillerie und eine unendliche Menge anderer Bedürfnisse zu einer Belagerung heran schaffen? Wer wollte sie also unternehmen? gesetzt auch, welches doch gar nicht wahrscheinlich ist, daß ihre Vertheidigung nur einer gewöhnlichen Besatzung überlassen und gar keine Armee zur Bedeckung da wäre. Hierin liegt der Grund, warum die Russen aus Mangel eines hinlänglichen Magazins in Posen, sich den schlesischen Gränzen nicht vor dem Monat Julius nähern konnten; auch mußten sie bei ihren Operationen vorzüglich darauf bedacht seyn, ihrer Armee die erforderlichen Lebensmittel zu verschaffen, und konnten daher nicht viel an große militärische Unternehmungen denken. Da sie aus Mangel des hinlänglichen Unterhalts an keinem Orte lange bleiben konnten, um etwas von Wichtigkeit auszuführen, so waren sie, aller ihrer Siege ohngeachtet, doch allemal gezwungen, das Land schon im Monat Oktober zu räumen, das ihre eignen Verwüstungen und die Beschaffenheit der Umstände unfähig machte, sie den Winter hindurch zu erhalten. Sie mußten sich daher

noth-

nothwendig an die Niederweichsel zurückziehen, wo sie ihre Magazine hatten. Daher liefen alle Operationen dieser Armee auf nichts weiter hinaus, als von der Weichsel nach Schlesien zu marschiren, sich da herum zu schlagen, das Land zu verwüsten und zuletzt sich wieder bis an die Weichsel zurückzuziehen.

Wir wollen diese Beschreibung von Schlesien mit der Bemerkung beschließen, daß der größte Vortheil, der aus der günstigen Lage und der Natur dieses Landes erwächst, unserer Meinung nach darin besteht: daß der König, durch seine Festungen gedekt, vermögend ist, alle seine Bewegung mit Sicherheit und Schnelligkeit zu machen; daß seine Armeen überall, wo sie sich lagern, überflüßigen Unterhalt finden; daß ein kleines Korps, unter Begünstigung dieser Festungen, die Stelle einer großen Armee und das so nachdrüklich vertreten kann, daß der Feind nichts von Wichtigkeit in dem Lande unternehmen kann, so lange es noch da ist. Wer das, was wir über diese Materie gesagt haben, mit Aufmerksamkeit untersuchen will, der wird wahrscheinlich seine Bewunderung des Königs von Preußen, und die Verachtung gegen die österreichischen und russischen Generals merklich verringert fühlen.

Weiter herunter an der Oder liegt in der Mark Brandenburg Frankfurt, eine reiche und volkreiche Stadt. Aus einem militärischen Gesichtspunkte betrachtet, hat sie indessen keinen andern Nutzen, als Magazine zu bekken, welche man hier und in Crossen für eine Armee anlegen muß, die längst der Warthe gegen Posen und die umliegenden polnischen Provinzen marschiren soll.

Noch weiter herunter, an dem Zusammenfluß der Warthe und Oder liegt Küstrin. Diese Stadt ist nur klein und gar keine starke Festung; indessen gelang es den Russen 1758 doch nicht, sie zu bekommen. Sie hielt aus, bis der König kam und sie durch den Sieg bei Zorndorf entsetzte. Dieser Vorfall bestätigt dasjenige, was wir von den Schwierigkeiten gesagt haben, die sich bei einem Unternehmen, wie die Belagerung von Glogau, oder überhaupt eines jeden andern Orts von beträchtlicher Stärke, finden, dafern man nicht nahe an diesen Orten Magazine anlegen kann, oder das Land an und für sich schon im Stande ist, die Armee mit dem nöthigen Unterhalt zu versehen. In Ansehung der Ammunition und andrer zur Belagerung nöthigen Bedürfnisse wird dieses niemals angehen, und wenn die Vorsicht gebraucht worden, daß der Landmann sein Getreide in den Festungen niederlegen muß, deren Belagerung man zu befürchten hat, so wird man auch keine Niederlage von Lebensmitteln machen können.

Die Lage von Küstrin ist übrigens sehr vortheilhaft, und man kann es als den vornehmsten Schlüssel von Schlesien und der Mark Brandenburg ansehen; besonders von dieser letztern Provinz, wenn man einen Einfall von der Niederweichsel her, das ist, von Warschau bis Danzig erwartet.

Eine von den feindlichen Kolonnen muß hier vorbei, und es würde unvorsichtig seyn in die Mark zu bringen, bevor man nicht Küstrin und Stettin weggenommen hat. Es wäre zu wünschen, daß man Mittel ausfindig machen könnte, die Festungswerke des erstern Orts zu erweitern, so daß er eine zahlreiche Besatzung von Fußvolk und Reiterei einnehmen könnte. Dadurch würde diese Stadt von unendlich größerer Wichtigkeit werden und wirklich das Land auf dieser Seite mit Nachdruk decken können. Stettin ist vornehmlich seiner Lage wegen im Stande einen langen Widerstand zu thun. Man sahe dieses, als es im Anfange dieses Jahrhunderts den Schweden abgenommen wurde. Diese Festung ist für den König von Preussen von der größten Wichtigkeit; denn sie deckt die Mark und Pommern so vollkommen, daß, wenn diese Provinzen auch überschwemmt und verwüstet sind, der Feind sie doch niemals erobern kann: und da so viele Dinge geschehen müssen, ehe man zur Belagerung schreiten kann, so zweifeln wir, ob jemals eine Macht, die in der Folge Absichten auf diese Stadt haben dürfte, im Stande seyn wird, sie zu erobern, wenn nicht ein paar glükliche Feldzüge vorangegangen sind.

Kolberg liegt an der Seeküste, und ohngeachtet es einige Meilen von Stettin entfernt ist, so kann es doch als ein Aussenwerk davon angesehen werden, da es der einzige Posten in der Nachbarschaft ist, wo noch allenfalls Magazine angelegt werden können, wenn man diese Festung belagern wollte. Da indessen die Landesprodukte allein den nöthigen Vorrath von Lebensmitteln nicht hergeben können, so müssen solche aus Liefland, Finland, Schweden u. s. w. zur See herbei geschaft werden. Eben dieses gilt auch von der Artillerie, Ammunition und andern Kriegsgeräthschaften, die nicht von der Weichsel her auf der Achse heran kommen können. Man sieht hieraus, daß Kolberg von nicht geringer Wichtigkeit ist, und wir wundern uns daher sehr, daß der König von Preussen diesen Ort so vernachläßigt hat. Die Festungswerke sind klein und man kann sich nichts elenderes denken; so daß sich die Stadt nicht zwei Tage halten kann, wenn sie gehörig angegriffen wird. Ihre Vertheidigung macht dem Commandanten eben so viel Ehre, als der Unwissenheit der Belagerer Vorwürfe.

Würde dieser Ort so erweitert, daß er eine Besatzung von 4000 Mann zu Fuß und 2000 zu Pferde einnehmen könnte, so würde es unserer Meinung nach den Russen unmöglich seyn,

seyn, ihn einzunehmen, da es sehr schwer seyn würde die Armee zu allen Zeiten mit den Mitteln zu versehen, wodurch sie ihn zur Uebergabe zwingen könnten. Ueberdies würde er eine Armee, die von dieser Seite käme, am weitern Vorrükken mit gutem Erfolge hindern, besonders wenn **Küstrin** auch in die vorhin erwehnte Verfassung gesezt würde. **Glogau**, **Küstrin**, **Kolberg** und **Stettin** können auf dieser Seite zu unüberwindlichen Vormauern der preußischen Besizungen gemacht werden, so wie es auf der andern **Neiße**, **Glaz** und **Schweidniz** sind. Es ist desto nothwendiger, diese Oerter in eine solche Verfassung zu sezen, daß der Feind dadurch in Schranken gehalten wird, da Pommern und die Mark von dieser Seite völlig offen sind und durchaus keine innere Vertheidigung haben.

Gegen **Schweden** und **Meklenburg** ist die pommersche Gränze schon von Natur so stark, daß es unnöthig ist, ihr durch die Kunst zu Hülfe zu kommen. Preussen ist ohnehin zu mächtig, als daß es von dieser Seite etwas zu befürchten hätte.

Preussen kann, so lange es mit dem Hause Brandenburg verbunden ist, nur sehr schwach vertheidigt werden.*) Denn diejenigen, welche es angreifen können, sind seine Gränznachbarn, und haben also alles bei der Hand, ihr Unternehmen mit glüklichem Erfolge auszuführen, und wenn sie eine Niederlage leiden, so finden sie in der Nähe die erforderlichen Hülfsmittel, ihren Schaden wieder zu ersezen. Wer es hingegen vertheidigen will, ist aller dieser Vortheile beraubt und wird sich in dem ersten Feldzuge schon in die Nothwendigkeit gesezt sehen es zu verlassen, wenn er auch keinen andern Verlust leidet, als denjenigen, der eine natürliche Folge eines jeden Krieges ist; denn er kann unmöglich seine Armee zu gehöriger Zeit rekrutiren, den Abgang von Pferden bei der Reiterei ersezen und die erforderlichen Kriegsbedürfnisse herbeischaffen u.s.w. Es befremdet uns daher, daß Seine Majestät einen Versuch machten, es zu vertheidigen. Vermuthlich verachtete er die Russen so sehr, daß er nicht zweifelte, sie würden leicht geschlagen und gezwungen werden können, sich in ihr eignes Land zurük zu ziehen. Er erkannte aber bald seinen Irthum und verließ es gleich nach dem ersten Feldzuge. Könnte der König dieses Land an Polen gegen das an der **Niederweichsel** vertauschen, so würde dies weit vortheilhafter für ihn seyn. Ich werde mich bei diesem Gegenstande ein entferntes Land zu vertheidigen länger aufhalten, wenn ich den Krieg in Westphalen und Portugall ohne Rüksicht auf Staatsverhältnisse, sondern lediglich aus einem militarischen Gesichtspunkte betrachten werde.

Linker Hand von Pommern besizt der König **Magdeburg**, eine eben so starke als wichtige Festung. In vierundzwanzig Stunden kann daselbst ein Korps zusammen gezogen wer-

---

*) Was der V. hier sagt, findet nicht mehr Statt, seitdem das polnische Preussen hinzugekommen ist. b. Ueb.

werden, die Sachsen auf der einen und zugleich Holstein, Meklenburg und Hannover auf der andern Seite im Zaum zu halten. Was übrigens die Befitzungen des Königs am Rhein anbetrift, so würde es unserer Meinung nach besser seyn, wenn dort gar keine Festung wäre. Denn es ist gewissermaaßen unmöglich sie gegen einen Feind zu vertheidigen, der an der dortigen Gränze steht, und wenn er sich ihrer bemächtigt hat, so würde man sie ihm nicht ohne die größten Schwürigkeiten wieder entreißen können. Ist hingegen das Land offen, so muß er es von selbst wieder verlassen.

Das Schiksal von Wesel in dem letzten Kriege bestätigt unsere Meinung.

Sachsen und die Lausitz.

Bei der Beschreibung von Böhmen und Schlesien ist bereits angemerkt worden, daß erstere Provinz von Sachsen durch eine Reihe von Bergen, die von Eger bis Pirna gehen, und von der Lausitz durch eben dieses Gebürge getrennt wird, das von Pirna bis Friedland ununterbrochen fortläuft. Von hier an macht der Queis und der Bober so ziemlich die Gränze zwischen der Lausitz und Schlesien. An dieser so weitläuftigen Gränze kann eben so wenig als an der Gränze von Brandenburg und Thüringen eine Stellung genommen werden, wodurch man im Stande wäre allein durch die Armee, welche Chursachsen aufbringen kann, das Land gehörig und vollkommen zu decken, da dieses weder von Natur noch Kunst einige Stärke erhalten hat. Um die Hauptstadt gegen einen Feind zu decken, der auf der Straße von Aussig aus Böhmen anrükt, könnte man allenfalls ein Lager hinter den Tiefen von Gishübel oder noch weiter rükwärts bei Großjedlitz nehmen; doch würde man es in einigen Tagen wieder verlassen müssen. Denn wenn der Feind mit einer Kolonne an dem rechten Ufer der Elbe über Schandau geht und sein Lager auf den Anhöhen bei dem Weißen-Hirsch nimmt, so ist Dresden der größten Gefahr ausgesetzt, und wenn man es retten will, so wird man gezwungen seyn, sich mit ihm auf eine oder die andere Art zu vergleichen. In der Lausitz würde ein Lager von noch geringerm Nutzen seyn. Denn man findet da nirgends einen Ort, von dem aus man diese Provinz gegen Böhmen, Brandenburg oder Niedersachsen decken könnte.

Vermöge der Lage seiner Staaten kann der König von Preussen von verschiedenen Seiten zugleich einen Angrif auf Sachsen unternehmen, nehmlich von Magdeburg, Brandenburg und Schlesien; und, da er dem Kurfürsten um ein großes überlegen ist, alle Bemühungen dieses Prinzen seine Länder zu schützen, unwirksam machen. Dieses ist allerdings eine unglükliche Lage, allein sie ist nun einmal nicht anders. Sachsen allein kann weder Preussen noch Oesterreich widerstehen. Wenn daher ein Krieg zwischen diesen

Militärische Beschreibung des Kriegs-Schauplatzes. 33

sen beiden Nebenbuhlern um der Größe willen entsteht, so ist es allemal, es sey nun mit Gewalt oder Indem es sich zureden läßt, gezwungen mit einem von beiden in Verbindung zu treten. Da es nun an der preußischen Seite völlig offen ist, so kann es der König überschwemmen und sich vor der Hauptstadt zeigen, ehe es den Oesterreichern möglich ist eine Armee abzuschiffen, um das Land zu decken. Nach unserer Meinung muß sich also Sachsen allemal mit dem Hause Brandenburg vereinigen. Beim Anfange des Krieges, der gleich auf den Tod Karls VI folgte, war Sachsen mit Preussen verbunden, und hatte von diesem Bündnis gewiß keinen Schaden. Wäre es bei diesem Grundsatz geblieben, so würde es nach meiner Ueberzeugung verschiedene Vortheile haben erhalten können. Allein es ging davon ab, vereinigte sich in der zweiten Hälfte eben dieses Krieges mit Oesterreich und wurde das Opfer desselben. In wenigen Tagen war Sachsen erobert, und mußte sich gefallen lassen, seine Befreiung durch die Vermittelung Engellands von dem Ueberwinder auf Bedingungen anzunehmen, die er vorzuschreiben für gut befinden würde.

Alle Vorgänge in diesem letzten Kriege bestätigen diese meine Meinung, und Sachsen muß dadurch von der Nothwendigkeit überzeugt werden, sein politisches System zu ändern. Es muß vergessen, daß es ehemals dem Hause Brandenburg gleich gewesen. Seine Eifersucht muß den Grundsätzen der Selbsterhaltung Platz machen, die unserer Meinung nach lediglich durch eine starke und enge Verbindung mit Preussen gesichert werden kann.

Das Innere dieses Landes wird durch verschiedene kleine Flüsse und eine Menge Gründe durchschnitten, die größtentheils so tief sind, daß man sie an manchen Orten gar nicht passiren kann. Parallel mit der Elbe läuft die Mulde, welche im Erzgebürge entspringt und ohnweit Dessau in die Elbe fällt. Ihre größte Entfernung von der Elbe ist ohngefehr drei bis vier deutsche Meilen. *) Ohngeachtet sie an und für sich nicht sehr tief ist, so läuft sie doch in einem tiefen Grunde fort, der auf beiden Seiten so hoch und steil ist, daß man den Uebergang gar nicht unternehmen kann, so bald man einigen Widerstand antrifft.

Zwischen diesem Fluß und der Elbe findet man hin und wieder gute Lagerplätze, aber keine einzige Stellung, durch welche man die Hauptstadt hinlänglich decken könnte.

Das erste Lager ist an dem rechten Ufer der Weistritz, mit dem rechten Flügel an Plauen und dem linken auf den Bergen bei Potschapel. Um aber dieses Lager in Sicherheit

zu

---

*) Dieses ist sehr unbestimmt. Die Mulde entsteht eigentlich aus zweien Armen. Einer davon entspringt im Erzgebürge, nahe an der böhmischen Gränze, geht bei Freiberg, Rossen ic. vorbei und wird die Freiberger Mulde genannt. Der andre kommt aus dem Voigtlande, wo er die weisse Mulde heißt, geht bei Zwikau vorbei und bekömmt alsdenn den Namen Zwikauer Mulde. Beide Arme vereinigen sich im Leipziger Kreise. d. Uebers.

Gesch. des siebenj. Kr. I.Th. E

zu setzen, muß ein starkes Korps jenseit der Tiefe bei Posendorf zwischen Rabenau und Dippoldswalde stehen, die linke Flanke zu decken und Freiberg zu beobachten. Der Feind hingegen, der die Elbe herauf marschirt, kann sich ohne alle Gefahr auf den Höhen bei Kesselsdorf lagern.

Das zweite Lager ist weiter herunter an der Elbe, mit dem rechten Flügel an Montig und den linken an Roth=Schönberg. Die Fronte ist durch einen tiefen Grund gedeckt, durch welchen ein sumpfigter Bach läuft. Auf der andern Seite dieses Grundes ist ein anderes gutes Lager bei den sogenannten Katzenhäusern, wo die Preussen während dieses Krieges öfters gestanden haben. Sie nahmen ebenfalls eins bei Meißen, das aber so schlecht ist, als man es sich nur denken kann. Dieses wollen wir darthun, wenn wir die Gefechte beschreiben werden, die einigemal daselbst vorgefallen sind.

Das dritte Lager ist bei Lomatzsch; das vierte bei Oschatz. Dies letzte kann sehr fest gemacht werden, wenn man vor der Mitte und auf dem rechten Flügel einige Reduten aufwirft.

Das fünfte ist bei Strehlen; es ist gut, man mag es nehmen, wie man will. Indessen muß man doch ein Korps bei Hubertsburg stehen haben.

Das letzte von einiger Wichtigkeit ist bei Torgau; es ist auf alle Weise vortheilhaft, man mag die Fronte nehmen, wie man will. So stark indessen diese Stellungen sind, so kann man doch nicht lange darin bleiben, wenn man nicht ein starkes Korps auf der linken Seite der Mulde und ein anderes an dem rechten Ufer der Elbe stehen hat, um die Flanken zu decken. Versäumt man diese Vorsicht, so muß eine Armee, die z. B. bestimmt ist, Dresden und Böhmen zu decken, so bald der Feind ein Korps längst der Mulde oder Elbe herauf marschiren läßt, sich augenblicklich nach dieser Hauptstadt zurückziehen, um die Gemeinschaft mit Böhmen offen zu erhalten. Eben dieses Schicksal hat eine Armee zu erwarten, welche die Elbe herauf kömmt. Man darf nur ein Korps auf die andere Seite dieser Flüsse senden, so muß sie so gleich wieder zurück, wenn sie nicht die Gemeinschaft mit der Niederelbe und der Mark Brandenburg verlieren will. Dies beweisen die Operationen, welche während des Krieges in diesen Gegenden gemacht wurden.

Nach dieser Auseinandersetzung der Absichten der kriegführenden Mächte und genauen Beschreibung des Kriegsschauplatzes, wollen wir zu der eigentlichen Geschichte dieses Krieges fortgehen; wir hoffen unsere Erzählung für jeden Kriegesmann, für den sie eigentlich geschrieben ist, lehrreich und angenehm zu machen.

Geschichte

Geschichte
des
siebenjährigen Krieges in Deutschland.

Feldzug im Jahre 1756.

Feldzug im Jahre 1756.

Der König von Preussen versuchte mit dem Hofe zu Wien in Unterhandlung zu treten, und auf diese Weise Zeit zu gewinnen, das gegen ihn geschlossene Bündnis auf eine oder die andre Art entweder zu trennen oder doch wenigstens dessen unmittelbarer Würkung zuvorzukommen: alle seine Vorschläge wurden aber mit Verachtung verworfen. Er faßte daher den Entschluß, den Absichten seiner Feinde zuvorzukommen, und den Krieg lieber in ihre Staaten zu spielen, als so lange zu warten, bis sie ihn in seinem eignen Lande angreifen würden. Die Besitznehmung von Sachsen verschafte ihm nicht allein verschiedene Bequemlichkeiten, sondern war auch schlechterdings nothwendig, wenn er Böhmen mit Erfolg angreifen wollte. Der König beschloß daher sich in Besitz desselben zu setzen. In diesem Entschluß wurde er um so mehr bestärkt, da er wußte, daß der König von Polen als Kurfürst von Sachsen unter der Hand allen Entwürfen beigetreten war, die man zu seinem Verderben verabredet hatte, und nur auf eine Gelegenheit wartete, ohne Gefahr an ihrer Ausführung mitzuarbeiten.

In dieser Absicht rükte eine Armee von ohngefähr siebenzig Bataillons und achtzig Schwadrons den 29ten August in drei verschiedenen Korps nach Sachsen. Das erste Korps, welches aus dem rechten Flügel der Armee bestand, marschirte unter der Anführung des Herzogs Ferdinand von Braunschweig aus dem Herzogthum Magdeburg über Halle, Leipzig, Borna, Chemnitz, Freiberg, Dippoldswalde und von da nach Dresden, wo der allgemeine Sammelplatz der Armee seyn sollte. Die Mitte, welche der König in Person anführte, machte das zweite Korps. Es nahm seinen Marsch an der linken Seite der Elbe über Wittenberg, Torgau, Meißen, und von da über Kesselsdorf nach Dresden. Das dritte Korps bestand aus dem linken Flügel und wurde von dem Herzog von Bevern geführt. Es marschirte aus der Gegend von Frankfurt an der Oder über Elsterwerda, Bautzen, Stolpen und Lohmen, und lagerte sich an dem rechten Ufer der Elbe, Pirna gegenüber. Den 6ten September war die ganze preußische Armee in der Nachbarschaft von

Dresden verſammelt. Des Königs Abſicht dabei ſcheint geweſen zu ſeyn, den König von Polen zu bewegen, ſich mit ihm zu vereinigen, Böhmen anzugreifen, oder welches noch wahrſcheinlicher iſt, im Fall einer Verweigerung einen Vorwand zu haben, ſich Sachſens zu bemächtigen, wie es in der That kurz darauf erfolgte.

Der Einmarſch des Königs in Sachſen war gewiß gut entworfen. Es waren nicht über 15,000 Mann in dem Lande, und dieſe waren damals noch nicht in ein Korps zuſammen gezogen. Wäre dies aber auch ſchon geſchehen geweſen, ſo war es doch allemal ſchwächer, als eine jede von den Kolonnen des Königs, und es durfte ſich nicht unterſtehen gegen die eine oder die andre vorzurüffen, weil es allemal durch die beiden andern von Dresden abgeſchnitten werden konnte. Man darf nur die Karte von Sachſen zur Hand nehmen, ſo kann man ſich leicht davon überzeugen.

Auch der Erfolg zeigt die Güte des Entwurfs. Die ſächſiſchen Truppen waren gezwungen das ganze Land zu verlaſſen und ſich, 14,000 ohngefähr an der Zahl, in das bekannte Lager bei Pirna zu ziehen. Der König von Polen hatte dieſe Stellung gewählt, weil man ihm eingebildet hatte, in dieſer ſey Er unüberwindlich. Ueberdies glaubte er dadurch eine ſichere Gemeinſchaft mit Böhmen erhalten zu können, von woher er nur allein Hülfe zu erwarten hatte, und wohin er, im Fall er in die Nothwendigkeit käme, ſich zurückziehen konnte.

Durch dieſe Betrachtungen aufgemuntert, beſchloß er die Vorſchläge des Königs von Preuſſen zu verwerfen. In wiefern dieſes ſeiner Würde Ehre machte, wollen wir hier nicht unterſuchen; aber weiſe war es gewiß nicht. Die Anmerkungen, welche wir über dieſen Vorfall in der Folge machen werden, ſollen dies deutlich beweiſen.

Da der König von Preuſſen beſchloſſen hatte, Böhmen anzugreifen und es ſich unterwürfig zu machen, ehe die Kaiſerin ihre Truppen zuſammen ziehen oder einer von ihren Bundesgenoſſen in gehöriger Verfaſſung ſeyn könnte ihn anzugreifen, gab er zu eben der Zeit, da er in Sachſen einbrach, dem Feldmarſchall Schwerin Befehl, an der Spitze einer Armee von dreiunddreißig Bataillons und fünfundfunfzig Schwadrons über Nachod und Neuſtadt nach Böhmen zu gehen. Da er aber fand, daß die Sachſen ſeine Vorſchläge gar nicht annehmen wollten, und ſich ſo vortheilhaft geſetzt hatten, daß er ihnen nicht mit Gewalt andre Geſinnungen beibringen konnte, ſo ſahe er ſich in der Nothwendigkeit, ſeinen Entwurf abzuändern.

Der

Feldzug im Jahre 1756.

Der König fand es unsicher nach Böhmen zu gehen und die Sachsen hinter sich Meister von der Elbe zu lassen, da er noch keine Magazine in dem Lande hatte. Die wenigen Lebensmittel, die noch vorräthig waren, konnte er schwerlich durch die unendlichen Defileen nach Böhmen kommen lassen, auch fehlte es ihm zu diesem Behuf an den hinlänglichen Fahrzeugen. Aus diesen Gründen beschloß er, nicht eher weiter vor zu gehen, als bis er die Sachsen würde bezwungen haben; ihnen in dieser Absicht alle Hülfe abzuschneiden, sich selbst einen sichern Weg zum Vorrükken zu bahnen, dafern dieses noch zuträglich seyn würde, und die Bewegungen der Oesterreicher zu beobachten. Um dieses alles zu bewerkstelligen, wurde ein ansehnliches Korps anfänglich unter dem Befehl des Herzogs Ferdinand von Braunschweig, nachher aber unter dem Feldmarschall Keith abgeschikt, um seine Stellung bei Johannesdorf in Böhmen zu nehmen. Feldmarschall Schwerin erhielt Befehl sich bei Aujest, Königsgrätz gegen über, zu setzen. Der König konnte mit allem Rechte voraussehen, daß dies die Oesterreicher bewegen würde ein Korps marschiren zu lassen, um sich dem weiteren Vordringen des letztern zu widersetzen. Thaten sie dieses und theilten ihre Macht, so konnten ihre Bemühungen die Sachsen zu befreien, wie es wahrscheinlich zu erwarten war, bei weitem nicht mit dem gehörigen Nachdruk geschehen, und waren also wenig furchtbar.

Die Kaiserin hatte um diese Zeit eben noch keine beträchtliche Armee in Böhmen zusammengezogen. Es sey nun daß sie glaubte, auf diese Art ihre wahren Absichten gegen den König von Preussen so lange verbergen zu können, bis sie und ihre Bundesgenossen sich in die gehörige Verfassung gesetzt haben würden, zur Ausführung derselben zu schreiten, oder daß man dieses dem schwankenden, ungewissen, langsamen und immer Zeit gewinnenden Rathschlägen ihrer Minister zuschreiben muß. Sobald sie indessen von den Bewegungen der Preussen Nachricht erhielt, so gab sie Befehl, ihre in dieser Provinz stehenden Truppen in zwei Lägern zusammenzuziehen. Das kleinste kommandirte der Fürst Piccolomini bei Königsgrätz gegen den Feldmarschall Schwerin; das größte bei Kollin der Feldmarschall Brown. Dieser hatte Befehl, so bald als möglich zum Entsatz der Sachsen zu marschiren.

Der König nahm sein Lager bei Großzedlitz, in der Nachbarschaft von Pirna. Da er die Sachsen nicht mit Anscheine eines glüklichen Erfolges angreifen konnte, so ließ er es blos seine Sorge seyn, sie eingeschlossen zu halten und durch Hunger zur Uebergabe zu zwingen. Dies gelang vollkommen nach seinem Wunsche. Noch vor dem Ausgang des Septembers waren sie in den kläglichsten Zustand versetzt und litten an allem Mangel.

Die

Die Kaiserin erhielt von allem diesen Nachricht. Sie sahe leicht ein, daß es von der Erhaltung dieser Armee abhing, ob Böhmen oder Sachsen der Schauplatz des Krieges seyn sollte. Sie gab daher dem Feldmarschall Brown Befehl zu marschiren und die Sachsen zu befreien, es möchte kosten was es wollte. Der Feldmarschall verließ also sein Lager bei Kollin und den 23 September sein Lager bei Budin an der Eger, wo er bei der Hand zu seyn glaubte, um mit den Sachsen die nöthigen Maasregeln zu ihrer Befreiung verabreden zu können. Hier mußte er bis den 30ten bleiben, um die Artillerie und Pontons abzuwarten, die unterdessen zu Wien in Stand gesetzt wurden.

So blieb der Zustand der Sachen bis den 28ten September, als der König sich in Begleitung einiger Generals zur Armee des Feldmarschalls Keith erhob, um das Lager in Augenschein zu nehmen und, wenn es die Bewegungen des Feindes erfordern sollten, dabei die nöthigen Veränderungen zu machen, und sodann wieder sich nach dem Lager bei Pirna zurük zu verfügen. Indem er da war bekam er Nachricht, daß der Feldmarschall Brown endlich seine Artillerie und Pontons erhalten hätte, und Anstalten machte über die Eger zu gehen. Dieses legte seine Absicht, die Sachsen zu befreien, deutlich an den Tag.

Der König glaubte diesen Anschlag nicht besser vereiteln zu können, als wenn er weiter in Böhmen vorrükte und den Feldmarschall Brown, allenfalls durch eine Schlacht, wenn es die Umstände so mit sich brächten, nöthigte wieder zurük zu gehen. Er befahl daher, daß eine Avantgarde von sechs Bataillons, eilf Schwadrons und 400 Husaren den 29ten September im Lager bei Johannesdorf aufbrechen und sich bei Tirmitz jenseit dem Grunde und Flusse setzen sollte, der bei Aussig vorbei fließt. Da er hier ferner Nachricht erhielt, daß der Feind an eben dem Tage über die Eger gehen und sein Lager bei Lowositz nehmen würde, so glaubte er, es sey nothwendig über die Gebürge bei Paskopol und Klerchen zu gehen, die Defileen hinter sich zu lassen und die Zugänge zu besetzen, welche in die Ebene vor dem Lager des Feldmarschalls Brown führen, damit es hernach blos von ihm abhinge, ob er weiter vorrüken und den Feind angreifen wollte, nachdem er solches für zuträglich halten würde. Sobald also die Tete der Armee, der er Befehl gegeben hatte, ihm nach Tirmitz zu folgen, daselbst ankam, so ging er den 30ten früh morgens mit der Avantgarde ohne weitern Aufschub nach Welmina, wo auch am Abend um 8 Uhr die ganze Armee anlangte, ohne andre Schwürigkeiten als schlimme Wege anzutreffen.

Da

Feldzug im Jahre 1756.

Da der König befürchtete, der Feind möchte die Nacht marschiren, den Rado=
stitzer und Lobesch=Berg besetzen und durch diese Stellung nicht allein einen Angrif un=
möglich machen, sondern ihn auch zwingen sich wieder nach Auffig zurückzuziehen, wel=
ches nicht ohne viele Schwürigkeiten geschehen konnte, so setzte er sich sogleich wieder
im Marsch, ging durch den Grund und besetzte die Berge auf der andern Seite. Die
Avantgarde stand an C C, die Armee selbst an G G. Da es schon zu spät war ein
Lager aufzuschlagen, auch die Gegend noch nicht genau genug rekognoszirt war, so blieb
alles unter freiem Himmel in eben der Ordnung, welche auf dem Marsch war beobach=
tet worden.

Den ersten Oktober des Morgens marschirte die preußische Armee, die aus 26
Bataillons, 56 Schwadrons bestand, und 102 Kanonen bei sich hatte, in I I auf:
die Infanterie in zwei Treffen, hinter der sich die Cavallerie in drei Treffen setzte. Die=
ses geschahe sowohl weil der Raum zu enge war, als auch weil die Cavallerie auf die=
sem Boden nicht mit Nutzen gebraucht werden konnte.

Der rechte Flügel der Infanterie stand in dem Dorfe Radostiz, am Fuße ei=
nes Berges, der eben diesen Namen führt. Vor diesem liegt ein andrer Hügel, wel=
cher der Homolka=Berg heißt. Dieser ist zwar etwas niedriger als der erstere, allein er
beherrscht doch völlig die Gegend bis an das Dorf Sulowitz. Der König ließ kurz
darauf seinen rechten Flügel bis auf diesen Berg vorrücken, und darauf eine Batterie
von schweren Kanonen auffahren.

Die Mitte seiner Armee nahm den Raum zwischen diesem und Lobosch=Berg
ein, auf dem der linke Flügel stand. Dieser letzte ist außerordentlich hoch und steil,
und läuft nach und nach in der Ebene, beinahe bis an Lowositz, herunter. Auf dieser
Seite sind lauter Weingärten, die von einander durch steinerne Mauern abgesondert
werden. Diese hatte der Feldmarschall Brown mit einigen tausend Kroaten besetzt,
K K, welche er durch verschiedene Bataillons ungarische Infanterie unterstützte. Eini=
ge hundert Schritt von dem Fuße dieses Berges lauft parallel mit demselben ein klei=
ner Bach, dessen Ufer etwas sumpfigt sind, an einigen Orten in die Ebene tritt,
und dann verschiedene Lachen macht. Zwischen diesen Lachen und den Höhen, auf de=
nen die preußische Armee aufmarschirt stand, läuft auch ein ziemlich tiefer Grund von
Sulowitz an bis Lowositz. Ueber diesen Bach und Grund kann man lediglich nach
diesen

diesen beiden Dörfern auf einer schmalen steinernen Brükke kommen, die zwischen ihnen liegt. Jenseit dieses Bachs hebt sich das Terrein allmählig in die Höhe, besonders in der Gegend von Sulowitz. Auf dieser stand die österreichische Armee, die 52 Bataillons, 72 Schwadrons stark war, und 98 Kanonen bei sich hatte. Sie war in zwei Treffen aufmarschirt und hatte noch eine starke Reserve. Die Infanterie stand, wie gewöhnlich, in der Mitte, und die Reiterei auf beiden Flügeln. Die Cavallerie vom rechten Flügel rükte indessen kurz vorher, ehe das Gefecht anging, etwas vor und sekte sich in der Ebene N N, linker Hand von Lowositz. Der Feldmarschall Brown hatte dieses Dorf befestigen lassen, und seine beste Infanterie mit einer ungeheuren Anzahl Geschütz hineingeworfen, auch auf der Ebene vor demselben eine starke Batterie und einige Reduten aufwerfen lassen. Durch diese Vorkehrungen glaubte er seinen rechten Flügel vor allem Angrif gesichert zu haben, denn gegen die Mitte und den linken Flügel seiner Armee konnte man ohnehin nichts unternehmen, da sie durch den sumpfigten Bach und den Grund hinlänglich gedekt waren. Daher beschloß er, in dieser Stellung den Feind zu erwarten.

Wir wüßten nichts gegen die Anordnung des Königs einzuwenden. Indessen wäre es vielleicht besser gewesen, wenn er gleich seine Cavallerie in die Mitte, zwischen den Loboschberg und Kinik, gestellt hätte. Auf diese Art hätte er mehr Infanterie auf den Homolkaberg bringen, und den linken Flügel verstärken können, der eigentlich bestimmt war, den Hauptangrif zu machen. In dieser Stellung würde er seine Cavallerie, wodurch er die feindliche angreifen ließ, besser haben unterstützen können, da sie hingegen hinter der Infanterie von gar keinem Nutzen war, auch diese nicht dekken konnte, wenn sie bei dem Angrif auf Lowositz wäre zurük geschlagen worden.

Der Aufbruch des Königs aus dem Lager bei Johannisdorf, um durch einen schnellen Marsch die Höhen bei Welmina zu gewinnen, ist ein Beweis, daß er wußte, von welcher Wichtigkeit es sey, die Defileen hinter sich zu haben. Dieses ist ein allgemeiner Grundsatz, wenn man auf den Feind losgeht. Wir empfehlen ihn aus Gründen, die zu auffallend sind, als daß wir sie weiter auseinander setzen dürfen.

Die Oesterreicher hätten unserer Meinung nach etwas schwere Artillerie an die rechten Ufer der Elbe setzen sollen, da, wo wir es auf dem Plane angemerkt haben. Diese würde die preußische Infanterie, als sie den Loboschberg verließ, und in der Ebene

vor=

vorrükte, um Lowofitz anzugreifen, in die Flanke gefaßt haben. Warum die öfterrei=
chische Cavallerie über den Grund setzte, um die Preußen in Q Q anzugreifen, können wir
nicht einsehen, da es schlechterdings von keinem Nutzen seyn konnte.

Um sieben Uhr des Morgens fing sich das Treffen zwischen der preußischen Infante=
rie des linken Flügels und den Truppen an, die der Feldmarschall Brown auf den Lobosch=
berg gesetzt hatte. Dies dauerte bei einem unregelmäßigen Feuer, ohne erheblichen Vortheil
auf beiden Seiten, beinahe bis gegen Mittag fort, als sich das Wetter anfing aufzuklären, das
den ganzen Morgen so neblicht gewesen war, daß man auf hundert Schritte nichts erkennen
konnte. Man wurde nunmehr ein ansehnliches Korps österreichischer Cavallerie N N in der
Ebene bei Lowofitz und etwas Infanterie in und bei dem Dorfe gewahr, welche die daselbst
aufgeworfenen Reduten und Batterien besetzt hatten. Da man indessen noch keine ordentli=
chen Linien vom Feinde entdecken konnte, so glaubte der König, dies sey nur seine Arriergarde.
In dieser Meinung wurde er um so mehr bestärkt, da er aus einigen Bewegungen, die man
die Nacht vorher in dem feindlichen Lager gehört hatte, urtheilte, daß er entweder bei Leit=
meritz über die Elbe gegangen sey, oder sich in sein altes Lager bei Budyn zurückgezogen hät=
te. Um indessen davon nähere Nachricht einzuziehen, befahl er, daß ein Regiment Drago=
ner O O und einige Schwadrons Cavallerie vor die Infanterie rükken und die feindliche Reite=
rei angreifen sollte. Dieses geschahe wirklich in Q Q und der Feind wurde über den Grund
zurük geworfen. Da sie ihn aber etwas zu weit verfolgten, geriethen sie unter ein heftiges
Kanonenfeuer aus den Dörfern Lowofitz und Sulowitz, und waren daher gezwungen, sich,
nicht ohne Schwürigkeit und großen Verlust, bis an ihre Infanterie R R zurükzuziehen, wo
sie Befehl erhielten, ihre erste Stellung wieder einzunehmen.

Um diese Zeit war der Nebel völlig gefallen, und man sahe die österreichische Armee
sehr deutlich in der Stellung aufmarschirt, die auf dem beigefügten Plan angezeigt ist.

Nachdem der König solche eine Zeitlang untersucht hatte, so urtheilte er, daß der
feindliche rechte Flügel der schwächste sey, und das aus vielen Gründen, besonders aber weil
er von dem Loboschberge kommandirt wurde. Er befahl also, daß seine zweite Linie Infante=
rie in das erste Treffen rükken, und die Cavallerie sich in der Mitte desselben setzen sollte, da=
mit er seine Fronte weiter ausdehnen, und den Lobosch= und Homolkaberg stark genug beset=
zen könnte. Dieses geschahe ohne allen Zeitverlust. Die Armee marschirte alsdann vorwärts,
doch so, daß der linke Flügel, der den Angrif machen sollte, etwas zurük gehalten wurde.

F 2 Nach=

Nachdem dieser verstärkt worden war, ging er, unter Bedeckung einer zahlreichen und gut bedienten Artillerie, den Loboschberg herunter in die Ebene vor Lowositz und jagte die Kroaten ohne viele Mühe aus den Weinbergen K K, ohngeachtet der Feldmarschall seine beste Infanterie anrücken ließ, um sie zu unterstützen. Dieses konnte natürlicher Weise nicht anders erfolgen, wie man aus der Beschreibung, die wir von diesem Berge gemacht haben, sehen kann. Denn er ragt über die Weingärten so weit hervor, daß die darin befindlichen Truppen ihre Köpfe nicht hoch genug heben und ihre Schüsse genau auf die herabkommenden Preußen richten konnten. Daher mußte denn der Widerstand auch nur sehr schwach seyn.

Der Feldmarschall Brown ließ verschiedene Bataillons von seinem rechten Flügel vorrücken, um die an dem Berge stehenden Truppen zu unterstützen. Der General Lascy, welcher solche kommandirte, machte am Fuße des Berges einige lebhafte aber fruchtlose Angriffe, wobei er auch verwundet wurde. Da er aber endlich überzeugt wurde, es sey vergeblich diesen Versuch zu wiederholen, so zog er sich wieder nach Lowositz zurük.

Da sich die Preussen auf diese Art völlig Meister vom Loboschberge gemacht hatten, so erhielten sie Befehl am Fuße desselben Halt zu machen, um so wohl mehr Artillerie herbei zu schaffen, als auch die Linie wieder in Ordnung zu bringen, die sowohl durch das Gefecht selbst, als durch das unebene und beschwerliche Terrein, etwas in Unordnung gekommen war. Diese Vorsicht ist so nöthig, daß verschiedene Schlachten verloren gegangen, die gewiß wären gewonnen worden, wenn man sie nicht verabsäumet hätte.

Nachdem sie sich wieder formirt hatten, gingen sie in verschiedenen Linien S S auf Lowositz los. Der linke Flügel hielt sich immer dicht an der Elbe, um dem Feuer der Batterie L L auszuweichen, der rechte aber blieb ganz ruhig auf dem Homolkaberg stehen. Bei dieser Stellung konnte des Feindes linker Flügel und die Mitte auf dieser Seite nichts unternehmen, und der König konnte seinen linken Flügel ohne Gefahr zurückziehen, wenn er von Lowositz abgeschlagen würde. Dies war indessen gar nicht wahrscheinlich; denn das Terrein war so beschaffen, daß er ihn leichter und eher, als der Feind seinen rechten verstärken, folglich auch in eben der Zeit mehr Leute ins Gefecht bringen konnte, welches denn dabei allemal entscheidend ist.

Da der Marschall Brown glaubte, daß der Sieg von der Behauptung des Dorfes Lowositz abhinge, so warf er beinahe seinen ganzen rechten Flügel in und um dasselbe. Das Gefecht dauerte also hier ziemlich lange und wurde von beiden Theilen mit vieler Hartnäckig-

keit

Feldzug im Jahre 1756

keit unterhalten, endlich aber wurde es doch zum Vortheil der Preussen entschieden, woran ihre Artillerie vorzüglichen Antheil hatte, weil sie das Dorf in Brand stekte. Dieser Umstand und der Mangel des benöthigten Terreins brachte die Oesterreicher in Unordnung; denn dieses war so enge und die Gemeinschaft so schmal, daß nicht drei bis vier Bataillons in Front aufmarschiren konnten, um sie zu unterstützen. Sie waren also gezwungen das Dorf zu verlassen, und sich mit Uebereilung auf ihre Kavallerie zurükzuziehen. *)

Als der Feldmarschall Brown sahe, daß sein rechter Flügel über den Haufen geworfen war, so befahl er seinem linken Flügel, durch das Dorf Sulowitz W W zu gehen, und des Feindes rechten Flügel anzugreifen. Diese Vorsicht war aber vergeblich. Nur ein kleiner Theil der Infanterie konnte durch das Dorf gehen, und dieser konnte sich auf der andern Seite unmöglich unter dem Feuer der schweren Artillerie formiren, die der Feind auf den Homolka-Berg gesetzt hatte, der nur einige hundert Schritt von dem Damme entfernt ist, über den sie den sumpfigten Bach bei Sulowitz paßiren mußten. Die wenigen Truppen, welche hinüber gegangen waren, mußten sich sogleich wieder durch das Dorf zurükziehen, welches nicht anders als in Verwirrung geschehen konnte, da schon verschiedene Häuser in Feuer standen.

Dieser Versuch des Feldmarschall Brown stimmt zu wenig mit der gesunden Vernunft überein, als daß er ihn in einer andern Absicht unternommen haben konnte, als nur lediglich die Aufmerksamkeit des Feindes nach dieser Seite zu ziehen und Zeit zu gewinnen, um seinen rechten Flügel wieder etwas in Ordnung zu bringen und seinen Rükzug zu erleichtern.

Dieses bewerkstelligte er auf eine meisterhafte Art V V. Er befahl seiner Mitte und dem linken Flügel eine Bewegung nach dem rechten hinauf zu machen, wodurch denn das Terrein hinter Lowositz in eben dem Augenblik wieder besetzt wurde, als es der rechte Flügel verließ. Die Infanterie, welche durch die Cavallerie des rechten Flügels unterstützt wurde, dekte den Rükzug so vollkommen, daß der Feind auch nicht einmal einen Versuch machte, ihn zu beunruhigen.

---

*) Wenn ein Dorf behauptet werden soll, so muß die Verschanzung von den Häusern durch einen Zwischenraum abgesondert seyn, der groß genug ist, daß sich die Truppen zwischen den Häusern und der Verschanzung gehörig formiren können. Auch das Dorf selbst muß dergestalt aufgeräumt werden, daß zwei oder mehr Bataillons in Front durchmarschirten können; sonst kann man es nicht vertheidigen. Und wenn es der Feind in Brand setzt, so muß man es in solcher Verwirrung verlassen, daß dadurch zuweilen die ganze Linie mit fortgerissen wird.

Der Marschall nahm eine neue Stellung etwas weiter rükwärts; der linke Flügel und die Mitte blieben in einer kleinen Entfernung hinter dem morastigen Bach stehen, und machten mit der Linie einen Haken, und Front nach der Ebene hinter Lowositz und der Elbe. Dadurch wurde der Feind gehindert, durch Lowositz zu gehen und sich unter dem Feuer einer zahlreichen Artillerie in der Ebene mit dem Rükken unmittelbar an der Elbe zu formiren. Dieses war um so weniger möglich, da die Bataillons und Schwadrons, wenn sie sich in Bewegung gesetzt hätten, um auf diesem Terrein eine Linie zu formiren, während dem Marsch ihre Flanke blos gegeben hätten.

Diese Ursachen bewogen, oder nöthigten vielmehr den König mit den erhaltenen Vortheilen zufrieden zu seyn, und hinter Lowositz in X X stehen zu bleiben. So lange indessen der Feldmarschall Brown in seiner neuen Stellung blieb, hatte der König seine Absicht noch gar nicht erreicht. Das Gefecht war an sich selbst gar nicht entscheidend, und Brown noch immer im Stande einen Versuch zur Befreiung der Sachsen zu machen. Denn der Verlust der Oesterreicher war geringer, als der preußische, und der König konnte sie nicht mit Hofnung eines glüklichen Erfolges angreifen, weil er auch den morastigen Bach hätte passiren und seine Armee eben den Schwürigkeiten aussetzen müssen, die der Feldmarschall Brown durch seine eigene Erfahrung unüberwindlich gefunden hatte.

Aus dieser verwirrungsvollen Lage rissen den König seine überlegenen Talente. Er detaschirte den Herzog von Bevern mit einem starken Korps Infanterie und Cavallerie nach Tschiskowitz, als wenn er gesonnen wäre, um des Feindes linken Flügel herum zu gehen, und ihn zwischen der Elbe und der Eger einzusperren. Dieses Manöver hatte den erwünschten Erfolg. Feldmarschall Brown fürchtete sich vor den Folgen, und zog sich in aller Eil über die Eger in sein altes Lager bei Budyn zurük, ohne etwas dabei einzubüßen.

So endigte sich das Treffen bei Lowositz, welches um sieben des Morgens anfing und bis drei Uhr Nachmittags dauerte. Beide Theile machten Anspruch auf den Sieg. Man muß indessen gestehn, daß die Preussen das größte Recht dazu hatten, wenn man nach den Folgen urtheilen soll, die lediglich in dergleichen Fällen entscheiden können.

Die Oesterreicher hatten gewiß die Absicht, die Sachsen zu entsetzen, und rükten daher bis Lowositz vor. Der König hingegen konnte keine andre haben, als sie an der Ausführung

Feldzug im Jahre 1756.

rung dieses Entwurfs zu verhindern. Diese Absicht wurde durch die Schlacht bei Lowositz und das darauf folgende Manöver erreicht, wodurch die Oesterreicher genöthiget wurden, sich wieder über die Eger zurükzuziehen, so daß sie hernach nichts erhebliches mehr zur Befreiung ihrer Bundesgenossen, der Sachsen, unternehmen konnten. Hätten die Preussen einen vollständigen Sieg erfochten, so würden sie im Stande gewesen seyn, ihre Winterquartiere in Böhmen zu nehmen.

Der Verlust der Oesterreicher belief sich bei dieser Gelegenheit auf 19 Officier, 420 Gemeine todt; 105 Officier, 1729 Gemeine verwundet; 711 waren vermißt oder gefangen 475 Pferde todt und verwundet; in allem 2984. Unter den Todten befand sich der Graf Radicati,*) General Lieutenant der Cavallerie, der den rechten Flügel kommandirte; unter den Verwundeten und Vermißten der Generalmajor Fürst von Lobkowitz und verschiedene Staabsofficiere. Von den vielen, die sich an diesem Tage auszeichneten, erwähnt der Feldmarschall Brown vorzüglich den General Odonell,**) der nach dem Tode des General Radicati den rechten Flügel der Cavallerie kommandirte, den Fürst von Löwenstein, den General Lascy u. s. w. Die Preussen verloren von der Cavallerie 11 Officier und 281 Gemeine todt; 28 Officier und 424 Mann waren verwundet; und 8 Officier 238 Mann gefangen. Bei der Infanterie waren 5 Officier 423 Mann todt; 53 Officier 1374 Mann verwundet; 5 Officier 458 Mann gefangen: in allem 3308. Unter den Todten befanden sich

---

*) Der Graf Radicati war ein geborner Piemonteser. 1739 war er Obristlieutenant unter dem Vernesschen Cavallerieregiment. In der Schlacht bei Grotska wurde er verwundet. 1740 wurde er Obrister; 1745 Generalmajor und 1751 bekam er ein Regiment. 1754 wurde er Generallieutenant. Er hatte den Ruhm eines guten Officiers, besonders wegen seiner Talente, die er bei dem Exerciren der Truppen zeigte.

**) Der Graf von Odonell stammt aus einer guten irländischen Familie ab. Er war ehemals Obrister bei dem Olloneschen Dragonerregiment. 1742 Obrister beim Regiment Balenca; 1746 wurde er Generalmajor, zur Belohnung seiner Tapferkeit und guten Betragens in der Schlacht bei Parma. In der Expedition gegen die Provence kommandirte er mit vielem Ruhme ein detaschirtes Korps. Bei gegenwärtigem Treffen kommandirte er die Cavallerie des rechten Flügels, und that sich dabei so gut hervor, daß er ein Regiment erhielt und Generallieutenant wurde. Wir werden in der Folge dieses Werks noch oft Gelegenheit haben, von diesem Officier mit vielem Beifall zu reden.

sich die Generalmajors von Oertzen, †) Lüderitz ††) und Quadt †††). Verwundet war der Generallieutenant von Kleist, ††††) der bald darauf an seinen Wunden verstarb.

Da der Feldmarschall seinen Endzwek, die Sachsen auf der linken Seite der Elbe zu befreien, nicht erreicht hatte, so beschloß er sein Glük auf der rechten Seite zu versuchen. Es wurde also festgesetzt, daß die Sachsen in der Nacht vom 11ten Oktober bei Königstein über die Elbe gehen sollten. Der Feldmarschall Brown wollte den 12ten Oktober des Morgens den Feind bei Ratmansdorf und Borgsdorf angreifen, welches die Sachsen an ihrer Seite ebenfalls thun sollten. Nach dieser Verabredung ging er also an der Spitze von 8000 Mann bei Raudnitz über die Elbe, und marschirte über Neustädtel, Romburg und Hanspach bis Lichtenhain. Hier dachte er so lange sein Lager zu nehmen, bis er hören würde, daß die Sachsen und Preussen mit einander handgemein wären, welches sogleich geschehen mußte, als erstere über die Elbe würden gegangen seyn; alsdann dachte er sich gleichfalls in Bewegung zu setzen, und den ihm zu gefallenen Theil dieses Entwurfs auszuführen.

Das

---

†) Dieser war Generalmajor der Cavallerie und hatte in seiner Jugend in Halle studirt. Er war lange Zeit Standartenjunker und Subaltern unter den Gens d'Armes. 1725 wurde er Rittmeister; 1739 Major; 1741 Obristlieutenant; da er sich in der Schlacht bei Soor sehr hervorgethan, bekam er den Orden pour le merite; 1745 ward er Obrister, 1750 Generalmajor, 1752 bekam er ein Regiment; bei dieser Schlacht empfing er drei Wunden im Kopfe, an denen er den folgenden Tag verstarb.

††) Der Generalmajor von Lüderitz war 1699 gebohren. 1715 ward er Unterofficier bei der Potsdamschen Garde. 1719 Cornet; 1725 Rittmeister; 1740 Major; 1743 Obristlieutenant; wo er sich bei den Schlachten bei Hohenfriedeberg und Kesselsdorf sehr hervor that. 1745 Obrist; 1752 Generalmajor. Eine Kanonkugel zerschmetterte seinen Körper.

†††) Der Baron Quadt war 1728 Major; 1736 Obristlieutenant; 1743 Obrister, 1747 Generalmajor und erhielt ein Regiment.

††††) Generallieutenant Kleist war 1688 gebohren. 1702 wurde er Cadet; 1708 am Fuße verwundet, so daß er hernach ein krummes Bein behielt. Kurz darauf ging er in pfälzische Dienste und diente in den Kriegen in Flandern bis zum Frieden 1712; 1716 trat er auf's neue in preußische Dienste und ward 1724 Major. 1729 ging er als Volontär nach Korsika, 1738 wurde er Obristlieutenant; 1742 Obrister, und befand sich bei den meisten Aktionen in Schlesien gegenwärtig; 1745 Generalmajor; 1747 bekam er ein Regiment; 1756 Generallieutenant. In dem Treffen bei Lowositz wurde er verwundet, blieb aber dennoch bis 4 Uhr Nachmittags zu Pferde, ohne sich verbinden zu lassen. Kurz darauf gab ihm der König den schwarzen Adler-Orden. Im Januar des folgenden Jahres starb er in Dresden an seinen Wunden.

Feldzug im Jahre 1756.

Das Wetter war so außerordentlich regnigt und stürmisch gewesen, daß die Sachsen den Uebergang über die Elbe nicht eher bewerkstelligen konnten, als den 13ten um vier Uhr des Morgens, und dennoch nicht ohne viele Schwürigkeiten und Zeitverlust. Dadurch bekamen die Preussen Gelegenheit, alle ihre Posten auf der rechten Seite der Elbe zu verstärken, so daß die Sachsen eine weit größere Macht vor sich fanden, als sie erwartet hatten. Der Boden auf der rechten Seite der Elbe, um Pirna und Königsstein, ist voller hoher Berge, die mit dikken Gehölzen bedekt sind; zwischen denselben sind tiefe Gründe, die im Herbst von dem vielen Regen, und im Frühjahr, von dem schmelzenden Schnee gemacht und angefüllt werden, so daß man daselbst nur wenig brauchbare Wege findet. Diese Berge hatten die Preussen besetzt und sie mit der größten Sorgfalt durch Schanzen, Verhaue u. s. w. befestigt.

Unter diesen Bergen befindet sich der Lilienstein, der außerordentlich hoch und so nahe an der Elbe ist, daß zwischen dem Fuß desselben und dem Ufer kein Korps aufmarschiren kann; auch geht nur ein schmaler Weg vorbei.

Diesem Berge gerade über gingen die Sachsen über die Elbe und versuchten sich zu formiren, dieses verstattete aber der enge Raum nicht. Daher lagen sie auf und um einer kleinen Höhe, ohnweit dem Dorfe Ebenheit, ohne alle Ordnung untereinander. Da sie nun überdies noch mit allen Schwürigkeiten zu kämpfen hatten, die ihnen Natur und Kunst entgegen stellen konnten, ließ sichs leicht beurtheilen, daß es ihnen unmöglich seyn würde, sich aus dieser übeln Lage herauszuwikkeln.

Die Preussen waren indessen schon den 13ten des Morgens sehr früh in das verlassene Lager bei Pirna gedrungen. Sie stießen noch auf die Arriergarde der Sachsen und den größten Theil des Gepäkkes. Beides fiel in ihre Hände, weil die Brükke gebrochen war, ehe der größte Theil davon übergehen konnte. Aller Rettungsmittel nunmehr beraubt, durch Hunger und Kälte ausgemergelt, von dem 12ten in der Nacht bis den 14ten des Morgens unter dem Gewehr, ohne alle Hofnung von dem Feldmarschall Brown entsetzt zu werden, indem er ihnen Nachricht geben lassen, daß er nur bis Lichtenhain gekommen sey, und nicht weiter vorrükken könnte, faßten endlich die Sachsen den Entschluß, zu kapituliren. Der Feldmarschall hatte seiner Seits zween Tage gewartet, ohne die mindeste Nachricht von den Sachsen zu erhalten, und hielt es daher für nöthig, seiner eignen Sicherheit wegen, sich zurükzuziehen. Bei diesem Rükzuge verlor er nicht mehr als 200 Mann; eine Kleinigkeit, wenn man bedenkt, daß er völlig abgeschnitten werden konnte, wenn die Preussen ein wenig wachsamer gewesen wären; denn sie konnten hinter seinem Rücken bei Lowosch oder bei Leutmeritz über die Elbe gehen.

Indem dies vorging, langte der König den 14ten des Morgens wieder bei der Armee in Sachsen an. Nach vielen Unterhandlungen wurde endlich mit dem König von Polen ein Traktat geschlossen, und darin festgesetzt, daß die sächsische Armee auseinander gehen und sich anheischig machen sollte, nicht wider den König von Preussen zu dienen,*) daß der König im Besitz von Sachsen bleiben und der König von Polen die Erlaubniß haben sollte, in dieses Königreich zu gehen.

Da der König auf diese Art seinen Zwek in diesem Feldzuge erreicht hatte, so gab er seiner Armee Befehl, Böhmen zu verlassen. Dieses geschahe, ehe der Monat zu Ende war. Die Armee unter dem Feldmarschall Schwerin zog sich nach Schlesien zurük, und kantonirte an der Gränze von Böhmen, von Zukmantel an bis Greifenberg. Die Armee unter den Befehlen des Königs selbst bezog die Kantonirungsquartiere in Sachsen, und zog eine Kette von Eger bis Pirna und von da aus weiter durch die Lausitz bis an den Queis.

So endigte sich der Feldzug von 1756, der nur zwei Monat gedauert hatte. Da die Vorgänge in demselben nicht allein wegen des großen Rufs der Generale, sondern wegen der Wichtigkeit des Erfolgs billig unsere Aufmerksamkeit verdienen; so wollen wir über beides unsere Gedanken mittheilen.

Es scheint, der König von Preussen habe sowohl, als Staatsmann, wie auch als General einige Fehler gemacht. Er wußte schon lange Zeit vorher, ehe er in Sachsen rükte, daß ein fürchterliches Bündnis wider ihn geschlossen war; und doch findet man nicht, daß er sich jemals Mühe gegeben hätte, mit irgend einer andern Macht in Verbindung zu treten, um ersterem das Gegengewicht zu halten, und den Endzwek desselben zu vereiteln. Wenn man den großen Einfluß erwägt, den er sich in Europa erworben hatte, so würde ihm dieses wahrscheinlich

---

*) Dieses erstrekte sich blos auf die Officier. Alle Unterofficier und Gemeine mußten dem Könige von Preussen den Eid der Treue schwören. Zehn sächsische Infanterieregimenter wurden beibehalten und bekamen preußische Uniform und Chefs, die übrigen wurden, nebst der ganzen Kavallerie, untergestekt. Da indessen verschiedene von den neuen preußisch-sächsischen Regimentern rebellirten, so wurden sie auch größtentheils nach der Kolliner Schlacht unter die Regimenter verstekt, welche am meisten gelitten hatten.
b. Ueb.

Feldzug im Jahre 1756.

sich möglich gewesen seyn. Er hatte aber ein allzugroßes Zutrauen auf sich selbst, und eine zu verächtliche Meinung von seinen Feinden. Dies konnte und mußte natürlicher Weise für ihn von den nachtheiligsten Folgen seyn.

Der zweite falsche Schritt war, daß er den Krieg nicht im Jahre 1755 oder wenigstens im April 1756 anfing. Er war damals so gut gerüstet, als im Monat August, da er in Sachsen rükte, seine Feinde aber waren es unendlich weniger. *)

Seine Unterhandlungen mit dem König von Polen, vor und nach dem Einbruch in Sachsen, hatten, unserer Meinung nach, keine andre Absicht, als diesem Prinzen die Zeit wegzunehmen, und ihn zu hindern, Maasregeln zu ergreifen, seine Operationen gegen die Oesterreicher zu hemmen oder aufzuhalten, denn diese waren ohne Zweifel damals lediglich der Gegenstand seiner Entwürfe. Die ganze Anlage und der Inhalt dieser Unterhandlungen beweiset dieses sehr deutlich. Denn es erhellet daraus nicht die geringste Neigung zu einem Vergleich, ausser unter der Bedingung, daß der König Meister von Sachsen bleiben, und die sächsische Armee auseinander gehen sollte. Darauf bestand er ohne Zweifel, damit er mit besto größerer Hofnung eines glüklichen Erfolges in Böhmen eindringen könnte.

Man betrachte dieses Verfahren als Staatsmann, oder als Soldat, so wird man finden, daß es wohlüberlegt und weise, war. Er war von den Gesinnungen des sächsischen Hofes in Ansehung seiner und von dem Antheile, den derselbe an dem gegen ihn geschlossenen Bündnisse genommen hatte, zu gut unterrichtet, als daß er ein wahres Vertrauen auf dessen Anerbietungen setzen konnte. Es wäre nicht vorsichtig gehandelt gewesen, eine Armee von 14,000 Mann hinter sich zu lassen. Denn, ohngeachtet der König von Polen versprach, sie auseinander gehen zu lassen, so konnte er sie doch in kurzer Zeit wieder zusammenziehen, und sie nach

G 2 Gut-

---

*) Wir halten es für eine allgemeine Regel, daß man den Feldzug so früh als möglich anfangen müsse. Denn geht man auf den Angrif, so hat man Zeit seine Entwürfe auszuführen; geht man aber auf die Vertheidigung, so ist es nichts desto weniger nothwendig, so früh als möglich ins Feld zu rükken; denn indem man dem Feinde zuvor kömmt, so hat man Gelegenheit die Fourage und alle Lebensmittel in dem Lande aufzuzehren, wo er seinen Unterhalt heben muß. Man kann noch hinzusetzen, daß man dadurch Zeit gewinnt, und er den größten Theil des Feldzuges damit zu bringen muß, und wieder aus seinem Lande zu treiben; erreicht er endlich auch seinen Endzwek, so ist es gewöhnlich schon zu spät etwas von Wichtigkeit gegen uns zu unternehmen. d. V.

Gutbefinden verstärken; und dadurch würde er bald in einer Verfassung gewesen seyn, den König von Preussen Reue über seine Unvorsichtigkeit empfinden zu lassen.

Der Besitz von Sachsen ist, aus einem militärischen Gesichtspunkte betrachtet, so wichtig, daß es ohne denselben nicht möglich ist, die Kaiserin auf dieser Seite ihrer Besitzungen mit der mindesten Wahrscheinlichkeit eines guten Erfolges anzugreifen. Da das Kurfürstenthum reich und sehr bevölkert ist, so fällt es ihm nicht schwer, eine Armee von 40,000 Mann aufzubringen und zu unterhalten. An der Elbe können Magazine angelegt werden, aus denen eine Armee in Böhmen überflüßig verpflegt werden kann. Ist man bei dieser Stellung noch überdies Meister von Schlesien, so kann man Böhmen dergestalt einschließen, und die Kaiserin zwingen, ihre Armee in so verschiedene Korps zu theilen, daß sie an keinem Orte im Stande ist, sich mit Nachdruk einem Einbruch zu widersetzen. Dieses beweisen alle Kriege, welche in diesem Lande geführet worden sind. Ist man aber nicht Meister von Sachsen, so kann man nur von Schlesien aus in Böhmen brechen. Alsdann aber hat die Kaiserin Gelegenheit ihre Macht zusammen zu halten, und wenn sie gezwungen wird, sich zurükzuziehen, so ist sie durch Olmütz und Prag hinlänglich gedekt. Bei dieser Stellung ist denn auch Oesterreich selbst gedekt, und der König von Preussen muß allezeit eine Armee an der Niederelbe stehen haben, um seine eigenen Staaten von dieser Seite zu decken, wenn der Kurfürst von Sachsen sich entweder durch Gewalt oder Zureden bewegen läßt, mit den Oesterreichern gemeinschaftliche Sache zu machen. Aus diesen Gründen halten wir die Besetzung von Sachsen für einen weisen Schritt; in wiefern dies mit der Gerechtigkeit übereinstimmte, mögen diejenigen entscheiden, die besser mit dem Völkerrechte bekannt sind, als wir.

Nach dem was vorhin gesagt worden, scheint es, daß der König von Preussen einen großen Fehler beging, daß er nicht in eben dem Augenblik nach Böhmen rükte, da er sah, daß die Sachsen entschlossen waren, sich in dem Lager bei Pirna zu vertheidigen, und alle seine Vorschläge verwarfen. Er mußte nothwendig wissen, daß die Oesterreicher noch keine zahlreiche Armee versammlet hatten; daß sie Mangel an Artillerie und andern Kriegsbedürfnissen litten; daß es, da sie so weit von der Gränze standen, dem Feldmarschall Brown unmöglich wurde, sich dem Einbruch in Böhmen mit Nachdruk zu widersetzen, und den weitern Fortgang seiner Waffen aufzuhalten, wenn er einmal darin war; und daß er sich nothwendig an die Donau ziehen mußte, wenn er zurük getrieben wurde, nicht allein um die Hauptstadt zu decken, sondern auch seine Vereinigung mit den Truppen sicher zu stellen, die

er

er aus Flandern, Italien und Hungarn erwartete. Der König würde also Böhmen unbesetzt angetroffen, und leicht Mittel gefunden haben, während dem Winter Prag und Olmütz zu erobern. Denn beide Festungen waren damals noch nicht versorgt, und daher nicht vermögend, einen beträchtlichen Widerstand zu thun.

Nach der Eroberung dieser beiden Oerter würde der König im Stande gewesen seyn, den folgenden Feldzug wenigstens in Mähren anzufangen; vielleicht auch gar an der Donau mit der Belagerung oder Einschließung von Wien. Von da hätte er ein ansehnliches Korps an die Gränze von Hungarn, und die Armee, welche bestimmt war Sachsen zu decken, in das Reich, zwischen die Quellen des Rheins und der Oberdonau, senden können. Ersteres würde alle Hülfe abgeschnitten haben, welche die Kaiserin aus diesen Provinzen ziehen konnte; die zweite hätte die Fürsten, welche seine Feinde waren, gehindert, sich gegen ihn zu vereinigen; denjenigen, welche es mit ihm hielten, Muth beigebracht; die Franzosen im Elsaß und am Main in Furcht erhalten; seine Armee rekrutiret und so starke Kontributionen eintreiben können, daß er durch solche allein seine Armee hätte unterhalten können. Hätte der König diesen Schritt gethan, so würde er alle Gemeinschaft mit Flandern und Hungarn, ja selbst mit Tirol abgeschnitten haben, wenn die Armee, welche nach meiner Voraussetzung im Reiche stehen mußte, ein starkes Korps detaschirt hätte, die Stadt und das Schloß Passau, an dem Zusammenfluß der Inn und der Donau, einzunehmen. Dieses ist einer der stärksten Posten an diesem Fluß, wodurch alle Gemeinschaft zwischen Wien und dem Reiche abgeschnitten und Oberöstereich und Tirol in Schranken gehalten wird. Die wenigen Hülfsquellen, die der Kaiserin alsdann noch übrig blieben, würden bald erschöpft worden seyn.

Der Marschall von Belleisle machte, nach dem Tode Karls des VI, einen Entwurf seine hinterlassenen Staaten zu theilen.

Die Franzosen und Baiern sollten längst der Donau durch Oberöstereich bis nach Wien marschiren. Die Preussen und Sachsen sollten Böhmen angreifen, und nach der Eroberung dieses Landes, gleichfalls auf Wien los gehen.

In dem ersten Feldzuge drangen die Franzosen und Baiern in der That in Oberöstereich, und schrieben bis an die Thore vor Wien Brandschatzungen aus. Die Preussen und Sachsen eroberten Böhmen; und nichts stand nunmehr der Ausführung des von dem Marschall von Belleisle entworfenen Plans in ihrem völligen Umfange entgegen, als die Unwissenheit einiger Feldherren, die Schwäche und Unentschlossenheit des Kardinal Fleury, und die Uneinigkeit unter den miteinander verbundenen Mächten.

Da der König von Preussen Meister von allen Plätzen an der Elbe war, so würde er es den Sachsen unmöglich gemacht haben, etwas gegen ihn zu unternehmen, wenn er nur ein kleines Korps hätte stehen lassen, sie in ihrem Lager bei Pirna zu beobachten. Gesetzt, sie hätten dieses Lager verlassen, so konnten sie doch in Sachsen keinen Unterhalt finden, weil sie darin weder Magazine noch feste Plätze hatten, und von dem dort befindlichen Korps überdies unaufhörlich beunruhigt und durch kleine Gefechte wären abgemattet worden. Noch weniger konnten sie sich nach Böhmen zurückziehn, um zu den Oesterreichern zu stoßen; denn dadurch würden sie, zwischen der Armee des Königs und dem Korps, eingeschlossen worden seyn, welches er in Sachsen gelassen hatte. Am Ende wären sie also von selbst auseinander gegangen.

Der König hatte damals eine starke Macht beisammen. Er konnte leicht 110,000 Mann ins Feld stellen, und 20,000 Mann davon wären hinreichend gewesen, die Sachsen in ihrem Lager bei Pirna eingeschlossen zu halten. Dieses ist an sich selbst klar. Denn als die Sachsen kapitulirten, standen in der That nicht mehr als 20,000 Mann unter dem Fürsten Moritz. Die übrigen 90,000 Mann wären mehr als hinreichend gewesen, die Oesterreicher bis an die Donau zu treiben.

Da die Armee unter dem Feldmarschall Schwerin stärker und besser mit Artillerie versehen war, als die österreichische unter dem Fürst Piccolomini, so hätte er letztere angreifen sollen. Fand er indessen das Lager bei Königsgrätz zu fest, so konnte er ihn stehen lassen, und an dem rechten Ufer der Elbe herauf bis nach Brandeis marschiren, oder sich Prag nähern. Dieses Manöver würde den Feldmarschall Brown gewis bewogen haben, sein Lager an der Eger zu verlassen und sich, um den Fürsten zu decken, nach diesem Orte zurückzuziehen. Der Feldmarschall Schwerin wagte nichts durch diese Bewegung; denn Piccolomini war zu schwach, um etwas entscheidendes gegen Schlesien zu unternehmen; und an Lebensmitteln konnte es dem Feldmarschall niemals fehlen, denn solche hatte ihm dieses fruchtbare Land hinlänglich verschaft. Wäre dieser Vorschlag ausgeführt worden, so hätten die Oesterreicher die Kreise Saatz, Leutmeritz, Buntzlau und Königsgrätz verlassen, und ihre Truppen in der Gegend von Prag zusammen ziehen müssen, um die Gemeinschaft mit der Donau offen zu behalten. Wenn wir auf der andern Seite die schlechte Verfassung ihrer Armee erwägen, so ist es wahrscheinlich, daß sie sich würden nach Mähren zurück gezogen haben. Der König
wäre

Feldzug im Jahre 1756.

wäre also, ohne daß es einmal zur Schlacht gekommen wäre, Meister von dem größten Theil von Böhmen geworden, und hätte seine Winterquartiere in diesem Lande nehmen können. Hätten die Sachsen den Rückzug ihrer Bundesgenossen erfahren, so würden sie auch keinen längern Widerstand in ihrem Lager bei Pirna gethan haben.

Was die Oesterreicher anbelangt, so scheinen sie auch verschiedene Fehler gemacht zu haben, darunter einige so groß sind, daß sie das Schicksal ihrer Länder entschieden haben würden, wenn der König von Preussen die vorhin angezeigten Maßregeln genommen hätte.

Es war schon im Monat Junius ziemlich bekannt, daß der König von Preussen die Absicht habe, die österreichischen Besitzungen anzugreifen. Aus den Bewegungen, im Herzogthum Magdeburg und in den angränzenden Provinzen, konnte man mit vieler Wahrscheinlichkeit schließen, daß ein Theil seiner Truppen durch Sachsen gehen würde. Dieses hätte die Oesterreicher zu dem Entschluß bringen müssen, eine Armee dahin zu senden, um die Sachsen zu unterstützen, oder doch wenigstens ihnen einen sichern Rückzug nach Böhmen zu verschaffen. Da dies aber nun einmal vernachläßigt war, so hätten sie wenigstens die Defileen bei Gieshübel und Altenberg besetzen müssen, wodurch die Gemeinschaft mit den Sachsen offen geblieben wäre. Die Hälfte der Truppen, die damals in Böhmen standen, würde es den Preussen unmöglich gemacht haben, die Sachsen zur Uebergabe zu zwingen, oder in Böhmen vorzurücken, wenn sie in dieser Absicht eine geschickte Stellung angenommen hätten.

Der übrige Theil der Armee, die bestimmt war, auf dieser Seite thätig zu seyn, hätte sich irgendwo zwischen der Eger und den erwähnten Defileen lagern und Brücken über die Elbe schlagen können, um ein Korps leichter Truppen auf der rechten Seite dieses Flusses bis nach Schandau und Hohenstein zu senden.

Dies würde den König genöthigt haben, sich nach Dresden zurückzuziehen. Den folgenden Feldzug hätte er eben diese Schwürigkeiten angetroffen, und die Hofnung aufgeben müssen, von dieser Seite aus in Böhmen einzudringen. Er würde alsdann, um Sachsen zu erhalten, eine Armee zurück gelassen, und alle seine Unternehmungen auf der Seite von Schlesien eingeschränkt haben. Wären die Gebürge mit 20,000 Oesterreichern und 14,000 Sachsen besetzt gewesen, so hätten sie allemal nach Sachsen gehen und vielleicht dieses Land wieder erobern können. Dieses ist um so wahrscheinlicher, da sich die Reichsarmee an der Saale zusammenziehn, und durch das Voigtland, auf der rechten Flanke der Preussen, in Sachsen brechen konnte. Da sie in dieser Gegend durch keine Festung gedekt waren, so

hätten

56 Geschichte des siebenjährigen Krieges in Deutschland.

hätten sie sich nach Wittenberg und vielleicht noch weiter zurückziehen müssen. Dadurch würde man Gelegenheit bekommen haben, alle Plätze an der Elbe wieder zu erobern, und durch die Lausitz ein Korps in die Mark Brandenburg marschiren zu lassen. Die Stellung bei Großenhayn schneidet alle Gemeinschaft mit Schlesien und Sachsen ab, und macht solche zwischen Schlesien und Brandenburg höchst unsicher; denn die leichten Truppen können von da aus, durch die große Armee unterstützt, bis an die Oder streifen. Wenn das Korps unter Piccolomini gehörig gestellt war, so war es stark genug, dem Feldmarschall Schwerin Widerstand zu thun, und ihn zu hindern, etwas von Wichtigkeit auszuführen. Dieses würde er ohnehin nicht unternommen haben, so lange der König von einem Einfall in Böhmen zurück gehalten wurde.

Da sie aber versäumt hatten, die Defileen zu besetzen, welche nach Pirna führen, so war es ihnen auch nicht mehr möglich die Sachsen zu entsetzen, wenigstens nicht auf der linken Seite der Elbe; denn wenn der König nur zwölf oder funfzehn Bataillons irgendwo zwischen Lowositz und Pirna stellte, so konnten diese nicht durch einen Angrif auf ihre Fronte zurük getrieben werden. Wollte man hingegen ein Korps über die Gebürge bei Altenberg senden, um sie auf ihrer rechten Flanke zu umgehen, so ist diese Entfernung so weit, daß ihnen der Feind leicht durch die Truppen, die er in Böhmen oder Sachsen hatte, zuvorkommen konnte. Wir können daher gar nicht begreifen, warum der Feldmarschall Brown nicht einige von diesen Defileen besetzte, da, unserer Meinung nach, der Erfolg dieses Feldzuges und vielleicht des ganzen Krieges von diesem Schritte abhing.

Da diese Vorsicht nicht beobachtet wurde, so war es denn auch vergeblich, etwas auf dieser Seite der Elbe zu unternehmen. Unserer Meinung nach blieb nunmehr nichts weiter übrig, als 20,000 Mann in dem Lager bei Budyn stehen zu lassen; ein anderes Korps, meistens leichte Truppen, in die Gebürge jenseits Lowositz und nach Altenberg zu werfen, um die Aufmerksamkeit der Preussen dahin zu ziehen; einige Truppen stehen zu lassen, um die Brükke bei Leutmeritz zu dekken, und die Preussen in den Gebürgen zwischen Lowositz und Aussig zu beobachten; mit dem übrigen Theile der Armee auf der rechten Seite der Elbe über Schandau und Hohenstein zu gehen, und die Preussen, welche bei Ratmansdorf und auf dem Lilienstein standen, anzugreifen.

Diese Posten waren an dieser Seite sehr schwach und nur gegen die Elbe zu befestigt, um den Sachsen Widerstand zu thun. Sie konnten sich also keinen Augenblik halten, besonders

sonders wenn die Sachsen auf ihrer Seite auch einen herzhaften Angrif gethan hätten. Durch dieses Manöver würde die Gemeinschaft leicht offen geworden seyn, und die Preussen, wenn sie mit einiger Lebhaftigkeit wären verfolgt worden, würden sich nicht ohne Verlust haben zurük ziehen können, da sie nur eine Brükke bei Pirna hatten, über welche sie Unterstützung erhalten konnten. Um dieses vollends zu verhindern und die Preussen zu beunruhigen, hätte man einen falschen Angrif auf die Brükke durch den Wald bei Böhmen machen können; dieses würde sie vielleicht bewogen haben, auch alle ihre andern Posten zu verlassen, um nicht von der Armee abgeschnitten zu werden, die auf der andern Seite der Elbe im Lager stand.

Wäre die Vereinigung mit den Sachsen einmal bewürkt, und das rechte Ufer der Elbe bis Pirna von den Oesterreichern besetzt worden, so hätte sich der König gleich in das Innere von Sachsen ziehen müssen, oder seine Armee wäre in den Gebürgen durch Kälte und Hunger umgekommen.

Der Feldmarschall Brown wagte nichts durch dieses Manöver. Der König durfte sich nicht unterstehen, mit der schwachen Armee, die er in Böhmen hatte, über die Eger zu gehen, um die zurükgelassenen 20,000 Mann anzugreifen; denn durch diesen Versuch hätte er den Oesterreichern Gelegenheit gegeben, wieder über die Elbe zurükzugehen, die Defileen hinter ihn zu besetzen, die Sachsen zu befreien und den König in die traurige Nothwendigkeit zu setzen, seine eigene und die Armee unter dem Fürst Moritz, jede für sich, geschlagen zu sehen. Allein er versuchte nur mit 8,000 Mann die Sachsen zu entsetzen, und dies gelang ihm nicht.

Wir kommen nunmehr zu der Schlacht selbst, und hier scheint das Betragen des Feldmarschalls seinem vorher erworbenen Ruhme auf keine Weise zu entsprechen.

Aus der Beschreibung, die wir von der Gegend gegeben haben, erhellet schon, daß der Feldmarschall aufs höchste nur den Vortheil erhalten konnte, den Feind zurük zu schlagen, und dieses war nach der schlechten Wahl, die er bei seinem Lager getroffen hatte, nicht einmal wahrscheinlich. Gesetzt aber auch, er hätte ihn bis an die Weinberge von Lowositz zurük geschlagen, so konnte er ihn doch von da gewis nicht weiter, und noch weniger von dem Homolkaberg vertreiben; denn um diese beiden Angriffe zu machen, hätte er müssen durch die Dörfer Lowositz und Sulowitz gehen, und sich, zwischen denselben und den Bergen, in Schlachtordnung stellen, auf denen die preußische Armee mit ohngefähr 100 Kanonen, und an manchen Orten nur einen Flintenschuß von dem Platze stand, auf dem die Oesterreicher hätten auf-

marſchiren müſſen. Ich berufe mich daher auf jeden Kriegsverſtändigen, ob unter dieſen Umſtänden ein ſolches Manöver möglich war.

Man kann noch hinzuſetzen, daß, wenn der König auch zurük geſchlagen war, er
doch noch allemal ohne Gefahr ein ſtarkes Korps in des Feldmarſchalls linke Flanke detaſchiren konnte, welches die Gemeinſchaft mit der Eger ſo erſchwert haben würde, daß er ſich
doch würde gezwungen geſehen haben, über dieſen Fluß zurükzugehen, wie es denn auch wirklich in der Nacht nach dem Gefechte geſchahe. Denn es war mehr das Korps, das unter dem Herzog von Bevern ſeine Stellung bei Tſchiskowitz nehmen mußte, welches den
Feldmarſchall auf den Entſchluß brachte, wieder über die Eger zurükzugehen, als der Vortheil, den der Feind über ihn in der Schlacht erhalten hatte. Hieraus folgt alſo, daß wenn
auch die Oeſterreicher den König zurük ſchlugen, dadurch noch kein Schritt weiter zur Befreiung der Sachſen gethan war. Denn ſie konnten ſo wenig aus dieſem, als aus einem jeden andern Lager zwiſchen dem Gebürge und der Eger 20,000 Mann detaſchiren, ohne den
übrigen Theil der Armee einem gewiſſen Untergange auszuſetzen; wenigere aber konnten nichts
ausrichten.

Da man es aber verabſäumt hatte, den Loboſch- und Homolkaberg zu beſetzen, welches einige Stunden vor der Ankunft des Feindes noch leicht hätte geſchehen können, ſo blieb
dem Feldmarſchall nichts weiter übrig, als die Nacht vor der Schlacht mit der ganzen Armee
über die Elbe zu gehen, und nur einige leichte Truppen zurük zu laſſen, um den König zu be-
ſchäftigen. Wenn dieſe zurük getrieben wurden, ſo zogen ſie ſich nach Budyn.

Wäre dies geſchehen, ſo hätte der Feldmarſchall ein Korps nach Schanbau detaſchiren können, das ſtark genug geweſen wäre, die Gemeinſchaft mit den Sachſen wieder zu öfnen
und alle Preuſſen auf dieſer Seite der Elbe aufzureiben. Der übrige Theil der Armee war
hinlänglich das ganze Land, bis auf die wenigen Dörfer zwiſchen dem Gebürge und der Eger,
zu beſetzen. Der König würde es nicht gewagt haben, über dieſen Fluß zu gehen, weil er
keine Magazine im Lande hatte, und wenigſtens den größten Theil ſeiner Lebensmittel aus
Sachſen kommen laſſen mußte. Daher konnte er auch mit ſeiner Armee, die aufs höchſte
25,000 Mann betrug, nicht weiter vorgehen und den Feind hinter ſich Meiſter von den Defileen zwiſchen ſich, ſeiner andern Armee und den Magazinen laſſen, ohne ſich einem unvermeidlichen Untergange auszuſetzen.

Die

Feldzug im Jahre 1756.

Die Stellung bei Lowositz war also, nach unserer Meinung, so elend als möglich. Nichts stimmte gewiß weniger mit den allgemein bekannten Grundsätzen des Krieges überein, als sich auf einer Gegend zu lagern, welche von den davor liegenden Anhöhen kommandirt wird, und wo es unmöglich war, in eben der Zeit, auf eben den Punkt des Angrifs, so viel Leute ins Gefecht zu bringen, als der Feind. Dieser hingegen fand das Terrein von einer solchen Ausdehnung, daß er zwei Drittel von seiner Armee gebrauchen konnte, um Lowositz anzugreifen; da hingegen die Oesterreicher nur wenige Bataillons konnten aufmarschiren lassen, um es zu unterstützen.

Der linke Flügel und die Mitte der österreichischen Armee konnten gar nicht angegriffen werden. Lowositz war der einzige Punkt, den man mit aller Macht unterstützen mußte. Dies sahe der Feldmarschall wohl ein; er begrif aber nicht, daß er nicht behauptet werden konnte, weil er von dem Loboschberg kommandirt wurde; daß, wenn auch der Feind zurük geschlagen wurde, er doch weder mit Cavallerie noch Infanterie verfolgt werden konnte.

Betrachten wir endlich diese Stellung in Rüksicht auf die Befreiung der Sachsen, welche doch der eigentliche Zwek war, so konnte keine unschiklichere genommen werden. Denn der Feldmarschall Brown konnte sie durch kein Manöver auf dieser Seite befreien, er mochte es machen, wie er wollte; selbst wenn es ihm gelungen wäre, den Feind zurük zu schlagen. Dieser konnte funfzig Stellungen zwischen Lowositz und den Sachsen bei Pirna nehmen, wodurch er die Gemeinschaft mit ihnen und den Oesterreichern abschneiden konnte.

Wir müssen also hieraus den Schluß ziehen, daß der Feldmarschall Brown bei der Wahl dieses Lagers wieder alle Grundsätze des Krieges handelte; insbesondre aber wider alle diejenigen, welche ihm die Beschaffenheit der Gegend und der Endzwek vorschrieben, den er zu erreichen sich vorgesetzt hatte.

Wir hoffen, der Leser werde uns keiner Vermessenheit beschuldigen, daß wir hier unsere Gedanken von den Handlungen dieser Personen, deren Ruhm auf so sichern Gründen beruhet, ohne alle Umstände vorgetragen haben. Was wir gesagt haben, gründet sich auf Thatsachen, und ist der Natur der Gegend angemessen und, wie wir glauben, auch den Grundsätzen der Kriegeskunst. Wir unterwerfen daher unsere Bemerkungen dem Urtheile derjenigen, welche mit beiden hinlänglich bekannt sind. In dieser Absicht fügen wir einen genauen Plan von der Gegend bei, auf der die Schlacht vorfiel.

Verbindet der Leser damit seine eignen Kenntnisse von der Kriegswissenschaft, so wird es ihm nicht schwer fallen zu entscheiden, ob unsere Geschichte dieses Feldzuges getreu, und unser Urtheil über die mannichfaltigen Vorgänge in demselben billig und gegründet ist oder nicht.

Zu dem folgenden Feldzuge wurden auf beiden Seiten große Zurüstungen gemacht. Die Kaiserin gab ihren Truppen in Hungarn, Italien und den Niederlanden Befehl, nach Böhmen zu marschiren; alle Husarenregimenter wurden auf 1500 Mann, und die Cavallerie auf 1000 Mann verstärkt. Zwei Husarenregimenter und ein Regiment ungarischer Infanterie wurden neu errichtet. Zu diesen kamen noch zwei Regimenter Infanterie, welche der Kurfürst von Mainz und der Erzbischof von Würzburg der Kaiserin überließ; einige Pulks*) Uhlanen**) und drei Regimenter leichte sächsische Cavallerie. Alle diese Truppen machten mit denen, welche bereits in Böhmen standen, nach verschiedenen öffentlichen Nachrichten, eine Armee von 180,000 Mann aus, welche der Prinz Karl von Lothringen kommandiren sollte.

Die Preussen waren an ihrer Seite nicht weniger geschäftig und thätig. Der König fand es für nothwendig leichte Truppen zu errichten, deren der Feind eine Menge hatte, und die ihm sowohl in diesem, als in den vorhergehenden Kriegen, viel zu schaffen gemacht hatten. Er gab daher Befehl, vier Bataillons leichte Infanterie anzuwerben, deren Anzahl in der Folge des Krieges ungemein verstärkt wurde.

Den Winter über fielen verschiedene, und zuweilen Gefechte von Wichtigkeit, zwischen den leichten Truppen vor. Ohngeachtet nun zwar dabei von beiden Theilen viel Tapferkeit und Klugheit gezeigt wurde, so verdienen sie doch keine besondere Zergliederung. Denn so nöthig sie auch bei einer Armee sind, so haben sie doch entweder nur einen sehr geringen oder wohl gar keinen Einfluß auf den übrigen Erfolg des Krieges. Indessen kann man doch ohne sie nicht fertig werden, ohngeachtet sie in der That nichts wesentliches zu dem guten oder schlechten Erfolg eines Feldzuges beitragen. Wir wollen daher unmittelbar zur Beschreibung des Feldzuges vom Jahre 1757 fortgehen.

*) Ein Pulk ist ohngefehr 800 Mann stark.
**) Uhlanen wohnen in der Ukraine und sind größtentheils Muhammedaner. In Ansehung ihrer Person, Tracht und Art zu fechten, haben sie viel ähnliches mit den Tatarn, Kalmucken u. s. w. Ihre Waffen sind Pistolen, Säbel, eine 15 Fuß lange Pike, zuweilen Bogen und Pfeile, statt eines Karabiners.

I. Anmerkung.
Ueber die Schlacht bei Lowositz.

Schon im Monat August 1756 hatte sich ein ansehnliches Korps österreichischer Truppen im Lager bei Kollin unter dem Feldmarschall Brown, und in Mähren unter dem Fürst Piccolomini versammlet, und mehrere Regimenter waren in Hungarn und Italien in Bewegung, um zu dieser Armee zu stoßen. Man erfuhr den ersten September den Einbruch des Königs von Preussen in Sachsen, daher sandte der Feldmarschall Brown sogleich den General, Graf von Wied, mit einem Korps von 4 bis 5000 Mann ab, um sich an dem linken Ufer der Elbe in den Gebürgen an der sächsischen Gränze zu setzen. Dieser kam auch den 6ten bei Lowositz an, von da aus er einige hundert Mann leichte Truppen in die Gegend von Aussig und Peterswalde detaschirte.

Um diese zu vertreiben, und die fernern Bewegungen des Feindes desto besser beobachten zu können, rückte eben der Herzog Ferdinand von Braunschweig anfänglich nur mit einigen Bataillons und Schwadrons in Böhmen, die aber nach und nach bis auf 28 Bataillons und 69 Schwadrons verstärkt wurden, worüber der Feldmarschall Keith zuletzt das Kommando erhielt.

Unterdessen beschäftigte sich der König, den übrigen und größten Theil seiner Armee um das sächsische Lager auf beiden Seiten der Elbe dergestalt zu stellen, daß es sowohl den Sachsen unmöglich wurde, sich durchzuschlagen, als auch den Oesterreichern, sie zu entsetzen. Nachdem alle in dieser Absicht nöthige Vorkehrungen gemacht, auch Nachrichten eingegangen waren, daß der Feldmarschall Brown den 23ten im Lager bei Budyn angekommen, so fand er es für nöthig, die Stellung des Feldmarschalls Keith selbst in Augenschein zu nehmen. Er verfügte sich daher den 28ten ins Lager bei Johnsdorf, und beschäftigte sich den Nachmittag bloß mit der Besichtigung der Stellung der Armee. Den 29ten ritt der König beim Anbruch des Tages nach Aussig, um das dort befindliche Lager einiger Bataillons, die Bäkkerei=Anstalten und die jenseit der Elbe angelegte Brückenschanze zu besehen, gab aber zugleich Befehl, daß die Bataillons 2 Herzog Ferdinand, 2 Quadt und 2 Anhalt Dessau, die Grenadierbataillons Grumbkow und Jung Billerbek, nebst 1 Schwadron Garde du Corps,

Korps, den Dragonerregimentern Oerhen und Truchses, auch 4 Schwadrons Husaren von Sjekuly sich marschfertig halten sollten. Nach seiner Zurükkunft brach er auch wirklich mit diesem Korps des Mittags um 12 Uhr auf, und rükte ins Lager bei Tirmih, etwas näher gegen Leutmerih. Vorher war der Obrist und Flügeladjutant von Oelsnih *) mit einem kleinen Detaschement abgeschikt worden, um die Gegend und Wege bis Lowosih und Leutmerih so weit zu rekognosjiren, als es der Feind gestatten würde, und wo möglich genaue Nachrichten von der Stellung der feindlichen Armee einzuziehen. Gegen Abend kam er zurük und brachte die Nachricht, daß der Feldmarschall Brown Brükken über die Eger schlagen lassen und mit der Armee übergehen würde. Hierauf befahl der König, daß die Brükke bei Aussig sogleich abgebrochen werden, das Grenadierbataillon von Gemmingen und das zweite von Zastrow die Stadt besehen, die Armee aber der Avantgarde folgen sollte. Dieses geschah in zwei Kolonnen, und sobald die Teten derselben bei Tirmih angekommen waren, brach er mit der Avantgarde den 30ten um drei Uhr des Morgens wieder auf, und sehte sich nach Welmina in folgender Ordnung in Marsch.

Die Tete der Avantgarde hatten 400 Husaren von Sjekuly, darauf folgten die Grenadierbataillons Jung Billerbek und Grumbkow, 1 Schwadron Garde du Corps, 5 Schwadron Truchses Dragoner, die Grenadierkompagnie des ersten Bataillons Garde, 2 Bataillons Herzog Ferdinand von Braunschweig, 2 Quaadt, 2 Anhalt Dessau, die Fourierschühen und 5 Schwadrons Oerhen Dragoner. Der Marsch ging über Stablih, links von Linay vorbei, über Kletschen nach Welmina.

Die Armee marschirte flügelweise rechts ab. Das Grenadierbataillon von Putkammer hatte die Tete der ersten Kolonne; dann folgten das dritte Bataillon von Anhalt, 2 Jhenplih, das erste Münchow, 10 Haubihen, 20 zwölfpfündige Kanonen, 5 Schwadrons Gens d'Armes, 5 Prinz von Preussen, 5 Karabiniers, 5 Rochow, 8 Bareuth Dragoner, die Brodtwagen der Armee; das zweite Bataillon Münchow und 2 Schwadron Bareuth machten die Arriergarde. Diese Kolonne führte der Feldmarschall Keith. Sie nahm ihren Marsch über Hottowih, Linay, Profanken, Boruslav, über den Paskopol und Aujest.

Die zweite Kolonne, welche der Prinz von Preussen führte, folgte dem Wege, den die Avantgarde genommen. Dabei hatte das Regiment Hülsen die Tete, dann folgten 2 Bataillons Manteufel, 2 Blankensee, 2 Bevern, 2 Kleist, 20 zwölfpfündige Kanonen; 1 Gre=

---

*) War ein Mann von vorzüglichen Talenten, Muth und Gegenwart des Geistes. Er blieb den 7ten May 1757 bei der Belagerung von Prag.

I. Anmerkung. Ueber die Schlacht bei Lowositz.

1 Grenadierbataillon Kleist, 5 Schwadrons Driesen, 5 Schöneich, 5 Prinz Friedrich, 5 Leibregiment und das erste Bataillon Zastrow machte die Arriergarde.

Da der König wußte, daß der österreichische General, Graf Wied, mit einigen 1000 Mann leichter Truppen in der Gegend von Lowositz stand, so konnte er nicht anders vermuthen, als daß der Lobosch und die Berge um Radostiz und Kinitz besetzt seyn würden. Seine Absicht war daher, das Lager bei Welmina zu nehmen. Dieses Lager ist ziemlich vortheilhaft. Es liegt am Fuß des Paskopols- und Kletschen-Berges und dekt die Straße nach Außig und Töplitz. Die rechte Flanke ist durch das sogenannte Mittelgebürge, die linke durch die Elbe, und die Fronte durch einen kleinen Fluß gedekt. Es ist daher schwer anzugreifen. Blos durch eine Kanonade könnte der Feind einen Versuch machen, seinen Gegner daraus zu vertreiben, der sie aber wahrscheinlich, ohne es zu verlassen, beantworten würde.

Bis dahin war noch keine sichere Nachricht eingegangen, daß der Feldmarschall Brown wirklich die Eger paßirt sey. Dieses war aber in der That den 30ten mit Anbruch des Tages geschehen. Da der König also mit der Avantgarde auf den Höhen zwischen Aujest und Kottermirsch ankam, so entdekte er das feindliche Lager in der Ebene zwischen Lowositz und Sulowitz hinter den sogenannten sumpfigten Morell-Bach, wodurch die Fronte gedekt war. Zugleich wurde er gewahr, daß die Höhen von Radostiz und der Loboschberg wider Vermuthen nicht besetzt waren. Er nahm daher keinen Augenblik Anstand durch Welmina zu gehen, und sich dieser Höhen durch die Avantgarde selbst zu bemächtigen. Da es indessen schon spät und die Armee noch weit zurük war, so konnte er nicht weit genug vorrükken. Er begnügte sich also, vor der Hand die Bataillons 2 Braunschwelg und 2 Quadt in die Schlucht C C zwischen dem Lobosch- und Radostlyer Berge, den Herzog von Bevern aber mit den Grenadierbataillons Jung Billerbek und Grumbkow und den beiden Bataillons von Anhalt bei Woparna zu setzen, um die Schlucht zu beobachten, welche dort hinter dem Loboschberge von der Elbe heraufkömmt. Die Husaren stellte er etwas rechts der Infanterie und die Cavallerie hinter dieselbe. Da aber diese vier Bataillons nicht hinlänglich waren das ganze Terrein zu besetzen, so befahl der König dem Herzog von Bevern wieder zu ihm zu stoßen. Dieses erfolgte aber nicht eher als um Mitternacht, weil die Weye so beschwerlich waren, daß der Herzog alle Mühe hatte, durchzukommen. Unterdessen war die zweite Kolonne auch angekommen. Aus dieser nahm der König sogleich die beiden Bataillons von Blankensee und stellte sie zur Verstärkung der vier Bataillons von der Avantgarde auch bei C, das Grenadierbataillon von Putkammer und das Regiment von Itzenplitz aber mußten die Anhöhen E E bei Reschni Aujest besetzen. Der übrige Theil der Armee, der erst um um Mitternacht völlig ankam, ging durch Welmina und rükte bis G G. In dieser Stellung blieb alles die Nacht über unter dem Gewehr. Der Feind hielt sich dabei ziemlich ruhig, außer daß auf dem linken Flügel einige Schüsse geschahen, weil dieser den in den Weinbergen stehenden Kroaten ziemlich nahe stand.

Den 1sten Oktober ließ der König noch vor Tages Anbruch alle Generallieutenants von der Armee zu sich kommen, um mit ihnen den Feind zu rekognoßiren, sobald es Tag werden würde. Er war aber kaum zu Pferde gestiegen, als bereits gemeldet wurde, daß man feindliche Cavallerie entdekte, die sich in der Ebene formirte. Auf diese Nachricht gab er sogleich Befehl, daß die Armee in Schlachtordnung aufmarschiren und vorrükken sollte. Dem Herzog von Bevern gab er auf, mit dem linken Flügel auf den Loboschberg zu rükken, dem Herzog von Braunschweig aber, daß er sich mit dem rechten Flügel auf den Höhen von Radostiz setzen sollte. Nachdem sich der linke Flügel auf dem Loboschberge und in den Weingärten formirt hatte, gab der König dem Herzog von Bevern Befehl, seinen Posten zu behaupten und nicht von dem Berge herunter zu gehen, um zu avanziren; weil er mit dem ganzen Treffen eine Schwenkung um diesen Punkt machen wollte, um sich des vor ihm liegenden Dorfes und der noch weiter vorwärts liegenden Höhen, worunter der Homolkaberg ist, zu bemächtigen. Da er auch gewahr wurde, daß das Terrein zu weitläuftig für das erste Treffen war, mußte das zweite gleich in das erste rükken, um es völlig zu besetzen, so daß die ganze Armee nur ein Treffen formirte. Die Cavallerie setzte sich in drei Treffen hinter der Infanterie.

Des Königs Anordnung war den Umständen vollkommen angemessen. Da der Feind den Tag vorher es entweder versäumt, oder mit Vorsatz vergessen hatte, die Anhöhen von Lobosch und Radostiz zu besetzen, da solche die ganze vor denselben liegende Ebene beherrschen, so konnte daraus nach aller Wahrscheinlichkeit nichts anders geschlossen werden, als daß er sich entweder wieder zurükgezogen oder sich der Nacht bedient hätte, um über die Elbe zu gehen. Der dikke Nebel wäre ihm dabei sehr zu statten gekommen, und würde beides ungemein erleichtert haben. Der Verfasser ist eben dieser Meinung. Da der König alle Schritte übersah, die sein Gegner in diesem Falle machen konnte, so glaubte er in der That, die wenige Cavallerie, die sich in der Ebene zeigte, sey nebst den in den Weingärten angestellten Kroaten, ein Theil der Arriergarde. Die Art, wie diese Truppen gestellt waren, mußte ihn noch mehr in dieser Meinung bestärken. Denn sobald der linke Flügel anfing, sich auf den Anhöhen zu formiren, welches ohngefähr um 7 Uhr geschahe, wurde er beständig von den Kroaten beschossen, und beide Theile unterhielten ein beständiges Geknatter: die Preussen, indem sie

die

I. Anmerkung. Ueber die Schlacht bei Lowositz.

die Kroaten aus den Weingärten heraus jagten und sich hernach wieder auf die Höhe zurükzogen, wie es befohlen war; da denn die Kroaten zurük kamen, und ihr klein Gewehrfeuer wieder anfingen. Die feindliche Cavallerie wurde unterdessen von der Artillerie beschossen, welche der König hatte auffahren lassen. Daher nahm sie verschiedene Stellungen an, um sich der Kanonade nicht zu sehr auszusetzen. Zugleich antwortete der Feind auch aus einigem Geschütz, und dieses dauerte ohngefähr bis gegen zwölf Uhr, ohne daß man entdekken konnte, ob die feindliche Armee noch da sey, oder nicht. Alles dieses hatte das Ansehen eines gewöhnlichen Gefechts mit der Arriergarde, die Befehl hat, sich so lange zu halten, bis die Armee in Sicherheit ist. Der Feldmarschall Brown hatte den Ruf eines einsichtsvollen und erfahrnen Generals. Konnte man sich also wohl vorstellen, daß er seine Cavallerie so lange dem Feuer einer zahlreichen Artillerie aussetzen würde, ohne daß dies von einigem Nutzen seyn konnte? da er sich gewissermaßen durch den vor der Front in einem fortlaufenden sumpfigten Morellbach alle Mittel benommen hatte, sie zu unterstützen. Sein Lager hatte überhaupt viel ähnliches mit dem Lager des Marschall von Villeroi bei Ramillies; auch war der Erfolg, bis auf wenige Umstände, ebenderselbe. Wir können nicht glauben, daß er den König in eine Falle lokken wollte. Es gehört eben nicht viel Scharfsinnigkeit dazu, um einzusehen, daß der König seinen Endzwek vollkommen erreicht hatte, so bald er Meister von den Anhöhen war, von denen er das ganze feindliche Lager übersehen konnte; denn dieser war gewiß kein andrer, als den Feldmarschall zu hindern, die Sachsen zu befreien. Durch diese Stellung aber war ihm wenigstens der Weg versperrt; und der Feind mochte sich hinwenden, wo er wollte, so konnte er ihm allemal zuvorkommen und verschiedene Stellungen in dem Gebürge nehmen, wodurch er in die größte Verlegenheit gerathen wäre.

Da sich also alle diese Umstände vereinigten, um die Voraussetzung des Königs, daß er es nur mit der Arriergarde zu thun hätte, zu rechtfertigen, so stimmte auch der Entwurf, den Feind durch eine Schwenkung mit dem rechten Flügel an die Elbe zu drängen, mit richtigen Grundsätzen überein. Denn wäre der Feind wirklich über die Elbe gegangen, oder noch mit dem Uebergange beschäftigt gewesen, so wäre er durch dieses Manöver so in die Enge gerathen, daß er seine Arriergarde über Hals und Kopf hätte zurükziehen oder sehen müssen, daß sie wäre aufgerieben worden.

Indessen fand es der König nicht für gut, sich dabei zu übereilen. Da aber der Nebel ziemlich gefallen war, (doch noch nicht so vollkommen, daß man die österreichische Armee entdekken konnte,) ihre Cavallerie aber noch immer in der Ebene stand, so ließ er die ganze Cavallerie durch die Infanterie vom rechten Flügel gehen, und die feindliche in der Ebene bei Lowositz angreifen. Dieses geschah; die österreichische Cavallerie wurde geworfen und von der preußischen eine gute Strecke verfolgt. Da dieses aber mit zu vieler Hitze geschah, so ging sie zu weit und gerieth dadurch in eine heftige Kanonade und das Feuer der Infanterie, die in den Dörfern und in den hohlen Wegen und Gräben versteckt war. Dadurch wurde sie gezwungen sich zurückzuziehen. Dieser in soweit mislungene Versuch schlug indessen ihren Muth nicht nieder. Nachdem sie sich wieder gesetzt und formirt hatte, so grif sie den Feind auf's neue mit der größten Wuth an, warf ihn wieder über den Haufen, und verfolgte ihn bis an seine Infanterie, ohngeachtet einige Husaren ihr in die rechte Flanke fallen wollten, aber durch das Regiment Bareuth daran verhindert wurden. Dieses war in der That etwas zu weit. Denn durch die Kanonade und das kleine Gewehrfeuer litte sie nicht allein einen starken Verlust, sondern da auch der Feldmarschall Brown die Kavallerie seines rechten Flügels verstärkt hatte, so wurde sie selbst angegriffen und zum Rückzug gezwungen, der durch einen breiten Graben, über den sie beim Verfolgen gesetzt hatte, sehr erschwert wurde. Durch diesen wiederholten Angrif war sie so abgemattet, daß sie allerdings einiger Erholung beburfte, daher der König befahl, daß sie sich wieder hinter die Infanterie setzen sollte. Wenn auch, um diese Zeit der Nebel noch nicht völlig wäre gefallen gewesen, so daß man die österreichische Armee in Schlachtordnung gewahr wurde, so konnte man doch hieraus leicht schließen, daß sie noch da seyn müsse.

Indessen hätte es vielleicht bei diesem Gefechte sein Bewenden gehabt, da der König, nachdem der linke Flügel die Kroaten aus den Weinbergen vertrieben, völlig Meister von den Anhöhen war. Allein, nachdem sich das Wetter aufgeklärt hatte, sahe der Feldmarschall Brown seinen Fehler ein, und dachte ihn wieder gut zu machen. Da er über die preußische Kavallerie einige Vortheile erhalten, so glaubte er, bei der Infanterie eben so glüklich zu seyn. In dieser Absicht befahl er den vor und bei Lowositz stehenden Infanterieregimentern Joseph Esterhasi, Colloredo, Jung-Wolfenbüttel, Braun, Hildburghausen, nebst einigen Grenadierkompagnien und Kroaten, die auf dem Lobofchberg stehenden Preussen anzugreifen und sie zu vertreiben. Sie wurden aber bald gewahr, wen sie vor sich hatten. Indessen rükten sie mit vieler Herzhaftigkeit an, und einige suchten den Preussen in die linke Flanke zu kommen. Letztere wurden aber von dem Bataillon von Münchow und dem Grenadierbataillon Kleist gleich wieder zurükgewiesen. Die mehresten Bataillons hatten ihre Patronen schon größtentheils verschossen, diejenigen, die noch damit versehen waren, empfingen damit den herauskommenden Feind. Das Regiment Bevern und Grenadierbataillon Jung-Billerbek hatten aber gar nichts mehr. Sie besannen sich also nicht lange, sondern gingen mit dem Bajonet auf den Feind los, stießen ihn damit in die Rippen, schlugen mit der Kolbe hinterher, und jagten ihn so den Berg wieder herunter und nach Lowositz hinein. Der Angrif mit

dem

I. Anmerkung. Ueber die Schlacht bei Lowositz.

dem Bajonet kommt bei Beschreibungen von Schlachten öfterer als auf dem Schlachtfelde selbst vor. Am wenigsten glaube man die herrlichen Thaten, welche die Franzosen damit ausgerichtet haben wollen. Hier aber wurde das Bajonet im Ernste gebraucht. Man wird dies glauben, wenn man weiß, daß Bevern aus ehrlichen Pommern, und Jung-Billerbek aus Magdeburgern bestand.

Die eingebornen preußischen Völker haben von jeher den Ruhm einer vorzüglichen Tapferkeit gehabt. Man kann sich auch davon durch den Verlust überzeugen, den nach der eigenen Angabe der Oesterreicher die Regimenter gehabt, welche den Hauptangrif machten. Nehmlich Joseph Esterhasi 2 Officier todt, 9 verwundet; 34 Gemeine todt, 167 verwundet, 80 vermißt. Colloredo 1 Officier todt, 15 verwundet; 47 Gemeine todt, 297 verwundet, 112 vermißt. Jung-Wolfenbütte 4 Officier todt, 17 verwundet; 56 Gemeine todt, 382 verwundet, 208 vermißt. In allem also 48 Officier todt und verwundet; 1373 Gemeine todt, verwundet und vermißt.

Dabei blieb es aber nicht. Alles rükte nun den Berg hinunter, und die weiter rechts stehenden Regimenter, als Hülsen, Manteufel, Itzenplitz u. s. w. gingen auch mit den andern gerade auf Lowositz los und zwangen den Feind, es über Hals und Kopf zu verlassen. Der Angrif geschahe mit so vieler Hitze, daß einige Bataillons vor den andern vorprellten, andre in einer Art von Unordnung auf den Feind losgingen. Dieses hat eben zu der Sage Gelegenheit gegeben, daß die Preussen den Angrif auf das Dorf in verschiedenen Treffen gemacht hätten, wie der Verfasser selbst glaubt. Eigentlich stand die preußische Armee nur in einem Treffen.

Da der Feldmarschall Brown also seinen Entwurf vereitelt sahe, so nahm er seinen rechten Flügel zurük und ging den 2ten mit Anbruch des Tages wieder über die Eger in sein altes Lager bei Budyn. Der König lagerte seine Armee auf dem Schlachtfelde, besetzte Lowositz mit zwei Bataillons und nahm das Hauptquartier in Kinik. Den 2ten wurde es nach Lowositz verlegt, das Dorf Sulowitz mit 1 Bataillon besetzt, und der Herzog von Bevern Nachmittags mit 5 Bataillons, 5 Schwadrons Dragoner, 600 kommandirten Küraßiers und 300 Husaren näher nach Budyn detaschirt, nachdem der Feldmarschall Brown schon wieder über die Eger gegangen war. Er nahm sein Lager bei Tschiskowitz.

Aus dieser Beschreibung, die ich theils aus den besten öffentlichen Nachrichten, besonders aus denen erst kürzlich in Dresden herausgekommenen, die Feldzüge der Preussen betreffend, genommen, theils aber aus mündlichen Erzählungen, welche mir sowohl Officiere als Gemeine, die dabei gewesen, bereits in eben diesem Kriege gemacht, wird man leicht einsehen, in wie weit die Beschreibung des Verfassers richtig ist. Wirklich ist der Unterschied nicht merklich und man muß gestehn, daß sie die beste im ganzen Buche ist. Er irrt sich aber besonders darin, daß er die Preussen vom Berge zuerst herunter gehen und den Angrif machen läßt; dieses würde in der That nicht geschehen seyn, wenn sie nicht wären angegriffen worden. Daß sie aber hernach ihren Vortheil ersahn und weiter verdrungen, war eine bloße Folge ihrer ungestümen Tapferkeit. Denn im Grunde gewannen sie dadurch, daß sie Lowositz wegnahmen, nicht viel mehr, als was sie schon hatten. Der Feldmarschall Brown mußte doch entweder zurükgehen, wenn sie auch nur auf den Höhen stehen blieben, oder die Elbe passiren, wenn er die Absicht erreichen wollte, um die er eigentlich vorgerükt war.

Daß der Verfasser den König tadelt, weil er nicht gleich anfänglich die Kavallerie in die Mitte der ersten Linie gestellt; scheint eine bloße Uebereilung zu seyn. Im Ernst genommen ist es ein abentheuerlicher Einfall. Es ist ohne Zweifel ein allgemein anerkannter Grundsatz bei Einrichtung der Schlachtordnung, daß alle Theile mit einander aufs genauste zusammen hängen, und eine gewisse innere Stärke und Festigkeit haben müssen. Dieses kann aber lediglich durch Infanterie und die damit verbundene Artillerie erhalten werden. Gegenwärtig ist die Kavallerie in Lägern und Stellungen, wo man den Feind erwarten will, größtentheils zur Unterstützung der Infanterie bestimmt, aber nicht zur Behauptung gewisser Posten, um so weniger, da das Absitzen selbst bei den Dragonern nicht mehr im Gebrauch ist, außer in wenigen ausserordentlichen Fällen. Man kann sie daher zu den Hülfswaffen rechnen, die alsdenn mit dem größten Nutzen gebraucht werden, auf dem Wege, den die Infanterie zum Siege gebahnt hat, fortzugehen und ihn vollkommen zu machen. Ich bin nichts weniger gesonnen, als der Kavallerie ihre Verdienste abzusprechen. Ich weiß es, daß sie es war, die bei Prag, vorzüglich aber bei Rosbach den Weg zum Siege bahnte, bei Leuthen und Zorndorf ihn vollständig machte, und bei Hochkirchen die geschlagene Infanterie dekte: ich glaube nur, daß es unschiklich sey, ihr beim Anfang einer Schlacht einen Posten anzuweisen, den sie ihrer Natur nach nicht behaupten kann. Die Stärke der Kavallerie besteht in der Bewegung: sie muß Gelegenheit haben, ihre Manöver mit Schnelligkeit auszuführen. Der Stoß oder Choc ist ohne Wirkung, wenn er nicht auf diese Art geschehen kann. Man vergebe es mir indessen, wenn ich den Choc der Kavallerie nicht für so entscheidend halte, als er zu seyn scheint. In dem Feldzug von 1762 sahe ich einen Choc, den der größte Theil der preussischen Kavallerie auf eine ihr noch überlegene österreichische Kavallerie machte. Der Erfolg war, daß auf beiden Theilen einige hundert Verwundete und Gefangene waren. Kein einziger Todter lag auf dem Wahlplatze. Die Infanterie blieb auf beiden Seiten in eben der Lage, in der sie vorher gewesen war. Eine noch geringere Meinung habe ich von dem, was die Franzosen l'impetuosité du Choc nennen. Ihre militärischen Schriftsteller sind voll

da-

I. Anmerkung. Ueber die Schlacht bei Lowositz.

davon, ich zweifle aber, ob sie jemals Zeugen von seinem Daseyn gewesen sind. Ob ihn die Franzosen nicht öfter empfunden als gemacht haben, will ich nicht untersuchen. Bei Roßbach rennte ein Regiment auf die Franzosen los, ob es Pommern oder Märker waren, weiß ich nicht; genug sie riefen einander auf gut plattdeutsch zu: Bröderken gah toh! Ein französischer Officier von dem Regiment, das geworfen wurde, schrieb nach Paris: Il-y-avoit un regiment de gateaux, qui nous gata toute l'affaire. Man bewunderte in Paris die impetuosité du Choc du regiment de gateaux.

Ohne mich in eine weitläuftige Auseinandersetzung der Gründe einzulassen, warum die Kavallerie in der Mitte, des ersten Treffens in keinem Falle etwas taugt, will ich mich nur auf die Erfahrung berufen. Bei der Schlacht bei Höchstädt stand die französische und bayrische Kavallerie in der Mitte. Marlborough warf sie ohne Mühe über den Haufen, und der Erfolg war, daß die Infanterie in den Dörfern Blenheim u. s. w. ohne einen Schuß zu thun das Gewehr strecken mußte. Bei Minden stand anfänglich die französische Kavallerie ebenfalls in der Mitte. Die englische Infanterie ging mit vieler Kaltblütigkeit auf sie los, warf sie, und der Erfolg war: die Niederlage des Feindes.

Es scheint ein bloßes Herkommen, eine Gewohnheit zu seyn, die von einem Jahrhundert dem andern überliefert worden, daß man die Infanterie in der Mitte und die Kavallerie auf den Flügeln setzt. Wenn man die Absicht hat, den Feind anzugreifen, und das Terrein ist eben, so mag dies allenfalls angehen. Allein in einem jeden Lager, in dem man den Feind erwarten will, scheint es allemal sicherer zu seyn, die ganze Kavallerie hinter die Infanterie zu setzen, das Terrein mag übrigens beschaffen seyn, wie es wolle. Man hat angefangen, das Unschickliche des parallelen Angrifs einzusehen, wo man Kavallerie gegen Kavallerie und Infanterie gegen Infanterie stellte. Man sucht jetzt erst die schwache Seite der feindlichen Stellung auf, und fällt alsdann mit einer überwiegenden Macht darüber her. Infanterie, Artillerie und Kavallerie werden dabei auf das geschikteste verbunden, um einander zu unterstützen und den Hauptstreich auszuführen. Man stelle sich nunmehr eine Armee vor, die im Lager steht, und die Kavallerie auf den Flügeln hat. Der Feind rükt an, fährt ein Paar Batterien schwere Kanonen auf, unterstützt sie mit der Infanterie, die in verschiedenen Linien den Angrif machen soll, und setzt seine Kavallerie hinter dieselbe. Die Artillerie macht ein lebhaftes Feuer auf die Kavallerie vom Flügel, und nun frage ich, ob diese, wenn sie auch aus den tapfersten Leuten in Europa zusammen gesetzt ist, ihr Terrein behaupten kann? Unstreitig muß sie sich hinter die Infanterie ziehen. Der Feind findet also ein verlassenes Terrein vor sich, auf dem er mit schnellen Schritten vorrükt und der Infanterie in die Flanke fällt.

Auch wird man in den wenigsten Lagern gesehen haben, daß der König die Kavallerie auf die Flügel gestellt hat, es müßte denn da gewesen seyn, wo er gewiß wußte, daß ihn der Feind nicht angreifen würde. Es giebt Fälle, wo Beispiele keine Beweise sind; allein in gegenwärtigem ist dies meines Bedünkens entscheidend. Denn niemand hat gewiß die Kavallerie besser auszubilden und zu nutzen gewußt, und vor ihm hatte man nur sehr unvollständige Begriffe von ihrer Stärke. Um sich davon zu überzeugen, lese man die besten militärischen Schriftsteller vor diesem Zeitpunkt, die selbst Soldaten waren. Puysegur redet davon noch lange nicht mit so vielen Einsichten, als gegenwärtig ein preußischer Subaltern. Und Folard geht in seinen Grillen so weit, daß er sie nicht viel besser als ein unnützes Hausgeräth ansieht. Der König von Preussen hat aber gezeigt, daß man durch sie auch Schlachten gewinnen könne.

II. Anmerkung.

Untersuchung der Meinung des Verfassers über die falschen Schritte des Königs von Preussen, in Rüksicht auf den Anfang des Krieges.

Der Verfasser macht dem König von Preussen einen doppelten Vorwurf. Einmal: daß er sich nicht um Bundesgenossen beworben, um dem wider ihn geschlossenen Bündnis das Gleichgewicht zu halten; sodann daß er den Krieg, da er doch unvermeidlich war, nicht eher angefangen. Die Untersuchung dieser Meinung gehört größtentheils in die Staats- zum Theil aber auch in die Kriegswissenschaft. Ohngeachtet wir nun weit entfernt sind, uns darin entscheidende Einsichten anzumaßen, so wird man uns dennoch erlauben, auch unsere Gedanken darüber vorzutragen, deren Richtigkeit der Leser hernach beurtheilen kann.

Der König von Preussen war allerdings von den Gesinnungen der europäischen Mächte unterrichtet. Er wußte, daß schon im Jahre 1745 zwischen Oesterreich und Sachsen ein Bündnis gegen ihn geschlossen war, das nichts geringeres zur Absicht hatte, als ihn seines neu eroberten Schlesiens und noch eines ansehnlichen Theils seiner angeerbten Länder zu berauben,

welche

II. Anmerk. Ueber die falschen Schritte des Königs von Preussen ꝛc.

welche Sachsen zu Theil werden sollten. Ohngeachtet nun dieses alles durch den Dresdner Frieden in ein Geschöpf der Einbildung verwandelt wurde, so diente es doch zur Grundlage eines neuen Bündnisses, das mit allem Eifer bearbeitet, und endlich zu seinem völligen Untergange geschlossen wurde. Um aber in der Ausführung glüklicher zu seyn, als das erste mal, so schien dem Wiener und Dresdner Hofe der Beitritt von Rußland schlechterdings nothwendig, und daher wurden alle Kunstgriffe der Staatskunst angewandt, um den Petersburger Hof zu gewinnen; und dieser große Endzweck nach vielen angewandten Bemühungen endlich auch erreicht.

In der That scheint es, daß der König diesen ihm so viel Gefahr drohenden Bündnisse ein andres hätte entgegen setzen sollen, und dazu blieben ihm Frankreich und Engelland, als Mächte von Wichtigkeit, übrig. Indessen scheint es nicht, daß er nöthig gehabt hätte, sich dabei zu übereilen. Denn erstlich war Oesterreich damals noch in einem Kriege mit Frankreich verwikkelt, dessen Ausgang noch nicht mit aller Gewißheit zu bestimmen war, sodann wurde es durch denselben ziemlich erschöpft, daß es einige Jahre gebrauchte, um sich wieder zu erholen, seine Finanzen in Ordnung zu bringen und auf einen bessern Fuß zu setzen, und endlich sich eine Armee zu bilden, die es mit der preußischen aufnehmen konnte. Denn durch fünf auf einander folgende Siege hatte diese gezeigt, daß sie das, was ihr an der Zahl abging, durch Thätigkeit, Ordnung und Fertigkeit in Beobachtung und Ausführung der Grundsätze des Krieges, und Tapferkeit hinlänglich ersetze. Rußland hatte zwar seit einigen Jahren keinen Krieg gehabt, und seine Armee war zahlreich, allein es fehlte an Gelde. Sachsen hatte vielleicht allen guten Willen seinem Nachbar zu schaden, allein die schlechte Staatsverwaltung des ersten Ministers und seine übertriebene Verschwendung machten, daß es noch lange Zeit dabei sein Bewenden haben mußte. Endlich war das Bündnis, das Oesterreich mit Rußland geschlossen hatte, eigentlich nur eine defensiv Allianz, ohngeachtet es verschiedene geheime Artikel enthielt, die durch eine geschikte arglistige Wendung sie in eine offensiv Allianz verwandeln konnten, wie denn auch hernach wirklich geschahe. Dem sey nun aber wie ihm wolle, so konnte der König doch immer voraussehen, daß, ohngeachtet man schon darüber einig war, nur einen glimpflichen Vorwand zu finden ihn anzugreifen, und im voraus schon die Länder bestimmt hatte, die eine jede von den theilnehmenden Mächten zur Ausbeute bekommen sollte, die Ausführung dieses Entwurfs noch eine gute Zeit ausgesetzt bleiben müßte.

Der Wiener Hof hatte alle seine Hofnungen auf den Beistand von Rußland gesetzt; indessen war doch in dem Petersburger Traktat nur vorausgesetzt, daß er nicht eher statt ha-

72 Geschichte des siebenjährigen Krieges in Deutschland.

ben sollte, als bis der König von Preussen die Kaiserin Königin und zuletzt einen von ihren Bundesgenossen angreifen würde. Da indessen Oesterreich hier einen Vorwand haben wollte, den König in einen Krieg zu verwikkeln, so ist leicht zu begreifen, daß das Wiener Ministerium in keiner geringen Verlegenheit war, was es bei der Mäßigung des Petersburger Hofes für Maasregeln ergreifen sollte. Nichts würde ihm dabei besser zu statten gekommen seyn, als wenn der König sich frühzeitig um Bündnisse beworben hätte. Es ist bekannt, wie aufmerksam Oesterreich und Sachsen auf alle Schritte des Königs waren. Nicht zufrieden, sie dem russischen Hofe auf eine höchst nachtheilige Art zu schildern, bedienten sie sich verschiedener Kunstgriffe, um durch falsche Anzeigen die russische Kaiserin nicht allein in ihren Gesinnungen zu bestärken, sondern noch immer mehr gegen den König aufzubringen. Hätte der König also versucht, mit einer oder der andern Macht in Verbindung zu treten, so würde der Wiener Hof nicht unterlassen haben, bei Rußland den Verdacht zu erregen, daß ein solches Bündnis in keiner andern Absicht geschlossen worden, als um es anzugreifen. So widersinnig auch dieses, so unwahrscheinlich es ist, daß ein Staatsmann diesen Entwurf für möglich halten konnte, so hat doch die Erfahrung gezeigt, daß das Wiener Ministerium kein Bedenken getragen, dem König von Preussen diese Absicht anzudichten, so sehr auch das Lächerliche davon in die Augen fällt.

Ein Bündnis, das viele Jahre voraus geschlossen wird, ist übrigens dem Wechsel der Zeit unterworfen. Es können Umstände vorkommen, die es trennen, und öfters gerade den Gegensatz von dem hervorbringen, was dabei zum Grunde gelegt worden. Eben dieses konnte auch bei dem Petersburger Traktat geschehen, der schon im Jahre 1746 unterzeichnet wurde. Was würde in der That daraus geworden seyn, wenn der Krieg im Jahre 1762 seinen Anfang genommen hätte? und konnte das Absterben der Kaiserin von Rußland nicht eben so leicht einige Jahre früher erfolgen?

Wir sehen also gar nicht ein, wie der sonst so scharfsinnige Verfasser, in Rüksicht auf diesen Punkt, etwas falsches in den Schritten des Königs finden kann. Es scheint vielmehr, daß es unendlich zuträglicher war, abzuwarten, was Zeit und Umstände ihm für Maasregeln anrathen würden, wenn die gegen ihn geschmiedeten Entwürfe sich ihrer Reife mehr nähern würden. Daß der König gerade den rechten Zeitpunkt zu treffen wußte, den Anschlägen seiner Feinde zuvorzukommen, beweist die Erklärung, daß er sich dem Einmarsch freier Truppen in Deutschland allemal mit Nachdruk widersetzen würde, unserer Meinung nach augenscheinlich; denn eben diese brachte das Bündnis mit Engelland zuwege.

II. Anmerk. Ueber die falschen Schritte des Königs von Preussen ꝛc.

Ob übrigens der König diesen seyn sollenden Fehler aus einem zu großen Zutrauen auf seine Kräfte begangen, scheint eine Frage zu seyn, deren Beantwortung eine genauere Kenntnis des Eigenen in dem Charakter und der Denkart Seiner Majestät voraussetzt, als der Verfasser vielleicht zu erlangen Gelegenheit gehabt hat. Allem Ansehen nach ist er auf diesen kühnen Gedanken durch einige Vorfälle im Felde verleitet worden, die aber zu unbeträchtlich sind, als daß sich daraus Grundsätze herleiten ließen, die Gesinnungen dieses Monarchen treffend zu beurtheilen. Indessen ist freilich der Maßstab, nach dem ein Alexander, ein Cäsar ihre Entwürfe berechnen, nicht der Maßstab eines Darius, eines Pompejus. Da der König sich von allen Seiten von unversöhnlichen Feinden umringt sah, betrug er sich doch mit Anstand und Würde, welches die eigenthümlichen Züge in dem Charakter großer Seelen sind. Nie wird es diesen einfallen, auf eine kriechende Art die Freundschaft von Leuten zu erbetteln, welche die Herablassung eines großen Mannes als einen Tribut betrachten, den er ihnen zu zahlen schuldig ist. Es ist Ruhm für ihn, wenn er Tadler findet, und kein Beweis von seiner Größe und seinen Verdiensten auffallender, als wenn sich eine Schaar kleiner Geister zu seinem Untergange verbinden.

Daß der König von Preussen den Krieg nicht im Jahre 1755 anfing, ist so wenig ein falscher Schritt, daß es vielmehr ein offenbarer Beweis von der Großmuth und Mäßigung dieses Monarchen ist. Er wußte alles, was in den Kabinetten zu Wien und Dresden vorging, alle die Mittel, welche die Minister dieser beiden Höfe erfanden und anwandten, um ein Misverständniß zwischen Rußland und Preussen nicht allein zu erwecken, sondern auch zu unterhalten, und auf das höchste zu treiben. Da dieses verborgene Spiel der Staatskunst gleich nach dem Dresdner Frieden seinen Anfang nahm, so hätte der König, nach den Grundsätzen des Verfassers, diesen Krieg schon einige Jahre eher anfangen müssen, nehmlich alsdenn schon, da der Traktat von Petersburg geschlossen war, im Jahre 1746. Nach der damaligen Verfassung des Hauses Oesterreich zu urtheilen, waren Aussichten zu weit größern Vortheilen da. Denn das war gerade der Zeitpunkt, wo die französischen Waffen unter dem Marschall von Sachsen, anfingen über die Oesterreicher und ihren Bundesgenossen die Oberhand zu bekommen. Es würde ihnen schwer gewesen seyn, nachdem sie schon durch den langwierigen Krieg abgemattet waren, dem Könige aufs neue die Spitze zu bieten. Daß dies im Jahre 1744 geschahe, daran war lediglich die Unthätigkeit der Franzosen Schuld, und daß sie dem Prinz Karl von Lothringen mit der österreichischen Hauptmacht so ruhig über den Rhein zurükgehen ließen, anstatt daß sie ihm hätten auf dem Fuße nachfolgen sollen. Allein der König dachte gewiß an nichts weniger, als an einen neuen Krieg, und er würde ihn auch niemals angefangen haben, wenn er nicht auf die sonderbarste Art dazu wäre gezwungen worden.

Zufrieden daß er sein Recht an Schlesien behauptet und daß ihm die vornehmsten Mächte darüber die Gewähr geleistet hatten, ließ er es seine vornehmste Sorge und Beschäftigung seyn, in diesem neueroberten Lande die Künste des Friedens in Aufnahme zu bringen, und Einrichtungen zu treffen, bei denen es Gelegenheit bekam, sich nach den ausgestandenen Kriegen wieder zu erholen. Was übrigens ein Brühl, und mehrere von seinen Feinden, von seiner Eroberungsbegierde in verschiedenen heimlichen und öffentlichen Schriften geträumt haben, sind Aufwallungen der Einbildung und nicht Grundsätze, nach denen man die Aeußerungen eines Königs von Preussen beurtheilen muß. Die Großmuth, mit der er bei den besten Aussichten alle Eroberungen in dem Dresdner Frieden fahren ließ, und die Bereitwilligkeit, zur Ruhe in Deutschland die Hand zu bieten, sind, unsrer Meinung nach, hinlängliche Beweise, daß er den Frieden liebte, suchte, und so lange es von ihm abhing, zu erhalten bedacht seyn würde.

Wenn der Verfasser es einen falschen Schritt nennet, daß der König den Krieg nicht im Jahre 1755 angefangen, so scheint seine Meinung zu seyn: daß der König den Krieg gleich hätte anfangen müssen, so bald er nur von dem wider ihn geschlossenen Bündnisse Nachricht erhalten. Ob es gleich wahr ist, daß man einen Feldzug sobald als möglich anfangen muß, wie der Verfasser in der Anmerkung sagt, so folgt doch aus diesem Grundsatz gar nicht, daß man seinen Nachbar bekriegen müsse, sobald man erfährt, daß er mit einer andern Macht ein Bündnis zu seiner Sicherheit eingegangen; dieses würde alle Augenblik einen Krieg zuwege bringen, und Friedensschlüsse würden nichts weiter seyn, als leere Formalitäten. Alles was ein Fürst in dergleichen Fällen thun kann, ist, sich auf alle Fälle in Bereitschaft zu setzen, und das hatte der König damals nicht erst nöthig, denn nach der innern Einrichtung seiner militärischen Verfassung ist er zu allen Zeiten gerüstet. Eben daher konnte er es ganz ruhig abwarten, bis sich die Anschläge seiner Feinde näher entwikkelten, und indessen sich eine genauere Kenntniß von dem Innern ihrer Verbindungen, besonders von dem Inhalt der geheimen Artikel der Petersburger Allianz verschaffen.

So lange übrigens die beiden kaiserlichen Höfe noch keine Zurüstungen machten, aus denen sich mit Sicherheit etwas feindseliges schliessen ließ, wodurch hätte sich ein Angrif von Seiten des Königs rechtfertigen lassen? Es würde nicht einmal ein scheinbarer Vorwand dazu da gewesen seyn; denn um die Mittheilung der geheimen Artikel des petersburgischen Traktats anzuhalten, wäre eine Zumuthung gewesen, die man schwerlich würde eingegangen seyn.

Auch wäre es in der That ein falscher und übereilter Schritt gewesen, wenn der König den Krieg schon im April 1756 angefangen hätte. Bis dahin hatte er sich mit Engelland

II. Anmerk. Ueber die falschen Schritte des Königs von Preussen ꝛc. 75

gelland noch zu nichts weiter verbunden, als daß sie keine fremde Truppen auf deutschen Boden wollten kommen lassen. Dieses ist, wie ich glaube, zugleich ein Beweis, daß der König den Angrif erwarten aber nicht machen wollte; denn er war in der That weit entfernt einen Krieg zu wünschen, und fand es zuträglicher, ihn so lange zu vermeiden, als es nur die Umstände erlauben würden. Ueberdies scheint es, daß Rußland sich damals doch noch nicht der ganzen Sache mit dem Eifer annahm, als es nachher geschah, ohngeachtet es bereits mit Oesterreich und Sachsen ein of- und defensives Bündnis geschlossen hatte. Ganze Staaten haben vielleicht ihre Launen, wie einzelne Köpfe; und es scheint ziemlich wahrscheinlich, daß der Petersburger Hof im Jahre 1755 noch zweifelhaft war, ob er sich in einen Krieg einlassen sollte, der eine Menge Geld erforderte, und am Ende keinen wirklichen Nutzen bringen konnte. Die ungewöhnliche Bewegung, in der die Minister in Wien und Dresden in diesem Jahre waren, macht dieses wahrscheinlich. Da ihre ganze Hofnung auf Rußland gesetzt war, so drohte ihren Entwürfen keine größere Gefahr, als wenn diese Macht sich auf eine bloße Vertheidigung ihrer und ihrer Bundesgenossen eingeschränkt hätte. Daher wurden alle Kräfte der Intrigue angespannt, um die russische Kaiserin auf den höchsten Grad der Feindschaft zu setzen und in dieser Absicht allerhand Mittel ersonnen, ihr durch die dritte, vierte, fünfte, sechste Hand falsche Nachrichten von den Entwürfen des Königs von Preussen auf ihre Länder oder die mit ihr in Verbindung stehenden Mächte vorzubringen. Bald sollte sich der König in die polnischen Angelegenheiten mischen; bald hatten die berliner Zeitungen den Tod des Herzogs von Holstein prophezeit; ein andermal sollte er die Ottomannische Pforte aufwiegeln wollen; dann sollte er in Schweden etwas wider die Person der Kaiserin angezettelt haben; dann sollte er in Curland einen Kanal haben, durch den er genaue Kenntniß und Nachrichten von den Geheimnissen des russischen Kabinets erhielte. Kurz, man ließ keine Gelegenheit vorbei gehen, dem Könige die schlechtesten Gesinnungen beizumessen, und sein Betragen und alle seine Handlungen mit den widrigsten Farben zu schildern, die Neid, Haß und Bosheit zusammen mischen können.

Durch diese Kunstgriffe gelang es denn endlich, die Kaiserin auf das äusserste zu treiben, so daß sie alle diese Angelegenheiten ihrem Conseil übergab, in dem im Monat Oktober 1755 endlich beschlossen wurde: Den König von Preussen, ohne alle weitere Untersuchung, nicht allein alsdann anzugreifen, wenn er einen Bundesgenossen des russischen Hofes angreifen sollte, sondern auch sogar in dem Falle, wenn einer von diesen Bundesgenossen Preussen angreifen würde. Der Graf Brühl kam über diesen Entschluß fast vor Freuden ausser sich, und der Wiener Hof sahe endlich der Erfüllung seiner Wünsche mit einer innerlichen Zufriedenheit entgegen.

76 Geschichte des siebenjährigen Krieges in Deutschland.

Indem sich nunmehr alles mit starken Schritten der Ausführung näherte, ereignete sich ein Umstand, der leicht das ganze System hätte über den Haufen werfen, und für Oesterreich von den nachtheiligsten Folgen seyn können. Engelland schloß mit Preussen den 16ten Januar 1756 die bekannte Neutralitäts-Convention. Es war natürlich, daß das brittische Ministerium sich alle Mühe geben würde, Rußland, seinen alten Bundesgenossen, wieder mit Preussen auszusöhnen. Gelang dieses, so verwandelte sich der Plan des Wiener und Dresdner Hofes in ein bloßes Gedankenspiel müßiger Köpfe und beide geriethen in Gefahr, am Ende selbst das Opfer ihrer arglistigen Staatskunst zu werden. Die Minister beider Mächte befürchteten dies nicht ohne Grund, und daher mußten neue Intriguen gespielt und neue Unwahrheiten ersonnen werden, um diesen Streich abzuwenden. Dies war aber keine leichte Sache, da alle unreine Quellen, aus denen sie bisher genommen wurden, erschöpft waren. Nach vielem Hin- und Hersinnen fand man endlich in der Ukraine noch einen Schatz, den man aufgraben wollte. Es sollte nehmlich der russischen Kaiserin durch die dritte, vierte, fünfte, sechste Hand beigebracht werden, daß der König von Preussen, von Schlesien aus, unter dem Vorwande des Kommerzes, allerhand Personen und sogar verkleidete Ingenieurofficier nach der Ukraine schikke, um das Land aufzunehmen, die Passagen zu rekognosziren, die Lage und Stärke der Oerter zu untersuchen und die dortigen Einwohner zur Revolte zu ermuntern. Diese grobe Erdichtung schien sogar dem Grafen von Brühl zu ausgekünstelt, doch machte er sich anheischig auf Mittel zu denken, ihr einen Anstrich der Wahrscheinlichkeit zu geben. Dieses geschah im April 1756. Doch that es noch nicht eine so schleunige Wirkung, als man vielleicht erwartete: indessen kam es nur noch auf eine Kleinigkeit an, und diese war Geld. Um diesen Punkt zu berichtigen, mußte sich der russische Gesandte zu Wien, der Graf Kayserling, genau erkundigen, ob auch von Seiten des Wiener Hofes Geld zu erwarten wäre? Und nur nachdem dieser Zweifel gehoben war, wurden von Rußland ernsthafte Anstalten gemacht.

Gerade aber um eben diese Zeit mußte der preußische Gesandte von Klinggräf bei der Kaiserin Königin um die Ursach ihrer starken Zurüstungen anfragen. Ein Beweis, daß der König genau den rechten Zeitpunkt zu treffen wußte, einen Krieg anzufangen, den er nicht mehr vermeiden konnte.

Wir glauben hier nichts weiter gesagt zu haben, als wovon die Welt schon seit langer Zeit unterrichtet ist. Dem Leser überlassen wir übrigens, hieraus zu bestimmen, ob die Anmerkungen des Verfassers über die falschen Schritte des Königs bei dem Anfange dieses Krieges gegründet sind oder nicht.

III. An-

III. Anmerkung.
Ueber den Operationsplan des Verfassers.

Nach der Meinung des Verfassers wäre dieser zu dem Feldzuge von 1756 folgender gewesen. Sachsen in Besitz zu nehmen — sobald der König von Polen sich in keine Verbindung mit Preussen einlassen wollte, seine Armee im Lager bei Pirna stehen und ein Korps von 20,000 Mann zurük zu lassen, um sie zu beobachten — mit der ganzen übrigen Macht nach Böhmen zu gehen — die Oesterreicher an die Donau oder auch vielleicht jenseits derselben zu treiben — und den Winter über Prag und Olmütz zu erobern.

Nichts scheint ihm leichter gewesen zu seyn, als dieses auszuführen. Seine Gründe sind: weil keine starke Armee in Böhmen stand, und das was von österreichischen Truppen da war, sich von selbst würde zurükgezogen haben, so daß der König das Land völlig unbesetzt gefunden hätte. Da das, was der Verfasser sagt, ein ziemliches Gewicht hat, da sein Ansehen in militarischen Sachen dadurch sehr gestiegen ist, daß die Oesterreicher in dem Kriege von 1778 in vielen Stükken seine Grundsätze und Vorschläge angenommen, so verdienen seine Gedanken allerdings alle Aufmerksamkeit.

Ehe wir uns indessen in eine umständlichere Untersuchung des Entwurfs des Verfassers einlassen, wollen wir einen Blik auf den Zustand der preußischen Armee werfen. Dadurch wird man sich in dem wahren Gesichtspunkte befinden, um die Schritte des Königs, an denen der Verfasser so viel auszusetzen findet, richtig zu beurtheilen.

Der König hatte seine Armee in verschiedene Korps vertheilt, in Sachsen, Schlesien, Preussen, Pommern und Westphalen.

Die Armee in Sachsen bestand aus 70 Bataillons Infanterie, 41 Schwadrons Kürassier, 25 Schwadrons Dragoner und 30 Schwadrons Husaren. Wir wollen die Regimenter mit den Namen, die sie damals hatten, hersetzen.

Infanterie-Regimenter.

Garde	3 Bataillons	Pr. Ferdinand von Braunschw.	2 Bataill.
Prinz von Preussen	2	Markgraf Karl	2
Prinz Heinrich	2	Herzog von Bevern	2
Prinz Ferdinand	2	Prinz Moritz	2

78 Geschichte des siebenjährigen Krieges in Deutschland.

Anhalt Dessau	= = 2 Bataill.	Zastrow	= = 2 Bataill.
Winterfeldt	= = 2 = =	Retzow	= = 1 = =
Itzenplitz	= = 2 = =	Alt Kleist	= = 2 = =
Forcade	= = 2 = =	Wiedersheim	= = 2 = =
Kalckstein	= = 2 = =	Münchow	= = 2 = =
Meyerrinck	= = 2 = =	Quaadt	= = 2 = =
Schwerin	= = 2 = =	Knoblauch	= = 2 = =
Blanckensee	= = 2 = =	Neuwied	= = 2 = =
Manteufel	= = 2 = =	Brandeiß	= = 2 = =
Hülsen	= = 2 = =		

Grenadier-Bataillons.

Flügel-Grenadier Bataillon von Bülow	{	1 Compagnie erste Garde 2 Comp. 2te Garde
= = Kleist	{	2 = = Prinz von Preussen 3 = = Anhalt 1 = = Retzow
= = Bandemer	{	2 = = Winterfeldt 2 = = Forcade
= = Finck	{	2 = = Itzenplitz 2 = = Meyerrinck
= = Ramin	{	2 = = Markgraf Karl 2 = = Kalckstein
= = Grumbkow	{	2 = = Prinz Ferdinand 2 = = Schwerin
= = Schenckendorf	{	2 = = Heinrich 2 = = Münchow
= = Putkammer	{	2 = = Moritz 2 = = Manteufel
= = Lengefeldt	{	2 = = Hülsen 2 = = Alt Kleist
= = Jung Billerbeck	{	2 = = Herzog Ferdinand v. Braunschweig 2 = = Zastrow
= = Möllendorf	{	2 = = Pannewitz 2 = = Jung Kleist

Bataillon

III. Anmerk. Ueber den Operationsplan des Verfassers.

Bataillon Gemmingen	{	2 Compagnien Salmuth
		2 = = Hessen=Cassel
= = Wangenheim	{	2 = = Wibersheim
		2 = = Gren. Bat. Kahlden *)
= = Kanitz	{	2 = = Bevern
		2 = = Blanckensee
= = Ingersleben	{	2 = = Neuwied
		2 = = Juncken

Kürassier.

1 Esquadron Garde du Corps	5 Esquadrons Karabiniers
5 = = Gens d'Armes	5 = = Driesen
5 = = Markgraf Friedrich	5 = = Rochow
5 = = Prinz von Preussen	5 = = Baron von Schoeneich
5 = = Leibregiment	

Dragoner.

5 Esquadrons Normann	5 Esquadrons Oertzen
5 = = Truchses	10 = = Bareuth

Husaren.

10 Esquadrons Ziethen	10 Esquadrons Sjeculy
10 = = Puttkammer	

Die Armee in Schlesien bestand aus 27 Bataillons Infanterie, 20 Schwadrons Kürassier, 10 Schwadrons Dragoner, 20 Schwadrons Husaren, nehmlich:

Infanterie-Regimenter.

Kreutz	= =	2 Bataillons	Fouquet	= =	2 Bataillons
Haucharmoi	= =	2 = =	Kalsow	= =	2 = =
Schultz	= =	2 = =	Cursell	= =	2 = =
Lestwitz	= =	2 = =	Treskow	= =	2 = =
Markgraf Heinrich	= =	2 = =	Pionnier	= =	2 = =

Grenadier=

---

*) Das Grenadier-Bataillon Kahlden bestand eigentlich aus 6 Compagnien, davon es allemal 2 abgiebt, um mit noch andern 2 Compagnien ein neues Bataillon zu formiren. Gegenwärtig steht es in Treuenbrizen und heißt Scholten.

Grenadier-Bataillons.

Bataillon Nimschefsky	{ 2 Compagnien	Fouquet
	2 = =	Markgraf Heinrich
= = Kreutz	{ 2 = =	Haucharmoi
	2 = =	Treskow
= = Osterreich	{ 2 = =	Schultz
	2 = =	Lestwitz
= = Manteufel	{ 2 = =	Kreutz
	2 = =	Cursell
= = Burgsdorf	{ 2 = =	Brandeiß
	2 = =	Kalsow
= = Rath	{ 2 = =	Mirschephahl G. R.
	2 = =	Blanckenfee G. R.
= = Plötz	{ 2 = =	Latorf G. R.
	2 = =	Quaabt G. R.

Kürassier.

5 Esquadrons Bubbenbrok   5 Esquadrons Prinz Schoeneich
5 = = Gesler   5 = = Know

Dragoner.

5 Esquadros Stechow   5 Esquadrons Blanckenfee

Husaren.

10 Esquadrons Wechmar   10 Esquadrons Wartenberg

Die Armee in Preussen bestand aus 14 Bataillons Feld=Infanterie, 30 Schwa=
brons Dragoner und 20 Schwadrons Husaren.

Infanterie=Regimenter.

Lehwald	= =	2 Bataillons	Kalnein	=	=	2 Bataillons
Dohna	= =	2 = =	Below	=	=	2 = =
Cautz	= =	2 = =				

Grenadier=Bataillons.

Bataillon v. Gohr   { 2 Compagnien Dohna
                      2 = = Lehwald

Bataillon

III. Anmerk. Ueber den Operationsplan des Verfassers.

Bataillon Polentz	⎰ 2 Compagnien Canitz	
	⎱ 2 = = Kalstein	
= = Manstein	⎰ 2 = = Below	
	⎱ 2 = = Manteufel G. R.	
= = Lossow	⎰ 2 = = Luck G. R.	
	⎱ 2 = = Sydow G. R.	

Dragoner.

5 Esquadrons Plathen   5 Esquadrons Finckenstein
5 = = Pr. von Holstein Gottorp   10 = = Schorlemmer
5 = = Plettenberg

Husaren.

10 Esquadrons Ruesch   10 Esquadrons Malachowsky

In Pommern standen 11 Bataillons Infanterie, 5 Schwadrons Dragoner, 10 Schwadrons Husaren.

Infanterie-Regimenter.

Pr Franz von Braunschweig   2 Bataill.   Landgraf von Darmstadt = 2 Bataill.
Amstel   = 2 = =   Alt Würtemberg   = 2 = =

Grenadier-Bataillons.

Bataillon Kahlden	4 stehende Compagnien	
= = Waldow	⎰ 2 Comp. Darmstadt	
	⎱ 2 = = Pr. Franz von Braunschweig	
= = Alt Billerbeck	⎰ 2 = = Amstel	
	⎱ 2 = = Alt Würtemberg	

Dragoner.

5 Esquadrons Prinz von Würtemberg.

Husaren.

10 Esquadrons Seidlitz.

Zur Besatzung von Wesel blieben drei Regimenter zurük, welche aber hernach zur alliirten Armee stießen, und daselbst unter dem Namen der preußischen Brigade bekannt waren. Es waren die Regimenter

Landgraf von Hessen-Cassel   2 Bataill.   Salmuth   = 2 Bataillons
                                          Junckheim   = 2 = =

Geschichte des siebenjährigen Krieges in Deutschland.

Zur Berechnung der Stärke dieser verschiedenen Korps dient folgendes.
Ein Regiment Infanterie bestand damals aus 10 Compagnien, und an Mannschaften unter dem Gewehr, ohne den Unterstaab, aus

    42 Ober-Officier
   100 Unter-Officier
    32 Tambour
     6 Hautboisten
 1220 Musquetier
in allem 1400 Mann

Ein Grenadier-Bataillon.
  17 Ober-Officier
  36 Unterofficier
  20 Spielleute
  28 Zimmerleute
520 Grenadier
in allem 621 Mann.

Ein Regiment Küraffier.
37 Ober-Officier.
70 Unter-Officier
12 Trompeter
720 Reuter
in allem 839 Mann

Ein Regiment Dragoner.
37 Ober-Officier
70 Unter-Officier
20 Spielleute
720 Dragoner
in allem 847 Mann

Ein Regiment Husaren.
  51 Ober-Officier
110 Unter-Officier
  10 Trompeter
1320 Husaren
in allem 1491 Mann

Hieraus läßt sich denn leicht die Stärke der preußischen Armee an Mannschaften unter dem Gewehr berechnen, worauf es doch eigentlich nur ankommt.

In Sachsen.
55 Musquetier Bataillons 38500 Mann
15 Grenadier Bataillons   9315
6 Compagnien Artillerie   900
8 Regimenter Küraffier   6712
1 Schwadr. Garde du Corps 150
4 Regimenter Dragoner   4235
3 = = Husaren   4473
         In allem 64285 Mann

In Schlesien.
20 Musquetier Bataillons 14000 Mann
7 Grenadier Bataillons   4347
2 Compagnien Artillerie   300
4 Regimenter Küraffier   3356
2 = = Dragoner   1694
2 = = Husaren   2982
        In allem 26679 Mann

III. Anmerk. Ueber den Operationsplan des Verfassers. 83

In Preußen.

10 Bataillons Musquetier	7000 Mann	
4 = = Grenadier	2484 = =	
2 Comp. Artillerie	300 = =	
30 Schwadrons Dragoner	5082 = =	
20 = = Husaren =	2982 = =	
In allem	17848 Mann	

In Pommern.

11 Musquetier Bataillons	5600 Mann	
3 Grenadier Bataillons	1863 = =	
= Artillerie =	100 = =	
5 Schwadron Dragoner =	847 = =	
10 = = Husaren =	1491 = =	
In allem	9901 Mann	

In Westphalen.

6 Bataillons Musquetier = 4200 Mann

Rechnen wir alles zusammen, so war die ganze preußische Armee 122913 Mann stark, und in Sachsen und Schlesien zusammengenommen 90964 Mann unter dem Gewehr. In Ansehung der österreichischen Armee muß ich mich an den öffentlichen Nachrichten halten. Nach dieser Angabe bestand sie im Monat August schon unter dem Feldmarschall Brown in Böhmen und dem Fürst Piccolomini in Mähren aus

24 Regimenter Infanterie zu 3 Bataillons
48 Grenadier Compagnien
20 Regimenter Küraffier und Dragoner
6 Regimenter Husaren

und einem ansehnlichen Korps Kroaten, Sklavonier und andern leichten ungarischen Truppen. Nach der Berechnung der Oesterreicher betrug dies an

Infanterie =	67424
Küraffier =	10569
Dragoner =	5691
Husaren =	3660
leichte Infanterie =	12241
In allem	99585 Mann

Wir können indessen, ohne etwas dabei zu verlieren, die Zahl weit kleiner annehmen, und wenn wir die Stärke der österreichischen Armee nur auf 70,000, also beinahe um 30,000 Mann geringer ansetzen, so sieht man doch daraus so viel, daß der Verfasser sehr Unrecht hat, wenn er annimmt, es sey noch keine beträchtliche Armee in Böhmen versammlet gewesen und von dieser Voraussetzung Gelegenheit nimmt, den König von Preussen zu tadeln. Wir können noch hinzusetzen, daß die Regimenter in Ungarn, Italien und den Niederlanden schon Befehle erhalten hatten, nach Böhmen zu marschiren und zum Theil auch in dieser Absicht schon in Bewegung waren. Nach einer sehr mäßigen Berechnung mußte dadurch die österreichische Hauptmacht in diesen Gegenden in kurzer Zeit, wenigstens im Monat December, bis auf 100,000 Mann anwachsen. Wären die österreichischen Truppen in Böhmen so wenig zahlreich und so schlecht mit allen erforderlichen Kriegsbedürfnissen versehen gewesen, als es der Verfasser annimmt, so würde der König wahrscheinlich nicht um die Ursachen der starken Zurüstungen haben anfragen lassen. Noch mehr, der König wäre zufrieden gewesen, wenn nur der Wiener Hof ihm die Versicherung gegeben hätte, daß er ihn nicht im Jahre 1756 und in dem folgenden 1757 angreifen würde. Dies erklärte er öffentlich.

Es ist eine von den wesentlichsten Eigenschaften eines Generals, sagt der Verfasser an einem andern Orte, nicht mit Leidenschaft für ein auffallendes Lieblingsprojekt eingenommen zu seyn. Hierin geben wir ihm vollkommen Beyfall und glauben, daß diese Regel nirgends ihre Anwendung besser findet, als wenn der Entwurf zu einem Feldzuge gemacht werden soll. Es hat seine Schwürigkeiten, einen einmal entworfenen Plan auszuführen, aber es scheint noch unendlich schwerer zu seyn, einen Plan zu machen, der alle Prüfungen aushält, die Staats= und Kriegswissenschaft mit ihm vornehmen können. Auf was muß der General nicht dabei Rüksicht nehmen! Welche Lebhaftigkeit des Geistes, welche Stärke der Einbildungskraft gehört nicht dazu, um sich alle die Fälle deutlich und mit allen den Umständen vorzustellen, die in dem Laufe eines Feldzuges vorkommen! Welche Scharfsinnigkeit in Erfindung der Maasregeln und Mittel, die zu der vorgesetzten Absicht führen können, und Gründlichkeit in Beurtheilung derselben. Ein General muß nicht allein wissen, was er thun kann, er muß auch nach Grundsätzen der Wahrscheinlichkeit den Gegenentwurf des Feindes bestimmen und mit einem weit in die Ferne sehendem Auge die Schritte abzählen, die sein Gegner machen kann, um seine Entwürfe zu vereiteln. Welt, Menschen, Staats, Finanz und Länderkenntniß müssen sich dabei mit der Kriegskunst und einer langen Erfahrung in derselben vereinigen.

Da der König einen Krieg unternahm, der in den alten und neuern Zeiten schwerlich etwas ähnliches hat, so sind wir fest überzeugt, daß er seinen Entwurf so angeordnet, als es nur mit den Regeln der menschlichen Klugheit übereinstimmend gedacht werden kann.

III. Anmerk. Ueber den Operationsplan des Verfassers.

kann. Hätte er die Möglichkeit eingesehen, in den wenigen Monaten, die ihm in dem Feldzuge von 1756 noch übrig waren, Böhmen zu erobern, so würde er dieses gewiß nicht versäumt haben. Allein er wußte das Wahre und Zwekmäßige dem Schimmernden vorzuziehen, und war nicht mit Leidenschaft für ein Projekt eingenommen, das die unangenehmsten Folgen hätte haben können.

Nach der Meinung des Verfassers sollte der König nur ein Korps von 20,000 Mann zur Beobachtung der Sachsen stehen lassen. Da seine Armee in Sachsen nur 64,000 Mann stark war, so blieben ihm noch 44,000 Mann übrig, um Böhmen zu erobern und die Oesterreicher bis an die Donau zu treiben. Wir können aber sicher noch einige 1000 abrechnen, wenn wir bedenken, daß er Dresden besetzt behalten, und längst der Elbe zur Dekkung seiner Magazine Truppen haben mußte. Auf's höchste würden ihm also 40,000 Mann übrig geblieben seyn, wenn wir alle Regimenter vollzählig rechnen. Auf der andern Seite war die Armee in Schlesien unter dem Feldmarschall Schwerin nicht stärker, als 26,000 Mann. Gesetzt nun, dieser hätte nichts zurük gelassen, um die schlesischen Gränzen wenigstens gegen Streifereien zu dekken, so war die ganze Macht, mit der der König in Böhmen einrükken konnte, 66,000 Mann, alles überflüßig gerechnet. Diese fand also eine Armee von 70,000 Mann vor sich, die sie erst gänzlich aus dem Felde schlagen mußte, wenn sie sich den Winter über in dem Besitz von Böhmen erhalten wollte. Ob dieses eine so leichte Sache war, werden Männer von Einsichten leicht beurtheilen.

An und für sich betrachtet findet sich nichts widersprechendes darin, mit 60,000 Mann eine Armee von 70,000 aus einem Lande zu treiben, die Frage ist aber: ob der König nach den damaligen Umständen sich aufs Gerathewohl in dieses Unternehmen einlassen konnte? oder ob es besser war, sich in Sachsen festzusetzen und die Hülfe zu vereiteln, welche die Kaiserin von diesem ihrer Bundesgenossen zu erhalten glaubte?

Da der König gegründete Ursachen hatte, den Krieg nicht eher als Ausgangs des Augusts anzufangen, so blieben ihm nur noch die Monate September und Oktober übrig, um einige Operationen zu machen, ohne seine Armee Ungemächlichkeiten auszusetzen, und sie dadurch unnöthiger Weise herunter zu bringen. Der König ging nach Sachsen, ohne darin ein Magazin zu finden. Wenn wir also annehmen, daß die Armee auf 9 Tage mit Brodt versehen war, und Mehl auf 9 Tage nachgeführt wurde, so konnten keine andern Operationen unternommen werden, als solche, die sich in 18 Tagen ausführen ließen. Diese waren auch so gut berechnet, daß die Armee den 10ten September bei Pirna ankam und die Sachsen einschloß. Hier mußte aber schlechterdings ein kleiner Aufenthalt erfolgen. Denn um die Armee auf's neue mit Brodt zu versorgen, mußte die Bäkkerei eingerichtet und das Brodt zur Armee geschaft werden. Die Armee war also gezwungen, sich einige Tage aufzuhalten, um sich wieder mit allem Nöthigen zu versehen. Daß dieses wirklich geschehen, sieht man daraus, daß der Herzog von Braunschweig nicht eher, als den 13ten in Böhmen einrükte, und den 14ten bei Peterswalde Ruhetag machte. Dieses war aber nur ein kleines Korps, und mit der ganzen Armee hätte dieses vielleicht erst einige Tage später geschehen können. In Böhmen fand der König gar keine Magazine. Denn ob zwar die Dörfer voller Getreide waren, und die Armee hinlänglich mit Fourage daraus versehen werden konnte, so war doch kein Mehl vorhanden. Dieses hätte erst durch Ausschreibungen herbei geschaft werden müssen, und wenn auch die Lieferungen mit der besten Ordnung geschehen wären, so wurde doch eine ziemliche Zeit dazu erfordert. Dieses würde also den König gehindert haben, schnell vorzurükken, und er würde schwerlich haben weiter als bis an die Eger gehen können. Denn da er seinen Mehlvorrath aus Sachsen ziehen und dieses alles zur Achse geschehen mußte, in diesem Lande aber selbst noch erst Magazine angelegt wurden, auch die Wege in den Gebürgen höchst beschwerlich sind, so begreift man leicht, daß mit dem weitern Vordringen in Böhmen schon in dieser Betrachtung eine Menge Schwürigkeiten verbunden waren.

Um in Böhmen festen Fuß fassen zu können, muß man schlechterdings Meister von der Elbe seyn, so lange aber die Sachsen noch bei Pirna standen, war dieses nicht möglich. Daher war auch der Entwurf, weit in Böhmen vorzurükken, so lange ein Unding, als man die Sachsen noch nicht zur Uebergabe gezwungen hatte. Diese hielten aber bis in die Mitte des Oktobers aus, und um diese Jahreszeit ist es schiklicher an die Winterquartiere, als an weitere Eroberungen zu denken, wenn nicht Umstände vorhanden sind, die eine weitere Fortsetzung des Feldzuges schlechterdings erfordern. Diese aber müssen wichtig seyn, und wenn man sie kennen lernen will, so darf man nur untersuchen, warum der König 1757 noch im November und 1758 im Oktober nach Schlesien ging, Neiße entsetzte und wieder zurük kam, Dresden zu befreien; 1759 bis im December bei Wilsdruf und in Freiberg blieb, und so in den andern Feldzügen. Im Jahre 1756 aber war keiner von allen diesen Fällen da.

Ist es überdies wahrscheinlich, daß die Sachsen, die wenigstens 15,000 Mann stark waren, sich an 20,000 Mann würden ergeben haben? Die Preussen hatten ein weitläuftiges

III. Anmerk. Ueber den Operationsplan des Verfassers. 87

ges Terrein zu besetzen, wenn sie das Lager eingeschlossen halten wollten. Ihre Posten muß=
ten also weit auseinander stehen. Dazu kam noch die Unbequemlichkeit, daß sie beide Ufer der
Elbe besetzen mußten. Man stelle diese 20,000 Mann wie man wolle, so waren die Sachsen den
Truppen auf einer Seite allemal überlegen. Sie müßten in der That ohne Kopf gewesen seyn,
wenn sie nicht wenigstens einen Versuch gemacht hätten, sich durchzuschlagen, um aus der
Falle zu kommen. Daß es den Sachsen nicht an Muth und gutem Willen fehlte, beweist, daß
sie es am Ende unter weit weniger günstigen Umständen versuchten. Gesetzt nun, dies wäre
ihnen gelungen, so hätte der König die Frucht aller seiner weisen Anordnungen verloren, um
einem Schatten nachzulaufen, und augenbliklich wieder umkehren müssen, wenn er auch noch
so weit in Böhmen vorgedrungen wäre. In allen Fällen kam doch wenigstens ein Theil der
sächsischen Armee durch, so bald sie den Angrif gemacht hätten; setzt man noch hierzu, daß
ein kühner Streich öfters mit dem besten Erfolge begleitet wird, so konnten die Preussen auf
der einen Seite der Elbe leicht zurük getrieben werden. Dieses würde dem Feldzuge eine Wen=
dung gegeben haben, die vielleicht einen Einfluß auf den ganzen Erfolg des Krieges gehabt
hätte. Im Kriege können ganz besondere Fälle vorkommen, und ein General würde den Re=
geln der Klugheit völlig zuwider handeln, wenn er Vorgänge die möglich sind, in keine Ueber=
legung nehmen wollte. Daß der König von Preussen es besser verstand, kann man aus der
Antwort schliessen, welche er dem Könige von Polen gab, als dieser die Leibgrenadier Garde
und Garde du Corps von der Kapitulation ausnehmen wollte.

„Es würde ungereimt seyn, sagte er, Truppen loszugeben, die man in seiner Ge=
walt hat, um sie sich zum zweitenmale widersetzen zu sehen, und also genöthigt zu seyn,
sie zum zweitenmale zu Kriegsgefangenen zu machen."

Der Verfasser irrt sich übrigens sehr, wenn er die Armee unter dem Fürst Moritz
nur 20,000 Mann annimmt. Dies that er, um seiner Meinung einen Schein der Gründ=
lichkeit zu geben. Wir haben gezeigt, daß die preußische Armee in Sachsen 64,000 Mann
stark war, davon standen nur 24,000 Mann in Böhmen, folglich müssen die übrigen 40,000
Mann wohl um das sächsische Lager auf beiden Seiten der Elbe gestanden haben.

Der Verfasser gesteht weiter oben selbst, daß der König die Sachsen nicht hinter
sich stehen lassen konnte; wir haben aber gezeigt, daß er sich nicht der Gefahr aussetzen konn=
te, sie auf eine oder die andre Art entwischen zu sehen; der Schluß ist meines Bedünkens al=
so, daß, wenn der König noch in diesem Feldzuge Böhmen erobern wollte, dieses erst
nach

88   Geschichte des siebenjährigen Krieges in Deutschland.

nach der Uebergabe der Sachsen geschehen konnte; das will sagen, in der zweiten Hälfte des Oktobers und den übrigen Monaten.

Ich berufe mich auf das Urtheil aller Kriegsverständigen, aller derer, die Feldzüge in Böhmen gemacht haben, selbst auf das Urtheil des Verfassers, ob die Eroberung von Böhmen eine so leichte Sache sey, so lange eine Armee darin steht, besonders zu einer Jahreszeit und in einem Lande, wo die Natur allen militärischen Operationen unüberwindliche Hindernisse in den Weg legt? Aber, sagt der Verfasser, die österreichische Armee war so schlecht, daß sie sich gleich bis an die Donau würde zurükgezogen haben. Diese Voraussetzung ist zu willkührlich, als daß sich darauf ein Entwurf gründen ließe, und ich glaube zur Ehre der österreichischen Armee, die der Verfasser durch diesen Gedanken so herunter setzt, daß sie es nicht würde gethan haben. Da sie in dem Lande Magazine hatte, und wenn diese auch anfänglich nicht überflüßig versehen waren, solche doch aus dem Lande ohne Schwürigkeit angefüllt werden konnten, so konnte sie hundert Stellungen finden, um den König von Preussen wenigstens aufzuhalten. Dadurch wäre die Jahreszeit verstrichen, und der König hätte sich in einem Lande ohne Magazine, ohne feste Plätze gesehen, folglich auch keine Winterquartiere nehmen können. Der Erfolg wäre auch hier gewesen, daß er wieder nach Sachsen zurükgehen müssen.

Um in Böhmen ruhige Winterquartiere haben zu können, scheint es schlechterdings nothwendig zu seyn, die Oesterreicher aus dem Felde zu schlagen; und nicht blos zu schlagen, sondern ihnen eine völlige Niederlage beyzubringen, so wie in der Schlacht bei Leuthen. Der König hätte daher die Oesterreicher angreifen müssen. Daß es ihm dazu nicht an Muth fehlte, hat die Erfahrung hinlänglich bewiesen; ob er es aber im Monat November in dem Innern von Böhmen, entfernt von Sachsen und Schlesien, für rathsam würde befunden haben, kann aus guten Ursachen bezweifelt werden. Der Ausgang einer Schlacht ist allemal ungewiß, wenn auch die Anlage dazu ein Meisterstük der Kriegskunst ist; nur höchst wichtige Gründe können einen General bewegen, den ganzen Erfolg eines Feldzuges und vielleicht eines ganzen Krieges, darauf ankommen zu lassen.

Wir wollen aber zum Ueberfluß dem Verfasser zu geben, daß sich die österreichische Armee würklich bis an die Donau zurükgezogen hätte, konnte der König dieserwegen Winterquartiere in Böhmen nehmen? Der Feldmarschall Brown würde aus keiner andern Ursache zurükgegangen seyn, als um die Verstärkungen an sich zu ziehen, die auf dem Wege waren, und sich mit allen noch fehlenden Kriegsbedürfnissen zu versehen. Sodann hätte ihn nichts ge-

III. Anmerk. Ueber den Operationsplan des Verfassers.

gehindert, sich auf's neue in Bewegung zu setzen, um die Preussen in ihren Quartieren zu beunruhigen, und wäre er nur einigermaßen dabei vorsichtig zu Werke gegangen, so konnte es geschehen, daß der König mitten im Winter gezwungen gewesen wäre, alle seine gemachten Eroberungen wieder fahren zu lassen. Dadurch würde seine Armee auf's äußerste abgemattet, und gewiß nicht um ein Geringes geschwächt worden seyn. Daß ich hier nicht willkührliche Voraussetzungen mache, beweisen die ersten schlesischen Feldzüge, das Beispiel der Franzosen, Baiern und Sachsen. Was übrigens eine Armee, die von einem thätigen Generale angeführt wird, auch mitten im Winter ausführen kann, zeigt der Feldzug im Jahre 1758, da der Herzog Ferdinand von Braunschweig mit einer ganz unbeträchtlichen Armee die Franzosen nöthigte, alle ihre Eroberungen fahren zu lassen.

Wir können daher nicht begreifen, wie der Verfasser die Eroberung von Böhmen so leicht ansehen, und den König tadeln kann, daß er nicht einen Operationsplan gewählt, der mit zu vielen Schwürigkeiten verbunden war, als daß er sich bei der verdrüßlichsten und unbequemsten Jahrszeit ausführen ließ. Es war den Absichten des Königs unendlich gemäßer, sich erst in Sachsen festzusetzen, darin starke Magazine anzulegen, und seinen Truppen ruhige Winterquartiere zu verschaffen, in denen sie sich auf das beste erholen konnten. Wenn er auf diese Art für alles gesorgt hatte, so war er im Stande den folgenden Feldzug so früh, als er wollte, anzufangen, und seine Operationen mit Nachdruk fortzusetzen. Da auch seine Truppen Böhmen umschlossen, so konnte er sie in kurzer Zeit auf einen Punkt vereinigen, und also dem Feinde mit seiner ganzen Macht auf den Hals fallen. Und wenn ihm das Glük auch nicht günstig war, so blieb ihm der Rükzug nach Sachsen offen, wo er alles Nöthige zur Unterhaltung seiner Armee fand.

Wenn der Verfasser aus seiner Voraussetzung die Folge zieht, daß der König alsdann den Feldzug wenigstens in Mähren und vielleicht gar an der Donau hätte anfangen können, um Wien zu belagern oder gar zu bloquiren; daß er ohne alle Gefahr ein beträchtliches Korps an die Gränzen von Ungarn und die Armee, die bestimmt war Sachsen zu deken, in das Reich zwischen die Quellen des Mains und die Oberdonau hätte senden können: so scheinen uns diese Riesenschritte nur auf dem Papiere möglich zu seyn. Er hätte eben so leicht hinzusetzen können, daß, nachdem der König Wien erobert, er ein starkes Korps in die Ukraine senden und dieses Land ohne Mühe erobern können, da es ein völlig offenes Land und von keine Truppen gedekt war. Von

90 Geschichte des siebenjährigen Krieges in Deutschland.

da aus hätte er nach Moskau gehen, diese Hauptstadt des russischen Reichs wegnehmen, sich mit der Armee in Preussen vereinigen und Liefland erobern können. Diese Entwürfe gehören aber in die Zeiten der irrenden Ritter; und gegenwärtig findet sich nicht so leicht jemand, der Lust hätte, die Rolle eines Karls XII nachzuspielen. Der große Gustav Adolph ging in der That bis an die Donau, allein konnte er seine Eroberungen behaupten? Er mußte wieder zurück nach Sachsen, um bei Lützen zu siegen und zu sterben.

Geschichte
des
siebenjährigen Krieges in Deutschland.

Feldzug im Jahre 1757.

Feldzug im Jahre 1757.

Das Bündnis gegen den König von Preussen war unterdessen durch den Beitritt der Krone Schweden und des teutschen Reichs verstärkt worden. Die Macht dieser Verbundenen betrug an 700,000 Mann, und dieser konnte der König mit allen seinen Bundesgenossen aufs höchste 260,000 Mann entgegen stellen.

Da einige von seinen Feinden ihre Operationen nur erst tief im Jahre anfangen konnten, so beschloß der König, den Feldzug so bald als möglich zu eröfnen, und mit vereinigten Kräften den nächsten und in der That stärksten seiner Feinde, die Römische Kaiserin anzugreifen. War er dabei so glüklich, gleich bei der Eröfnung des Feldzuges einen entscheidenden Streich auszuführen, so konnten dadurch die Operationen der übrigen Mächte wenigstens aufgehalten, wo nicht völlig abgebrochen werden.

Wenn diese Gründe den König von der Nothwendigkeit überzeugten, die Sache sobald als möglich zu einer Entscheidung zu bringen, so mußten sie auf der andern Seite die Kaiserin bewegen, gerade ein entgegengesetztes System anzunehmen. Sie faßte daher den Entschluß, so lange vertheidigungsweise zu gehen, bis ihre Alliirten im Felde erschienen. Sie konnte leicht voraussehen, daß dieses den König, seine Macht in verschiedene Korps zu theilen, nöthigen und ihn also ausser Stand setzen würde, an irgend einem Orte mit Nachdruk Widerstand zu thun. Diese günstigen Umstände wollte sie erwarten, und dann mit ihren Operationen den Anfang machen. Bis dahin beschäftigte sie sich mit den nöthigen Vorkehrungen, um ihre Besitzungen gegen einen Angrif in Sicherheit zu setzen.

Diesem Entwurfe gemäß theilte der Feldmarschall Brown seine Armee in vier verschiedene Korps. Das erste, unter dem Herzog von Ahrenberg, nahm seinen Posten bei Egert; das zweite, unter dem Feldmarschall selbst, bei Budyn; das dritte, unter dem Grafen von Königseg, bei Reichenberg; und das vierte, unter dem Grafen Serbelloni, stand in Mähren.

Durch diese Anordnung glaubte der Feldmarschall, Böhmen vollkommen decken zu können. Jedes von diesen Korps war ansehnlich, und sie konnten leicht in einer Stellung im Mittelpunkte zusammen gezogen werden, um den Feind aufzuhalten, wenn er es wagen sollte, vorzubringen. Dieses scheint aber der Feldmarschall weder erwartet, noch als möglich angesehen zu haben, denn sonst würde er nicht, wider die ersten und jedermann bekannten Grundsätze der militärischen Klugheit, zugegeben haben, daß man die Magazine so nahe an der Gränze anlegte.

Da der König sich vorgenommen hatte in Böhmen vorzubringen, so zog er seine Armee ebenfalls in vier Korps zusammen. Das eine, unter dem Fürst Moritz, bei Chemnitz; das zweite, unter ihm selbst, bei Lokowitz; das dritte, unter dem Herzog von Bevern, bei Zittau; und das vierte, unter dem Feldmarschall Schwerin, in Schlesien.

Ein jedes von diesen Korps war ziemlich stark; der König glaubte daher, er dürfte ohne alle Gefahr ein jedes für sich in Böhmen einrücken lassen. Um sie indessen nicht der Gefahr auszusetzen, einzeln geschlagen zu werden, so hatten die beiden ersten Befehl, sich sogleich zu vereinigen, so bald sie die engen Wege in dem Gebürge zwischen Lowositz und Eger hinter sich haben würden; eben dieses sollte mit den beiden letzten an der Iser, in der Gegend von Turnau, geschehen. Waren denn einmal diese vier Korps in zwei vereinigt, so glaubte er nichts zu wagen, wenn er sie gerade auf Prag losgehen ließe, wo der allgemeine Sammelplatz seyn sollte.

Weil der König befürchtete, der Feind möchte durch ein Korps Infanterie die Defileen in dem Gebürge zwischen Lowositz und Lokowitz besetzen, und ihm auf diese Art den Durchgang wo nicht völlig unmöglich, doch wenigstens sehr beschwerlich machen, so gab er dem Fürst Moritz Befehl, in den Saatzer Kreis einzudringen und ihn unverzüglich auf der Seite von Böhmen zu besetzen. Durch diesen Schritt würde der Feind allerdings gezwungen worden seyn, das Gebürge zu verlassen, aus Furcht, zwischen diesen beiden Korps eingeschlossen zu werden.

In dieser Absicht verließ der Fürst Moritz seine Stellung bei Chemnitz und marschirte im Anfange des Aprils über Zwikkau und Plauen geradezu nach Eger, um den Feind auf die Gedanken zu bringen, daß er diese Festung angreifen, oder doch wenigstens auf dieser Seite in Böhmen eindringen wollte. Um dies den Herzog von Ahrenberg noch wahrscheinlicher zu machen, mußten sich seine leichten Truppen in ein hitziges Gefechte bei Wildstein einlassen, wo des Herzogs Hauptquartier war. Hierauf warf sich dieser General nach Eger und zog seine Truppen in der Nachbarschaft zusammen. Unterdessen ging der Fürst Moritz in aller Eil wieder nach Auerbach zurük, und theilte daselbst, um in der Folge seinem Marsch mehrere Geschwindigkeit zu geben, sein Korps in zwei Kolonnen; eine davon ging über Eibenstok und Schwarzenberg auf Gottesgabe, und von da weiter über Kupferberg nach Kommotau; die andre über Schneeberg, Schlettau, Annaberg und Basberg gleichfalls

Feldzug im Jahre 1757.

falls nach Kammotau. Von hier aus marschirte er über Brix und Bilin nach Linay, wo er sich den 23ten April mit dem König vereinigte. Dieser war ebenfalls über das Gebürge gegangen, ohne besondere Hindernisse zu finden: denn die wenigen Oesterreicher, welche unter dem General Draßschkowitz bei Aussig standen, sahen sich gezwungen, bei der Annäherung der Armee des Königs diesen Posten gleich zu verlassen.

Weil das Lager bei Budin sehr stark ist, indem es durch die Eger gedekt wird, so fand der König es nicht zuträglich, etwas gegen die Fronte desselben zu unternehmen; er marschirte also den Fluß höher hinauf nach Koschtitz, ließ daselbst Brükken schlagen und ging den 26ten früh des Morgens mit der ganzen Armee über.

Seine leichten Truppen und Avantgarde stießen hier auf die Truppen des Herzogs von Ahrenberg, der von Eger kam, und hier entweder sein Lager nehmen, oder zu dem Feldmarschall Brown bei Budin stoßen wollte; da er aber den König hier antraf, zog er sich nach Welwarn zurük.

Da der Feldmarschall Brown sah, daß der König über die Eger gegangen war und sich auf seiner linken Flanke gelagert hatte, so hielt er es für nöthig, seine Stellung bei Budin zu verlassen und sich nach Prag zurükzuziehen. Dieses geschahe auch ohne einigen Verlust.

Der König ließ hierauf die Brükke bei Budin wieder ausbessern, um sich dadurch Gelegenheit zu verschaffen, seine Zufuhren mit mehrerer Bequemlichkeit an sich zu ziehen, und richtete seinen Marsch ebenfalls auf Prag, wo er den 2ten Mai ankam und sein Lager auf dem weissen Berge an dem linken Ufer der Moldau nahm. Die Oesterreicher, welche gegenwärtig der Prinz Karl von Lothringen kommandirte, hatten diesen Posten verlassen und sich auf die andere Seite des Flusses gezogen.

Während diesen Vorgängen auf der Seite von Sachsen hatte sich der Herzog von Bevern auch den 20ten April mit seinem Korps in Bewegung gesetzt, und marschirte noch demselben Tag von Zittau nach Reichenberg. Hier fand er den Grafen von Königsegg vor sich, der sich mit ohngefähr 20,000 Mann in einem Thale zwischen zwei sehr hohen Bergen gelagert hatte. Dieses ist aufs höchste breiviertel Meilen breit; mitten durch dasselbe fließt die Neiß, welche noch verschiedene kleine Bäche oder vielmehr Wassergüsse, die von den Bergen kommen, aufnimmt. Diese Berge sind mit dikken Waldungen bedekt, die jeder Art von Truppen eine Menge Hindernisse in den Weg legen, wenn sie durchbrechen wollen. Aus dieser Ursach besetzte der österreichische General das ganze Thal, von einer Seite bis zur andern, so daß beide Flügel sich bis an den Fuß des Berges erstrekten. Der rechte stand auf einer Gegend, die sich allmählig erhob, mit einigen Redouten befestigt, und durch einen tiefen

Grund

Grund an dem rechten Ufer der Neis gedekt war. Die Mitte stand an dem linken Ufer dieses Flusses und war ebenfalls durch einige Redouten und einen tiefen Grund gedekt. Zwischen diesem und dem Fuß des auf dieser Seite liegenden Berges ist eine kleine Ebene, auf der die Kavallerie wegen Enge des Raums in drei Linien stand. Linker Hand der Kavallerie war ein Wald, der von einigen Bataillons besetzt wurde. Man hatte auch einen Verhau angefangen, der aber noch nicht völlig fertig war.

Aus dieser Beschreibung sieht man, daß der rechte Flügel und die Mitte sehr stark waren, und nicht leicht auf der Fronte angegriffen werden konnten. Da der Herzog von Bevern nun einmal diesen Weg gewählt hatte, um zu dem Feldmarschall Schwerin zu stossen, so sahe er sich in der Nothwendigkeit, zu schlagen, und es blieb ihm nichts weiter als die Wahl übrig, wie solches am besten geschehen könnte. Sein Korps stand hinter einem sumpfigten Bach, der auf seinem linken Flügel so nahe an den feindlichen Verschanzungen vorbei lief, daß er es nicht wagen durfte überzugehen, und sich unter dem feindlichen Feuer zu formiren. Er beschloß daher, den feindlichen linken Flügel anzugreifen, und detaschirte den General Lestwitz über die Neis, um den rechten Flügel anzugreifen oder vielmehr, nur die Zeit über zu beschäftigen. Nach diesem Entwurf gab er der Kavallerie Befehl, daß sie vorrükken und die feindliche angreifen sollte. Dieses wurde auch mit vieler Tapferkeit ausgeführt, aber hatte nicht den gehoften Erfolg; sie wurde jedesmal zurükgeschlagen. Dies war kein Wunder! Denn indem sie auf den Feind losging, gab sie der feindlichen Artillerie in den Redouten und der dahinter stehenden Infanterie die linke, der in den Wäldern zur Deckung des linken Flügels der feindlichen Kavallerie gestellten Infanterie aber die rechte Flanke. Endlich sahe der Herzog, daß es vergebens seyn würde, den Angrif auf die feindliche Kavallerie zu wiederholen, so lange ihre beiden Flanken durch Infanterie und Artillerie gedekt wären; er gab ihr also Befehl, sich zurükzuziehen, und detaschirte zu gleicher Zeit verschiedene Bataillons von seinem rechten Flügel, um so hoch, als sie nur konnten, auf die Berge zu gehen und die Infanterie, die der Feind in den Wald am Fuß des Berges gesetzt hatte, in die Flanke und im Rükken zu nehmen. Dieses wurde pünktlich ausgeführt. Der Feind verließ den Wald, und gab dadurch der Kavallerie des Herzogs Gelegenheit den Angrif zu erneuern, der nunmehr natürlicher Weise gelingen mußte. Die feindliche Reiterei war nicht mehr im Stande ihren Choc und zugleich das Feuer der preußischen Infanterie auszuhalten, die nunmehr Besitz von dem Walde auf ihrer linken Flanke genommen hatte. So bald sich die österreichische Kavallerie zurückgezogen hatte, ließ der Herzog seinen ganzen rechten Flügel sich vorwärts bewegen und das Terrein einnehmen, worauf sie gestanden hatte. Durch dieses Manöver kam er zugleich auf und hinter den linken Flügel der feindlichen Infanterie, und

Feldzug im Jahre 1757.

da er überdies alle Vortheile von dem sich etwas erhebenden Terrein brauchen konnte, so wurde es ihm leicht, den Feind vom linken bis zum rechten Flügel herauf zu jagen.

Bei dieser Lage des Gefechts blieb den Oesterreichern nichts weiter übrig, als sich so geschwinde als möglich zurückzuziehen, um nicht vom Feinde völlig abgeschnitten zu werden, wenn er sich schleunig gegen Liebenau wenden sollte. Dieses konnte er leicht thun, denn bei der Verfolgung des linken Flügels kamen ihnen schon einige preußische Truppen in den Rücken. Der Rückzug geschah in guter Ordnung; Graf Lascy, der den rechten Flügel kommandirte, deckte ihn. Bei Liebenau nahmen sie ein neues Lager, wo sie durch einige Truppen verstärkt wurden, die bei dem Anmarsch des Herzogs sich von der Gränze zurückgezogen hatten, um zu dem Hauptkorps, unter dem Grafen von Königseg, zu stoßen.

Dies war der Ausgang des Treffens bei Reichenberg, in dem die Oesterreicher einen General und ohngefähr 1000 Mann Todte, Verwundete und Gefangene, nebst einigen Kanonen einbüßten, die in Reichenberg stehen blieben. Der preußische Verlust war nicht viel geringer.

Betrachtungen.

Da der Herzog von Bevern keine andre Absicht haben konnte, als sich mit dem Feldmarschall Schwerin zu vereinigen, so können wir nicht begreifen, warum er über Kratzau und Reichenberg marschirte, und nicht lieber den Weg über Gabel und böhmisch Aicha nahm, der um einen großen Theil besser ist, und die Vereinigung mit dem Feldmarschall eben so gut bewürken konnte. Ueberdies war er nur mit wenigen leichten Truppen bei Gabel besetzt, die er entweder mit Gewalt vertreiben oder auch nach Gefallen stehen lassen konnte, ohne viel dabei zu verlieren oder zu wagen. Wenn er diese letzte Straße wählte, so behielt er allemal die Freiheit, ein Gefecht zu vermeiden; und wenn der Feind bei Reichenberg stehen geblieben wäre, so konnte er eine Menge Stellungen hinter ihm nehmen, um ihm seinen Rückzug nach Prag abzuschneiden. Es ist ein großer Fehler, sich in ein Treffen einzulassen, wenn man nichts dadurch gewinnen kann, wie dieses hier der Fall war. Der Herzog mußte sich mit dem Feldmarschall Schwerin vereinigen; dieses konnte geschehen, ohne daß er nöthig hatte sich zu schlagen, und das Treffen mochte für ihn auch noch so glüklich ablaufen, so konnte er doch dadurch nichts mehr gewinnen, wie auch der Erfolg zeigte. Er zwang den Feind, sein Lager bei Reichenberg zu verlassen; dieser nahm ein anderes bei Liebenau, aus dem er ihn nach aller Wahrscheinlichkeit nicht würde vertrieben haben. Bei diesen Umständen hätte er müssen in dem Gebürge stehen bleiben, in der Unmöglichkeit, zu dem Feldmarschall zu stoßsen, wenn nicht der Marsch dieses Generals den Grafen von Königseg zu dem Entschluß gebracht hätte, sein Lager bei Liebenau zu verlassen und sich weiter zurükzuziehen.

Alles dieses scheint zu beweisen, daß sich der Herzog ohne gegründete Ursachen in ein Treffen einließ, von dem er gar keinen Nutzen erwarten konnte, es mochte ausschlagen wie es wollte. Eine unmäßige Ruhmbegierde treibt oftmals Leute zu Unternehmungen, deren Folgen sie eben nicht mit der gehörigen Aufmerksamkeit in Ueberlegung nehmen. In Ansehung des Treffens selbst scheint er sich verschiedener Fehler schuldig gemacht zu haben. Er formirte sich parallel mit dem Feinde, der doch nur auf dem linken Flügel mit Hofnung eines glüklichen Erfolgs angegriffen werden konnte; war dieser geschlagen, so konnte der übrige Theil der Armee seinen Posten nicht weiter behaupten. Dennoch verstärkte der Herzog keinesweges seinen rechten Flügel, sondern vertheilte seine Truppen durch die ganze Linie beinahe gleich stark: sein linker Flügel, der an die Neis stieß, wo er doch von gar keinem Nutzen seyn konnte, war eben so stark als der rechte, der doch eigentlich den Angrif machte.

Der Angrif, den er die Kavallerie machen ließ, war sehr übel ausgedacht; denn wenn er auch glüklich von statten ging, so konnte doch der Herzog den erhaltenen Vortheil nicht weiter verfolgen; und so lange noch die feindliche Infanterie den Wald besetzt hatte, und der Mittelpunkt seine Stellung behielt, konnte doch seine Kavallerie nicht das Terrein behaupten, von dem sie die feindliche vertrieben hatte. Er hätte gleich anfänglich seinen rechten Flügel so hoch auf dem Berge formiren müssen, als es möglich gewesen wäre, den größten Theil seiner Infanterie darauf setzen, und dann das thun sollen, was er doch zuletzt thun mußte. Hätte er diese Stellung genommen, so würde der Feind sich zurükgezogen haben, ohne ein Treffen zu wagen. Es war unnöthig, daß er den General Leßwitz detaschirte, um den feindlichen rechten Flügel anzugreifen. So bald er den Wald und einen Theil des Berges rechter Hand besetzte, war das Treffen gewonnen, und alle Manövers, die der Feind auf seinen rechten Flügel und auf die Mitte machen konnte, waren ohne den mindesten Nutzen.

Nach der Beschreibung, die wir von dem österreichischen Lager gegeben haben, scheint es beim ersten Anblik sehr fest gewesen zu seyn; wenn man es aber genauer untersucht, so findet man das Gegentheil. Es war nehmlich nicht durchgehends gleich stark, und war es daher im eigentlichen Verstande gar nicht. Der rechte Flügel und die Mitte waren stark durch Natur und Kunst, weil, wie wir gesagt haben, sie mit Redouten befestigt waren; weil aber der linke Flügel schwach war, so konnte ihnen alles dies nichts helfen; oder der Feind hätte müssen so unwissend und ungeschikt seyn, sie auf dieser Seite nicht anzugreifen. Wenn man die Beschaffenheit der ganzen Gegend untersucht, so wird man leicht gewahr, daß wenn der Feind den linken Flügel zum Weichen brachte und dann das verlassene Terrein einnahm, er der

Mitte

Mitte und dem rechten Flügel in den Rücken kam. Dadurch wurden beide gezwungen, ihre vortheilhafte Stellung zu verlassen und sich nach Johannisthal zurückzuziehen, um nicht von Liebenau abgeschnitten zu werden. Von diesem Punkt auf ihrem linken Flügel hing also ohne Zweifel der Erfolg des ganzen Treffens ab. Die Oesterreicher hätten daher ihre beste Infanterie in den Wald auf ihren linken Flügel werfen und etwas schwere Artillerie am Rande desselben setzen sollen. Diese würde, in Vereinigung mit der Artillerie in den Verschanzungen, es dem Feinde unmöglich gemacht haben, durch das Dorf Bartzdorf und über den sumpfigten Bach zu gehen, den sie vor ihrer Fronte hatten, um sich auf der andern Seite zu formiren. Sie konnten gegen diesen Angrifspunkt ihre Artillerie, Infanterie und Kavallerie, um erstere zu unterstützen, gebrauchen; der Herzog konnte bei diesen Umständen keinen Angrif unternehmen.

Warum machten die Oesterreicher nicht eine allgemeine Bewegung nach ihrem linken Flügel hinunter, und dehnten ihr Treffen bis auf die Berge aus, als sie sahen, daß der Feind Anstalten machte, ihren linken Flügel anzugreifen? Dieses Manöver würde das Gefecht zu ihrem Vortheil entschieden haben; da sie es aber unterließen, so wurden sie geschlagen.

Ihre Kavallerie war zu weit vorgerükt. Dadurch entzogen sie sich selbst alle Unterstützung, die sie von ihrer Artillerie rechter Hand und der Infanterie links im Walde erwarten konnten.

Sie hätten ferner ihre ganze Armee nicht in das Thal stellen sollen. Denn ohngeachtet es schien, daß auf den Gebürgen, welche es bildeten, gar nicht durchzukommen sey, so lehrte es doch der Erfolg anders. Die preußische Infanterie ging durch den Wald auf dem linken Flügel, erstieg den Berg und zwang also die Oesterreicher, die am Fuß desselben standen, den Wald zu verlassen. Man muß niemals ein Korps in ein Thal stellen, wenn man nicht Meister von den Anhöhen ist, zwischen denen es liegt; und kann man sie nicht auf beiden Seiten, so muß man doch wenigstens eine besetzen. Denn wenn es gleich beim ersten Anblik scheint, daß über gewisse Berge, Felsen und durch einige Wälder gar nicht durchzukommen sey, so findet man doch nicht selten das Gegentheil. In jedem gut bevölkerten Lande sind zwischen den Dorfschaften gewisse Vereinigungswege, und auf diesen kann wenigstens Infanterie fortkommen. Man muß also die Berge und Wälder mit Infanterie besetzen und am Fuß derselben die Kavallerie stellen; auf diese Art verhindert man gewiß, daß sich der Feind ihrer bemächtigen kann. Nimmt man alles dieses zusammen, so sieht man leicht, daß dies Lager schlecht und die Stellung der Truppen höchst elend war; denn da man versäumt hatte, die Anhöhen zu besetzen, so konnte es gar nicht vertheidigt werden, und die Truppen, welche in dem Thale standen, waren nicht allein der Gefahr ausgesetzt, geschlagen, sondern auch von Prag und ihrem Magazin in Jung-Bunzlau, entweder durch die Armee des Herzogs von Bevern, oder des Feldmarschalls Schwerin, abgeschnitten zu werden.

Der Herzog von Bevern marschirte den 23ten nach Liebenau. Er fand den Feind daselbst so vortheilhaft gelagert, daß er es nicht für thunlich hielt, ihn anzugreifen. Dieses hatte er auch um so weniger nöthig, da er vorher sehen konnte, daß der Marsch des Feldmarschalls Schwerin ihn bald zwingen würde, seine Stellung zu verlassen.

Dieser General zog seine Armee den 18ten April bei Trautenau zusammen, und marschirte den 19ten bis Königshof, wo er über die Elbe ging. Seine Absicht war gegen Turnau und Liebenau vorzurükken, um den Marsch des Beverschen Korps zu erleichtern, und nach der Vereinigung mit demselben auf Prag loszugehen. Dieser Entwurf beruhete auf eben den Grundsätzen, welche der König angenommen hatte. Die Oesterreicher mochten auch noch so viel Truppen an die Gränze der Lausitz stellen, so konnten sie sich doch daselbst nicht lange halten, gesetzt auch, sie hätten den Herzog geschlagen. Denn der Marsch des Feldmarschalls Schwerin in ihrem Rükken, würde sie bald zum Rükzuge gebracht haben, um nicht zwischen zwei Feuer zu kommen. Dieses geschah auch in der That; denn den 24ten verließen sie ihr Lager bei Liebenau, und marschirten in der größten Uebereilung nach Brandeis, und so weiter nach Prag, wo sie den 3ten Mai ankamen. Der Feldmarschall Schwerin marschirte unterdessen von Königshof nach Gitschin, wo er Nachricht von dem Treffen bei Reichenberg und dem Rükzuge des Feindes bekam. Hierauf veränderte er sehr weislich seinen Marsch und wandte sich gegen die Iser, in der Hofnung, den Feind von Prag abzuschneiden. Dieses glükte ihm zwar nicht, indessen kam er noch zeitig genug bei Jung-Bunzlau an, um sich des überaus starken Magazins zu bemächtigen, das der Feind daselbst angelegt hatte.

Nachdem er sich mit dem Herzog von Bevern vereinigt, so rükte er weiter bis Brandeis vor, und blieb daselbst bis den 4ten Mai. An eben diesem Tage ging er über die Elbe und nahm sein Lager auf der andern Seite. Weiter glaubte er nicht vorrükken zu dürfen, bevor er nicht mit dem Könige über die fernern Maasregeln übereingekommen wäre.

Der König ließ ohnweit Podbaba eine Brükke über die Moldau schlagen und ging den 5ten mit einem Theil seiner Armee über diesen Fluß. Der übrige Theil blieb unter dem Feldmarschall Keith auf dem weissen Berge stehen. Den 6ten um 5 Uhr des Morgens langte die Arme unter dem Feldmarschall Schwerin an. Nachdem der König den Feind recognoscirt hatte, so ließ er die Armee links abmarschiren, und nicht lange darauf nahm das Treffen seinen Anfang.

Wir

Feldzug im Jahre 1757.

Wir wollen die verschiedenen Beschreibungen von dieser merkwürdigen Schlacht hier so hersetzen, wie sie mit Genehmhaltung der Höfe bekannt gemacht worden.

Die Wiener lautet folgendergestalt:

Den 4ten Mai bekamen Se. Hoheit der Prinz Karl von Lothringen Nachricht, daß der König von Preussen nahe bei Rostock und Pobbaba Brükken über die Moldau schlagen lassen, um sich mit der Schwerinschen Armee bei Winorz zu vereinigen, und entweder unsern rechten Flügel anzugreifen, oder uns die Gemeinschaft mit unsern Magazinen in Kollin und Kuttenberg abzuschneiden. Hierauf veränderten Se. Hoheit ihre Stellung dergestalt, daß der linke Flügel an Prag, der rechte aber gegen Maleschitz und Bichowitz zu stehen kam. Den 5ten ging die preußische Avantgarde über die Moldau. Es wurden darauf verschiedene Batterien vor der Fronte unserer Armee aufgeworfen. Um 11 Uhr in der Nacht ging der König mit der ganzen Armee über, und ließ blos einige Truppen aber eine große Anzahl Geschütz auf dem weissen Berge stehen. Den 6ten bei Tages Anbruch ging die Vereinigung mit der Schwerinschen Armee vor sich. Unmittelbar darauf rükte die ganze preußische Armee, die an 100,000 Mann stark war, gegen uns an. Der Feldmarschall Schwerin befahl seinem linken Flügel unsern rechten anzugreifen, und wo möglich über den Haufen zu werfen, indessen der König unsern linken Flügel beunruhigte. Durch diese Bewegung des Feldmarschalls Schwerin sahen sich Ihro Hoheit der Prinz Karl von Lothringen, dessen Armee nur 55,000 Mann betrug, genöthigt, das zweite Treffen in das erste rükken zu lassen, und es so zu stellen, daß dadurch der rechte Flügel gedekt wurde, da es der linke durch die Kanonen von Prag schon hinlänglich war. Se. Hoheit liessen blos zwei Regimenter Kavallerie daselbst stehen, und stellten die übrigen dreizehn in drei Treffen auf dem rechten Flügel, um ihn desto besser zu unterstützen. Alle diese Bewegungen wurden durch die preußischen veranlaßt, welche sich immer mehr ausdehnten, um uns in die rechte Flanke zu nehmen, welches des Feldmarschalls vornehmste Absicht war. Wir besetzten verschiedene Anhöhen und der Feldmarschall Schwerin fand ebenfalls einige vor sich, die er erst einnehmen mußte, ehe er uns erreichen konnte. Unsere Artillerie fing ihr Feuer um 7 Uhr an und that in Verbindung mit unserm Infanteriefeuer eine solche Würkung, daß das ganze Treffen der Schwerinschen Armee, welches uns, nach der Aussage der Ueberläufer, mit aufgepflantem Bajonet angreifen sollte, völlig über den Haufen geworfen wurde. Unsere Reiterei griff zugleich die Schwerinsche an, warf sie dreimal über den Haufen und zerstreute sie gänzlich. Als das erste preußische Treffen in Verwirrung auf das zweite geworfen wurde, feuerte dieses auf die Fliehenden, und rükte über ihre todten und verwundeten Kammeraden gegen uns an. Es wurde aber eben so wie das erste empfangen und zurükgeschlagen. Unser rechte Flügel wollte sich seinen Sieg zu Nutze machen, und verfolgte den fliehenden Feind über 600 Schritt in der besten Ordnung, eroberte einige Fahnen, 16 Kanonen und machte eine Menge Gefangene. Indem er aber so weit vorrükte, entstand eine große Lükke zwischen ihm und dem linken Flügel. Der König von Preussen versäumte nunmehr keinen Augenblik sich mit verschiedenen Kolonnen in die Oefnung zu werfen, und ließ frische Regimenter Kavallerie in vollem Jagen anrükken und das Terrein besetzen, das sein linker Flügel verlassen hatte. Dadurch kam diese hinter unsern rechten Flügel, welcher noch immer den Feind verfolgte. Mit einemmal sah sich dieser, der drei Stunden siegreich gewesen war, vom Feinde umringt. Zu gleicher Zeit erhob sich, zu unserm Unglük, eine so dikke Wolke von Staub, daß unsere Leute einander nicht erkennen konnten. Daher entstand auch eine solche Verwirrung, daß es uns unmöglich wurde, die Leute wieder zu sammeln und in Ordnung zu bringen. Ein Theil unserer Infanterie that indessen alles mögliche, um zu dem linken Flügel zu stossen; dieses glükte auch und er zog sich unter einem beständigen Feuer Schritt vor Schritt nach Prag zurük, wo beide zu gleicher Zeit einrükten. 2,000 Mann von unserm rechten Flügel machten nicht weit von dem Schlachtfelde Halt, und dekten dadurch den Rükzug der übrigen, die in Unordnung gerathen waren. Unsere ganze Reserve, Artillerie, alles schwere Gepäkke, Pontons, Kriegskasse und 16000 Mann von unserm rechten Flügel haben sich den 8ten bei Beneschau beisammen gefunden. In zwei Tagen sind 3,000 preussische Deserteurs bei der Armee angekommen. Alle stimmen darin überein, daß die Preussen an Todten, Verwundeten und Vermißten über 20,000 Mann verloren haben. Wir haben an Todten und Verwundeten aufs höchste 4000 Mann, 2500 Mann sind gefangen, und nur 20 Feldstükke verloren gegangen. Während der Schlacht grif der General Beck mit einem Korps Kroaten die Stadt Brandeis mit dem Säbel in der Hand an, schlug ein preussisches Bataillon, welches darin zur Besatzung stand, tödtete 100 Mann, und nachdem er die Brükke über der Elbe abgebrochen, zog er sich mit 5 Fahnen, 500 Pferden, einer reichen Beute, und 678 Gefangenen zurük, unter denen der Obristlieutenant Mardefeld und alle Officier von dem Bataillon, die noch am Leben waren, sich befanden. Mit allem diesem kam er glüklich bei der Daunschen Armee an.

Die Preussen erzählen diesen Vorgang also:

Den 6ten Mai des Morgens vereinigte sich der König mit dem Feldmarschall Schwerin und beschloß, den Feind unmittelbar anzugreifen. Die kaiserliche Armee stand mit dem linken Flügel auf dem Ziskaberge und mit dem rechten auf einer Anhöhe, nicht weit von Ster-

Feldzug im Jahre 1757.

Sterboholl. Es wurde beschlossen, den rechten Flügel anzugreifen; in dieser Absicht marschirte die preußische Armee links ab durch das Dorf Potschernitz. So bald der Feldmarschall Brown diese Bewegung gewahr ward, befahl er seiner Armee, rechts abzumarschiren, um nicht in die Flanke genommen zu werden. Die Preussen mußten durch einige hohle Wege und über ein sumpfigtes Terrein, auf der andern Seite von Bischowitz, gehen, wodurch die Infanterie etwas in Unordnung gerieth, und da auch der Angrif mit einiger Uebereilung geschah, so wurde sie anfänglich zurükgetrieben. Feldmarschall Schwerin, der größte General seiner Zeit, ward dabei mit der Fahne in der Hand an der Spitze seines eigenen Regiments erschossen. So bald sich unsere Infanterie wieder gesetzt und aufs neue formirt hatte, so erneuerte sie den Angrif auf des Feindes rechten Flügel. Prinz Heinrich, des Königs Bruder, stieg vom Pferde und setzte sich an die Spitze seiner Brigade; mit dieser stieg er, oder kletterte vielmehr auf die Berge, jagte den Feind herunter und nahm einige Batterien weg. Nach drei wiederholten Angriffen warf endlich die Kavallerie unsers linken Flügels die feindliche über den Haufen. Unsere Mitte schlug gleichfalls die Infanterie und verfolgte sie durch ihr Lager, in dem die Zelter gar nicht abgebrochen waren. Unser linke Flügel, zu dem etwas Reiterei gestoßen war, marschirte bis Michele. Wir sprengten die feindliche Armee auseinander, und ihr rechter Flügel nahm die Flucht bis an die Zassawa. Hierauf grif unser rechte Flügel den feindlichen linken an, und nahm nach und nach drei Batterien weg, die auf den Bergen angelegt waren. Die Kavallerie von unserm rechten Flügel konnte nicht zum Einhauen kommen. Prinz Ferdinand von Braunschweig kam dem Feinde in die linke Flanke; und da der König mit seinem linken Flügel und einem starken Korps Reiterei bereits die Moldau erreicht hatte, so war die ganze österreichische Infanterie gezwungen, sich in Prag zu werfen. Der Feind versuchte zwar auf der Seite von Königssaal wieder heraus zu marschiren, allein er wurde von der Armee unter dem Feldmarschall Keith wieder zurükgewiesen. Wir haben 30 Officier und 4000 Gemeine Gefangene, und 60 Kanonen und 10 Standarten erbeutet. An unserer Seite haben wir 34 Officier und 3099 Mann und 340 Pferde todt; 397 Officier, 8208 Mann und 246 Pferde sind verwundet; 6 Officier und 1557 Mann werden vermißt.

Unter den Todten befindet sich der Feldmarschall Schwerin *) und der Generalmajor von Amstel. Verwundet waren die Generallieutenants Fouquet, Hautcharmoi und Winterfeldt; die Generalmajors von Plettenberg, Schöning und Blanckensee.

Beide

---

*) Feldmarschall Schwerin war den 26ten Oktober 1684 geboren. Er studirte zu Rostok, Leiden und Greifswalde. 1699 diente er unter einem holländischen Regimente, das

Geschichte des siebenjährigen Krieges in Deutschland.

Beide Erzählungen von dieser Schlacht sind gar nicht deutlich und genug auseinander gesetzt, und geben daher einen sehr verwirrten Begrif von dem ganzen Vorgange. Wir wollen daher noch eine dritte hersetzen, welche den Grafen Schwerin, Generaladjutanten bei dem Feldmarschall, zum Verfasser hat, die unendlich besser ist als alle übrigen, die damals erschienen.

Zufolge der Maasregeln, welche der König mit dem Feldmarschall Schwerin verabredet hatte, ging er den 5ten Mai 1757 um 8 Uhr des Morgens bei Selz mit dem Korps über die Moldau, das zu der Armee des Feldmarschalls stoßen sollte. Wir bekamen die Nachricht von dem Uebergange durch einen Schuß aus einem Zwölfpfünder, welchen der Feldmarschall auf eben die Art beantwortete. Um 8 Uhr des Abends brachte der Flügeladjutant von Stutterheim dem Feldmarschall Befehl vom König: um 12 Uhr in der Nacht mit der Armee und dem Korps unter dem General Winterfeldt aufzubrechen, und den Marsch so einzurichten, daß die Teten der Kolonnen genau um 4 Uhr auf den Höhen von Prositz eintreffen könnten, wo der König auch rechter Hand von Tschimitz seyn wollte. Dieser Befehl ward so

---

seinem Oncle gehörte. 1705 bekam er eine Kompagnie. Als sein Oncle die holländischen Dienste verließ, folgte er ihm und ging in meklenburgische, wo er 1706 Obristlieutenant und 1707 Obrister ward. Der Herzog Karl Leopold sandte ihn 1712 zum König von Schweden, Karl den XII, nach Bender, bei dem er ein Jahr blieb. Bei seiner Zurükkunft wurde er Brigadier und 1718 Generalmajor; 1719 führte er die meklenburgischen Truppen in der Schlacht bei Walsmsoelen gegen die Kommissions-Armee an, und schlug dieselbe. Da hierauf der Herzog den größten Theil seiner Truppen abdankte, so ging er als Generalmajor in preußische Dienste; 1723 bekam er ein Regiment; 1724 ging er als Minister an den polnischen Hof; 1730 wurde er Gouverneur von Peitz; 1731 Generallieutenant; 1732 Ritter vom schwarzen Adler-Orden; 1739 General der Infanterie und 1740 Feldmarschall. In der Schlacht bei Molwitz, den 16ten April 1741 zeichnete er sich vorzüglich aus, und bekam dabei zwei starke Wunden. 1744 marschirte er mit einer starken Armee nach Böhmen, und stieß bei Prag zum König und kommandirte die Belagerung dieser Festung, wobei er sich vorzüglich hervor that. 1756 kommandirte er, wie wir bereits gesagt haben, die Armee in Schlesien, und legte in diesem Feldzuge ausnehmende Beweise seiner überlegenen Kenntniß der Kriegskunst an den Tag. Er wurde mit einer Fahne von seinem Regiment in der Hand erschossen. Er war ein Mann von mittlerer Leibesgestalt; hatte aber dennoch ein martialisches Ansehen. Er liebte seine Soldaten, sorgte für sie, und ward daher von ihnen wieder geliebt. Obngeachtet er zuweilen etwas hizig war, zeigte er doch bei allen seinen Unternehmungen, daß er die größte Herzhaftigkeit mit der größten Klugheit zu verbinden wußte. Nach der Schlacht bei Lowositz schrieb ihm der König, mit Bedacht zu Werke zu gehen, (d'aller bride en main). Er war zweimal verheurathet und hinterließ Kinder beiderlei Geschlechts.

Feldzug im Jahre 1757.

so pünktlich ausgeführt, daß unsere drei Kolonnen genau um 4 Uhr auf dem Sammelplatze und gerade in der Entfernung von einander standen, die zum Aufmarsch erfodert ward. Auf dem Marsch fanden wir weiter keine Hindernisse; als wir aber an die Höhen von Prosiz kamen, so stießen wir auf das Regiment Modena Kürassier, zwei Regimenter Dragoner und die Husaren von Festetiz, welche in der Nacht auf diesen Posten detaschirt wurden. Sie feuerten auf unsere Avantgarde und zogen sich darauf durch Prosiz nach den linken Flügel ihrer Armee zurük.

Nachdem der König dem Feldmarschall und General Winterfeldt einen guten Morgen gewünscht hatte, ritte er mit ihnen und zween von seinen Adjutanten, dem Hauptmann Platen und Obristlieutenant Oelsniz, und mir auf einen von den höchsten Bergen auf der andern Seite von Prosiz. Hier konnten wir das feindliche Lager sehr deutlich, das erste und zweite Treffen von einem Flügel bis zum andern übersehen. Der König beobachtete es mit seinem Fernglase. Da der Feind sieben bis acht Personen auf dem Berge erblikte, schikte er uns ein paar Vierpfünder zu, die uns aber keinen Schaden thaten. Se. Majestät hielten sich wohl eine Stunde hier auf, um die feindliche Stellung zu untersuchen, und wo der Angrif am füglichsten geschehen könnte. Der Feind stand mit dem linken Flügel an Prag auf dem Ziskaberge hinter dem Invalidenhause; der rechte dehnte sich bis auf 2000 Schritt über das Dorf Conradliz, nahe bei Sterboholi aus. Zweihundert Schritt von seiner Fronte waren die Berge so steil und felsigt, daß es weder der Infanterie noch Artillerie möglich war, heraufzukommen. An dem Fuße dieser Berge ist ein tiefes Thal, welches mit einigen Husaren und ungarischer Infanterie ganz besetzt war. Die Berge, die auf unserer Seite des Thals lagen, waren nicht weniger steil und felsigt, als die gegenüber liegenden. Aller dieser Schwürigkeiten ohngeachtet, war der König doch sehr geneigt den Feind in Front anzugreifen. Der Feldmarschall hingegen stellte ihm die Schwürigkeiten vor, die das Terrein dabei in den Weg legen würde, den langen Marsch, den die Armee gemacht hatte, und die Stärke der Stellung des Feindes, der die vor der Fronte liegenden Höhen mit einer ungeheuern Menge Artillerie besetzt hatte. Durch diese Gründe überzeugt, erlaubten Se. Majestät dem Feldmarschall, eine bequemere Gegend zum Angrif zu suchen. Hierauf ritten Se. Excellenz in vollem Galop vor des Feindes rechten Flügel, wo das Terrein auf beiden Seiten allmählig abfällt, und entdekten vor dem feindlichen rechten Flügel eine Ebene, ohnweit dem Dorfe Miesiz, wo die Infanterie über die Wiesen, die Kavallerie und schwere Artillerie aber über die Dämme gehen konnte. So bald der Feldmarschall die Gegend in Augenschein genommen und dem König davon Bericht abgestattet hatte, so bekamen alle drei Korps Befehl, links abzumarschiren. Dieses wurde mit solcher Geschwindigkeit ausgeführt, daß die Armee,

106   Geschichte des siebenjährigen Krieges in Deutschland.

ohngeachtet sie erst um neun Uhr diesen Befehl erhielt und eine ganze Meile auf den schlimmsten Wegen marschiren mußte, um halb eilf Uhr formirt war. Um eilf Uhr ging die Schlacht auf dem linken Flügel an. Unsere ganze Kavallerie ging schon über den Damm, als die österreichische erst aus dem Lager rükte und ohne die Zelter abzubrechen, sich in Schlachtordnung stellte. Es ist wahrscheinlich, daß sie sich nicht vorstellten, man würde ihren rechten Flügel angreifen, bis sie sahen, daß schon zwei Regimenter Kavallerie über den Damm gingen und gerade vor demselben aufmarschirten. Dieses Manöver zog ihre Aufmerksamkeit nach dieser Seite: sie ließen die Kavallerie von ihrem linken Flügel nach dem rechten marschiren. Diese kam auch in der größten Geschwindigkeit an und formirte sich daselbst, 104 Schwadrons stark, auf einer schönen Ebene in drei Treffen, mit Intervallen, die so groß als die Fronte der Schwadrons waren. Dieses Manöver ward mit solcher Schnelligkeit ausgeführt, daß unser Generallieutenant von der Kavallerie, der Erbprinz von Schöneich, der nur 65 Schwadrons hatte, um nicht in die Flanke genommen zu werden, den Entschluß faßte, den Feind augenbliklich anzugreifen, ohne auf die Kavallerie vom rechten Flügel zu warten, der der König Befehl gegeben hatte, zu ihm zur Unterstützung zu marschiren. Der Angrif geschah diesem gemäß in der besten Ordnung. Der Feind stand unbeweglich bis wir 50 Schritt von ihm waren, dann feuerte er seine Karabiner ab, und auf 30 Schritt kam er uns in einen starken Schritt entgegen. Der Feind überflügelte uns mit 8 Schwadrons, daher war es kein Wunder, daß unsere Kavallerie einen so harten Stand bekam, und zweimal zurükgeschlagen wurde. Bei dem dritten Angrif drangen das Stechowsche Dragonerregiment, welches der Obrist Winterfeldt kommandirte und der General Ziethen mit 20 Schwadrons Ziethen- und Putkammerschen Husaren mit so vieler Unerschrokkenheit ein, daß nicht allein die ganze feindliche Reiterei über den Haufen, sondern auch ein Theil davon auf ihre eigenen Grenadiers vom rechten Flügel geworfen ward, wodurch diese ebenfalls in der größten Unordnung geriethen und zurükgehen mußten. Während dieses Angrifs der Kavallerie sahen sich die Grenadiers von unserm linken Flügel und die Infanterieregimenter Fouquet, Kreutzen und Schwerin, nachdem sie über einige Wiesen gegangen, genöthigt, durch einen sehr engen Weg zu gehen, um sich an das übrige Treffen zu schließen, welches bereits aufmarschirt war. So bald sich die Grenadier auf der andern Seite des Defilees sehen ließen, wurden sie mit einem sehr heftigen Kartätschfeuer aus zwölfpfündigen Kanonen empfangen. Sie mußten sich daher sogleich wieder zurükziehen und das Defilee in der größten Unordnung verlassen. Das feindliche Feuer wurde immer heftiger, so daß sich die Grenabier endlich gezwungen sahen, wieder über den Damm zurükzugehen. Die Regimenter Fouquet und Kreutzen folgten ihnen, und da das zweite Bataillon vom Schwerinschen Regiment im Begrif war ebendasselbe zu thun, so
nahm

nahm der Feldmarschall, der bis dahin beständig auf der andern Seite des Defilees gewesen war, einem Junker die Fahne aus der Hand und ritt vor sein Regiment. Er that alles mögliche, um es wieder zum Avanziren zu bringen. Er zog so gut, als er konnte, die Truppen aus dem Defilee, und nachdem er sie wieder in Ordnung gebracht, ging er mit ihnen mit starken Schritten auf den Feind los. Kaum aber war er 12 Schritt fortgegangen, als er verschiedene Schüsse bekam, einen in's Ohr, einen andern in's Herz und drei in den Leib; er fiel auch sogleich vom Pferde, ohne das geringste Zeichen des Lebens mehr von sich zu geben. Der General Manteufel nahm die Fahne aus seiner Hand und gab sie dem Junker wieder. Dieser hatte sie kaum wieder genommen, als eine Kanonkugel kam und ihn auf der Stelle tödtete. Unmittelbar darauf avanzirte unser ganzes Treffen. Unsere Artillerie richtete große Verwüstung an. Als wir bis auf 60 Schritt mit dem Feinde zusammen gekommen, wurden wir gewahr, daß die feindliche Infanterie vom rechten Flügel sich in der größten Verwirrung befand. Die Mitte behauptete ihr Terrein länger, weil sie von einer großen Menge Artillerie unterstützt wurde. Da der König bemerkte, daß der rechte Flügel des Feindes unsern linken mit vieler Lebhaftigkeit verfolgte, und sich dadurch von dem übrigen Theil seiner Armee trennte, so machte er von diesem günstigen Zufalle den gehörigen Gebrauch, und rükte in der größten Geschwindigkeit mit seinem rechten Flügel in den Raum, den der Feind durch sein Vorwärtsgehen offen gelassen hatte. Hierauf wurde die Verwirrung in der feindlichen Armee allgemein. Unser linke Flügel, der sich wieder gesetzt und formirt hatte, grif den ihn verfolgenden Feind auf's neue an und schlug ihn zurük; dieser wollte sich zur Armee zurükziehen, fand aber das Terrein vom Könige besetzt. Se. Majestät ließen den feindlichen linken Flügel, der ebenfalls die Flucht nahm, mit aufgepflanztem Bajonet angreifen. Hier entstand ein großes Blutbad, besonders bei Einnahme der Reduten, wo das zweite Bataillon von Prinz Heinrich Wunder that. Der linke Flügel des Feindes floh nach Prag und der rechte in der größten Verwirrung nach Maleschitz und Bischowitz.

Ehe wir weiter gehen und das erzählen, was auf diesen merkwürdigen Tag folgte, müssen wir die verschiedenen Operationen, welche vorhergingen, und den Gang des Treffens untersuchen, um den Leser in den Stand zu setzen, von ihnen an sich selbst, ohne Rüksicht auf den Erfolg, ein richtiges Urtheil zu fällen. Denn der Ausgang ist nicht allemal die Folge eines schönen Entwurfs; und mit Weisheit und Klugheit genommene Maasregeln werden nicht allemal von einem glüklichen Erfolge begleitet. Man muß indessen im Ganzen gestehn, daß wenige oder gar keine Unternehmungen fehlschlagen, als durch gewisse Fehler, die man hätte vorhersehen und folglich vermelden können.

108   Geschichte des siebenjährigen Krieges in Deutschland.

Der Plan der Oesterreicher, so lange vertheidigungsweise zu gehen, bis ihre Bundesgenossen im Felde erscheinen und ihnen Gelegenheit verschaffen konnten, mit Nachdruk und Thätigkeit zu Werke zu gehen, war gewiß klug entworfen; allein sie scheinen in der Ausführung gefehlt zu haben. Zweidrittel von den feindlichen Truppen hatten ihre Winterquartiere in Sachsen und in der Lausitz, und der übrige Theil in der Nachbarschaft dieser Provinz. Dieses zeigte deutlich, daß wenn der König Böhmen angreifen wollte, es auf dieser Seite geschehen würde; besonders da er sich in eigner Person dabei befand. Wenn der Feind von dieser Seite aus nach Böhmen rükte, so war durch dieses Manöver Sachsen selbst gedekt; grif er es aber von Schlesien aus an, so mußte er eine Armee zurük lassen, um Sachsen zu deken. Ich dächte, sie hätten den König besser kennen müssen, um sich einzubilden, daß er sich nur eines Theils seiner Macht bedienen würde, da es in seiner Gewalt stand sie ganz zu gebrauchen. Ja wenn er auch wider alle Wahrscheinlichkeit, und der natürlichen Lage der Sachen gerade entgegen, auf den Gedanken gekommen wäre, Mähren anzugreifen, so konnte er doch unter einen Monat seine Truppen nicht nach dieser Gegend bringen; die Oesterreicher brauchten aber nur halb so viel Zeit, um mit ihrer ganzen Macht ihm dort entgegen zu gehen. Schikte der König aber nur ein Korps dahin, so wäre die Garnison in Olmütz, von einigen Kroaten, einem Regiment Dragoner und einem Regiment Husaren unterstützt, vollkommen hinreichend gewesen, das Land zu deken.

Aus allem diesen erhellet also, daß die Oesterreicher sehr unüberlegt handelten, da sie ein Korps von mehr als 20,000 Mann in Mähren aufstellten, wo es ganz und gar unnütz war. Dieser erste Fehler ward dadurch noch mehr vergrößert, daß sie es noch immer da stehen ließen, nachdem sich die preußische Armee bereits in Sachsen, in der Lausitz und um Schweidnitz in Bewegung gesetzt hatte, ohngeachtet dies deutlich an den Tag legte, daß sie von dieser Seite aus in Böhmen einbrechen wollte.

Dieses Korps hätte den Winter über so vertheilt werden müssen, daß es eine Kette von Mähren bis Königshof gezogen hätte. Im Monat März hätte es seine Quartiere näher an einander nehmen und die Mitte bei Pardubitz setzen müssen. In dieser Stellung wäre es bei der ersten Nachricht im Stande gewesen, sich entweder rechts bei Leutomischel, oder links hinter der Elbe bei Schurtz zusammenzuziehen.

So bald sich die Preussen in Bewegung setzten, mußte sich dies Korps bei Schurtz versammeln; denn da war es bei der Hand sich mit dem Korps des Grafen von Königseg zu vereinigen; alsdann waren beide zusammen stärker als die Armee unter dem Herzog von Bevern, oder dem Feldmarschall Schwerin. Die Oesterreicher hätten also einen von diesen beiden Generals angreifen und ihre Vereinigung hintertreiben können, wenn sie so verwegen

Feldzug im Jahre 1757.

gewesen wären, in Böhmen einzufallen. Allein dies ward gänzlich vernachläßigt und das Korps in Mähren völlig vergessen, wie man nicht anders glauben kann; denn ohngeachtet der Feind schon auf der andern Seite den 20ten April in Böhmen eingebrochen war, so kam dieses Korps doch nur erst den 6ten Mai bei Böhmisch-Brodt, ohngefähr fünf Meilen von Prag, an. Das Königseggsche Korps war, wie wir bereits angemerkt haben, zu weit vorwärts in den Gebürgen und also der Gefahr ausgesetzt, zwischen der Beverschen und Schwerinschen Armee eingeschlossen zu werden.

Eben diese Fehler begiengen die Oesterreicher bei der Vertheilung ihrer Truppen an der Gränze von Sachsen. Es war gar nicht wahrscheinlich, daß der König mit einem beträchtlichen Korps in der Gegend von Eger in Böhmen einbringen würde; dieses wäre alsdann so weit von seinen übrigen Kolonnen getrennt gewesen, daß es Gefahr lief von der überlegenen Macht der Oesterreicher abgeschnitten zu werden; denn diese hätte nothwendig ihre Stellung in der Mitte zwischen diesem Korps und des Königs Armee nehmen sollen, da der größte Theil ihrer Truppen in dem Saatzer und Leutmeritzer Kreis in Winterquartieren lag.

Noch weniger wahrscheinlich war es, daß der Feind etwas gegen Eger unternehmen würde; denn wenn dieser Ort nur mit einer mittelmäßigen Garnison versehen ist, so kann er nicht ohne eine förmliche Belagerung weggenommen werden. Diese würde er gewis nicht unternommen haben, da er von der Lage dieses Orts nicht den geringsten Vortheil in Rüksicht auf seinen Operationen gegen Böhmen ziehen konnte. Hätte er ihn aber wider alle Grundsätze des Krieges dennoch belagert, so konnte die österreichische Armee in vier Tagen da seyn, um ihn zu entsetzen. Hieraus ist also klar, daß das Korps bei Eger von gar keinem Nutzen war und Gefahr lief von der Hauptarmee bei Budin abgeschnitten zu werden, so bald der Feind durch die Defileen bei Kupferberg und Basberg in Böhmen einrükte, wie es in der That geschah. Denn der Feldmarschall Brown mußte eben deswegen seine Stellung bei Budin verlassen, um zu dem Herzog von Ahrenberg stoßen zu können. Wenn aber dieser General seine Stellung bei Kommotau genommen, und mit allen seinen leichten Truppen und einigen Bataillons guter Infanterie die vorhin erwähnten Pässe und Defileen besetzt hätte, so konnte der Fürst Moritz offenbar diesen Weg nicht nehmen, wie er es hernach that. Hätte er es aber dennoch gewagt, so konnte er doch nicht eher zum König stoßen, als bis er den Herzog geschlagen hatte; dieses wäre aber vielleicht schwer gewesen, da er von der ganzen Armee unter dem Feldmarschall bei Budin unterstützt werden konnte. Dieser hatte ebenfalls eine schlechte Stellung genommen; denn er stand so weit rükwärts, daß er die Truppen, mit denen er die Gebürge und Defileen zwischen Pirna und Lowositz besetzte, gar nicht zu rechter Zeit unterstützen konnte. Und dieses ist doch, nach meiner Meinung, das einzige Mittel, um

D 3

zu verhindern, daß der Feind auf dieser Seite in Böhmen eindringen kann. Der Feldmarschall hätte seine Quartiere jenseit der Eger so nehmen sollen, daß er im Stande gewesen wäre, in einem Marsch hinter der Bila bei Auſſig zu seyn. Von da aus hätte er die leichten Truppen hinter den Grund bei Gishübel bequem unterstützen, oder wenn er es für zuträglicher hielt, sie zur Armee ziehen und seine Stellung bei Auſſig behaupten können. Denn wenn eine Armee hier steht, so kann sie nicht mit Gewalt vertrieben werden. Vielleicht wäre es noch besser gewesen, wenn er mit der ganzen Armee vorwärts gegangen wäre, sich hinter das Defilee bei Gishübel, und den Herzog von Ahrenberg mit seinem Korps in das Gebürge bei Basberg gesetzt hätte; denn durch diese Stellung war nicht allein Böhmen gedekt, sondern die Oesterreicher konnten auch nach Gutbefinden selbst in Sachsen einrükken. Nichts stimmte aber weniger mit der Absicht überein, welche die Oesterreicher hatten, Böhmen zu dekken, als die Art wie sie ihre Armee vertheilt hatten. Die verschiedenen Korps waren der Gefahr ausgesetzt, einzeln geschlagen oder von einander abgeschnitten zu werden; wie es wirklich dem Königsegschen Korps an der Gränze von der Lausitz, und dem unter dem Feldmarschall Daun in Mähren ging. Das erste wurde geschlagen, und das zweite wurde verhindert, daß es sich mit den übrigen Truppen bei Prag vereinigen konnte. Unter allen Operationen im Kriege ist vielleicht nichts kützlicher und schwerer, als eine gute Vertheilung der Truppen in den Winterquartieren. Es gehört dazu eine vollkommene Kenntnis des Landes, und eine außerordentliche Menge Umstände müssen dabei in Betrachtung gezogen werden. 1) Muß man Rüksicht auf die Stellung des Feindes nehmen und sie nicht aus den Augen verlieren; 2) den allgemeinen Entwurf, den er zum Kriege gemacht und den Hauptendzwek sorgfältig untersuchen, den er sich bei dem folgenden Feldzuge vorgesetzt hat; 3) sich dabei auch nach dem Endzwekke richten, den man in dem folgenden Feldzuge selbst zu erreichen gedenkt. Will man bei der Vertheidigung bleiben, so muß die Vertheilung der Truppen so geschehen, daß sie sich an verschiedenen Orten zusammen ziehen können, ohne daß der Feind einmal eine Möglichkeit vor sich sieht, ihren Marsch nach dem Sammelplatz zu hindern, oder sie dabei anzugreifen; diese Posten müssen überdies so nahe als möglich an der Gränze liegen, um das Land gehörig zu dekken. Ferner müssen sie so gut gewählt werden, daß uns der Feind weder mit Gewalt daraus vertreiben, noch hinter sich stehen lassen darf. Will man hingegen auf den Angrif gehen, so müssen die Truppen so vertheilt werden, daß sie sich durch einen oder zwei Märsche in verschiedenen Korps an der feindlichen Gränze zusammenziehen und dergestallt in des Feindes Land einbrechen können, daß sie seine Quartiere trennen, dabei aber gleichwohl nicht Gefahr laufen, abgeschnitten zu werden, ehe sie sich miteinander in dem feindlichen Lande zu einer großen Armee vereinigen können. Vor allen Dingen

Feldzug im Jahre 1757.

gen muß man alle Sorgfalt anwenden, daß die Truppen den Winter über nicht beunruhigt werden, sondern ihre Quartiere sicher und ruhig genießen können, sowohl um sich darin zu erholen, als auch ihre neuen Leute zu bilden und in den Waffen zu üben u. s. w.

Der König von Preussen, ich muß es gestehen, ist in diesem Theile der Kriegswissenschaft ein eben so großer Meister, als in allen übrigen. Nie hat ein General seine Feldzüge mit mehrerer Erhabenheit und seinem Endzwecke angemessener Genauigkeit eröfnet. Seine Quartiere waren allemal so eingerichtet, daß man aus ihrer Lage schlechterdings nicht auf seine Entwürfe und Absichten schließen konnte. Daher fing er seine Operationen allezeit mit großen Absichten, mit Schnelligkeit und Zusammenstimmung in allen Theilen an. Wurden seine Truppen in ihren Quartieren angefallen, so versammelten sie sich gleich auf den ihnen angewiesenen Plätzen, ohne daß sie jemals einen beträchtlichen Verlust erlitten hätten. Dieses ist um so mehr auffallend, da er wenig leichte Truppen, besonders beim Anfange dieses Krieges, hatte. Der Herzog Ferdinand, sein Schüler, zeigte sich auch in diesem Stükke als ein General, der den französischen unendlich überlegen war. Bei jeder Gelegenheit findet man Beweise davon.

Die Oesterreicher vernachlässigten hingegen alle vorhin angeführten Grundsätze. Daher sahen sie sich auch gezwungen, das Land dem Feinde zu überlassen, damit sie nur ihre verschiedenen Korps zusammenziehen konnten, die, wie wir gesehen haben, Gefahr liefen, einzeln geschlagen zu werden.

Da sie endlich ihre Armee bei Prag versammelt hatten, so hatten sie völlige Freiheit, entweder den König oder den Feldmarschall Schwerin anzugreifen. Beide waren durch einen großen Fluß und eine Gegend von einander getrennet, auf der sich militärische Operationen nicht anders als mit vielen Schwürigkeiten machen lassen. Sie waren um ein großes stärker, als jeder für sich genommen. Wenn die Umstände so sind, muß man eine Schlacht wagen, oder gar keinen Krieg führen. Glaubten sie hingegen, daß sie so wenig dem Könige als dem Feldmarschall Schwerin, einzeln genommen, gewachsen wären, so hätten sie sich noch weniger in eine Schlacht einlassen sollen, nachdem sich beide vereinigt hatten. Sie hätten nicht zugeben sollen, daß der König über einen so breiten Fluß, als die Moldau ist, im Angesicht ihres Lagers und an einem höchst beschwerlichen Orte ging, und mit einem, in Vergleichung mit ihrer Armee, ganz unbeträchtlichen Korps einen ganzen Tag und eine Nacht auf eben der Seite blieb, wo sie standen. Sie mußten ihn schlechterdings angreifen, entweder ehe er überging, oder nachher, ehe er sich mit dem Feldmarschall Schwerin vereinigt hatte. Glaubten sie hingegen, es sey vortheilhafter letztern anzugreifen, so sollten sie 20 Bataillons auf den Höhen von Prosik, dem Dorfe Pobbaba gerade über, stehen lassen

und

und ohne weitern Anstand nach Brandeis gegen den Feldmarschall Schwerin marschiren.

Da der König den 6ten Mai des Morgens vor ihren Augen seine ganze Macht zusammenzog und den Feldmarschall Keith auf der andern Seite der Moldau im Angesicht von Prag stehen ließ, so konnten sie leicht vermuthen, daß er Lust hatte, die Sache zur Entscheidung kommen zu lassen. Die Oesterreicher hätten daher nicht ein so großes Zutrauen in der Ueberlegenheit ihrer Truppen und der Stärke ihrer Stellung setzen, und ihre Kavallerie zum Futterholen abschikken sollen, indessen der Feind schon verschiedene Bewegungen in ihrer Gegenwart machte.

Als sie sahen, daß der Feind links abmarschirte, so war es ganz recht, daß sie ihre Stellung veränderten; dies war aber nur ein Theil von demjenigen, was sie hätten thun sollen. Sie hätten so viel Artillerie, als nur möglich gewesen wäre, gegen das Dorf Podscherniz auffahren, und ihn in dem Augenblik angreifen sollen, da er in Kolonnen durch dieses Dorf und über die Wiesen ging, ohne ihm Zeit und Terrein gewinnen zu lassen, auf dem er sich formiren konnte. Sie hätten ihre ganze Kavallerie in zween geschlossenen Linien setzen sollen. Dadurch hätten sie Gelegenheit bekommen, ihren rechten Flügel bis an die Fischteiche auszudehnen, wodurch ihre Flanke vollkommen wäre gedekt gewesen. Der Feind hätte auch kein Terrein vor sich gefunden, auf dem er nur seine Kavallerie allein formiren konnte. Hätten sie überdies ihre Mitte etwas zurükgezogen, dergestalt, daß ihr Treffen eine krumme Linie gebildet hätte, deren Hohlung nach dem Feind zu gekehrt gewesen wäre, so hätte der Feind gar nicht vorrükken können, ohne ihnen seine linke Flanke zu geben; dies ist aber bei jedem Gefechtallemal entscheidend, besonders in Rüksicht auf Kavallerie. Dieses aber konnten sie sicher thun, weil ihr rechter Flügel durch die Fischteiche, und der linke durch die Artillerie und Infanterie ihres rechten Flügels gedekt war. Allein die Oesterreicher wandten keine einzige von diesen Vorsichtsanstalten an; sie ließen vielmehr zu, daß die feindliche Kavallerie, ohngeachtet sie um einen guten Theil schwächer war, sie in die Flanke nahm, daher sie denn auch natürlicher weise geschlagen wurden. Nachdem der Feldmarschall Brown den Feind zurükgeschlagen hatte und ihn verfolgte, so hatte er es gar nicht nöthig, seine Linie zu brechen; er hätte auch nicht wie ein junger Anfänger, der weiter nichts sieht und bemerkt, als was gerade vor seinen Augen vorgeht, so rasch vorwärts gehen sollen, ohne einen Blik auf das Ganze zu werfen, und zu erwägen, was noch hin und wieder für besondere Manövres nöthig wären. Indem er avanzirte, so hätte er sollen die ganze Linie eben dieselbe Bewegung machen lassen; und wenn er es nicht für zuträglich hielt, die Höhen zu verlassen, auf denen sein linker Flügel und die Mitte stand, so hätte er sollen seinen rechten Flügel dergestalt vorrükken lassen, daß er eine

schiefe

Feldzug im Jahre 1757.

schiefe Linie mit dem rechten Flügel vorwärts gemacht hätte. Dieses Manöver hätte ihm Gelegenheit gegeben, seine ganze Reserve und den rechten Flügel seines zweiten Treffens zur Unterstützung des Punkts vorzuziehen, auf den der Angrif geschahe und von dem der Sieg lediglich abhing. Wenn er seine Linien geschlossen hielt, so gab er dem Feinde gar keinen Vortheil und er konnte mit seinem rechten Flügel den flüchtigen Feind bis Podschernitz, und so weit verfolgen, als er immer wollte. Ja, diese schiefe Stellung verschafte ihm Gelegenheit, das ganze feindliche Treffen in die Flanke zu nehmen, und von einem Ende bis zum andern herunter zu schlagen. Allein da der Feldmarschall bloß mit dem rechten Flügel vorwärts ging, so unterbrach er seine Linie und machte eine Oefnung, in die der Feind rükte, die Armee auseinander sprengte und ihr eine gänzliche Niederlage beibrachte.

Bei jeder Stellung giebt es einen gewissen Punkt, von dem der Erfolg einer Schlacht abhängt, den man also füglich den Schlüssel zu demselben nennen könnte; so lange man diesen in Händen hat, gewinnt der Feind nichts; läßt man ihn fahren so ist alles verloren. Das Talent, diesen zu entdekken, ist vielleicht die erhabenste von allen Eigenschaften eines Generals, aber auch vielleicht dasjenige, was man am seltensten antrift. Die Wissenschaft, vortheilhafte Läger zu nehmen, die verschiedenen Methoden solche anzugreifen und zu vertheidigen, hängen lediglich davon ab. Im gegenwärtigen Falle war dieser Punkt unstreitig der Raum zwischen dem rechten Flügel der Infanterie und dem Teiche bei Sterboholi. Diesen hätte die Kavallerie einnehmen, die leichten Truppen und etwas reguläre Infanterie in Sterboholi gelegt und eine Batterie auf der Höhe vor dem rechten Flügel der Kavallerie aufgefahren werden müssen. So lange die Oesterreicher dieses Terrein behaupteten, konnten sie nicht geschlagen werden. Allein sie hatten so geringe Kenntnisse von der Lagerkunst, daß sie diesen Punkt nicht entdekten, und ihre Kavallerie weit hinterwärts formirten. Daher wurden sie denn auch geschlagen.

Aus allem dem, was wir bisher angemerkt haben, erhellet also, daß der Feldmarschall Brown entweder das Land nicht kannte, oder bei der Vertheilung seiner Truppen in die Winterquartiere keinen geschikten Gebrauch davon zu machen wußte. Sowohl vor als während der Schlacht begieng er unzählige Fehler, wovon der Verlust derselben eine ganz natürliche Folge war. Da bekannt ist, daß er ein guter Soldat und keinesweges ein schlechter General war, so ist es gar nicht unmöglich, daß ihn einige Privatgründe eingeschläfert und weniger hellsehend gemacht haben können, als es von einem Manne von seinen Talenten zu erwarten war. Es mußte ihm natürlicher weise sehr unangenehm seyn, den Prinz Karl an der Spitze der Armee zu sehen, und da er also unter den Befehl eines andern stand, so bekümmerte er sich vielleicht wenig darum, was die Sache für einen Ausgang nehmen würde. Vielleicht hätte

Gesch. des siebenj. Kr. 1. Th. P

hätte er sich ganz anders betragen, wenn er allein und also unabhängig gewesen wäre. Dies ist ein Beweis, wie wenig es der Klugheit gemäß ist, Männer zur Betreibung gewisser Dinge zu gebrauchen, die durch Privatabsichten, ihren Ehrgeiz zu befriedigen, angetrieben, selten miteinander übereinstimmen.

Wer mit der Natur militärischer Operationen nicht hinlänglich bekannt ist, oder auf und die Beschreibung des Landes, das der Schauplatz dieser Vorgänge war, nicht die gehörige Aufmerksamkeit gewandt hat, der wird vielleicht die Entwürfe des Königs sehr geschickt angelegt finden. Der Erfolg reißt die Menschen gleich einem ungestümen Strohme fort, ohne ihnen Zeit zu geben, über die Ursachen nachzudenken und alle die Umstände gegen einander abzuwiegen, von denen er eigentlich abhängt; daher gründet sich ihr Urtheil auch selten auf deutliche und vollständige Begriffe.

Da der König durch eine ununterbrochene Kette von Bergen vom Feinde abgesondert durch verschiedene Festungen gebekt war, so konnte er nach seinem Gutbefinden die Truppen in die Winterquartiere verlegen, ohne das geringste dabei zu wagen; denn die Natur des Landes verschafte ihm Gelegenheit, sie allemal eher zusammenzuziehen, als es dem Feinde möglich war, mit einem beträchtlichen Korps irgendwo durchzubrechen. Der Entwurf zu seinem Einmarsch in Böhmen war einer Menge Hindernissen und Schwürigkeiten unterworfen, wovon einige vielleicht unüberwindlich gewesen wären.

Das Korps unter dem Fürst Moritz war von der Armee des Königs an 18 Meilen entfernt; überdies war das Land zwischen beiden voll natürlicher Hindernisse, Gebürge, Wälder, Thäler, Defileen u. s. w. In einer eben so großen Landesstrekke stand der Feind mit einer Armee, die sowohl der Armee unter dem Fürsten, als der unter dem König, um ein großes überlegen war. Er konnte also leicht funfzig Stellungen nehmen, wodurch er die Vereinigung beider verhindert hätte. Wäre er überdies nur etwas dreister gewesen, und einige Schritte weiter vorwärts gegangen, so hätte er jedes Korps für sich angreifen können. Da er viel stärker war, so hatte er auch alle Wahrscheinlichkeit vor sich, es zu schlagen.

Nachdem sich der Feldmarschall Brown mit dem Herzog von Ahrenberg vereinigt hatte, war er beiden noch immer gewachsen, und konnte eine Menge Stellungen zwischen der Eger und Prag nehmen, wodurch er den König gehindert hätte, sich der Moldau zu nähern und zu dem Feldmarschall Schwerin zu stoßen. Da er sich endlich bei Prag gesezt hatte, so konnte er entweder den König oder den Feldmarschall mit einer Macht angreifen, die allemal der weit überlegen war, die ein jeder unter seinem Befehl hatte. Da beide überdies durch die Moldau von einander getrennt wurden, so hätte ihre Vereinigung ganz und gar hintertrieben werden können. So bald der König über die Moldau gegangen war, und den Feld-

marschall

Feldzug im Jahre 1757.

Marschall Keith *) auf der andern Seite stehen ließ, so hatte der Feind die Freiheit, einen oder den andern aufzureiben; denn dazu hatte er mehr Zeit, als er gebrauchte. — Eben dieses kann man auf die beiden andern Kolonnen unter dem Herzog von Bevern und dem Feldmarschall Schwerin anwenden. Sie waren so weit von einander getrennt, daß der Feind verschiedene Stellungen, ihre Vereinigung zu verhindern, nehmen, und eine jede mit einer überlegenen Macht angreifen konnte. Hieraus folgt also, daß der König dadurch, daß er seine Kolonnen in so großen Entfernungen von einander vorrükken ließ, sie der Gefahr, einzeln geschlagen zu werden, und seine ganze Armee dem Untergange aussezte. Sein Uebergang über die Moldau vor den Augen eines zahlreichen Kriegsheeres, sein achtzehn stündiges Verweilen in ihrer Gegenwart mit einer Handvoll Leute, hätte für ihn sehr übel ablaufen können; daß dieses nicht geschahe, hatte er lediglich seinem guten Glükke zu danken.

Es war unstreitig eine Verwegenheit, daß er den Feind in einem so festen Lager und in der Nachbarschaft einer Festung angrif, da es doch gar nicht wahrscheinlich war, daß er ihn schlagen würde; und ohngeachtet dies wirklich geschah, so konnte er doch davon keinen Nuzzen haben, da sich der Feind allezeit nach Prag zurükziehen, den Augenblik darauf wieder heraus marschiren und vor seinen Augen die Armee des Feldmarschalls Keith aufreiben konnte; selbst alsdenn noch, da er schon die beiden Flügel auseinander gesprengt hatte. Es ist überhaupt allemal ein unüberlegter Streich, wenn man eine Armee nahe an einer Festung angreift; denn, wenn der Erfolg glüklich ist, so kann man den Feind doch nicht mit Kavallerie verfolgen, die allein vermögend ist, die Niederlage einer Armee vollständig zu machen; denn die Infanterie mag ihre Vortheile noch so weit treiben, so kann sie doch den Feind nicht so lebhaft und schnell verfolgen, daß er nicht Gelegenheit haben sollte, seinen Rükzug mit Ordnung zu machen

P 2 und

---

*) Feldmarschall Keith, Ritter des schwarzen Adler, St. Andreas und Alexander Newsky Ordens in Rußland, stammte von der berühmten Familie von Marshall in Schottland ab. 1730 war er Generalmajor in Rußland; 1734 Generallieutenant und ging mit den russischen Truppen nach Deutschland; 1737 bliebe er gegen die Türken und that sich bei der Einnahme von Ozjakow besonders hervor, wo er auch verwundet wurde; 1741 und 1742 kommandirte er gegen die Schweden und gewann die Schlacht bei Willmansstrand; 1747 verließ er die russischen und ging in preußische Dienste; 1749 ward er Ritter des schwarzen Adler-Ordens, und Gouverneur von Berlin, mit einer Pension von 12000 Thalern, außer seinem gewöhnlichen Gehalt. Er wurde 1758 in der Schlacht bei Hochkirchen an der Spizze der preußischen Infanterie erschossen, welche die Oesterreicher zurükgeschlagen hatte und solche verfolgte. Er war ein Mann von mittlerer Größe; hatte ein sehr martialisches Ansehen, und war dabei ein gutdenkender, leutseeliger Mann.

und sich irgendwo wieder zu setzen. Hätte der König diese Schlacht 5 Meilen von einer Festung gewonnen, so würde von der ganzen österreichischen Armee wenig übrig geblieben seyn. Er hatte es um so weniger nöthig, den Feind in dieser Stellung anzugreifen, da er seinen Marsch gegen Kollin und Kuttenberg richten konnte, wo der Feind seine Magazine hatte. Dieser wäre ihm gewiß gefolgt, und dadurch hätte er vielleicht eine günstigere Gelegenheit bekommen, ihn anzugreifen; wahrscheinlich wäre er dem Feldmarschall Daun begegnet, der gerade zu eben der Zeit aus Mähren kam; diesen hätte er leicht über den Haufen werfen können. Durch dieses Manöver wäre er Herr von des Feindes Vorraths-Niederlagen geworden, und dieser hätte sich da mit ihm schlagen müssen, wo er es haben wollen, oder zugeben daß er von Wien wäre abgeschnitten worden. Bei der Schlacht selbst blieb ihm keine Wahl mehr übrig, wo er den Angrif thun wollte, denn dieser konnte allein auf dem linken Flügel geschehen; daß er aber den kritischen und entscheidenden Augenblik bemerkte, den ihm der Feldmarschall Brown gab, indem er seine Linie brach, und sich desselben in der größten Geschwindigkeit zu Nutze machte, ist ein solcher Zug eines überlegenen Genies, dessen sehr wenige, nur sehr wenige fähig sind. Seine Geschiklichkeit in beständiger Wiederherstellung seiner Linie, indem sie vorrükte, und sein ganzes Betragen während der Schlacht, verdienen billig den größten Beifall. Was in den unmittelbar vorhergegangenen Manövern hin und wieder gewagt zu seyn scheint, muß man lediglich der Verlegenheit, in der er in Ansehung seiner Angelegenheiten war, und der Kenntnis zuschreiben, die er von den Generalen hatte, die gegen ihn kommandirten. Der König scheint ein zu großer General zu seyn, um gewöhnliche Fehler begehen zu können.

Nachdem der Prinz Karl gezwungen war, sich mit beinahe 50,000 Mann in Prag zu werfen, so machte der König den außerordentlichen Entwurf, ihn in dieser Stadt zu blokiren. Da diese Stadt sehr volkreich ist, so glaubte er, der Zusaz von ohngefähr 60,000 Mann, Knechte und andere Leute bei der Armee mit eingeschlossen, würde ihn bald nöthigen, sich aus Mangel der Lebensmittel zu ergeben.

Während dieser berühmten Blokade fiel nichts vor, als was gewöhnlich ist. Wir wollen uns daher in keine genauere Beschreibung aller kleinen Vorfälle einlassen, die eben so langweilig als unnütz seyn würde. Bei dergleichen Unternehmungen kömmt es auf nichts weiter an, als daß man in der Nachbarschaft des Orts solche Posten besezt, wo man am kräftigsten verhindern kann, daß Hülfe, Lebensmittel und Nachrichten in die Stadt gebracht werden können. Diejenigen, welche eingesperrt sind, geben sich im Gegentheil alle Mühe die Kette so oft als möglich zu zerbrechen, um ihren Bedürfnissen abzuhelfen. Die Natur der Gegend, die Zahl und Gattung der Truppen auf beiden Theilen, sind die einzigen Gegenstände,

Feldzug im Jahre 1757.

ſtånde, auf die man ſein Augenmerk richten muß, um das Verfahren zu beſtimmen, deſſen man ſich bei dergleichen Gelegenheiten bedienen kann. Es laſſen ſich keine Regeln über die Art geben, wie man ein Terrein auf das vortheilhafteſte beſetzen muß. Dieſes iſt dem Genie allein vorbehalten und Vorſchriften ſind vergeblich.

Es iſt in der That merkwürdig und die Nachwelt wird es nicht anders als eine Fabel anſehen, daß ſich 50,000 Mann, mit Waffen, Artillerie und allem Nöthigen verſehen, von einer Armee, die ſelbſt nicht ſtärker war, ſechs Wochen über einſperren ließen, ſo daß ſie beinahe auf das äußerſte gebracht wurden; denn am Ende des Mai war des Königs Armee gewiß nicht ſtärker, als die öſterreichiſche. Man kann ſich davon leicht überzeugen, wenn man bedenkt, was in der Schlacht und hernach durch Krankheiten und Deſertion verloren ging; überdies waren verſchiedene kleine Korps detaſchirt. So klein dieſe Armee war, ſo machte ſie doch eine Kette von Poſten, die einige Meilen lang und durch die Moldau abgeſondert war. Ueber dieſe hatten ſie nur zwei Brücken, eine unterhalb und die andre oberhalb der Stadt. Wären die Oeſterreicher aus der Stadt gerükt, ſo hätten ſie es überall nur mit der Hälfte der preußiſchen Armee zu thun. Warum ſie es nicht thaten, wird für einen jeden, der nur die mindeſte Kenntnis vom Kriege hat, auf immer ein Räthſel bleiben. Die Fluth riß eine von den Brücken weg; dennoch blieben ſie ruhig und ließen dieſe günſtige Gelegenheit entwiſchen, ohne auch nur einen Verſuch zu machen, ſich in Freiheit zu ſetzen. Ich bin ſehr oft in der Gegend von Prag geweſen und muß geſtehn, daß, wenn ich daran denke, ich jederzeit erſtaunen muß, daß man auch nicht einmal dieſen Gedanken gehabt. Hätten ſie die Preuſſen angegriffen, die durch einen breiten Fluß von einander getrennt und in ſo kleine Poſten vertheilt waren, ſo konnte ihnen dieſer Verſuch gar nicht fehlſchlagen; ſie hätten des Feindes ganze Armee zernichtet. — Man muß nicht weniger erſtaunen, daß der König von Preuſſen es für möglich hielt, eine Armee von 50,000 Mann, in einer ſo weitläuftigen Stadt als Prag, mit einer andern zur Uebergabe zu zwingen, die um nichts ſtärker war. Die Gefühlloſigkeit der Oeſterreicher allein rechtfertigte dies Unternehmen und rettete ſeine Armee von einem unvermeidlichen Untergange.

Als der König den Prinz Karl aufforderte und man darüber den Feldmarſchall Brown zu Rathe zog, der an ſeinen Wunden bettlägerig war, antwortete dieſer mit eben ſo vieler Hitze als Erſtaunen — Eſt ce que ſa Majeſté croit, que nous ſommes tous des C—ll—ns? Dites au Prince que mon avis eſt, que ſon alteſſe aille ſur le champ attaquer le M. Keith.

Der berühmte Marſchall von Belleisle, der Prag vollkommen kannte, hatte es im vorigen Kriege mit 15,000 Mann verſchiedene Monate über gegen die Oeſterreicher vertheidigt.

bigt. Da er zuletzt aufs äuserste gebracht war, so verließ er die Stadt und machte mit 12000 Mann bis Eger einen sehr rühmlichen Rückzug, ohne etwas dabey zu verlieren. Während daß der König Prag blokkirte, schrieb dieser General einen Brief, den ich gelesen habe, wo er sagt — Je connois Prague & si j'y étois, avec la moitié des troupes, que le Prince Charles y a actuellement, je detruirois l'armée Prussienne.

Während daß der König bey Prag beschäftigt war, sandte er verschiedene Detaschementer aus, um Kontributionen einzutreiben und die Magazine, welche der Feind an verschiedenen Orten in Böhmen angelegt hatte, entweder in Sicherheit zu bringen oder sie zu zerstören. Der General Oldenburg und Obrist Mayer wurden in eben dieser Absicht nach dem Reich geschikt, um zugleich die Operationen der Reichsarmee zu hintertreiben oder doch wenigstens aufzuhalten. Ihre Operationen sind aber zu unbedeutend, als daß sie eine genauere Auseinandersetzung verdienten; denn keine von allen diesen hatte einen merklichen Einfluß auf den allgemeinen Operationsplan und konnten ihn auch nicht haben. Wir werden sie also mit Stillschweigen übergehen.

I. An-

I. Anmerkung.
Ueber das Treffen bey Reichenberg.

In der Erzählung, welche uns der Verfasser von diesem Treffen mittheilet, finden sich verschiedene Unrichtigkeiten, wovon einige gleich so in die Augen fallen, daß er sich unmöglich dadurch verführen lassen sollte, dem Herzoge Fehler aufzubürden, in die ein General von unendlich wenigern Kenntnissen nicht einmal würde gefallen seyn. Wenn ein Schriftsteller einen kriegerischen Vorgang nach seinen eigenen Gedanken vorträgt, so können zwar seine Bemerkungen darüber nicht allein gründlich, sondern auch öfters unterrichtend seyn. Auf der andern Seite fehlt ihnen aber die Wahrheit und er entfernt sich von den Pflichten eines Geschichtschreibers, unter denen eine der wesentlichsten ist, jede Begebenheit so zu schildern, wie sie sich in der That zugetragen, um die Ehre des Feldherrn und anderer dabei mitwürkenden Officiere und gemeiner Soldaten in ihr gehöriges Licht zu setzen. Eine Geschichte muß kein Roman, am wenigsten aber ein Gewebe von Unwahrheiten seyn. Der Geschichtschreiber, wenn er sein eignes Urtheil der Welt vorlegt, verwaltet in gewissem Betrachte das Amt eines Richters, das ihm niemand aufgetragen hat: daher sollte er um destomehr es seine erste Bemühung seyn lassen, sich von dem Zustande der Sachen einen vollständigen Begrif zu machen. Er muß dabei als Philosoph und als Weltbürger denken, und das Suum cuique nie aus den Augen verlieren.

Die Armee, welche der Herzog von Bevern bei Zittau versammlete, bestand aus 20 Bataillons Infanterie, 15 Schwadrons Dragoner und 10 Schwadrons Husaren. Um bey dem Vordringen in Böhmen keinen Mangel an Lebensmitteln zu leiden, mußte ihm ein starker Train von Lebensmitteln nachgebracht werden, zu dessen Bedeckung er 2 Bataillons von Prinz Franz von Braunschweig nebst einem Bataillon von Münchow und einigen Kommandirten von verschiedenen Regimentern zurückließ. Es blieben ihm daher noch 17 Bataillons Infanterie und 25 Schwadrons Reuterey übrig, mit denen er über Ullersdorf und Kratzau einrückte, einen bei Kohlich stehenden starken Vorposten von Reuterei vertrieb, ihnen 3 Officiere und 60 Gemeine abnahm und sie bis nach Partzdorf verfolgte.

Gegen

Gegen Abend kam er mit der Avantgarde in A A und kurz darauf mit dem Ueberrest der Armee bei diesem Dorfe an und setzte sich hinter dem kleinen Bach bei B B, wo alles die Nacht über unter freiem Himmel blieb. Der Feind hielt sich ziemlich ruhig, außer daß einige rechts in dem Walde C C postirte Kroaten, nach ihrer gewöhnlichen Art, einige Schüsse thaten, ohne aber Schaden zu verursachen. Hier bekam der Herzog Nachricht, daß der General Maquire mit einem beträchtlichen Korps von Gabel anmarschirt käme, um wo möglich den Train von Brodt- und Mehlwagen und die übrige Bagage der Armee, wo nicht aufzuheben, doch wenigstens zu zerstreuen, und hernach dem Korps des Herzogs in den Rücken zu kommen. Daher detaschirte er den 21ten mit Anbruch des Tages das Grenadierbataillon von Waldow und das zweite Bataillon von Münchow unter dem Obristen von Queis nebst 5 Schwadrons Husaren unter dem Obristlieutenant Warnery wieder zurück nach Kratzau, um die Absicht des General Maquire zu vereiteln, der sich denn auch bei Erblikkung einer Handvoll Leuthe nach einer kurzen Kanonade wieder zurückzog. Es blieben dem Herzog also nur noch 15 Bataillons und 20 Schwadrons übrig, mit denen er den Graf Königseg angreifen konnte.

Unterdessen hatte der Herzog gleich mit Anbruch des Tages alle Anstalten zum Uebergang über den Bach durch PartzDorf gemacht. Er nahm das Regiment Prinz Heinrich und setzte solches mit einer verhältnismäßigen Artillerie diesseit des Bachs in D D dergestalt, daß durch das Feuer derselben der Uebergang völlig gedekt werden kounte. Man sieht hieraus, daß der Herzog nicht die Regeln der Vorsicht aus den Augen setzte, ohngeachtet er es in diesem Falle hätte thun können, ohne von dem Feinde gehindert zu werden; denn dieser würde sich nicht aus seinen Verschanzungen gerühret haben. Es scheint überhaupt ein Grundsatz zu seyn, daß man bei allen Operationen im Felde niemals die Regeln vernachläßige, welche die militärische Klugheit erfordert, wenn man gleich überzeugt ist, daß uns der Feind darüber nicht bestrafen wird. Ein Feldherr gewöhnt dadurch seine Truppen zu einer beständigen Aufmerksamkeit, erleichtert ihnen die Beobachtung der Regeln und verschaft ihnen eine gewisse Routine in Ausführung der schwersten Unternehmungen. Nichts ist geschikter sowohl den Officier als den gemeinen Soldaten von dem Nutzen aller Manöver zu überzeugen, zu denen er in Friedenszeiten angelernt wird, als wenn er sieht, daß sie wirklich im Felde angewandt werden können. Denn oft bildet sich derselbe ein, daß sie weiter zu nichts dienen, als ihn nur auf dem Exerzierplatz zu beschäftigen.

Nachdem zum Uebergang alles in E E fertig war, marschirte die Armee aus der Mitte in zwei Kolonnen ab. Auf das Bataillon, welches die Tete hatte, folgte die schwere Artillerie, die in G G aufgefahren wurde. Unter Begünstigung ihres Feuers deplojirte die Armee

I. Anmerk. Ueber das Treffen bei Reichenberg.

mee F F aus der Mitte in der besten Ordnung, und nahm die Stellung H H an, dergestalt, daß die Infanterie im ersten und die Dragoner hinter derselben im zweiten Treffen und zwar größtentheils hinter dem rechten Flügel, die 5 Schwadrons Husaren aber etwas mehr rechts in einem Grunde bei I I zu stehen kamen. Nachdem der Aufmarsch geschehen war, folgte das Regiment Prinz Heinrich und setzte sich zur Verstärkung des rechten Flügels hinter demselben im zweiten Treffen.

Während der Zeit nahm der Herzog die Stellung des Feindes in Augenschein. Da die Kroaten in der Nacht aus dem vor dem rechten Flügel gelegenen Busche die Vorposten beunruhigt hatten, so konnte er leicht schließen, daß der Wald auf dem linken Flügel des feindlichen Lagers am Fuße des sogenannten Jesken-Gebirges mit Infanterie besetzt seyn müsse. Die Stellung der feindlichen Kavallerie gab dieses auch deutlich zu erkennen. Denn da diese anfänglich hinter Barschdorf stand und durch die Artillerie zurückgetrieben wurde, nahm sie ihre Stellung zwischen dem linken Flügel der Verschanzungen und dem Gebirge. Der Herzog hätte wirklich ein Neuling in der Kriegskunst seyn müssen, wenn er nicht die Absicht des Feindes errathen hätte. Er sah ohne Mühe ein, daß er den Feind lediglich auf seinem linken Flügel angreifen, dieses aber nicht eher geschehen konnte, als bis er die in dem Walde versteckte Infanterie aus ihren Schlupfwinkeln getrieben hätte. Diese war nicht allein durch einen Verhak bei K K gedekt, sondern hinter denselben befand sich in O O noch ein anderer, der theils schon besetzt war, theils dienen sollte, die Infanterie wieder aufzunehmen, dafern sie gezwungen würde, ihren ersten Posten in K zu verlassen.

Die Grenadierbataillons Kahlden und Alt-Billerbek bekamen demnach Befehl, den Feind in dem Verhau am Fuße des Gebirges anzugreifen, und das Regiment Prinz von Preussen mußte sich fertig halten, sie zu unterstützen und sie abzulösen, wenn etwa der Angrif nicht gelingen sollte. Dieses war aber nicht nöthig; denn die Grenadier griffen den Feind mit so vieler Lebhaftigkeit und Unerschrockenheit an, daß, nachdem er eine Generalsalve gegeben, er den Augenblik geworfen und genöthiget wurde, sich nach dem zweiten Verhak zurückzuziehen. Sobald der Herzog gewahr wurde, daß der Angrif gelang, gab er an die 15 Schwadrons Dragoner Befehl, die in drei Linien aufmarschirte Kavallerie des Feindes anzugreifen. Erstere zogen sich also durch die Infanterie durch, formirten sich in M M, griffen den Feind an, und ohne sich an das Feuer der Verschanzungen N zu kehren, wodurch sie in die linke Flanke genommen wurden, warfen sie ihn über den Haufen und jagten ihn durch Franzenthal durch. Bei dem Verfolgen geriethen sie aber unter das Feuer der Infanterie, die sich in dem zweiten Verhak O O gesetzt hatte. Da die rechte Flanke diesem blos gestellt war und natürlicher weise einen starken Verlust leiden und in Unordnung kommen mußte, so gewann unterdessen der Feind Zeit sich wieder zu setzen. Dabei ließ er es aber nicht bewenden, sondern er grif die Dragoner an und trieb sie bis nach P P zurük. Vielleicht hätte dieses von nachtheiligen Folgen seyn können, wenn nicht in eben dem Augenblik die in den Grund gestellten Husaren I I sogleich vorgerükt und der feindlichen Reiterei in die linke Flanke in Q gefallen wären. Dadurch wurde den bereits geworfenen Dragonern Luft gemacht; sie setzten sich wieder, griffen den verfolgenden Feind aufs neue in R R an, und schlugen ihn gänzlich in die Flucht.

Unterdessen daß die Kavallerie den Feind angrif, setzte sich die Infanterie des Herzogs gleichfalls in Bewegung und rükte gegen den Feind an. Nach dem Deplojiren stand sie zwar noch nicht gleich parallel mit dem Feinde, indessen zog sich der linke Flügel allmählig vor, so daß sie endlich parallel mit demselben zu stehen kam. Sie wurde während des Avanzirens aus den Verschanzungen, besonders aber von den Anhöhen S S jenseit Reichenberg, die der General Lascy besetzt hatte, unaufhörlich beschossen. Durch alles dieses ließ sie sich aber nicht abschrekken, sondern ging gerade auf die Verschanzungen los, und das Regiment Hessen-Darmstadt, gegenwärtig Wunsch, auf dem linken Flügel, grif die Redoute ohnweit Reichenberg mit so vieler Entschlossenheit an, daß der Feind, der nunmehr seine Kavallerie geschlagen und die preußische im Begrif sahe, ihn auf dem linken Flügel im Rükken zu nehmen, während daß er von der Infanterie in Front angegriffen wurde, sich genöthigt fand, sein nach allen Regeln der Kunst verschanztes Lager zu verlassen und auf seine Rettung bedacht zu seyn. Sein Rükzug geschahe in nichts weniger als einer guten Ordnung, bis auf den rechten Flügel jenseit Reichenberg unter dem General Lascy, der nicht angegriffen wurde, und also sich leicht in der besten Ordnung zurükziehen konnte. Der Feind versuchte zwar sich hinter Franzenthal in T T wieder zu setzen, allein da die preußische Infanterie immer im Avanziren blieb und bis W W vorrükte, so nahm er in völliger Zerstreuung die Flucht.

Nachdem der Feind sich bereits zurükgezogen hatte, detaschirte der Herzog erst den General Lestwitz durch Reichenberg, um die von dem General Lascy verlaßnen Höhen zu besetzen. Dieser setzte sich zwar wieder bei X X, während daß der übrige Theil des Feindes hinter Franzenthal stand: allein da die preußische Armee den Feind durch Franzenthal und Johannisthal verfolgte, so zog er sich auch immer weiter zurük.

Nach der Schlacht nahm der Herzog sein Lager bei V V, so daß Hennersdorf auf dem rechten Flügel, Aichicht vor der Fronte und Roechlitz auf dem linken Flügel blieb. Der General Lestwitz setzte sich auf den Höhen linker Hand Roechlitz, bei Z.

Aus dieser Beschreibung sieht man leicht, daß verschiedene von den Fehlern wegfallen, welche dem Herzoge vorgeworfen werden. Da er sich einmal in der Nothwendigkeit befand,

I. Anmerk. Ueber das Treffen bei Reichenberg.

fand, den Feind entweder anzugreifen oder zurückzugehen, so wählte er das erste, als etwas, das mit der Ehre der Waffen seines Königs besser übereinstimmte und darinnen hatte er Recht. So schwach sein Korps auch war, konnte er sich doch auf die Tapferkeit seiner Truppen verlassen, und dahero einen Versuch machen, der von keinen erheblichen Folgen seyn konnte, wenn er auch fehlgeschlagen wäre; gelang er hingegen, und war etwas mehr entscheidend, so öfnete er sich dadurch in der kürzesten Zeit einen Weg, sich mit dem Feldmarschall Schwerin zu vereinigen, der nach den Nachrichten, die er dem Herzoge gegeben hatte, bereits den 22sten bey Gitschin, und den 23sten bei Jung-Bunzlau seyn wollte. Der Herzog hätte also das Corps des Grafen von Königseg auf die Armee des Feldmarschals geworfen, wodurch es Gefahr lief von der Hauptarmee abgeschnitten zu werden. Daß die schlesische Armee durch Hindernisse, die vielleicht zu vermeiden gewesen wären, aufgehalten wurde, konnte der Herzog nicht wissen. Da überdies die Oesterreicher in verschiedenen Korps zertheilt waren, so sehe ich gar nicht, warum man nicht ein jedes einzeln angreifen sollte, sobald man die Möglichkeit vor sich sahe, es übern Haufen zu werfen. Damals aber waren die preußischen Truppen so, daß sie todtgeschlagen, aber so leicht nicht überwunden werden konnten.

Der Angrif der Kavallerie war so gut entworfen, als er nur nach den Umständen seyn konnte. Daß der Verfasser ihn anders findet, rühret lediglich von den Nachrichten her, die er zum Grunde legte, die aber falsch sind. Da der Herzog wußte, daß das Gehölz am Fuß des Berges mit Infanterie besetzt war, so konnte er gar nicht auf den Einfall kommen, die Kavallerie anzugreifen, ehe der Wald nicht gereinigt war. Wirklich that er dieses auch nicht, sondern er verfuhr so, wie ich es in der Beschreibung angemerkt habe. Wenn aber Lloyd das hinterste zum vordersten macht, so kann es ihm nicht schwer fallen, Stoff zu Tabeleyen zu finden.

Ich sehe gar nicht, wie der Herzog den rechten Flügel hätte besser verstärken sollen. Er nahm das Regiment Prinz Heinrich dazu, und außerdem setzte er die ganze Kavallerie hinter dasselbe. Da die Oesterreicher sich in Verschanzungen und Wolfselöchern verkrochen hatten, so war leicht einzusehen, daß sie solche nicht verlassen würden, um ihn anzugreifen. Wenn also der erste Angrif auf den Wald nicht nach Wunsche ablief, so konnte er ihn noch allemal wiederholen, ohne sich einer besondern Gefahr auszusetzen; das ist, er konnte seinen rechten Flügel noch immer verstärken, wenn es die Umstände erforderten.

Es ist in der That lächerlich, daß der Verfasser die Preussen auf die Berge klettern, und den General Lestwitz über die Neiße gehen läßt; denn dieses geschahe nicht eher, als bis der Feind schon seinen Rückzug angetreten hatte.

Q 2 Die

Die Fehler, die er den Oesterreichern vorwirft, finde ich ebenfals nicht so erheblich, als er uns einbilden will. Sie hatten alles angewandt, um ihr Lager gegen jeden Angrif in Sicherheit zu setzen, und da sie eine zahlreiche Kavallerie hatten, so wollten sie solche nutzen, und deswegen liessen sie einen Raum übrig, auf dem sie ihre Bewegungen machen konnte. Daß sie das Gehölz auf dem linken Flügel der Kavallerie mit Infanterie besetzten, ist ein Beweis, daß sie es recht gut verstanden, eine Art Truppen durch die andre zu unterstützen: und darin finde ich nichts, was nicht mit den Grundsätzen des Krieges übereinstimmte. Der Hauptfehler, den die Oesterreicher biengiengen, ist wohl der, daß sie nicht aus ihren Verschanzungen herausrükten, um den Herzog bey seinem Uebergange über den Bach bey Parkdorf anzugreiffen. Da sie ungleich stärker waren, als er, so hätten sie dieses thun müssen; indem sie aber sich dabey ganz ruhig verhielten, legten sie dadurch in der That ein öffentliches Geständniß ihrer Furcht ab, und dies trug vielleicht nicht wenig zu dem Verlust dieses Treffens bey.

Man hat hin und wieder angemerkt, daß, wenn man geschlagen seyn will, kein besseres Mittel ist, als sich zu verschanzen. Ich will darüber keinen Ausspruch thun, indessen lassen sich aus der Kriegsgeschichte mehr Erfahrungen für als wider diese Meinung anführen. Freilich sollte der Soldat in einem verschanzten Lager alle Vortheile auf seiner Seite haben; dem allen ohngeachtet findet man dieses nicht. Was ist die Ursach davon? Dies will ich bey einer andern Gelegenheit untersuchen.

II. Anmerkung.
Erste Schritte der Oesterreicher.

I.

Alles, was Lloyd über das Betragen der Oesterreicher zu Anfange dieses Feldzuges sagt, gründet sich auf die Voraussetzung, daß sie bei der Vertheidigung bleiben wollten. Dieses schließt der Verfasser lediglich daraus, daß sie sich bey dem Einmarsch der Preussen bis Prag zurük zogen, ohne zu untersuchen, ob sie nicht dazu gezwungen waren, und ob es nicht durchaus mit ihrem Operationsplan übereinstimmte. Wenn man hingegen die Stellung der Oesterreicher in den Winterquartieren, und die Anlage ihrer Magazine untersucht, so scheint es wahrscheinlicher, daß ihre Absicht gewesen sey, auf den Angrif zu gehen; durch die Schnelligkeit des Königs aber in den Vertheidigungskrieg zurük geworfen wurden.

Ihre

II. Anmerk. Erſte Schritte der Oeſterreicher.

Ihre beträchtlichſten Magazine waren in Jung-Bunzlau, Budin; kleinere in Töp-litz, Kommotau, Welwarn, Außig, Reichenberg; die übrigen in Prag, und weiter rükwärts. Die erſtern waren ſo nahe an der Grenze, daß ſie leicht vorherſehen konnten, daß ſie dem Feinde in die Hände fallen müßten, ſobald er durch eine ſchnelle Bewegung ſich Meiſter von dem Gebürge machte und ſie nöthigte ſich zurük zu ziehen. Es iſt widerſinnig zu glauben, daß die Oeſterreicher dem Feinde dieſe großen Magazine freiwillig überlaſſen wollten; hätten ſie aber geglaubt, der König würde auf den Angrif gehen, ſo war es eben ſo widerſinnig, und allen Regeln der Klugheit zuwider, ſie ſo nahe an der Grenze anzulegen.

Es ſcheint vielmehr, daß die Oeſterreicher ſich einbildeten, der König würde in dem Jahre 1757 nur blos bei der Vertheidigung bleiben, entweder Sachſen wieder verlaſſen, oder es nur zu behaupten ſuchen. Die Macht ihrer Bundesgenoſſen brachte ſie vielleicht auf dieſen Gedanken. Da nach dem entworfenen Plane dieſe die Länder des Königs auf allen Seiten angreifen ſollten, ſo glaubten ſie, daß Er gar nicht drauf denken würde, ſelbſt Eroberungen zu machen, weil Er ſich dadurch ihrer Meinung nach zu weit von ſeinen Ländern entfernt haben würde, und ſie alſo den Anfällen der Ruſſen, Franzoſen und Reichstruppen blos geſtellt hätte.

Daß ſie ein Korps in Mähren ſtellten, das, wie der Verfaſſer ganz richtig bemerkt, daſelbſt völlig unnütz war, und daß der Graf Königseg ſo weit vorwärts an der Grenze ſtand, ſcheint ebenfalls ein Beweis zu ſeyn, daß ſie auf den Angrif gehen wollten. Erſteres war ohne Zweifel beſtimmt, in Oberſchleſien einzurükken, und das zweite in Sachſen über Zittau und von da weiter über Görlitz und Lauban in Schleſien einzubrechen, wenn ſich der König aus Sachſen würde zurükgezogen haben; die Hauptarmee unter dem Feldmarſchall Brown ſollte allem Anſehen nach den König von Dresden vertreiben.

Wäre der Plan der Oeſterreicher geweſen, ſo lange bey der Vertheidigung zu bleiben, bis ihre Alliirten im Felde erſcheinen konnten, ſo hätten ſie vor allen Dingen berechnen müſſen, zu welcher Jahreszeit ihre Alliirten im Stande ſeyn würden, etwas mit Nachdruk gegen den König zu unternehmen. Ich kan mir nicht einbilden, daß ſie nicht ſollten daran gedacht haben. Von der ruſſiſchen Armee war leicht abzuſehen, daß ſie in dieſem Jahre keine ſchnelle Schritte machen würde, ſowohl wegen ihrer allzu großen Entfernung, als auch wegen der Beſchwerlichkeiten, die ſie bey ihren Operationen in Anſehung ihrer Magazine, und in Fortbringung derſelben natürlicher Weiſe antreffen mußte. So klein auch die Armee unter dem Feldmarſchall Lehrwald war, ſo war ſie doch immer hinreichend, ſie bis in den ſpäten Herbſt aufzuhalten, und da ſie keine Magazine in Preußen hatten, ſo würden ſie ſich doch genöthigt geſehen haben, gegen den Winter zurük zu gehen, wie es auch hernach in der That geſchahe.

Hätte ihnen aber auch der König am Ende des Feldzuges Preußen überlassen, so konnte dies doch alles auf die Operationen des Königs gegen die Oesterreicher selbst keinen beträchtlichen Einflus haben. Kurz es war leicht einzusehen, daß der Feldzug in diesem Jahre den Russen zu nichts weiter dienen würde, als zu einer Vorbereitung, um in dem folgenden mit mehrerem Nachdruk zu Werke zu gehen.

Die Franzosen konnten ihre Operationen ebenfalls nicht mit der Thätigkeit ausführen, welche die Lage der östreichischen Angelegenheiten erforderte. Ihre ersten Schritte mußten seyn, sich Meister von den Hannöverischen Landen zu machen. Hier fanden sie aber eine Armee vor sich, die wenigstens vermögend war, sie aufzuhalten, und hätte diese gleich anfänglich den Herzog Ferdinand an ihrer Spitze gehabt, so würden die Franzosen vielleicht niemals so weit gekommen seyn. Je stärker ihre Armee war, desto langsamer und schwerfälliger mußten ihre Bewegungen und Operationen seyn. Sie fanden auch nirgends beträchtliche und schon angelegte Magazine, sondern sie mußten dafür selbst sorgen. Daraus folgte denn, daß sich die Oesterreicher auf den Beistand dieser ihrer Alliirten vor dem October keine Rechnung machen konnten. Noch weniger aber durften sie eine schleunige Hülfe von den Reichsständen erwarten: In der ganzen Geschichte findet man nicht, daß, wenn es darauf ankam, ihre Kontingente ins Feld zu stellen, diese sich dabey übereilt hätten.

Ein geringes Nachdenken mußte also die Oesterreicher überzeugen, daß der größte Theil dieses Feldzuges ihnen zur Last fallen würde. Dabei blieb ihnen nun in der That die Wahl übrig, ob sie sich blos vertheidigend und leidend verhalten, oder wenigstens auf einer Seite auf den Angrif gehen wollten. Wählten sie den Vertheidigungskrieg, so mußten sie sich nothwendig die Frage vorlegen: Was kann der König von Preußen mit seiner vereinigten Macht vom Monath April bis im October gegen uns unternehmen? und denn würden sie leicht eingesehen haben, daß Er ihre Armee in diesem Zeitraume schon bis an die Thore von Wien gedrängt haben konnte. Es wäre unrecht, von den Oesterreichern zu behaupten, daß sie allemal das System der Vertheidigung dem Angrifssystem vorzögen. Das unentschloßne, langsame, und öfters furchtsame Betragen des Feldmarschalls Daun entscheidet in dieser Sache nichts. In den Kriegen gegen Frankreich, und in dem ersten und zweiten schlesischen Kriege gingen sie allemal auf den Angrif. Ich sehe also keinen Grund, warum sie es auch nicht in dem gegenwärtigen gethan haben sollten. Daß Daun hernach sich von diesem System entfernte, oder vielleicht ein Vertheidigungssystem auf Befehl erwählen mußte, war vielleicht die Folge der Erfahrung, die er öfters gemacht hatte, daß es gefährlich sey dem König zu nahe zu kommen. Vielleicht wollte auch Daun lieber die Alliirten die Kastanien aus dem Feuer ziehen lassen, um sich nicht selbst die Finger zu verbrennen.

Die

II. Anmerk. Erste Schritte der Oesterreicher.

Die Oesterreicher hatten beim Anfange dieses Krieges gewiß keine geringe Meinung von der Güte ihrer Truppen. Sie hatten sie von 1748 bis 1756 so mit dem Exerciren gequält, und mit Manövers gemartert, daß sie sich nothwendig einbilden mußten, sie würden wo nicht die preußischen übertreffen, doch ihnen wenigstens nichts nachgeben. Der Oesterreicher scheint überhaupt in diesem Stücke eine Eitelkeit zu haben, die nicht ihres gleichen hat. Um sich davon zu überzeugen, darf man nur die Nachrichten, die sie von allen Arten von Gefechten geben, mit einiger Aufmerksamkeit durchlesen. Sind sie geschlagen worden, so war gewiß die überlegene Macht der Preussen davon die Ursach. Haben sie einige Vortheile gehabt, so waren die Anstalten ihres Heerführers so weise, so genau abgemessen, und das Verhalten ihrer Truppen so tapfer, so heldenmüthig, daß beide Muster für die Nachwelt sind. Aber, daß sie zwei, auch öfters dreimal stärker gewesen, und daß sie dem Himmel zu gebanket, daß der Feind, nachdem er alle seine Munition verschossen, und alle seine Kräfte erschöpft, ihnen endlich das Schlachtfeld überlassen, davon sagen sie kein Wort. Wie kek waren sie nicht nach der Schlacht bei Breslau, man sollte es kaum glauben, daß sie die Preußische Armee eine Wachtparade nannten, wenn dies nicht aller Welt bekannt wäre. Es ist keine unbescheidnere Dreistigkeit, als einer ganzen Nation ihre Verdienste abzusprechen, und ein Schriftsteller entehrt dadurch die Würde eines Geschichtschreibers. Welcher unbefangene Mann kann wohl das Gewäsche eines schwülstigen, affektirten und dabei Beifall schmaruzirenden Burscheids ohne Ekel verdauen? Ich sage dies nicht, weil ich ein Preuße bin; ich bin überzeugt, daß jeder billig denkende Oesterreichische Officier eben dieser Meinung seyn wird.

Die Oesterreicher hatten im Winter alle ihre Truppen in Böhmen und Mähren zusammen gezogen. Dadurch waren sie dem Könige in der That um einen großen Theil überlegen. Ihre Armee war mit allen erforderlichen Bedürfnissen überflüßig versehen, ihre Magazine reichlich angefüllt, und durch das ganze Land vertheilt; sie fanden also Unterhalt, wo sie sich auch nur hinwenden wollten. Das große Magazin in Bunzlau war ohnstreitig sehr geschickt zur Unterstützung einer Armee, die in der Lausitz ihre Unternehmungen fortsetzen sollte. Die Magazine in Budin und längst der Elbe in Außig und Welwarn konnten die Operationen einer Armee befördern, die auf der linken Seite der Elbe in Sachsen vorrücken sollte; überdies erforderte es nicht allein ihre Ehre, sondern auch ihr eigener Vortheil, je eher je lieber in Sachsen festen Fuß zu fassen, und alles anzuwenden, um Dresden wieder zu erobern. Das Wiener Ministerium bekam von allen Seiten Vorstellungen, den König von Polen, der seinen Erbländern völlig entsagen mußte, wieder in den Besitz derselben zu setzen. Ihre Unentschlossenheit und saumseliges Betragen konnte selbst auf ihre Bundesgenossen einen Einfluß haben, und widrige und ihm höchst nachtheilige Würkungen hervorbringen. Oesterreich

reich war immer die Hauptperson in diesem ganzen Kriege, und es war noch immer die Frage, ob sich seine Alliirten lediglich zu seinem Vortheile aufopfern würden.

Wenn ich dieses alles zusammen nehme, so scheint es sehr wahrscheinlich, daß sie auf nichts weniger dachten, als blos vertheidigungsweise zu gehen. Dieses System würde sie von ihren Absichten geradesweges entfernt haben; denn sich mit dem Gedanken zu schmeicheln, daß sie dadurch den König in einen Zustand der Unvermögenheit und Unthätigkeit versetzt haben würden, wäre ein Beweis von ihrer geringen Kenntniß des Charakters dieses Monarchen gewesen. Erwägen wir überdies, mit welcher Uebereilung sich ihre Truppen nach Prag zurük zogen, und alle ihre Magazine dem Feinde überliessen, so entdekt man darinnen auch nicht die mindeste Spur eines mit Ueberlegung entworfenen Planes. Ich kann mir unmöglich einbilden, daß der Feldmarschall Brown auch nicht einmal einen Versuch gemacht haben sollte, dem Könige den Uebergang über die Eger streitig zu machen; daß sie wenig oder gar keine Truppen dem Feldmarschall Schwerin sollten entgegen gestellt haben, wenn ihr Plan gewesen wäre, vertheidigungsweise zu gehn. Ein Vertheidigungssystem von dieser Art wäre die lächerlichste Geburt der Staats- und Kriegskunst gewesen, die man nur denken kann.

Um dies alles zu erklären, scheint daher nichts natürlicher und mit den Grundsätzen des Krieges übereinstimmender, als daß man annehmen müsse: die Absicht der Oesterreicher in dem Feldzuge von 1757 sey gewesen, den König von Preussen anzugreifen, und ihn, wo möglich, aus Sachsen zu treiben; daß sie aber durch die Thätigkeit und Schnelligkeit des Königs, durch seine überwiegende Kenntnisse in der Kriegswissenschaft und seine Geschiklichkeit in Ausarbeitung und Ausführung seiner Entwürfe daran gehindert wurden.

Nach dieser Voraussetzung fällt ein grosser Theil der Vorwürfe weg, die der Verfasser den österreichischen Feldherrn macht. Der einzige Fehler, den man ihnen mit Recht anrechnen kann, ist nach meiner Meinung der, daß sie sich von dem König überfallen liessen. Aus diesem folgten alle die übereilten Schritte, welche sie zu ihrer Rettung thun mußten, und die sie bis auf eine Kleinigkeit ihrem Untergange nahe brachten. Denn sie hatten es lediglich einem Zufalle zu danken, daß sie nicht bei Kollin geschlagen wurden, wie ich solches zeigen will, wenn ich auf diese berühmte Schlacht kommen werde.

Ueberhaupt scheint der Verfasser in seinen Urtheilen über das Betragen der Generale hin und wieder etwas zu weit zu gehen. Kein Gegenstand erfordert vielleicht mehr Behutsamkeit und Billigkeit von Seiten eines Kunstrichters, als das Verhalten eines Feldherrn während des Laufs eines Krieges, eines Feldzuges, besonders aber bei einem so wichtigen Vorgange als eine Schlacht ist. Wenn das Urtheil darüber gründlich, treffend und unterrichtend

II. Anmerk. Erste Schritte der Oesterreicher.

richtend seyn soll, so muß der Geschichtschreiber nicht allein eine genaue Kenntnis von dem Entwurfe des Krieges im Großen, sondern auch von dem Operationsplan eines jeden einzelnen Feldzuges haben. Er muß wissen, ob der General selbst der Urheber davon ist, oder ob er ihn blos so ausführen muß, wie er im Kabinette entworfen worden. Im ersten Falle kann man es wagen, ihn zu beurtheilen; denn er ist Erfinder und Ausarbeiter. Man kann alsdann wenigstens mit vieler Wahrscheinlichkeit aus den ersten Schritten, wieder zurük auf seinen Plan, und im voraus auf den Endzwek schließen, den er sich dabei vorgesetzt hat. Hat man alsdann eine richtige Theorie vom Kriege und die in diesem Fache nöthige Erfahrung, läßt sich auch nicht durch Vorurtheile blenden, und durch den Geist der Partheilichkeit in falsche Gesichtspunkte versetzen, so kann man durch Gegeneinanderhaltung der genommenen Maasregeln mit dem zu erreichenden Endzwek das Gute von dem Fehlerhaften unterscheiden, und daraus einen Schluß auf das gute und schlechte Betragen eines Heerführers machen.

Ist hingegen ein General an die Befehle seines Hofes oder eines Kriegesministers dergestalt gebunden, daß er sich von dem vorgeschriebenen Operationsplan gar nicht entfernen darf, so wäre es eine Ungerechtigkeit, ihm Dinge zur Last zu legen, die er bei allen seinen besten Einsichten unternehmen mußte, und von deren Mißlingen er vielleicht im voraus überzeugt war. In diesem Falle muß er seinen Verstand unter den Gehorsam des Glaubens gefangen nehmen, und nicht denken Ehre zu erwerben, sondern nur seine Ehre zu retten. Daß sich ein General alsdenn nicht in dem Lichte zeigen kann, in dem er erscheinen würde, wenn ihm nicht die Hände gebunden wären, begreift man leicht. Ehe man also sagen kann, er hätte dies, er hätte jenes thun sollen, muß man vorhero zeigen, daß ihm die Wege nicht vorgeschrieben, sondern seiner freien Wahl überlassen waren. Thut man dieses nicht, so kann man leicht dem Ruf, der Ehre und übrigen Verdiensten eines ehrlichen Mannes, ohne dabei eine üble Absicht zu haben, nicht allein zu nahe treten, sondern das Urtheil selbst ist schielend, und nichts weniger als unterrichtend.

Nichts ist unsicherer, als aus dem Erfolge einer Schlacht und der Wendung, die sie zuweilen nimmt, einen Schluß auf die Geschiklichkeit eines Generals zu machen. Nur die erste Anlage dazu hängt eigentlich von ihm ab; diese muß man genau wissen, um zu bestimmen, ob er als ein Mann von Kentnissen gehandelt habe, oder nicht. Daraus würde man denn auch sehen, ob er zwekmäßig gedacht, alle Fälle vorhergesehen, und über das Unerwartete in denselben seinen Untergeordneten die gehörigen Verhaltungsbefehle gegeben habe. Denn so bald die Schlacht angegangen, hängt das Uebrige von den unter ihm stehenden Generals, Kommandeurs der Bataillons, Offiziers, und selbst von dem gemeinen Soldaten ab. Wenn diese nicht alles mit der gehörigen Beurtheilung und Genauigkeit ausführen, so geht manchmal alles verlohren.

vorlohren. Daher ist nichts wesentlicher im ganzen Militairstande, als ein jedes Mitglied, vom höchsten bis zum niedrigsten zur genauesten Beobachtung der Befehle anzugewöhnen. Dieses ist die Grundlage aller militairischen Gesetze und der Strenge, die zur Erhaltung des Ganzen erfordert wird.

Da indessen der kommandirende General nicht alles voraus sehen kann, ohne allwissend, und nicht an der Spitze eines jeden Bataillons seyn kann, ohne allgegenwärtig zu seyn; so muß es dem Urtheil der unter ihm stehenden Generals und Kommandeurs überlassen werden, in wiefern Abänderungen und Zusätze nöthig sind, damit seine Absicht im Ganzen erreicht werde; denn eine Brigade, ein Bataillon und das Terrein vor demselben, nebst der feindlichen Stellung darauf, ist leichter zu übersehen als eine ganze Armee. Oft ist ein General aus dringenden Ursachen genöthigt zu schlagen. Das Terrein, das er vor sich findet, ist ihm so, wie das, auf dem ihm der Feind erwartet, nur nach der Karte bekannt. Diese aber ist nicht allemal richtig, und wenn sie das auch ist, so kann sie doch nicht alle Kleinigkeiten so deutlich angeben, als es in manchen Fällen nöthig ist. Denn bei dergleichen Gelegenheiten verwandeln sich Kleinigkeiten zuweilen in Gegenstände von Wichtigkeit. Um sich davon eine genauere Kenntniß zu verschaffen, bleibt dem General nichts weiter übrig, als das Augenmaaß, und dieses ist nicht allemal hinreichend. Er kann vieles nicht sehen, weil es durch andere Gegenstände bedekt wird. In einem gebürgigten Lande scheinen oft ununterbrochne Ebnen zu seyn, die doch mit Defileen durchschnitten sind. Diese aber entdekt das Auge nicht, weil sie die nähern Gegenstände verbergen. Oft scheint eine Anhöhe eine andre zu dominiren, da doch gerade das Gegentheil statt findet. Ueber dies alles ist oft der Feind niemals so gefällig, daß er es erlaubt, so weit vorzugehen, als wir gern möchten und es unsre Absichten erfordern. Daher kann der Entwurf zu einer Schlacht auch nur im Großen gemacht, die weitere Ausführung muß mehrern überlassen werden.

Es ist ohnehin eine ganz andere Sache, etwas auf dem Schlachtfelde eines Treffens entwerfen, veranstalten, verbessern und abändern, wenn alle Leidenschaften in Bewegung sind, und die menschliche Natur, wenn ich mich so ausdrükken darf, auf die Probe steht, als bei dem Schreibetische mit kaltem Blute untersuchen, was geschehen ist, und was hätte geschehen können. Wenn man auf dem Terrein gewesen, und es überall mit Aufmerksamkeit untersucht hat, wenn man die Stellung beider Armeen vor und während ihrem Zusammenstoß gegeneinander halten kann, und aus verschiedenen Nachrichten sich eine deutliche Vorstellung von dem ganzen Vorgange gemacht, dann hat man freilich ganz andre Augen. Es ist aber die Frage, ob man zu eben der Zeit, und unter ganz andern Umständen alles das würde gesehen haben, wenn man sich an der Stelle des Generals befunden hätte.

Kritiken

II. Anmerk. Erste Schritte der Oesterreicher.

Kritiken sind die Frucht der Ueberlegung, der Vergleichung aller Umstände vor und nach dem Treffen, des Betragens dieser und jener Officiers, einiger Regimenter, einiger Bataillons, der Kenntniß, die man sich von dem Terrein erworben, überhaupt eine Frucht ruhiger Stunden. Allein ich wollte den Kunstrichter, ohne daß er vorher etwas wüßte, auf den Ort bringen, wo der General den Feind recognoscirt hat; ich wollte ihm seine Stellung deutlich beschreiben, ihm alsdann eine Armee geben, und nun seine Anstalten machen lassen. Alsdann würde man sehen, ob er mit richtigen Kenntnissen und den zur Ausführung nöthigen Eigenschaften und Gaben versehen wäre oder nicht. Denn niemand sollte kritisiren, als der das Talent hat, es den Augenblik besser zu machen. Ist dieses nicht, so kann man ihm sicher das Kompliment machen:

Ne sutor ultra crepidam!

II.

Ich habe bereits gezeigt, daß die Absicht der Oesterreicher eher war, einen Angrifs- als Vertheidigungskrieg zu führen; wenn ich aber auch annehme, daß sie nach der Meinung des Verfassers den letzten erwählt hatten, so scheint es doch nicht, daß sie durch die Stellungen, die er vorschlägt, vermögend gewesen seyn würden, Böhmen so zu bekken, daß es dem Könige von Preussen unmöglich gewesen wäre, in dieses Land einzubringen. In der Beschreibung des Kriegesschauplatzes scheint der Verfasser davon vollkommen überzeugt zu seyn, denn er sieht kein anderes Mittel vor sich, diesen Endzwek zu erreichen, als eine Menge Festungen anzulegen. Allein diese waren im gegenwärtigen Kriege noch nicht da, und wenn sie auch da gewesen wären, so könnte ich doch aus gegründeten Ursachen zweifeln, daß sich die Preussen dadurch würden haben abhalten lassen.

Es ist überhaupt nicht so leicht ein Land zu bekken, als man vielleicht glaubt, wenn es auch, wie Böhmen durch eine aneinander hängende Kette von Gebürgen von den benachbarten Ländern getrennt wird. Böhmen hat überdies eine Menge Straßen, die von Prag aus, als aus einem Mittelpunkte, durch die Gebürge nach Sachsen, Schlesien und Mähren fortgehen. Will man also dem Feinde das Eindringen verwehren, so muß man alle besetzen, und dazu sind an den meisten Orten einige wenige Bataillons nicht hinreichend, sondern es müssen schon beträchtliche Korps da stehen. Dadurch aber wird die Hauptarmee geschwächt, und im Grunde ist an keinem Orte eine wahre Stärke. Der Feind hingegen, der auf den Angrif geht, ist in seinen Bewegungen auf keine Weise eingeschränkt. Er kann seine Macht zusammen behalten, wenn er will, und Korps zur Beunruhigung der feindlichen Posten abschikken, wenn er seinen Vortheil dabei findet. Sein Gegner darf es nicht wagen, einen Posten

132 Geschichte des siebenjährigen Krieges in Deutschland.

zu schwächen und einen andern zu verstärken, aus Furcht den erstern in Gefahr zu setzen, von einem thätigen und aufmerksamen Feind überrumpelt zu werden. Fällt aber dieser mit seiner ganzen Macht über einen her, so ist es nicht wahrscheinlich, daß er nicht seinen Endzwek erreichen sollte. Dringt der Feind indessen an einen Ort, besonders in einem gebürgigten Lande, ein, so müssen sich größtentheils alle übrige Posten von der Grenze nach dem Innern des Landes zurük ziehen, aus Furcht von einander abgeschnitten und einzeln geschlagen zu werden. Hohe Gebürge haben gemeiniglich noch den Fehler, daß die Straßen, die aus dem Mittelpunkt des Landes herausgehen, selten mit einander eine Gemeinschaft längst der Grenze haben. Dieses findet besonders alsdann statt, wenn in dem Gebürge keine Städte liegen, in denen eine beträchtliche Handlung getrieben wird, wodurch die Nothwendigkeit entsteht, für das Fuhrwesen bequeme Straßen anzulegen. Dieses ist aber der Fall in Böhmen, und gerade der entgegen gesetzte in Sachsen. Denn hier sind die Städte Zwikau, Chemnitz, Freiberg, auf der einen, und auf der andern Seite der Elbe, Kamenz, Bautzen, Löbau, Zittau, lauter wichtige Handlungsplätze. Daher sind die Wege von einer zur andern auch so gut, als sie in einem gebürgichten Lande seyn können; und eine Armee kann daher ihre Bewegungen längst der Grenze ohne Mühe fort setzen, und die verschiedenen Korps unterstüzen, die zur Wertheidigung derselben angestellt worden.

Wenn man aber ein Land vertheidigen will, so scheint es schlechterdings nothwendig zu seyn, daß man die Freiheit habe, sich längst den Grenzen nach allen Seiten zu bewegen; oder man muß mit einer Armee ein solches Lager nehmen können, daß der Feind um keine Flanke herum gehen kann, ohne sich der Gefahr auszusetzen, von seinem Lande und seinen Magazinen abgeschnitten zu werden, und doch auf der andern Seite keine Möglichkeit sieht, uns mit Hofnung eines guten Erfolges anzugreifen, oder uns aus diesem Posten zu vertreiben. Dergleichen Läger findet man aber wenig oder vielleicht gar nicht. Denn, wenn der Feind thätig, entschlossen, und reich an Erfindungen ist, und eine Armee unter sich hat, die in geschikten und schnellen Manövern geübt ist, so wird er doch endlich Mittel finden, irgendwo, wenigstens mit Infanterie durchzukommen, und sich mit einem Korps, oder auch mit der ganzen Armee auf eine von unsern Flanken zu setzen, um uns dadurch zu tourniren. Daß dieses möglich sey, hat der König im gegenwärtigen Kriege bey sehr vielen Gelegenheiten bewiesen.

Es ist überhaupt vergeblich, ein jedes Dorf, eine jede Stadt, einen jeden Strich Landes decken zu wollen. Nach meiner Meinung heißt einen Vertheidigungskrieg führen, nichts weiter als verhindern, daß der Feind keine Vortheile über uns erhalte, die ihm zur Erreichung seiner Hauptabsicht beförderlich seyn können. Wenn man daher alles so veranstaltet, daß er am Ende eines Feldzuges nicht einen Schritt weiter gekommen ist, als

er

II. Anmerk. Erste Schritte der Oesterreicher.

er bei der Eröffnung desselben war, so ist der Vertheidigungskrieg gehörig geführt worden, was der Feind auch für Vortheile über uns erhalten, welche Strecke Landes man ihm auch bis dahin abgetreten hat.

Nach dem Verfasser hätte die Vertheidigung von Böhmen auf der linken Seite der Elbe durch nachfolgende Stellung bewürkt werden können:

„Die Defileen bei Pasberg zu besetzen, den Herzog von Ahrenberg mit allen leich„ten Truppen und einigen Bataillons Infanterie bei Kommotau zu stellen und die Hauptarmee „dergestallt hinter der Eger zusammenzuziehn, daß der Feldmarschall Brown im Stande ge„wesen wäre, mit einem Marsche hinter die Bila bei Aussig zu seyn."

Es würde dem Feldmarschall sehr schwer geworden seyn, in einem Marsche erst mit einer beträchtlichen Armee über einen Fluß zu gehn, und hernach in einem gebürgigten Lande noch einen Weg von vier Meilen zurückzulegen und ein neues Lager zu beziehen. Und warum sollte er seine Armee hinter der Eger, und nicht lieber vor derselben in der Gegend von Leutmeritz zusammen ziehen? Alsdenn wäre dies in einem Marsche möglich gewesen. Wenn der Verfasser ferner unter Zusammenziehen nur das nähere Zusammenrükken der Truppen in den Kantonirungsquartieren versteht, so würde es noch schwerer gewesen seyn, einen so starken Marsch in einem Tage zu machen.

Gesetzt aber auch, der Feldmarschall Brown hätte sein Lager hinter der Bila bey Aussig genommen; so folgt noch gar nicht, daß er daraus nicht hätte vertrieben werden können. Die leichten Truppen, die er hinter den Defileen bei Gishübel und Gotleuben stellen konnte, würden bald gezwungen worden seyn, sich zurückzuziehen, und denn würde der König des Feldmarschalls linke Flanke umgangen seyn, und ihn bald gezwungen haben zurük zu gehen. Der Feldmarschall durfte dieses nicht abwarten, weil er dadurch die Gemeinschaft mit seinen Magazinen verlohr, oder er hätte den König angreifen müssen; und dazu schien er, wie der Erfolg zeigte, keine Lust zu haben. Da der Verfasser den Feldzug von 1760. bei der österreichischen Armee mitgemacht hat, so kann ihm nicht unbekannt seyn, daß der König den Feldmarschall Daun den 17ten September in dem Gebürge bei Hohengiersdorf tournirte, ohngeachtet seine Stellung weit vortheilhafter als die bei Aussig, und überdies beinahe die ganze österreichische Macht zugegen, der König aber nur sehr schwach war. Wären die Russen damals nicht zu tief in die Mark eingedrungen, und hätten dadurch den König genöthigt, Schlesien auf eine Zeit zu verlassen, und seiner Hauptstadt zu Hülfe zu eilen, so würden die Oesterreicher nach aller Wahrscheinlichkeit nicht auf die beste Art weggekommen seyn. Im Jahre 1762 tournirte der König ebenfalls die linke Flanke der österreichischen Armee, und zwang sie durch eine bloße Bewegung die Höhen bei Seitendorf und Kunzendorf zu verlassen, und sich tiefer in das Gebürge auf die sogenannte Eule zu ziehen, und müßige Zuschauer der Belagerung von Schweidnitz zu bleiben.

Eine Armee muß sich schon in einer außerordentlich vortheilhaften Stellung befinden, wenn sie nicht soll auf einer oder der andern Flanke tournirt werden können. Ein Feind der im buchstäblichen Verstande immer auf der Vertheidigung bleibt, ist dieser Gefahr alle Augenblik ausgesetzt. Wenn dies in einem flachen Lande leichter ist, so ist es in einem gebürgigten desto gefährlicher, weil hier der Feind eher Gefahr läuft, in eine nachtheilige Stellung eingeklemmt von seinen Magazinen abgeschnitten zu werden. Freilich erfordern dergleichen Unternehmungen einen Feldherrn von mehr als gewöhnlichen Talenten, und eine Armee, die in allen Arten von Manövern geübt ist. Sodann hat derjenige die meisten Vortheile auf seiner Seite, der auf den Angriff geht, wenn er nur die Vorsicht gebraucht, daß er sich so stellt, daß ihn sein Gegner nicht von seinen Magazinen oder Festungen abschneiden und auf seiner eigenen Flanke oder in seinem Rükken eine Stellung nehmen kann, wodurch er gezwungen wird, sich mit ihm in ein nachtheiliges Gefecht einzulassen, um die aufgehobene Gemeinschaft wieder zu erhalten.

Uebrigens setzt diese und die folgende Stellung, die der Verfasser vorschlägt, nemlich daß die ganze österreichische Armee sich hätte hinter die Defileen von Gishübel setzen sollen, voraus, daß die Preussen allen Bewegungen des Feindes, die er in dieser Absicht machen mußte, geduldig würden zugesehen haben. Es ist in der That auffallend, daß Lloyd die Thätigkeit des Königs nicht besser kennt, noch mehr aber, da er eben bei dem Anfange der Beschreibung dieses Feldzuges selbst sagt, daß der König beschlossen hatte, die Oesterreicher so früh als möglich mit seiner ganzen Macht anzugreifen. Wie konnte er sich also vorstellen, daß der König dem Feldmarschall Brown erlaubt haben würde, so nahe an die sächsische Grenze zu rükken, ohne ihm geradesweges auf den Leib zu gehen? Gishübel und Gotleuben lagen in der Kette der preußischen Winterquartiere, und waren hinlänglich besetzt, und die Armee so vertheilt, daß 30 Bataillons durch einen Marsch ein Lager hinter diesen Defileen beziehn, und durch einen zweiten Marsch auf den Höhen von Nollendorf seyn konnten. Dieses war hinreichend, um den Oesterreichern bei jeder Bewegung, die sie machen konnten, zuvorzukommen.

Würden endlich alle diese Stellungen bey Außig und hinter den Defileen von Gishübel den Eingang in Böhmen versperrt haben, wenn die Oesterreicher blos auf der Vertheidigung blieben, ein Plan, den der Verfasser so vernünftig, so weise findet? denn nach dieser Voraussetzung muß man seine Gedanken beurtheilen. Ich will noch zum Ueberfluß annehmen, daß sich die Armee, die in Mähren stand, bei Schutz hinter die Elbe zusammengezogen

II Anmerk. Erste Schritte der Oesterreicher.

zogen hätte, um dem Feldmarschall Schwerin das Eindringen zu verwehren. Des Königs Armee bestand damals in Sachsen aus 74 Bataillons und 117 Schwadrons Cavallerie. Denn er hatte im Herbst 1756 sieben Bataillons unter dem General Winterfeldt nach Schlesien detaschirt, dafür aber die in Pommern stehende Armee von 11 Bataillons und 15 Eskadrons Kavallerie nach Sachsen gezogen. Der König konnte also leicht eine Armee von 26 Bataillons und einigen 40 Schwadrons in die Gegend von Gishübel und Gotleuben zurüklassen, um auf dieser Seite Sachsen zu decken. Mit den übrigen konnte er auf der andern Seite auf verschiedenen Wegen über Romburg und Georgenthal, und über Hohenstein, Nickelsdorf, Kreiwitz und Ramnitz, besgleichen über Zittau, Krottau, Gabel ꝛc. vorbringen. Die daselbst postirten Truppen unter dem General Maquire und Grafen von Königsegg wären nicht vermögend gewesen, ihre Posten zu behaupten, weil sie leicht durch diese Bewegung des Königs wären in der Flanke und im Rüken genommen werden. Es blieb ihnen also nichts weiter übrig, als sich zu der Armee bei Schurz zurük zu ziehen, oder diese mußte ihren Posten an der Elbe verlassen, und sich gegen die Iser wenden, um sich mit dem Korps, das an der Grenze der Lausiz stand, zu vereinigen. In beiden Fällen waren sie zwischen der Armee des Königs und des Feldmarschalls Schwerin eingeschlossen, und von der Armee unter dem Feldmarschall Brown abgeschnitten. Um die Gemeinschaft wieder zu erhalten, hätten sie sich längst der Iser nach Prag zurükziehen müssen, theils um ihre Magazine, theils auch um diese Hauptstadt zu deken. Dadurch hätte der Feldmarschall Schwerin Gelegenheit bekommen, vorzudringen, und sich mit dem König zu vereinigen. Wenn man bedenkt, mit welcher Schnelligkeit der König seine Operationen ausführt, so ist es wahrscheinlich, daß er den Feind auf diese Art bis an die Thore von Prag gedrängt haben würde. Dieses konnte aber der Feldmarschall Brown nicht zugeben, sondern mußte schlechterdings seine Stellung auf der linken Seite der Elbe an der sächsischen Grenze verlassen, und sich ebenfalls nach Prag zurük ziehen, oder bei Leitmeritz über die Elbe gehen, um das Maquirsche und Königsegsche Korps an sich zu ziehen. Dadurch hätte aber die Armee, die der König in Sachsen zurükgelassen, Gelegenheit bekommen, ebenfalls in Böhmen einzudringen, und es würde dem König eben nicht außerordentlich schwer geworden seyn, sich mit derselben zu vereinigen.

Ich glaube, daß man das was ich hier sage, nicht als etwas unmögliches ansehen wird. Ich könnte meinen Gedanken leicht durch verschiedene Gründe ein größeres Gewicht geben; da ich aber die Erfahrung vor mir habe, so halte ich es für überflüßig. Wirklich war der Einmarsch des Prinzen Heinrichs im letzten Kriege 1778 so eingerichtet, und die Oesterreicher waren gezwungen, beide Ufer der Elbe zu verlassen. Die Wege, welche die Armee bei diesen Operationen nehmen muß, sind allerdings voller Schwierigkeiten, ich habe aber in diesem

ganzen

ganzen siebenjährigen Kriege, den ich doch durch alle Feldzüge mitgemacht, noch nie gesehen, daß sich die preußische Armee durch üble Wege hat abschrekken lassen.

Der Feldmarschall Brown mochte also eine Stellung nehmen, welche er wollte, so scheint es, daß er auf keine Weise vermögend war, den Preussen das Eindringen zu verwehren, so lange er bei dem System eines Vertheidigungskrieges bleiben wollte. Daher sind auch die Fehler, die er nach der Meinung des Verfassers begangen hat, nicht von der Art, daß sie sich gar nicht entschuldigen ließen.

Auch da die Oesterreicher ihre Armee bei Prag zusammengezogen hatten, scheint es nicht, daß es für sie vortheilhaft gewesen wäre, den König oder den Feldmarschall Schwerin anzugreifen. Hätten sie den König angreifen wollen, so mußten sie dieses thun, ehe sie sich auf der andern Seite der Moldau zogen. Dieses geschahe den ersten Mai, und an diesem Tage waren das Macquirsche und Königsegsche Korps noch nicht zu der Armee gestoßen; folglich waren sie dem Könige eben nicht um so viel überlegen, als es der Verfasser vorauszusehen scheint. Des Königs Armee bestand aus 52 Bataillons und 76 Schwadronen; mit diesen konnte er es mit den Oesterrichern jedesmal aufnehmen. Seine Absicht war auch gewiß keine andre, als den Feind anzugreifen, sobald er nur Stand hielt. Dieses wußten die Oesterreicher, und giengen daher nach der bekannten Regel, gerade das nicht zu thun, was der Feind gerne haben möchte. Nachdem sie aber das Königsegsche und Macquirsche Korps an sich gezogen hatten, welches erst den 2ten und 3ten Mai geschahe, so scheint es zwar, daß sie einen von beiden, den König oder den Feldmarschall Schwerin, angreifen konnten: Um indessen darüber gehörig zu urtheilen, muß man die Stellung dieser drey Armeen in Betrachtung ziehen.

Der König stand mit seiner Armee den 2ten May im Lager bei Weleslawin, dergestalt daß sich rechte Flügel sich bis hinter das Kloster Margareth ausdehnte, und der linke an der Moldau bei Podbaba stieß. In diesem Lager hatte die Armee den 3ten Ruhetag. Der Feldmarschall Schwerin hingegen war den 1sten Mai über die Iser gegangen und hatte sein Lager bei Slivono genommen; hier blieb er den 2ten und 3ten mit der Armee stehen, und detaschirte blos den General Wartenberg mit einem kleinen Korps um näher gegen den Feind vorzurükken und dessen Stellung zu recognosziren. Die östereichische Armee hingegen stand in dem Lager, in dem sie hernach angegriffen wurde.

Wollten sie also den König angreifen, so hätten sie entweder über die Moldau zurük oder durch Prag gehen müssen. In beiden Fällen hätte dieses vor den Augen des Königs geschehen müssen, und dieser würde gewiß seine Anstalten so getroffen haben, daß sie nicht einmal zum Aufmarsch gekommen wären. Ich weiß nicht, was der Verfasser mit seinem vor
dem

II. Anmerk. Erste Schritte der Oesterreicher.

dem Uebergange angreifen sagen will. Gerade, als wenn es eine Kleinigkeit wäre, im Angesicht des Feindes aus einer Stadt auszumarschiren, oder über einen Fluß zu gehen, und sich in Schlachtordnung zu stellen. Als die Oesterreicher in Prag eingeschlossen waren, versuchten sie öfters einen Ausfall, sie wurden aber jedesmal mit wenigen Truppen zurükgetrieben. Schon am 3ten Mai hatte des Königs Armee diese Stadt auf der linken Seite der Moldau bergestalt eingeschlossen, daß der Feind keine Bewegung aus der Stadt oder oberhalb derselben machen konnte, ohne daß die Preussen nicht den Augenblik davon Nachricht bekommen konnten. Es wäre in der That eine Verwegenheit von dem Prinz Karl gewesen, wenn er sich in eine Unternehmung von dieser Art eingelassen hätte.

Eben so war auch der Angrif auf die Armee des Feldmarschalls Schwerin mit vielen Schwierigkeiten verbunden. Diese bestand aus 50 Bataillons und 81 Schwadrons, wenn ich auch einige Bataillons abnehme, die zur Besetzung gewisser Posten zurükgeblieben waren. Nachdem sich die Oesterreicher mit dem Königseckschen Korps vereinigt hatten, so waren sie allerdings stärker als der Feldmarschall, allein da sie ihm nicht mit der ganzen Armee entgegen gehen konnten, sondern ein starkes Korps bey Prag stehen lassen mußten, um den König zu beobachten, oder wie der Verfasser will, um ihm den Uebergang über die Moldau zu verwehren, so wäre der Feldmarschall allemal eben so stark gewesen. Dieser stand aber hinter der Elbe, und hatte auf seinem linken Flügel die Iser. Um ihn also anzugreifen, hätte der Prinz Karl mit seiner Armee die Elbe bei Brandeis oder zwischen diesem Ort und Kostelez paßiren müssen. Dieses konnte aber nicht eher geschehen als aufs höchste den 4ten; denn er konnte nur erst den 3ten von Prag abmarschiren, und nicht anders, als indem er seinen Marsch ungewöhnlich beschleunigte, bis an die Elbe kommen. Der Feldmarschall hatte aber bereits den 3ten Alt-Bunzlau, besetzt, und der General Winterfeld stand mit seinem Korps bei Bischitz. Die Oesterreicher hätten also in Gegenwart des Feldmarschalls über die Elbe gehen und ihn sogleich angreifen müssen. Allen Ansehen nach würde er ihnen darin zuvor gekommen seyn, und sie entweder während des Ubergangs, oder doch gleich drauf angegriffen haben, ohne ihnen Zeit zu lassen, ihre Vorkehrungen zu machen. Endlich stand es allemal in der Gewalt des Feldmarschalls Schwerin, ob er sich mit ihnen einlassen wollte. Er konnte sich ohne Nachtheil zurükziehn und ein vortheilhaftes Lager nehmen, in dem sie ihn nicht würden angegriffen haben. Dadurch hätte der König Gelegenheit bekommen, über die Moldau zu gehn, das bei Prag befindliche Korps nicht allein von der Hauptarmee, sondern auch diese selbst von Prag abzuschneiden, und sie zwischen seine und die Schwerinsche Armee zu bringen. Vielleicht hätten die Oesterreicher durch diesen Schritt dem König alle die Vortheile freiwillig

freiwillig in die Hände gegeben, die er hernach durch das Blut so vieler braven Leute erkaufen muste.

Glaubt endlich der Verfasser, daß ein kleines Korps den König gehindert haben würde, die Moldau zu paßiren, sobald er Nachricht erhalten hätte, daß sich die Hauptarmee gegen den Feldmarschall Schwerin gewendet? Erstlich ist es an und für sich schwer den Uebergang zu verwehren, wenn der Fluß nicht eine beträchtliche Breite hat; zweitens gehört dazu, daß man genau unterrichtet ist, wo der Feind denselben unternehmen will. Da er aber auf seiner Seite in seinen Bewegungen gar nicht eingeschränkt ist, so kann er auch leicht Mittel finden, seinen Gegner zu hintergehen. Wenn der Verfasser die Thätigkeit und überhaupt das erfinderische Genie des Königs gekannt hätte, so würde er leicht begriffen haben, daß der König, trotz den 20, und wenns auch 30 Bataillons wären, über die Moldau gegangen seyn würde. Der Feldmarschall Brown scheint dieses besser eingesehen zu haben, und wollte sich aller Vermuthung nach nicht den Folgen aussetzen, die ein solcher Schritt nach sich ziehen konnte. Denn, sobald der König einmal über die Moldau war, so war auch die Vereinigung mit dem Feldmarschall Schwerin so gut als schon bewürkt, und ohne diese einmal abzuwarten, würde er nicht gesäumt haben, dem Prinz Karl zu folgen, und ihn anzugreifen, er möchte stark oder schwach gewesen seyn. Wäre die Schlacht für die Oesterreicher verlohren gegangen, so wären sie von Prag abgeschnitten gewesen, und sie hätten sich nur zur Daunschen Armee zurükziehen können, und die Bataillons, so sie bei Prag zurükgelassen, hätten ebenfalls ihren Weg zur Hauptarmee nehmen müssen, wenn sie nicht eben das Schiksal haben wollten. Alsdenn aber durften sie sich nicht die Rechnung machen, daß ihnen der König würde goldne Brükken gebaut haben. Sie mußten vielmehr voraussetzen, daß Er ihnen in Vereinigung mit der Armee des Feldmarschalls Schwerin auf dem Fuße nachgefolgt seyn, Prag hinter sich gelassen, und nicht eher geruhet haben würde, als bis Er sie völlig aufgerieben hätte. Sobald also der Prinz Karl nicht schon eine mehr als moralische Gewißheit vor sich sahe, so that er allezeit vernünftiger, daß er in seinem festen Lager blieb, und diese Gewißheit machten ihm die Stellung der Preussen, die Talente des Königs, und die Tapferkeit seiner Truppen ausserordentlich zweifelhaft.

Der Verfasser rechnet es dem Prinzen Karl als einen großen Fehler an, daß er den König so ruhig über die Moldau gehen, und ihn nach dem Uebergang einen ganzen Tag und eine Nacht ruhig stehen lassen, ohne ihn anzugreifen. Dieses Urtheil gründet sich theils auf die elenden Nachrichten, die er zum Grunde seiner Geschichte legt, denn diese scheint er nur aus den Zeitungen zusammengetragen zu haben, theils ist es eine Folge der wenigen Aufmerksamkeit, die er auf die Sache selbst verwendet. Hätte er den militärischen Kalkul

in

II. Anmerk. Erste Schritte der Oesterreicher. 139

in seiner Gewalt gehabt, so würde er, anstatt den König zu tadeln, Gelegenheit gefunden haben, diesen Uebergang des Königs als ein Muster eines nach den Grundsätzen der Kriegeskunst ausgearbeiteten Entwurfs anzuführen, und dem Prinz Karl Gerechtigkeit wiederfahren lassen.

Ich habe schon gesagt, daß der König den 3ten Mai Prag auf der linken Seite der Moldau eingeschlossen hatte, und daß an eben diesem Tage der Feldmarschall Schwerin bereits sich des rechten Ufers der Elbe, und der Städte Alt-Bunzlau und Melnik bemächtiget hatte. Der König nahm sich vor, mit einem Korps von 20 Bataillons und 38 Schwadrons über die Moldau zu gehen und zu dem Feldmarschall zu stoßen. In dieser Absicht mußte das Korps sich den 4ten Nachmittags in Bewegung setzen, und bis in die Gegend von Selz und Pobbaba marschiren, wo es die Nacht über unterm Gewehr blieb. An eben dem Tage aber gieng der Feldmarschall Schwerin bei Alt-Bunzlau und Brandeis über die Elbe, und nahm sein Lager bei Prazin, der Generallieutenant von Winterfeld aber rückte mit 6 Bataillons und 25 Schwadrons bei Kostelez und den 4ten ganz frühe bei Mischiz näher an der Moldau ins Lager. Dadurch war also schon gewissermaßen die Gemeinschaft mit dem König gesichert; daher konnte auch der König, selbst im Angesicht des Feindes, den 5ten früh Morgens eine Schiffbrücke über die Moldau schlagen, da dieses Unternehmen bereits durch die Stellung der Schwerinschen Armee für alle widrige Zufälle gedekt war. Nachdem diese fertig war, übereilte sich der König dennoch nicht, sondern gieng erst den 5ten Mai am hellen Tage Nachmittag zwischen 3 und 4 Uhr über, und nahm sein Lager bei Tschimiz. Auf diese Art machte also die preußische Armee eine Kette, die sich von Brandeis bis an die Moldau, und von da weiter jenseit derselben bis oberhalb Prag erstrekte; und auf diese Art war schon die Vereinigung mit der Schwerinschen Armee geschehen, wenn gleich nicht jedes Regiment neben dem andern in einem ordentlichen Lager stand. Will man sich die Mühe geben, die beste Karte, die man von Böhmen hat, zur Hand zu nehmen, so wird man finden, daß ich hier nichts sage, als was ein jeder gleich bei dem ersten Anblik selbst bemerken wird.

Wollte der Prinz Karl den König angreifen, so hätte er sich den Nachmittag um 4 Uhr in dieser Absicht in Bewegung setzen müssen. Dieses konnte aber nicht geschehen, ohne daß es der König wäre gewahr geworden; denn im Lager bei Tschirniz konnte er das ganze österreichische Lager übersehen. Dieses hatte aber vor der Front einen Grund, der nur bei dem Dorfe Ryge, und weiter oben paßirt werden konnte; denn er wurde auf beiden Seiten von unersteiglichen und fast senkrecht sich erhebenden Anhöhen gebildet. Der Feind hätte also einen großen Umweg nehmen müssen, und würde unmöglich eher als gegen Abend in der Verfassung gewesen seyn, den König anzugreifen, das will sagen, er konnte ihn diesen Tag gar nicht

S 2

nicht angtrifen, sondern mußte dies bis auf den folgenden anstehen laffen. Dieses setzt aber ohnehin voraus, daß der König unterdeffen ein ruhiger Zuschauer dieses Manövers geblieben wäre. Dieses aber läßt sich gar nicht denken. Denn da die Schwerinsche Armee in 3 bis 4 Stunden allemal zum Könige stoßen konnte, so würde sie bei der ersten Bewegung des Feindes sich ebenfalls in Bewegung gesetzt haben, und, indem dieser Anstalten zum Angrif machte, ihm in den Rüken gekommen seyn. Denn, da der Prinz Karl erst den andern Tag angreifen konnte, wie ich vorhin bemerkt habe, so hätte er sich zwischen dem Korps des Königs und der schwerinschen Armee eingeschlossen gesehen. Dadurch hätte er seine ganze Armee einem völligen Untergange ausgesetzt. Denn der Rükzug nach Prag war alsdann wo nicht gar unmöglich, doch wenigstens äußerst beschwehrlich, weil der vorhin erwähnte Grund, der die Front seines Lagers gedekt hatte, und die engen Wege und Dörfer, durch welche er sich ziehen mußte, hinter ihm lagen, und auf der andern Seite die Kavallerie der schwerinschen Armee ihm den Weg nach Böhmisch-Brodt verspert haben würde.

III. Anmerkung.
Operationen der Preuſſen bis zur Schlacht bei Prag.

Ein General macht seine Entwürfe nach der Größe seiner Talente, seines Muths und dem Umfange seiner Kenntniffe in Rüksicht auf die Mittel die er in Händen hat. Wo ein eingeschränkter Geist alle Augenblik Schwierigkeiten vor sich sieht, findet ein großer vielleicht gar keine. Wenn ich Alexander wäre, sagte Parmenio, so würde ich das thun; ich auch, versetzte Alexander, wenn ich Parmenio wäre. Hätte der Verfaffer sich die Mühe gegeben, den Sinn dieser Antwort sich recht auseinander zu wikkeln, so würde er in Rüksicht auf den König sein Augenmaaß beffer gebildet haben. Es ist eine längst bekannte Anmerkung, daß ein Genie mit einem Handwerker in einerlei Fache nicht eben den Gang nimmt. Dieser, aus Furcht auf die Nase zu fallen, bleibt bei dem angenommenen Schlendrian. Erfterer fällt auch zuweilen; aber durch diesen Fall bekommen seine Seelenkräfte eine neue Elastizität, und würken aufs neue mit einer ungewöhnlichen Stärke.

Der erste Vorwurf, den der Verfaffer dem Könige macht, ist: daß der Plan seines Einmarsches in Böhmen vielen Hinderniffen unterworfen gewesen, davon einige vielleicht unübersteiglich gewesen wären. Dieses letztere hätte er wenigstens nicht zusetzen sollen,

III. Anmerk. Operationen der Preussen bis zur Schlacht vor Prag. 141

len, da es die Erfahrung hinlänglich widerlegt hat. Was er überhaupt hier sagt, erinnert mich an das linke Auge des Zadigs beim Voltaire. Wenn's das rechte wäre, sagte der Arzt, so wäre es leicht zu kuriren; allein Geschwüre am linken Auge entziehen sich allen Regeln der Kunst. Indessen brach es von selbst auf und das Auge wurde besser. Der Doktor zeigte hierauf in einer sehr gelehrten Abhandlung, daß Zadig nach allen Grundsätzen der Arzneiwissenschaft sein linkes Auge hätte verlieren müssen.

Des Königs Entwurf gründete sich auf die Stellung des Feindes, auf die Kenntniß, die er von dem Charakter und den Maximen der gegen ihn kommandirenden Generale und dem Lande hatte, in dem er eindringen wollte. Ich habe schon bemerkt, daß es schwer ist, Böhmen zu vertheidigen, sobald der Feind Meister von Sachsen und Schlesien ist. Um sich indessen den Einmarsch zu erleichtern, und die feindliche Armee in einem Punkt zusammen zu treiben, kam es darauf an, diese dahin zu bringen, sich in verschiedene Korps zu vertheilen, wodurch sie sich natürlicher Weise außer Stand setzte, an irgend einem Orte einen beträchtlichen Widerstand zu thun. In dieser Absicht machte der König gleich zu Anfang des Aprils verschiedene Bewegungen. Den 5ten schon wurde der General Manstein mit 4 Bataillons und einer verhältnißmäßigen Anzahl Kavallerie in der Gegend von Hanspach und Neustadt detaschirt, um dem Feinde auf dieser Seite einige Besorgniß wegen eines Einbruchs zu machen. Diesem folgte der Prinz Heinrich den 16ten mit 7 Bataillons und noch mehrerer Kavallerie. Der Feind gerieth dadurch auf die Gedanken, der König suche durch die Oberlausitz einzubringen, und zog daher ein starkes Korps bei Reichenberg zusammen und ließ die Posten bei Gabel besetzen.

Auf der andern Seite rückte der Fürst Moritz mit 14 Bataillons und 20 Schwadrons den 10ten April aus der Gegend von Zwickau durch das Voigtland gegen Eger an, wodurch der Feind gleichfalls bewogen wurde, ein Korps auf dieser Seite stehen zu lassen. Nachdem auch dieser Endzwek erreicht war, so kam der Fürst den 13ten wieder bei Annaberg und Marienberg an, und in dieser Stellung konnte er sich in einen oder zween Märschen wieder mit dem Könige vereinigen, wenn's nöthig gewesen wäre.

Der König übersahe ohne Zweifel mit einem Blik alle Stellungen, welche die Oesterreicher nehmen, alle Manöver, die sie machen konnten, um sich seinem Einmarsch in Böhmen zu widersetzen, alle die Vortheile, die ihnen die Natur in diesem allen militairischen Operationen so ungünstigen Lande verschaffen konnte; aber auch zugleich alles, was zu ihrem Nachtheil gereichen mußte, wenn sie nicht eben das sahen, was er sahe. Die vorhin angezeigten Bewegungen seiner Truppen scheinen keine andre Absicht gehabt zu haben, als sich von den Gesinnungen und Vertheidigungsplan des Feindes näher zu überzeugen. Da er nun fand,

S 3 daß

daß er durch sie gar nicht abgehalten werden konnte, ins Innere von Böhmen zu bringen, so konnte er seine Truppen in vier verschiedenen Korps in dieses Land einbrechen laßen, ohne zu befürchten, daß die Oesterreicher ihre Vereinigung hindern, oder ein jedes besonders angreifen und schlagen würden. Dieser Einmarsch war übrigens so zwekmäßig eingerichtet, und alle Bewegungen so genau abgemeßen, daß durch sie der Feind bei Prag zusammengedrängt werden mußte.

Ich wünschte, daß der Verfaßer nicht blos bei dem Können geblieben wäre, sondern uns gezeigt hätte, wie die Oesterreicher bei ihrer einmahl angenommenen Stellung die Vereinigung des Königs mit der Kolonne des Fürsten Moritz hätten verhindern wollen. Wenn er seine Kritik anbringen wollte, so mußte er seine Gründe aus den wirklichen Vorkehrungen des Feindes, und nicht aus wirklichen Voraussetzungen nehmen. Wie kann er den König tadeln, daß er den Fürst Moritz über Paßberg gehen ließ, und selbst mit seiner Armee über Gißhübel und Nollendorf einrükte, da er wußte, daß ersterer wenig vom Feinde vor sich finden würde, und nur einige leichte Truppen Außig und den Paßkopel besetzt hatten. Wie es scheint, so sollte sich der König bei Möglichkeiten aufhalten, anstatt die Fehler zu nutzen, die selbst der Verfaßer den österreichischen Generalen vorwirft. Auch war das Korps des Fürsten nicht so weit von der Armee des Königs getrennt, als es der Verfaßer anglebt. Wer da weiß, wie weit Marienberg von Dresden ist, wird dieses leicht einsehen. Beide Korps konnten sich leicht die Hand bieten, sobald sie in Böhmen eingerükt waren, und ich habe schon oben gezeigt, daß die Oesterreicher dem König nicht das Eindringen verwehren konnten, wenn sie auch wirklich mit ihrer ganzen Armee bei Außig gestanden hätten. Der Verfaßer scheint übrigens zu hohe Begriffe von den Defileen zu haben, die nach Böhmen führen. Die Preußen sind in eben diesem Kriege mehr als einmahl durch sie in Böhmen eingebrungen, und noch in dem Kriege von 1778 gieng der Generallieutenant von Möllendorf über Paßberg bis Kommotau, und mitten im Winter durch die beschwerlichsten Wege bis Brix. Was sind den endlich Defileen für einen General, der Herz und Verstand und tapfre Leute unter sich hat?

Der König befolgte bei der Eröffnung dieses Feldzuges einen von den ersten Grundsätzen des Krieges, nehmlich: den Feind zu überfallen. Um einen Streich von dieser Art mit desto größerm Nachdruk ausführen zu können, muß man auf Mittel denken dem Feind sicher zu machen, und ihm eine hohe Meinung von der Güte seiner Anordnungen beizubringen. Da der König durch den Fürst Moritz, durch den General Manstein, und durch den Prinz Heinrich einige Versuche machen ließ, um sich einen Weg nach Böhmen zu bahnen, ihre

III. Anmerk. Operationen der Preussen bis zur Schlacht vor Prag.

ihre Korps aber hernach wieder zurük zog, so hatte dieses das Ansehen, als ob er bei einem Einbruch in Böhmen zu viel Schwierigkeiten fände, als daß er ihn unternehmen könnte. Den Oesterreichern kann man überhaupt nicht vorwerfen, daß sie eine geringe Meinung von sich haben. Sie ließen sich daher leicht zu dem Wahn verleiten, sich einzubilden, daß das Königsegsche Korps bei Reichenberg, des Herzogs von Ahrenberg bei Eger und einige wenige leichte Truppen in den Gebürgen zwischen Lowosiz und Außig hinreichend seyn würden, dem Könige das Einbrechen zu verwehren. Diese schmeichelhafte Gedanken brachten sie in einen Schlummer, aus dem sie der König mit Kanonen wekken mußte.

Ich will dem Verfasser zugeben, daß nach der Vereinigung mit dem Herzog von Ahrenberg der Feldmarschall Brown eben so stark war, als der König, ich will ihm auch zugestehen, daß er einige gute Stellungen zwischen der Eger und Prag nehmen konnte; allein wie dadurch die Vereinigung des Königs mit dem Feldmarschall Schwerin verhindert werden sollte, kann ich nicht einsehen. Der Herzog von Ahrenberg stießerst bei Welwarn zum Feldmarschall Brown, nachdem der König schon über die Eger gegangen war, welches den 27sten April geschah, und nicht den 26sten, wie der Verfasser sagt. An eben diesem Tage war aber auch schon die Armee des Feldmarschalls Schwerin bei Jung-Bunzlau angekommen. Hätte nun der Feldmarschall Brown irgendwo zwischen Welwarn und Prag einen so festen Posten genommen, daß ihn der König schlechterdings nicht angreifen konnte, ohne sich einer offenbaren Gefahr auszusetzen, geschlagen zu werden, so konnte den Feldmarschall Schwerin nichts hindern, mit der ganzen Armee, oder doch dem größten Theil derselben, die Elbe etwa bei Melnik oder zwischen Melnik und Raudniz zu paßiren, um sich mit dem König zu vereinigen, oder er konnte gerade zu nach Prag marschiren, und dieses würde die Oesterreicher bald genöthigt haben, ihre Stellung zu verlaßen, oder sie hätten erwarten müssen, daß das Königsegsche Korps zum zweiten male wäre geschlagen worden. Da sie überdies so unvorsichtig gewesen waren, ihre Magazine so weit vorwärts zu legen, so befanden sich solche in der Gewalt der Preussen, und sie mußten sich wohl nach Prag zurük ziehen, um ihren Unterhalt zu bekommen.

Es ließe sich eben so leicht zeigen, daß der Feind nach seiner angenommenen Stellung die Vereinigung des Feldmarschalls Schwerin mit dem Herzog von Bewern eben so wenig verhindern konnte. Da der König seinen Entwurf auf Thatsachen und auf die Maaßregeln des Feindes, und nicht auf Möglichkeiten gründete, so konnte er seine Kolonnen sehr wohl so weit von einander trennen, ohne seine Armee der Gefahr einzeln geschlagen zu werden, oder ihrem völligen Untergange auszusetzen. Daß er ohne alle Gefahr über die Moldau in

Gegen-

Gegenwart des Feindes gehen konnte, habe ich schon vorhin bewiesen. Daß alles dieses nicht widrig für ihn ausfiel, hatte er seinen weisen Anordnungen, und nicht seinem guten Glücke zu danken.

IV. Anmerkung.
Die Schlacht bei Prag.

In der Geschichte ist vielleicht nichts schwerer, als die Beschreibung einer Schlacht, wenn sie für den Kriegesmann unterrichtend seyn und das Betragen der streitenden Truppen in ein unpartheiisches Licht setzen soll. Die öffentlichen Nachrichten, welche kurz darauf herauskommen, sind gemeiniglich ein Gewebe von nichtsbedeutenden Umständen, in dem ein jeder Theil seine Fehler zu verbergen, seine Vorkehrungen zu rechtfertigen, die Verdienste seines Gegners zu unterdrücken, und seine eignen auf Unkosten desselben zu erheben bemüht ist. Man giebt sich darin alle Mühe, seinen Hof zu überreden, daß man den Sieg schon in Händen gehabt, daß aber eine Kleinigkeit, ein unvorhergesehener Zufall uns solchen wieder entrißen. Will das nicht zureichen, und ist man gezwungen zu gestehen, daß man geschlagen worden, so nimmt man seine Zuflucht zu der großen Ueberlegenheit des Feindes, um Leuten die keine Begriffe von kriegerischen Vorgängen haben, begreiflich zu machen, daß eine Armee, die 20 oder 30,000 Mann schwächer ist, als der Feind, endlich der Uebermacht nachgeben müßen, nachdem sie alles angewandt, was man von tapfern und unerschrokkenen Soldaten fordern kann. In dergleichen Fällen kömmt es einer Armee sehr zu statten, wenn sich bei derselben Truppen ihrer Bundesgenoßen befinden. Diese müßen denn gemeiniglich der Sündenbok und an allem Schuld seyn. So mußten die Bayern und Würtenberger die Ursach seyn, daß die kaiserlich-königlichen Regimenter bei Leuthen in Unordnung geriethen, und die Schlacht verloren gieng; daß aber bei Kollin die sächsische leichte Reuterei die Schlacht gewann, das wird entweder gar nicht, oder doch nur im Vorbeigehn angemerkt. Bei Roßbach mußte es die Reichsarmee seyn, welche die Franzosen im Stiche ließ, und bei Minden die Sachsen, welche durchgiengen, und den Verlust der Schlacht nach sich zogen. Die Preußen waren niemals in dem Fall, daß sie sich dieses elenden Kunstgrifs bedienen durften.

Die Beschreibungen, welche Lloid von dieser Schlacht zum Grunde legt, um seine Kritik anzubringen, sind gerade von diesem Schlage; ich will daher eine andre geben, von der ich mir schmeichle, daß sie bis auf einigen kleinen Nebenumständen richtig seyn wird.

Sobald

IV. Anmerk. Die Schlacht bei Prag.

Sobald der Prinz Karl das Kommando übernommen hatte, gieng er über die Moldau, und lagerte sich dergestalt, daß der linke Flügel an Prag auf dem Ziskaberge zu stehen kam, der rechte aber sich bis an das Dorf Kyge erstrekte, so daß Maleschütz hinter dem rechten Flügel der Infanterie blieb. Die Armee stand in verschiedenen Treffen, nach den gewöhnlichen Grundsätzen, nehmlich die Kavallerie auf den Flügeln, und die Infanterie in der Mitte. Das Hauptquartier war in Nußl. Die Absicht des Prinzen war, das Korps des Grafen von Königsegg, das durch die Schwerinische Armee zurükgedrengt wurde, an sich zu ziehen, und den Feldmarschall Daun zu erwarten, der mit einem beträchtlichen Korps aus Mähren im Anmarsch war, und Befehl hatte zur Hauptarmee zu stoßen.

Das Lager stand auf einer Kette von Bergen, die von Hortlorzes bis Prag in einem fortlaufen, felsicht, sehr hoch, und an manchen Orten außerordentlich steil sind. Vor denselben liegen längst der Moldau andre, die niedriger sind und größtentheils zu Weingärten gebraucht werden. Zwischen denselben sind die Wege so schmal und unbequem, daß eine Armee mit Kolonnen nicht durchkommen kann. Bei dem Dorf Kyge fangen die Berge an allmählig abzufallen, und dies geht so fort bis oberhalb des Vorwerks Sterboholi, wo sie sich in der Ebene verlieren; so, daß zwischen diesem Vorwerk und den Dörfern Dubetsch, Unter-Michelup und Hostiworz das Terrein so beschaffen ist, daß sich darauf die Kavallerie mit Vortheil in ein Gefecht einlaßen kann. Auf der rechten Flanke und weiter rükwärts befand sich eine Menge Fischteiche, die durch einen kleinen Bach miteinander verbunden wurden, der sich oberhalb Unter-Michelup anfängt, in verschiedenen Krümmungen bei den Dörfern Unter-Potschernitz, Kyge, Hortlorzes, Hlupetin, Wissozan vorbei geht und bei Lüben in die Moldau fällt. Auf der andern Seite sind ebenfalls Berge, die sich bei der Moldau anfangen, und längst dem Bach hinter Prosik über Ghel weiter fort gehen, und ebenfalls sehr hoch und steil sind. Dadurch entsteht längst den Bach ein Grund, durch den man mit einer Armee nicht anders als mit großen Schwürigkeiten gehen kann, weil er die steilen Höhen ungerechnet sehr sumpfig ist. Nur da, wo die Berge etwas niedriger werden, oberhalb Hostawitz in dem Dorf Kyge und zwischen diesem und Hortlorzes finden sich einige Durchgänge, wo aber doch eine Armee noch eine Menge Hindernisse antrift, wenn sie sich ihrer bedienen will. Oberhalb Hostawitz waren einige Teiche abgelaßen worden. Der Boden derselben war mit Gras bewachsen; daher sahen sie in der Entfernung wie Wiesen aus, so daß man sie von den wirklichen Wiesen, die in dieser Gegend längst beim Bache liegen, nicht unterscheiden konnte. Zwischen diesen Teichen befinden sich verschiedene Dämme, um die Gemeinschaft mit den auf beiden Seiten liegenden Dörfern und Feldern zu unterhalten.

halten. An andern Orten sind auch einige Stege, über die aber nur Fußgänger einzeln oder aufs höchste zwei Mann nebeneinander gehen können. Bei Hostawitz und Kyge sind ein paar beträchtliche Seen, und um in das letzte Dorf zu kommen, muß man über einen Damm gehen, der zwischen zwei Seen eingeschlossen ist. Auch ist der See bei Hloupetin eben nicht klein.

Aus dieser Beschreibung des Terreins sieht man leicht, daß der linke Flügel und die Mitte bei dieser ersten Stellung gegen allen Angrif schon so durch die Natur gedekt waren, daß einige Bataillons, wenn man sie auf eine zwekmäßige Art gestellt hätte, schon für sich hinreichend gewesen wären, alle Unternehmungen des Feindes dagegen zu vereiteln. Der rechte Flügel und besonders die Flanke desselben standen zwar auch auf einem vortheilhaften Terrein, allein das Lager konnte auf dieser Seite tournirt werden, und alsdenn hatte es von einem unternehmenden Gegner alles zu befürchten.

Prinz Karl war ein zu erfahrner General, als daß er dieses nicht hätte einsehen sollen. Sobald das Königsegsche Korps zur Armee gestoßen war und er Nachricht bekam, daß der Feldmarschall Schwerin immer näher heran rükte, veränderte er das Lager dergestalt, daß zwar der linke Flügel auf dem Ziskaberge und die Mitte auf den Anhöhen blieb, der rechte Flügel aber zurükgezogen wurde, und eine Flanke oder Haken machte, dessen ausspringender Winkel auf den Anhöhen zwischen Kyge und Maleschütz zu stehen kam. Doch getraute er sich nicht von dem alten Herkommen abzugehen, und die Kavallerie an einen bequemern Ort zu stellen, oder doch wenigstens die Kavallerie vom linken Flügel wegzunehmen, und sie auch auf den rechten Flügel zu setzen, da sie doch in der ersten Stellung gar nicht gebraucht werden konnte. Nach dieser Veränderung befand sich also die Armee in der Stellung F F, so daß der rechte Flügel auf den Höhen hinter Sterboholi zu stehen kam, aber doch noch eine gute Strekke von diesem Vorwerke entfernt blieb. Um die Spitze oder den ausspringenden Winkel dieses Hakens zu dekken, wurden einige Bataillons vorwärts auf den Anhöhen zwischen Kyge und Hloupetin jenseit des Grundes in Q Q gesetzt, ein Retrenchement aufgeworfen, und in P eine starke Batterie angelegt. Sowohl die schwere als die leichte Feldartillerie wurde vor der ganzen Front vertheilt, und auf den Höhen so vortheilhaft gesetzt, daß die Batterien einander flankiren, und die vor ihnen liegende Gegend vollkommen bestreichen konnten. Zum Ueberfluß fieng man an Verschanzungen aufzuwerfen, die aber am Tage der Schlacht theils noch nicht fertig, theils unnütze wurden. Man muß den Oesterreichern die Gerechtigkeit wiederfahren laßen, daß sie in diesem Stükke ein vortrefliches Augenmaaß haben, und ihr Geschütz in einem Lager, in dem sie fest stehen, sehr gut zu benutzen

IV. Anmerk. Die Schlacht bei Prag.

nutzen wissen. An Verschanzungen lassen sie es niemals fehlen, und wenn sie Zeit dazu haben, so kann man sicher darauf rechnen, daß alle Regeln der Kunst dabei angebracht werden. Besonders war der Feldmarschall Daun in diesem Stücke ein wahres Original. Ohngeachtet er allemal stärker war als der König, so verschanzte er sich doch auf eine so ängstliche Art, daß seine Soldaten nicht anders glauben konnten, als daß er nicht das mindeste Zutrauen in sie setzte. In dem Lager, das er 1759 hinter dem Plauenschen Grunde bei Dresden nahm, gieng die Vorsicht in der That so in das Uebertriebene, daß sie auf der andern Seite in das Lächerliche fiel. Es ist bekannt, daß die Berge welche diesen Grund bilden, an den meisten Orten so gerade wie eine Mauer in die Höhe gehen, und also unersteiglich sind. In dem Grunde fließt die Weiseritz, ein Bach, der zwar keine beträchtliche Breite und Tiefe hat, aber einer Armee doch viele Schwürigkeit verursachen würde, wenn sie in einer Entfernung von 50 Schritt vom Feinde darüber setzen wollte. Ueberdies konnte sich keine Armee in dem Grunde formiren. Auf diesem Felsengebürge standen also die Oesterreicher so sicher wie in einer Festung. Dennoch aber musten noch Verschanzungen angelegt werden, und diese wurden in der That so dauerhaft gemacht, daß sie für den Wirkungen einer Zeit von 20 Jahren widerstanden, denn ich habe 1779 einige Batterien noch in dem besten Zustande angetroffen. Wo nur ein Fußsteig aus dem Grunde herauf gieng, lag entweder eine Batterie, die ihn bestrich, oder es war ein Verhau da, der ihn ungangbar machte, und wenn es auch nur ein geschleppter seyn sollte. Wenn man bedenkt, daß damals der König die Schlacht bei Kunersdorf und das Korps des General Fink bei Maxen verlohren hatte, und gewiß nicht halb so stark war als Daun, so weiß ich nicht, was sich der gemeine Mann für Begriffe von dem Heldenmuth seines Heerführers gemacht haben muß. Es giebt im Kriege gewisse Anordnungen, ein gewisses Betragen eines Heerführers, gewiße Grundsätze, die der gemeine Soldat öfters mit vieler Scharfsinnigkeit beurtheilt. Dieser denkt so gut als der Philosoph, und zuweilen, wenn er seinen geraden Menschenverstand braucht, richtiger als er.

Da das System der Taktik der Preußen der Angrif ist, der dem Muth des Soldaten allemal eine neue Stärke giebt, und, wenn sie auch wegen der Menge ihrer Feinde gezwungen sind eine Zeit lang auf der Vertheidigung zu bleiben, bei der ersten Gelegenheit den Schutzkrieg in den Angrifskrieg verwandeln; so lieben sie auch die Verschanzungen nicht, wenigstens treiben sie die Genauigkeit dabei nicht in das Uebertriebene. Ihre Feinde und verschiedene militairische Schriftsteller haben sich daher über ihre Verschanzungen lustig gemacht. In der That dienten sie öfters zu nichts weiter, als die Gewehre an die Brustwehr zu setzen, um sie nicht auf der Erde zu strecken. Kann man wohl daraus den Schluß machen, daß sie keine sonderliche Kenntniß von der Verschanzungskunst hatten? Dieses würde voraussetzen, daß sie die Absicht gehabt hätten sich zu verschanzen, aber das war selten oder vielleicht niemals der Fall. Sie verachteten die Verschanzungen, und wollten nicht in Löcher eingesperrt seyn, aus denen sie nicht mit ihrer gewöhnlichen Lebhaftigkeit auf den Feind losgehen konnten. Sie verließen sich auf sich selbst, auf ihren Muth, und nicht auf aus- und eingehende Winkel von Erdwällen. Es war ihnen lieber Verschanzungen zu stürmen, als sie zu bauen und darin den Feind zu erwarten. Ihre Nachläßigkeit in diesem Stücke gereicht ihnen daher zur Ehre, und nicht zur Verkleinerung.

Ich kann mir nicht einbilden, daß diejenigen von denen ich hier rede, und die ihre Meinung annehmen, im Ernst glauben, daß die Preussen keine Verschanzungen machen können. Was gehört denn dazu? Da alles dabei abgemessen werden kann, so ist das meiste blos handwerksmäßig und eine Sache, die ein Lehrling so gut machen kann, wie der Meister. Oder ist es etwa eine große Kunst, einige Tausend Kubikfuß Erde in die Höhe zu werfen, sie fest zu stampfen, und ihnen eine Gestalt zu geben, wie man sie haben will? Ich bin von dem Nutzen einer guten Verschanzung vollkommen überzeugt, ich weiß auch, daß es Fälle giebt, wo sich selbst eine überlegene Armee verschanzen muß, und daß ein Feldherr niemals die Regeln der Vorsicht aus den Augen laßen darf; aber das ist doch allemal lächerlich, wenn man am hellen Tage mit der Laterne herum geht.

In dieser neuen Stellung glaubte der Prinz Karl sowohl dem Feldmarschall Schwerin als dem König, der noch auf der andern Seite der Moldau stand, die Spitze bieten, und sie ruhig erwarten zu können, wenn sie sich auch vereinigten. Wirklich scheint sie auch diesem Endzweck völlig zu entsprechen. Das Terrein von dem Haken war sehr durchschnitten. Der Feind, der sich darauf formiren wollte, sahe sich in unendliche Schwürigkeiten verwickelt, die ihm die Natur allein entgegen stellte. Während daß er sich durch sie durcharbeiten mußte, war er der Würkung des Geschützes ausgesetzt, die der Wahn zwar größer macht als sie in der That ist, die aber doch allemal sehr mörderisch werden kann, wenn es gehörig bedient wird. Hatte er endlich gegen beides mit der gehörigen Standhaftigkeit gekämpfet, und endlich auch alle Schwierigkeiten überwunden, so gerieth er ermüdet, abgemattet und um einen großen Theil geschwächt in das Feuer einer ihn im Anschlag erwartenden Infanterie, die noch alle ihre Kräfte beisammen hatte und seine Niederlage vollkommen machen sollte. Auf der andern Seite aber hatte dieser Haken den Fehler, daß seine rechte Flanke nicht gehörig angesetzt war. Daher war er ein bloßes Rettungsmittel, das zuweilen gute Dienste thun kann, wenn der Feind schon im vollen Anrennen gegen uns ist, und, ohne sich zu trennen, uns nicht überflü-

geln

IV. Anmerk. Die Schlacht bei Prag.

gehn kann. Allein, wenn wir durch einen Haken unsre Flanke gegen einen Feind zu decken glauben, der in allen Künsten militärischer Bewegungen geübt ist, so ergreifen wir öfters ein Mittel das schlimmer ist, als die Krankheit, die es heben soll. Die Flanke eines Hakens muß eben so gut gedekt seyn, als wenn die Armee in einer geraden Linie steht, und nicht allein gedekt, sondern man muß auch sicher seyn, daß der Feind sie nicht umgehen kann; sonst ist er von gar keinem Nutzen. Der Haken hat überhaupt noch den Fehler, daß die in der Nachbarschaft des ausspringenden Winkels stehende Truppen nicht wohl eine Bewegung rükwärts machen können, ohne einander zu drängen, und dadurch leicht in Verwirrung zu gerathen: wollen sie hingegen gerade vorwärts gehen, so bleibt allemal bei dem Winkel eine Oefnung, und wenn diese zugemacht werden soll, so müssen sich die Truppen von der einen oder der andern Seite rechts oder links ziehen, welches gemeiniglich eine wellenförmige Bewegung in dem Treffen hervorbringt, die wenn sie in Gegenwart eines angreifenden Feindes geschieht, der erste Schritt zur völligen Unordnung ist. Endlich giebt der Haken einem aufmerksamen Feinde die beste Gelegenheit ein kreuzendes Artilleriefeuer anzubringen, und die bei dem Winkel stehenden Bataillons in Front und im Rükken zu fassen.

Der österreichische Feldherr gewann also bei dieser neuen Stellung im Grunde nichts weiter, als daß der Feind weiter herauf marschiren muste, wenn er ihn angreifen wollte. Die Art wie er seine Kavallerie stellte, verräth übrigens keine Züge eines Genies, das sich über den gewöhnlichen Schlendrian erhebt, und nicht zufrieden, daß es das Abc der Lagerkunst angebracht, einen Blik in den Karakter seines Gegners thut, und sich einen Weg macht, den noch kein anderer betreten hat. Wäre er in dieser Stellung geblieben, da die Schlacht wirklich vor sich gieng, so würde er den Preussen viel Blut und Arbeit erspart haben; denn sie würden ihn ohne Schwürigkeit tournirt, und ohne sich an seinen Haken zu kehren, in der Flanke und im Rükken gefaßt haben. Allein von dieser Art eine Armee Trotz der Stärke ihrer Stellung angreifen zu können, indem man eine von ihren Flanken umgeht, scheint er gar keine Begriffe gehabt zu haben. Wirklich hatten sich die Generale in den neuern Zeiten noch nicht über den parallelen Angrif erhoben, selbst Eugen und Marlborough nicht, so große Feldherrn sie auch waren.

Nachdem die Schwerinsche Armee den 4ten bei Brandeis über die Elbe gegangen, und ihr Lager bei Prasstn und Mischitz genommen hatte, beschloß der König mit einem Korps von 20 Bataillons und 38 Schwadrons über die Moldau zu gehen, sich mit dem Feldmarschall zu vereinigen, und den Feind der Stärke seiner Stellung ohngeachtet anzugreifen. In dieser Absicht brach das Korps den 4ten des Nachmittags auf, und marschirte hinter den linken

Flügel

150   Geschichte des siebenjährigen Krieges in Deutschland.

Flügel der Armee, die zu Welleslawin stand, und blieb daselbst die Nacht unterm Gewehr. Den 5ten mit Anbruch des Tages kam der König aus dem Hauptquartier Welleslawin, und rükte mit dem Korps in die Gegend von Pobbaba, wo sich einige Anhöhen befinden, welche die jenseit des Flußes liegenden beherrschen. Die Pontons folgten der Kolonne, und es wurden sogleich Anstalten gemacht die Brükke zu schlagen. Um diese Arbeit zu dekken, wurden die beiden Grenadierbataillons Fink und Wedel und einige Fußjäger in Pontons herüber geschaft, die Grenadier auf die Anhöhen gesetzt, und die Fußjäger in die kleinen Büsche, um die feindlichen Husaren abzuhalten, die auf den Einfall kommen möchten, die Gegend, und was darauf vorgieng, zu recognosciren. Nachdem die Brükke fertig war, ließ der König Drei Kanonenschüße thun, welche dem Feldmarschall zum Zeichen dienten, daß er im Begrif sei über den Fluß zu gehen. Der Uebergang geschahe auch gleich darauf, und das Korps rükte gegen Abend ins Lager bei Czimitz C C. Während des Uebergangs erschienen schon Husaren von Seidlitz, die bei der Schwerinschen Armee standen, woraus man urtheilen konnte, daß diese nicht mehr weit seyn müße.

Den 6ten früh um 5 Uhr brach der König in der Stille auf, und marschirte dem Feldmarschall Schwerin entgegen, der schon um 12 Uhr in der Nacht aufbrach und in vier Kolonnen anrükte. Indem die Tete des königlichen Korps in der Gegend von Strzizow ankam, erschien die Schwerinsche Armee bei D, und die Vereinigung gieng vor sich. Der König ließ darauf die ganze Armee in E E aufmarschiren, so daß der rechte Flügel an Strzizkow und hinter Prosig, der linke aber vor Chwalla zu stehen kam. Se. Majestät verfügten Sich unter der Zeit mit dem Feldmarschall Schwerin weiter vor auf die Anhöhen, ließen einige avandirte Posten vom Feinde durch Kanonenschüße vertreiben, und recognoscirten die Stellung des Feindes. Da er diese von der Art fand, daß sie in der Front nicht angegriffen werden konnte, so begab sich der Feldmarschall im vollem Galop nach dem linken Flügel, um zu untersuchen, ob der Feind nicht auf seinem rechten Flügel tournirt und in der Flanke genommen werden könnte.

Hier wurde Er gleich gewahr, daß des Feindes rechter Flügel sich noch nicht bis an das Vorwerk Sterboholi erstrekte, und an nichts angesetzt war, und mit seiner Flanke in der Luft nur auf kleinen Anhöhen stand, die sich gegen Potschernitz zu, allmählig in der Ebene verlohren, so daß sie in Rüksicht der Infanterie, wenn sie den Angrif machte, nicht viel zu bedeuten hatte. Er sahe ferner, daß rechter Hand vor des Feindes rechtem Flügel eine Ebene war, auf der die Kavallerie angreifen konnte. Vor der Front des rechten Flügels wurde er eine grüne Ebene gewahr, die er für Wiesen hielt, und da verschiedene

V. Anmer. Die Schlacht bei Prag.

schiedene Teiche da waren, welche das Waſſer aufnehmen konnten, ſo war es wahrſcheinlich, daß die Wieſen, wo nicht ganz trokken, doch wenigſtens mit Infanterie zu paſſiren ſeyn würden, indeß die Kavallerie weiter links, und die Artillerie gerade aus über die Dämme gehen, und der Infanterie folgen konnte. Wenn man die Karte zur Hand nimmt, ſo ſieht man leicht, daß der Feldmarſchall richtig urtheilte; daß er die abgelaßenen Teiche, deren Boden voller Schlamm und mit Gras bewachſen war, von den wirklichen Wieſen nicht unterſcheiden konnte, iſt lediglich dem Fehler des menſchlichen Auges zuzuſchreiben. So geübt dieſes iſt, ſo muß es ſeiner Natur nach doch alle Gegenſtände, die einerlei Eindruk auf daſſelbe machen, für einerlei halten, wodurch man ſich denn freilich öfters betrogen findet, wenn man Gelegenheit hat, alles näher zu unterſuchen.

Sobald der Feldmarſchall dem Könige von ſeiner Beſichtigung Bericht abgeſtattet, bekam die Armee ſogleich Befehl treffenweiſe links abzumarſchiren. Dieſer wurde auch mit ſolcher Schnelligkeit ausgeführt, daß man die preußiſche Armee manövriren, und ihre Stärke und Leichtigkeit in Bewegungen geſehen haben muß, wann man ſich einen deutlichen Begrif davon machen will. Die Oeſterreicher wurden dies alles nicht eher gewahr, als bis die Tete beinahe ſchon an Unter-Potſchernitz erſchien. Vielleicht war auch das geburgigte Terrein Urſach, daß ſie dieſen Marſch nicht entdekken konnten, vielleicht aber auch die Meinung, in der ſie ſtanden, daß ſie der König wenigſtens an dieſem Tage nicht angreifen würde oder könnte; denn ſie hatten ihre Kavallerie nach Fourage geſchikt, und die Infanterie ſtand ruhig in ihrem Lager. Nunmehr aber merkten ſie, daß es Ernſt werden dürfte, und dachten auf Vorkehrungen die Abſicht des Königs zu hintertreiben. Die Kavallerie bekam Befehl ihre Fouragierer zurük zu holen, ſo geſchwinde als möglich aufzuſitzen, und alsdenn ſich weiter rechts in der Ebene hinter Unter-Micholup zu ſetzen: Zugleich ließ der Prinz Karl die Kavallerie vom linken Flügel in der größten Eil abmarſchiren, um die vom rechten Flügel zu verſtärken. Beides wurde noch zu rechter Zeit bewerkſtelligt, die Kavallerie ſetzte ſich in dreien Treffen, und um der preußiſchen das Vorrükken deſto beſſer verwehren zu können, machte der General Haddik mit ſeinen Huſaren vorwärts einen Haken, deſſen rechter Flügel nicht weit von dem Teich bei Unter-Micholup zu ſtehen kam, und er alſo mit der übrigen Kavallerie einen eingehenden Winkel machte. Die Infanterie mußte zu gleicher Zeit rechts abmarſchiren, und ungeachtet dieſe Bewegung mit vieler Ueberellung geſchahe, ſo kam ſie doch noch auf den Höhen hinter Sterboholi an, ehe die preußiſche Armee aufmarſchirt war. Unterdeſſen ſetzte die Armee des Königs ihren Marſch immer fort. Die Infanterie ließ ſie unter Potſchernitz links, die ſchwere Artillerie und ein großer Theil der Kavallerie aber giengen durchs Dorf.

Dorf. Sobald der linke Flügel in der Gegend von Sterboholi kam, befahl der Feldmarschall, daß aufmarschirt und der Feind angegriffen werden sollte. Ein Theil der Infanterie gieng also über die Dämme, einige Bataillons mußten sogar über Stege defiliren, und die übrigen suchten so gut wie sie konnten über die Wiesen zu kommen. Dieses geschahe nun wohl eben nicht in der besten Ordnung und konnte auch nicht geschehen. Die Dämme waren sehr schmal, und also sahen sich die Bataillons genöthigt, theils abzubrechen, theils rottenweise zu defiliren. Diejenige, die über die Wiesen giengen, fanden sie sumpfigter als sich der Feldmarschall vorgestellt hatte. Besonders verursachten die abgelaßenen Teiche viele Hindernisse: die Bataillons, welche auf sie zu kamen, blieben beinahe in dem Schlamme stecken. So fielen die Leute, von Regiment Meierrink und Treskow bis an die Knie in den Morast, und mußten alles anwenden, um sich durchzuarbeiten. Verschiedene Bataillons konnten ihre Kanonen nicht fortbringen, und sahen sich daher ihrer Unterstützung beraubt, in einem Zeitpunkte, da sie solche gegen einen Feind am nöthigsten gebrauchten, der indeßen Zeit gewonnen hatte, seine Front mit einer zahlreichen und wohl bedienten Artillerie zu besetzen.

Indeßen gelang es doch dieser unerschroknen Infanterie, alle Hindernisse zu überwältigen, und sich endlich zu formiren. Dieses geschahe ohngefähr um Ein Uhr. Es wäre gut gewesen, wenn sie einen Augenblik Halt gemacht und sich etwas erholt hätte, denn sie war äußerst abgemattet. Allein ihr Ungestüm war so groß, daß sie ohne Zeitverlust auf den Feind losgieng. Dieser erwartete sie mit vieler Kaltblütigkeit, fieng aber mit seiner Artillerie ein entsetzliches Feuer an. Der König hatte den Befehl gegeben, daß die Bataillons sich in kein klein Gewehrfeuer einlaßen, sondern den Feind mit aufgepflanztem Bajonet angreifen sollten. Dieser Befehl wurde pünktlich befolgt. Trotz der fürchterlichen Kanonade rükte die Linie in einer beßern Ordnung an, als bei solcher Gelegenheit zu erwarten ist. In einer Entfernung von 400 Schritt vom Feinde fällte sie das Gewehr, um den Feind durch die Heftigkeit ihres Stoßes mit einemmale übern Haufen zu werfen. Jetzt wurde aber das feindliche Kartätschfeuer so wütend, so mörderisch, daß es kaum mehr möglich war, die Lükken, welche es in den Bataillons verursachte, wieder zu zu machen. Die bis dahin so unerschrokken avancirenden Grenadier wurden also gezwungen zu welchen, und ihnen folgten die neben ihnen stehenden Regimenter. Das Regiment Fouquet verlohr dabei seine vier Regimentskanonen, und einige Fahnen, auch blieben noch hin und wieder einige Feldkanonen stehen. Als die österreichischen Grenadier dies sahen, kamen sie in der That vom Berge herunter, und verfolgten die Preußen mit vielem Ungestüm und den Säbel in der Hand. Dieses Manöver haben sie bei einigen Gelegenheiten in diesem Kriege angebracht, es ist ihnen aber gemeiniglich übel bekommen.

IV. Anmerk. Die Schlacht bei Prag.

kommen. Gemeiniglich gebrauchen sie es, wenn sich der Feind zurük setzt, und in diesem Falle scheint es bei dem ersten Anblik von einigem Nutzen zu seyn. Wenn man es aber mit der heutigen Einrichtung unserer Waffen zusammen hält, so wird man bald gewahr, daß es allemal übel angebracht ist. Der Infanterist, wenn er den Säbel ergreift, muß entweder das Gewehr umhängen, oder wegwerfen; thut er das erste, so hindert es ihn alsdenn im Marsche, im letzten Falle aber setzt er sich außer Vertheidigung. In beiden Fällen aber muß er gleich zurük, sobald der Feind sich wieder setzt, und mit dem Bajonet auf ihn los geht, oder die zweite Linie anrüken läßt. Die Oesterreicher haben diese Gewohnheit bei den Türken gesehen, deren Janitscharen wirklich nach einigen gethanen Salven aus ihrem Gewehre mit dem Säbel angreifen. Sie bedenken aber nicht, daß die Türken den Gebrauch des Bajonets noch nicht kennen, welches für den Infanteristen unendlich besser ist als alle Säbel. Indessen scheinen die kaiserlichen Grenadier sich viel davon zu versprechen und es als einen Beweis ihrer Herzhaftigkeit anzusehen, wenn sie sich desselben bedienen. Wenn aber der Soldat sonst recht brav seyn will, so kann er sich des Bajonets mit unendlich mehrerem Nutzen bedienen, es sey beym Angreifen oder Verfolgen, und der Angrif seines Gegners mit dem Säbel wird ihm alsdenn nur lächerlich vorkommen. Auch hat kein einziger österreichischer Grenadier einen Hieb angebracht, sondern die Bataillons, welche zum Weichen gezwungen wurden, zogen sich, ob zwar mit schnellen Schritten und in ziemlicher Verwirrung hinter Sterboholi bis an die Teiche von Dubetsch zurük.

Die Kavallerie vom linken Flügel der schwerinschen Armee war indessen über den Damm bei Sterboholi gegangen, und formirte sich in der Ebene linker Hand dieses Vorwerks, so daß der linke Flügel derselben an die Fischteiche bei Unter-Micholup stieß. Diese Teiche waren ohngefähr ein paar hundert Schritt lang, und hinter denselben erwartete sie die österreichische, ohne ihr bei dem Uebergang und Aufmarsch einige Hindernisse in den Weg zu legen. Da der Feind die preußische in so vielen Schwürigkeiten verwikelt sahe, so hatte er entweder kein Augenmaaß, oder er war in Verlegenheit, was er thun sollte. Aus dieser wurde er bald gerissen; denn sobald die preußische Kavallerie aufmarschirt war, grif der Prinz von Schöneich, der sie kommandirte, die feindliche an, warf die erste Linie über den Haufen, verlohr aber dabei seine beiden Flanken, wurde daher überflügelt, und durch das zweite Treffen des Feindes, welches sogleich vorrükte, nun auch zurükgeschlagen. Er setzte sich zwar wieder, und grif den Feind von neuen an, durchbrach seine Linie an einigen Orten, an andern aber gelang dieses nicht, außer daß der Obrist Wormery, der seinen Posten auf dem linken Flügel hinter der Infanterie hatte, mit 5 Schwadrons Putkammerschen Husaren vorgieng

vorgieng, den Teich bei Unter-Michelup rechts ließ, und so geschikt manövrirte, daß er dem General Haddik mit seinen Husaren in die Flanke kam, und verschiedene Regimenter feindlicher Kavallerie nicht allein zerstreute, sondern auch den Feind nöthigte, vom Verfolgen der aufs neue zurükgeschlagenen Kavallerie abzustehen. Es ist mit dem Kavalleriegefechte nicht so wie mit dem Gefechte der Infanterie; wenn diese den Feind geworfen, so kann sie in der besten Ordnung fortgehen, und ihren Sieg weiter verfolgen. Allein die Kavallerie muß Appel blasen laßen, um sich aufs neue zu formiren; dieses giebt dem Feinde Gelegenheit, eben das zu thun und sich wieder zu setzen. Dieses geschahe auch hier. Die preußische Kavallerie formirte sich aufs neue, und da auch noch mehrere Regimenter vom rechten Flügel der Armee heran gekommen waren, als die Ziethenschen und Wernerschen Husaren, so gieng sie auf den Feind aufs neue los und dieser Angrif war entscheidend. Die ganze österreichische Kavallerie wurde zerstreuet, ein Theil davon auf ihre Infanterie geworfen, und der übrige gezwungen sich über Sabietitz und unter Michle zurük zu ziehen. Einige Regimenter der feindlichen Kavallerie versuchten zwar, sich noch einmal zu setzen, allein das Dragonerregiment Stechow vereinigte sich mit den wieder durch den Obrist Warneri gesammleten Husaren von Putkammer, grif sie aufs neue an, warf sie über den Haufen, und nahm dem Regiment Erzherzog Joseph seine Standarten. Daburch gerieth der rechte Flügel der österreichischen Infanterie ebenfalls in Verwirrung, und diese wurde noch größer, als auch einige Schwadrons der Preußen Gelegenheit fanden, in sie einzuhauen.

Während des Gefechts der Reuterei war der Feldmarschall Schwerin sehr geschäftig, die geschlagene Infanterie wieder in Ordnung zu bringen. Er gab Befehl, daß sogleich einige Bataillons aus dem zweiten ins erste Treffen rükken und den Feind zurük treiben sollten. Dieses geschahe den Augenblik. Indessen war es ihm sehr unangenehm, daß sich sein Regiment durch das Beispiel der neben ihm stehenden zur Nachfolge verleiten laßen. Daher stieg er vom Pferde, setzte sich an der Spitze desselben, nahm die Fahne in die Hand, und starb als ein wahrer Held den Tod fürs Vaterland. Die Geschichte liefert uns nur wenig Beispiele von so heldenmüthigen, so patriotischen Gesinnungen. Mit Recht bahnte sein Tod den Weg zum Siege. Sterbend sahe er, daß ihm sein Regiment und die übrige Linie, die sich wieder gesetzt hatte, folgte, und den Feind aufs neue angrif. Verschiedne Generale folgten zugleich dem Beispiele ihres Feldmarschalls, stiegen vom Pferde und führten ihre Brigaden zu Fuße an. Dieses und ihr beherztes Zureden gab dem weichenden Soldaten neue Stärke. Der Feind, der sie verfolgte, konnte ihnen nunmehr nicht mehr widerstehn. Er gerieth in Verwirrung, und mußte auf die Flucht bedacht seyn.

Diese

IV. Anmerk. Die Schlacht bei Prag.

Diese, sagt ein rußischer Officier, der damals bei der kaiserlichen Armee als Volontair stand, und dessen schriftlicher Aufsatz in der bei Leutthen erbeuteten Bagage gefunden worden, war so unordentlich, daß alles auf dem Felde wie eine Heerde Schaafe herum lief, und 200 preußische Husaren im Stande waren, Fünf Regimenter zu jagen. Der Feind konnte sich auch um so weniger länger halten, da nicht lange darauf seine ganze Kavallerie geschlagen war.

Durch die Bewegung, welche die österreichische Armee in Gegenwart des Königs nach ihrem rechten Flügel herauf machte, um den Haken zu bilden und mehr Terrein zu gewinnen, um nicht in der Flanke und im Rücken angegriffen zu werden, mußten nothwendig verschiedene Unbequemlichkeiten entstehen. Erstlich, da der Marsch in der größten Uebereilung geschahe, das Trerrein auch einem schnellen Marsche wegen der Berge, Defileen und Dörfer eben nicht günstig war: so mußten sich die Kolonnen nothwendig verlängern, dergestalt daß, nachdem sie wieder aufmarschirten, und die Bataillons sich aneinander schlossen, und dieses nach dem rechten Flügel zu geschahe, bei dem ausspringenden Winkel eine beträchtliche Lükke entstehen mußte. Zweitens, da sich die Linie G G nach dem rechten Flügel richtete, der auf den Anhöhen hinter Sterboholl stand, so mußte der linke Flügel des Hakens G G natürlicher Weise vorprellen, um sein Allignement zunehmen, und dadurch wurde der Raum zwischen dem Haken und dem übrigen Theil der Armee, der nunmehr die linke Flanke machte, und mit dem rechten Flügel an das Dorf Hortlorzes sties, noch mehr vergrößert. Dieses scheint die wahre Ursach der Oefnung zu seyn, die bei der feindlichen Armee entstand, und nicht das Vordringen des rechten Flügels; denn, wenn ihm auch die ganze Linie gefolgt wäre, so konnten ein paar hundert Schritt dabei nicht viel bedeuten, und mehr als 300 bis 400 Schritt gieng der rechte Flügel nicht vor. Ich glaube vielmehr, daß sich der Feind zuviel auf das beschwerliche Terrein zwischen Kyge und Hortlorzes und auf die vorwärts stehenden Posten Q Q verließ, der auch in der That geschikt gewesen wäre, diese Lükke vollkommen zu bessen, wenn er besser und nachdrüklicher unterstüzt worden wäre.

Der König übersahe die Folgen dieses Manövers mit einem Blik; daher war gar nicht zu zweifeln, daß er sich dieses Fehlers zu Nuze machen würde. Sobald also die Armee so weit links marschirt war, daß die Grenadier vom rechten Flügel an den Weg kamen, der von Sattalize nach Kyge geht, so gab er Befehl, den Posten bei Q Q anzugreifen. Der General Manstein, der die Grenadierbataillons Kanitz, Fink und Wedel *) in seiner Brigade hatte, ließ sogleich aufmarschiren, rükte gegen diesen Posten an, und wurde dabei durch die Kavallerie S S und die Infanterieregimenter Itzenpliz

---

*) 2 Kompagnien Winterfeld und 2 Forkade.

156 Geschichte des siebenjährigen Krieges in Deutschland.

und Manteufel unterstützt. Die Grenadier marschirten nach dem erhaltenen Befehle ebenfalls mit aufgepflanztem Bajonett an, fiengen auch nicht eher an zu feuern, als bis sie von dem Feinde das Weisse im Auge sehen konnten, und würden dieses nicht einmal gethan haben, wenn sie nicht durch das feindliche Kartätschfeuer schon so viel Schaden gelitten hätten.

Nachdem sie ein paar Salven gethan, zog der Feind seine Artillerie aus der Verschanzung und gieng zurük, während die Grenadier im beständigen Avanziren blieben, und ihn immer vor sich her trieben.

Die Eroberung dieses Postens war von der größten Wichtigkeit. Da sich die preußische Armee vom linken Flügel an bis nach dem rechten hinauf nach und nach mit dem Feinde einließ, so fiel die Batterie P den Bataillons, welche jenseits Kyge und Hostawitz angriffen, sehr beschwerlich, weil sie ihnen beständig in die Flanke schoß. Sodann kam nunmehr die Infanterie nicht allein dem Haken G G in die linke, sondern auch dem bis an den Ziska-Berg stehenden Feind in die rechte Flanke, und ihre Artillerie konnte mit dem größten Nachdruk gebraucht werden, um beide Linien des Feindes ihrer ganzen Länge nach zu bestreichen. Beides mußte in kurzer Zeit die Schlacht entscheiden, und entschied sie auch. Der König gieng unterdessen mit dem rechten Flügel durch und um das Dorf Kyge, und drang mit Ungestüm in die Oefnung. Allerdings geschah dieses nicht eher, als nach Ueberwindung einer Menge von Schwierigkeiten, womit das Terrein angefüllt war, und indem die Regimenter Wunder der Tapferkeit thaten. Der Verlust, den einige litten, war außerordentlich. Das Regiment Winterfeldt grif eine Batterie an, wobei es über 1000 Mann verlor. Besonders traf dieses Schiksal das erste Bataillon. Allein es avanzirte auch unter dem stärksten Kartetschfeuer, als wenn es eine Revüe gemacht hätte. Die Grenadier von Moritz und Manteufel*), welche zur Unterstützung anrükten und ihnen zuriefen: Kameraden! laßt uns heran, ihr habt nun Ehre genug! hatten kein besseres Schiksal. Dennoch wurde der Feind endlich geworfen und gezwungen seine erste Stellung auf den Anhöhen hinter Kyge und Sterboholi zu verlassen.

Nachdem sich hierauf die preußische Armee wieder einigermaßen und so gut, als es bei dergleichen hartnäkkigem Gefechte geschehen kann, in M M allignirt hatte, blieb sie in beständigem Avanziren und trieb den Feind vor sich her. Dieser setzte sich indessen einigemal in R R, so daß wenn er von einem Berge hinunter geworfen war, auf dem andern schon wieder eine neue Linie stand, welche die fliehenden Truppen durchließ und sich auf das hartnäktig-

---

*) Bataillon von Wreden.

IV. Anmerk. Die Schlacht bei Prag.

tigste wehrte. Da indessen die preußische Armee W W sich während des Avantirens immer mehr links nach der Moldau zog und der feindliche rechte Flügel schon völlig geschlagen war, so daß er sich durch Michle und Sabietitz in voller Zerstreuung zurükzog, so wurde der Mitte und dem linken Flügel der Rükzug abgeschnitten, und beide waren gezwungen, sich in Prag zu werfen. Der König war nach geendigter Schlacht so weit vorgerükt, daß der rechte Flügel nicht weit vom Invalidenhause und der linke, der durch Michle ging, in einer geringen Entfernung vom Wischerab zu stehen kam. Nach der Schlacht versuchte der Feind durch Prag zu gehen und sich über Schmichow und Königssaal zurükzuziehen; er wurde aber von dem Feldmarschall Keith zurükgewiesen und genöthigt, sich wieder in die Stadt zu ziehen. Eine andre Kolonne versuchte längst der Moldau hinter dem Wischerab fortzugehen, sie wurde aber durch den linken Flügel des Königs daran verhindert. Während der Schlacht sollte der Fürst Moritz bei Branik, oberhalb Prag, eine Brükke über die Moldau schlagen, um dem Feind in den Rükken zu kommen. Da er aber nicht Pontons genug hatte, so mußte er diese Unternehmung aufgeben, und konnte weiter nichts thun, als den Feind bei seinem Rükzuge kanoniren. Hätte er seine Absicht erreicht, so wäre die ganze Armee aufgerieben worden.

So endigte sich die Schlacht bei Prag, in der beide Theile mit einer außerordentlichen Tapferkeit fochten. Es giebt Leute, die in ihrer Verehrung des Alterthums so weit gehen, daß sie die alten Griechen und Römer in diesem Stükke als Riesen, die neuern Truppen aber als Zwerge betrachten. Wären sie Augenzeugen von den in diesem Kriege vorgefallenen Schlachten gewesen, oder nähmen sie sich die Mühe alle Umstände dabei mit Kaltblütigkeit, mit einem unbefangenen und nicht mit einem durch alle Künste der Beredsamkeit aufgepußter Beschreibungen angefüllten und erhißten Kopfe zu untersuchen, und darüber nachzudenken, so würden sie finden, daß wir den Alten an Muth, Herzhaftigkeit, und selbst im Patriotismus nicht nur nichts nachgeben, sondern sie in manchen Fällen vielleicht weit hinter uns lassen. Die Preußen thaten gewiß alles, was von geübten braven und patriotisch denkenden Soldaten zu erwarten ist. Ich will im Vorbeigehen nur ein Beispiel anführen. Nachdem das Regiment von Ihenpliß die feindliche Linie schon durchbrochen hatte, stieß es auf einen etwas breiten Graben, der sehr sumpfig zu seyn schien. Hin und wieder lagen einige Stangen, die für Fußgänger dienten, wenn sie hinüber wollten. Die Leute fingen auch an, einzeln hinüber zu defiliren. Der Prinz Heinrich, der sie anführte, ward dieses kaum gewahr, als er vom Pferde stieg, es laufen ließ, zuerst in den Graben sprang und ihnen zurief: Bursche folgt mir! In dem Augenblik sprang das Regiment in den Graben bis an den halben Leib, und setzte aufs neue in den Feind, den es dann auch gleich wieder zum Weichen brachte. — Die Schwerinsche Armee war die Nacht schon aufgebrochen. Indem sie ankam, mußte sie beinahe noch eine Meile durch das beschwerlichste Terrain marschiren. Da sie endlich den Angrif machen sollte, fand sie alles vor sich, was Natur und Kunst nur zusammen bringen können, um ihren Muth niederzuschlagen. Moräste, durch welche sie waten, Höhen, die sie hinan klettern mußte, und auf diesen den Feind gedekt durch eine fürchterliche Menge Geschütz, das ihnen den Tod entgegen rollte. Dennoch ließ sie sich dadurch nicht abschrekken, sondern grif an. Es war kein Wunder, daß einige Bataillons in Unordnung kamen und zurükgingen. Allein dieses kann man eigentlich keine Flucht nennen, die menschliche Natur übte ihre Rechte aus, der abgemattete Soldat brauchte einige Erholung. Sie wichen daher auch nicht weiter, als bis sie aus der feindlichen Kanonade kamen, und hielten sich auch keine längere Zeit auf, als sie gebrauchten, um Kräfte zu sammeln und sich wieder zu einem neuen Angrif in Ordnung zu stellen. Wenn ein Bataillon in dem ersten Treffen zurükgeschlagen wurde, so rükte gleich ein anderes aus dem zweiten in dessen Stelle, das erste setzte sich und folgte sogleich wieder. Kein Bataillon ist zweimal zurükgeschlagen worden, und verschiedene gar nicht, besonders die alten Märkischen und Pommerschen Regimenter.

Was Lloyd bei Gelegenheit dieser blutigen Schlacht anmerkt, mögen vielleicht einige sehr gut angebracht finden, ich für mein Theil aber bin einer ganz andern Meinung. Um die Schlachten des Königs übersehen zu können, muß man sich in einem ganz eignen Standpunkte befinden. Sie haben durchgehends so etwas originelles an sich, und unterscheiden sich so merklich von allen sowohl in den alten als neuern Zeiten, daß man die gewöhnlichen Grundsätze nicht allemal dabei anbringen kann, wenn man auch den Puisegur, Quincy und Feuquiere auswendig weiß. Ohne sich durch das Beispiel seiner Vorgänger zur Nachahmung fortreißen zu lassen, schuf er sich selbst ein System, dessen Grundsätze nur wenigen bekannt sind. Sein Genie scheint die Kriegswissenschaft auf eine Höhe der Vollkommenheit gebracht zu haben, auf der sie entweder stehen bleiben oder wieder herunter steigen muß. Seine Truppen waren schon damals in allen Arten von Bewegungen so geübt, daß das Manövriren mit einer ganzen Armee keinen größern Schwierigkeiten unterworfen zu seyn schien, als der Aufmarsch eines einzelnen Bataillons. Ueberdies erfand sein reichhaltiges Genie ganz neue Arten von Entwikkelungen, wovon die größten Generals des Alterthums und der neuern Zeiten nicht einmal einen Begrif hatten. Man setze zu allem diesen, daß er aus den Majedoniern, die ihm sein Vater hinterließ, Spartaner zu bilden wußte;

IV. Anmerk. Die Schlacht bei Prag.

wußte; so wird man vielleicht begreifen, warum er den gegen ihn vereinigten Mächten von Europa wiederstehen konnte, und nie größer erschien, als wenn er äußerst bedrängt oder durch Niederlagen geschwächt war.

Unter den verschiedenen Gründen, die einen Feldherrn bewegen können, eine Schlacht zu liefern, ist vielleicht keiner wichtiger als der, wenn man durch den Gewinn die ganze feindliche Macht auf einmal zerstören kann, ohne daß der Verlust derselben einen mehr als gewöhnlichen Einfluß auf den übrigen Theil des Feldzuges haben kann. Dieses scheint gegenwärtig der Fall gewesen zu seyn. Es war allerdings möglich, daß der König bei den besten Anstalten geschlagen werden konnte, und dieses wußte er gewiß. Allein würde dies dem Feldzuge eine außerordentlich nachtheilige Wendung gegeben haben? Er verlor sechs Wochen darauf eine Schlacht unter weit schlimmern Umständen, da seine Armee vielleicht 30,000 Mann schwächer war, und dennoch gewann der Feind am Ende des Feldzuges — Nichts.

Da der König gegenwärtig es mit den Oesterreichern nur noch allein zu thun hatte, so kam es, wie Lloyd selbst ganz richtig bemerkt hat, darauf an, einen kühnen und entscheidenden Streich zu wagen. Wenn man sich in diesem Falle befindet, so ist keine Zeit zu verlieren; der Entschluß muß kurz gefaßt und mit Schnelligkeit ausgeführt werden. Das Unerwartete bringt zuweilen eine bessere Wirkung hervor, als ganze Batterien. Ueberdies entdeckte der König in der Lage, in der sich die Oesterreicher und er selbst befanden, gewiß mehr als andere Generale; er übersah mit einem Blik die Mittel zu seinem Zwek zu gelangen, kannte alle Auswege, die er bei den vorkommenden Hindernissen nehmen und alle Quellen, aus denen er bei den widrigsten Zufällen Hülfe schöpfen konnte. Daher konnte er sich auch in Unternehmungen einlassen, die seinen Gegnern zu verwegen waren, und außer der Sphäre ihres Muths und ihrer Einsichten lagen.

Die Gründe, durch die sich nach Lloyd der König hätte sollen abhalten lassen, den Feind anzugreifen, nämlich: weil es nicht wahrscheinlich war, daß er den Feind in einem so festen Lager schlagen würde — weil dieser in der Nachbarschaft einer Festung stand — weil er daraus keinen großen Vortheil ziehen konnte, indem der Feind aus Prag gleich wieder heraus marschiren und den Feldmarschall Keith angreifen konnte — sind sehr alltäglich und von gar keiner Erheblichkeit. Schon deswegen würde sich ein anderer General dazu entschlossen haben, da die Daunsche Armee im Begrif war sich mit der Hauptarmee zu vereinigen. Wäre dies geschehen, so war es nach den Grundsätzen des Verfassers noch weniger wahrscheinlich, daß er den Feind schlagen würde. Er hätte seinen

nen Marsch auf Kollin und Kuttenberg richten sollen; sagt Lloyd. Dies verdient eine genauere Untersuchung.

Ich will annehmen, der König hätte den Entschluß gefaßt, den Prinz Karl bei Prag stehen zu lassen und die Magazine der Oesterreicher in Kollin und Kuttenberg wegzunehmen; so waren dazu zwei Wege. Erstlich konnte er die Schwerinsche Armee und das Korps, mit dem er über die Moldau ging, nehmen und dem Feldmarschall Daun entgegen marschiren. Zweitens konnte er auch noch das Keithsche Korps an sich ziehen und mit seiner ganzen vereinigten Macht auf der andern Seite der Moldau agiren.

Hätte er den Feldmarschall Keith auf der linken Seite der Moldau stehen lassen, so hatte der Prinz Karl freie Hand dieses Korps anzugreifen, und dann war es höchst wahrscheinlich, daß ihm seine große Ueberlegenheit den Sieg verschaft haben würde. Der Feldmarschall durfte es nach den Regeln der Vorsicht und Klugheit gar nicht wagen, sich in eine Schlacht einzulassen und mußte sich sogleich nach Welmarn und Budin zurückziehen, um Sachsen zu decken. Hätte dieses der König ruhig geschehen lassen und wäre immer weiter vorgedrungen, so konnte der Prinz Karl ohne Gefahr ein Korps nach Brandeis und Jung-Bunzlau detaschiren, und die daselbst befindlichen Magazine zerstören, aus denen der König seinen Unterhalt erhielt. Dadurch wäre seine Armee in keine geringe Verlegenheit gerathen.

Eben dieses konnte geschehen, ohne daß der Prinz Karl einmal nöthig hatte, den Feldmarschall Keith anzugreifen; wenn der König darauf bestanden hätte, den Feldmarschall Daun in das Innere von Böhmen mit seiner ganzen Armee zu verfolgen. Dieser würde sich gewiß immer weiter zurückgezogen haben; denn dieses stimmte nicht allein mit seinem Karakter überein, sondern er verschafte auch dadurch dem Prinz Karl Gelegenheit dem Könige in den Rücken zu kommen und ihn gänzlich von seinen Vorrathsniederlagen abzuschneiden. Dieses wäre also zu einer Jahreszeit, wo noch nicht einmal recht Gras auf dem Felde war, von Seiten des Königs der Zug eines Karls XII nach der Ukraine gewesen, bei dem er sich, um ein paar Magazine zu erobern, deren die Oesterreicher mehrere weiter rückwärts hatten, der Gefahr aussetzte, von dem Feldmarschall Keith und von Sachsen gänzlich abgeschnitten zu werden, und zwischen zwei Feuer zu gerathen.

Man kann hier sagen: der König mußte den Feldmarschall Keith auf der linken, ein Korps von 40,000 Mann auf der rechten Seite der Moldau stehen lassen, um die Gemeinschaft mit seinen Magazinen sicher zu stellen, und mit den übrigen etlichen 30,000 Mann dem Feldmarschall Daun entgegen gehen und ihn

IV. Anmerk.   Die Schlacht bei Prag.

ihn soweit als möglich zurük treiben. Zugestanden und nun der Nutzen und Erfolg dieser Vorkehrungen? Wollte das bei Prag zurükgelaßne Korps die Gemeinschaft mit dem Korps des Feldmarschalls Keith nicht verlieren, so mußte es mit dem rechten Flügel an der Moldau und mit dem linken gegen oder vor Brandeis stehen. Unterdessen daß nun der König dem Feldmarschall Daun immer weiter nachging, durfte der Prinz Karl nur rechts marschiren, so mußte dieses Korps sich den Augenblik zurükziehen, um die Magazine in Brandeis und Jung-Bunzlau nicht zu verlieren, oder der österreichische Feldherr konnte es auch angreifen, da er ihm um ein Großes überlegen war. Wollte er endlich auch dieses nicht wagen, so gab ihm die Menge seiner leichten Truppen Gelegenheit an die Hand, ein starkes Korps rechts über die Elbe und Iser zu detaschiren, um die Magazine in Jung-Bunzlau wegzunehmen, wodurch sowohl der König als auch das zurükgelaßne Korps gezwungen waren, sich wieder zurükzuziehen. Wollte hingegen dieses Korps sich hinter der Elbe bei Alt-Bunzlau setzen, so wäre des Königs Armee durch diese Stellung in drei Theile getheilt gewesen, und da jedes mit dem andern entweder gar keine oder doch nur eine höchst unsichere Gemeinschaft hatte, so lief es nicht allein Gefahr geschlagen zu werden, sondern es würde auch vielleicht wirklich geschehen seyn, sobald es die Schlacht annahm und die Oesterreicher ihre ganze bei Prag stehende Macht gebrauchten. Ich sehe auch gar nicht, wie der König auf diese Art die Vereinigung des Prinzen Karls mit dem Feldmarschall Daun verhindern wollte, da ein jeder dem andern entgegen marschiren konnte. Endlich würde der Feldzug in nichts weiter, als in Hin- und Hermärschen bestanden haben, die Armee des Königs wäre durch Fatiguen herunter gekommen und zuletzt hätte sie doch wieder Böhmen verlassen müssen. Ueberdies hätte dies Betragen des Königs den Muth seiner Truppen niedergeschlagen, eine gewisse Furcht angezeigt, und seine Feinde kühn, vielleicht verwegen gemacht. Der König ist ein zu großer Feldherr, um dergleichen Fehler zu begehen.

Am wenigsten aber konnte der König auch noch das Korps des Feldmarschalls Keith an sich ziehen, um auf der rechten Seite der Moldau mit desto größerm Nachdruk zu Werke zu gehen. Durch diesen Schritt hätte er den Augenblik alle Gemeinschaft mit der Elbe, mit Sachsen und den in diesem Lande angelegten Magazinen verloren. Die Oesterreicher konnten alsdann, ohne sich beträchtlich zu schwächen, ein starkes Korps auf der linken Seite der Elbe abschiken, das bis in Sachsen vordringen, sich aller Magazine bemächtigen und vielleicht Dresden erobern konnte. Marschirte alsdann der König nach Kollin und Kuttenberg, wie Lloyd es haben will, so konnte der Prinz Karl

162　Geschichte des siebenjährigen Krieges in Deutschland.

Karl ihm immer zur Seite marschiren und vielleicht Gelegenheit finden, durch leichte Truppen die Magazine in Braudeis und Bunzlau wegzunehmen, oder doch dem König die Gemeinschaft mit denselben außerordentlich zu erschweren. Dieses würde den König wieder gezwungen haben, zurükzugehen. Allerdings konnte er den Prinz Karl angreifen, und er würde auch damit nicht gesäumt haben. Hätte er aber bei dieser Art zu verfahren das Unglük gehabt, in der Gegend von Kuttenberg oder Kollin eine Schlacht zu verlieren, so konnte er die Gemeinschaft mit Sachsen gar nicht wieder erhalten. Denn da die Oesterreicher in diesem Falle Meister von der Elbe waren, wie ich vorhin gezeigt, so wäre es ihnen sehr leicht gewesen, ihn davon abzuschneiden, oder sie hätten gar keinen Kopf haben müssen. Dadurch hätte er sich also in einer übeln Jahrszeit, wo die Dörfer leer von Getreide und die Früchte auf dem Felde noch nicht brauchbar waren, in einem ihm höchst gehäßigen Lande, ohne Magazine befunden und dadurch seine Armee dem Untergange ausgesetzt. Er hätte sich nach Schlesien zurük ziehen müssen, und dadurch den Oesterreichern völlige Freiheit gelassen, Sachsen wieder zu erobern. Dieses würde ihnen nicht allein leicht geworden seyn, sondern da sie sich auch mit der Reichsarmee und einem Korps der Franzosen vereinigen konnten, so hätten sie in die Mark und in das Magdeburgische bringen, vielleicht auch wohl Magdeburg wegnehmen, und also festen Fuß in seinen Staaten fassen können. Dadurch wäre also der König von seinen Erblanden abgeschnitten gewesen und hätte sich die Gemeinschaft mit denselben durch neue Schlachten erö̈fnen müssen.

Gewann hingegen der König die Schlacht, so hätte es eine Schlacht bei Leuthen seyn müssen, wenn sie ihm außerordentliche Vortheile verschaffen sollte. Sie hätte vielleicht keinen andern Erfolg gehabt, als daß er die Belagerung von Prag unternehmen und einige Magazine mehr zerstören konnte. Unterdessen er aber ein Belagerungskorps abschikte, schwächte er seine Hauptarmee, und wenn der Feind auch noch so weit zurükgegangen wäre, so würden neue Verstärkungen ihn bald in den Stand gesetzt haben, wieder vorzurükken. Ueberdies konnte er sich in dieser Jahrszeit niemals zu weit von seinen Magazinen entfernen, da er daraus noch seine Kavallerie erhalten mußte.

Man sieht also hieraus, daß der König bei diesem Operationsplan mehr Nachtheil als Vortheile haben konnte. Hingegen hatte er dieses alles nicht zu befürchten, wenn er den Prinz Karl bei Prag angrif. Hätte Lloyd in dem rechten Gesichtspunkte gestanden oder sich darein sehen wollen, um den Plan des Königs zu übersehen, so würde sein Urtheil ganz anders ausgefallen seyn. Alle die vorhin angeführten

IV. Anmerk. Die Schlacht bei Prag.

ten widrigen Zufälle konnten theils gar nicht statt finden, theils konnte ihre Wirkung von keiner großen Erheblichkeit seyn, wenn er auch die Schlacht bei Prag verlor. Denn die Oesterreicher konnten ihn nach der Natur des Terreins, auf dem sie standen, nicht weit verfolgen, und überdies haben sie in diesem Kriege gezeigt, daß das gar nicht ihre Sache ist. Froh, wenn sie ihren Posten behauptet, lassen sie den Feind mit einer phlegmatischen Großmuth in Frieden ziehen. Der König konnte sich also mit seiner geschlagenen Armee wieder nach Brandeis und Bunzlau ziehen, seine in Böhmen befindlichen Magazine aufzehren und zugleich Sachsen und Schlesien decken.

Auf der andern Seite der Moldau hatte er unter dem Feldmarschall Keith noch eine Armee von 30 Bataillonen und 38 Schwadronen, die aus lauter guten Truppen und vollzähligen Bataillonen bestand, und es also mit einer Armee von 40 bis 50,000 Mann aufnehmen konnte, folglich hinreichend war, Sachsen zu decken. Er selbst fand in Bunzlau und Reichenberg, und außerdem, was zur Deckung des Gepäckes zurük geblieben war, noch 8 Bataillonen, die den erlittenen Verlust einigermaßen ersetzen konnten. Dadurch war er im Stande, dem Feind aufs neue die Spitze zu bieten, und es wäre allerdings noch die Frage gewesen, ob er ihn aus Böhmen vertrieben hätte. Denn selbst nach der Kolliner Schlacht, da seine Armee wenigstens 30,000 Mann schwächer war, als sie gewesen seyn würde, wenn er auch die Schlacht bei Prag verloren, ging es nur sehr langsam damit her, und der König ging mehr freiwillig als gezwungen nach Sachsen. Dieses Land mußte der König überhaupt bei einem widrigen Gange seiner Angelegenheiten auf das äußerste vertheidigen und zu erhalten suchen; denn es war eine Vormauer seiner Erbländer, und er stand daselbst im Mittelpunkt, wo er, bei dem starken Andringen seiner Feinde, den Franzosen und der Reichsarmee rechts, und den Oesterreichern links auf den Leib gehen konnte, wenn sie in Schlesien einige Schritte zu ihrem Vortheile machten.

Eine Armee darum nicht angreifen wollen, weil sie in der Nachbarschaft einer Festung steht, ist meines Erachtens gar kein Grund, der einen großen General abschrekken darf. Eine jede Festung ist nur auf eine gewisse Zeit für die Garnison mit nöthigen Lebensmitteln versehen. Ist man so glüklich den Feind zu schlagen, so zieht sich nicht allein ein Theil seiner Armee in die Festung, sondern sie ist auch der Zufluchtsort aller Blessirten. Dadurch wird nun freilich die Besatzung zahlreicher, aber die Anzahl der Esser wird auch größer: folglich muß denn sehr bald ein Mangel an Lebensmitteln entstehen. Dieses ist aber allemal der erste Grund, daß sich der Kommandant zum Kapituliren geneigt finden läßt. Und wenn die Armee darin auch noch so stark ist, so kann sie doch ihre Stärke nicht gebrauchen; denn

164 Geschichte des siebenjährigen Krieges in Deutschland.

sie ist in der Stadt wie eine elastische Feder, die überall eingesperrt ist, sich also nicht ausdehnen und ihre ursprüngliche Figur wieder annehmen kann, sobald der Feind nur so stark ist, daß er die ganze Festung einschließt.

Der letzte Grund, daß sich der König deswegen von der Lieferung einer Schlacht hätte müssen abhalten lassen, weil der Feind gleich wieder heraus marschiren, und den Feldmarschall Keith angreifen konnte, ist so beschaffen, daß ich nicht glaube, es sey Lloyd damit Ernst gewesen. Der Feind versuchte es zu verschiedenen Malen, er wurde aber allemal zurück gewiesen; daher mußte dies doch wohl nicht so leicht seyn, als es dem ersten Ansehen nach zu seyn scheint. Ueberhaupt scheint Lloyd die Operationen des Königs in diesem Feldzuge nicht recht eingesehen zu haben. Ich bin sehr neugierig zu wissen, was er über den Feldzug des Königs von 1760 und besonders über die Belagerung von Dresden sagen wird, den er nach seinem eigenen Geständniß selbst mitgemacht hat, und also wenigstens in Rücksicht auf die österreichische Armee genaue Nachrichten davon haben muß. Ich zweifle ob jemals ein Feldzug, den von 1757 ausgenommen, etwas Erhabneres enthält, als dieser. Dann mit einer Armee von 60,000 Mann, einer Besatzung von 15,000, getraute sich nicht einmal den König in einer Gegend anzugreifen, wo er keine große Schwierigkeiten des Terreins zu überwinden, und aufs höchste eine Armee von 40,000 Mann gegen sich hatte, in deren Rücken aber der General Lascy und die Reichsarmee stand, die alles mäßig gerechnet, wenigstens zusammen auch eine Armee von 40,000 Mann ausmachen konnten.

Man konnte sich von Lloyds Bemerkungen versprechen, die lehrreicher gewesen wären. Diese sind zu alltäglich, als daß sie einiges Licht über die Operationen des Königs verbreiten sollten. Es kommt mir damit eben so vor, als mit dem gläsernen Prisma seines Landsmannes, Newton. Dieser große Geometer hatte schon längst die Farben gesehen, darauf seine Theorie der Farben gegründet, und der Optik eine neue Gestalt gegeben, als die Franzosen noch immer kukten und kukten, und in langer Zeit doch nichts finden, am wenigsten begreifen konnten, aber unterdessen desto mehr darüber räsonnirten.

Hätte sich der Verfasser nicht so sehr an das Alltägliche gewöhnt, so würde er vielleicht gar nicht seine Verwunderung darüber geäußert haben, daß der König es für möglich halten konnte, eine Armee von 50,000 Mann in Prag einzuschließen, und sie am Ende zur Uebergabe zu zwingen. Der Verlust der Schlacht bei Kollin hing an einem seidenen Faden; hätte der König diese gewonnen, was würde aus der Armee des Prinzen Karls geworden seyn? Es ist wahr, der König hat nur ein Beispiel in der
Geschichte

Geschichte für sich; die Einschließung und Uebergabe des Verzingetorix durch Cäsar in Alexia. Allein es ist auch nur ein Cäsar und ein König von Preussen in der Geschichte. Wußte denn Lloyd nicht, daß große Männer allemal eine Lücke von Jahrhunderten zwischen sich laßen? Die Nachwelt wird dieses um so weniger für ein Mährchen halten, da sie vielleicht besser im Stande seyn wird, den einen und den andern Theil zu beurtheilen, als es jetzt aus guten Ursachen nicht allemal geschehen kann.

Das Avec la moitié des troupes que le Prince Charles y a actuellement, je détruirois l'armée prussienne des Marschall Belle=isle ist nichts weiter als eine französische Pralerei, wenn es wahr ist, daß sie aus der Feder dieses sonst so braven Generals geflossen, wie ich mir doch kaum einbilden kann. Sonst waren zu dieser Zeit dergleichen französische Bottisen eben nichts ungewöhnliches. Vor der Schlacht bei Roßbach sagte ein französischer Officier: On fait bien de l'honneur à Mr. le Marquis (den König meinend) que de vouloir lui faire une espece de guerre. Ich selbst befand mich einmal in Gesellschaft mit einer esopisch=französischen Figur, die sich, um nicht Schulmeister in Frankreich zu seyn, es gefallen ließ, eine Pension von 1000 Rthlr. mit Spazierengehen zu verdienen. Da über nichts lieber gekannegießert wird, als über kriegerische Begebenheiten, so wurde also so auch die Schlacht bei Leuthen und die darauf folgenden Ereigniße vorgenommen; natürlicher Weise also auch das Verhalten der kaiserlichen Generalität in Breslau rechtschaffen durchgezogen. Si j'avois été à la place de Mr. de Sprecher, sagte der Franzose, j'aurois coupé les oreilles à vous autres Mrs. les Prussiens. Wenn Belle=isle als er in Prag stand, und nachher den berühmten Rückzug machte, es mit dem Könige von Preussen zu thun gehabt hätte, wäre er vielleicht in Paris eben so besungen worden, als der Prinz Clermont nach der Schlacht bei Creveldt:

> Moitié casque, moitié rabat
> Clermont en vaut bien un autre
> Il prêche, comme un soldar
> Et se bat comme un apôtre.

Der Verfasser tadelt die kaiserlichen Generals, besonders den Feldmarschall Brown, auch mit zu vieler Härte, und wie es scheint, ohne zuverläßige Kenntniße von dem ganzen Vorfalle. „Die Stellung des rechten Flügels der kaiserlichen Kavallerie war gewiß sehr vor-

„theilhaft *), denn da die preußische Kavallerie sehr zu unrechter Zeit ihre linke Flanke an den
„Teich angesetzt hatte, so konnte sie den Feind nicht mit gleicher Front angreifen, weil sie sich
„nicht links ganz ausdehnen konnte. So bald sie also vorrükte, und über den Teich heraus
„kam, gab sie den Husaren die Flanke, die der General Haddik in einen Haken gestellt hatte.

„Gesetzt die österreichische Kavallerie hätte die Stellung angenommen, welche Lloyd
„vorschlägt, und ihre rechte Flanke an den wenig oder nichts bedeutenden Teich angesetzt, der
„gar nicht einmal tief war; so hätte die preußische Reuterei sie nicht allein mit gleicher Front
„angreifen, sondern auch um ihn herum gehen, und sie in der Flanke und im Rüken nehmen
„können. Ueberdies hätte die feindliche Kavallerie zu weit vor der Infanterie gestanden, und
„die preußische hätte nicht so viel durch das Kanonenfeuer gelitten, als sie angrif, denn dadurch
„wurde ihr rechter Flügel in der Flanke und im Rüken beschossen.

Eine Einwärts gebogene Linie taugt meines Bedünkens zu keiner Stellung, bei der Kavallerie; oder der Feind müßte so einfältig seyn, sich in die Höhlung zu werfen. Er wird sie aber wohl auf den beiden Flanken, oder Hörnern dieses Mondes (den die Türken eigentlich zuweilen angenommen haben) angreifen, und denn ist sie ohne Rettung verlohren: denn sie kann sich gar nicht vorwärts bewegen ohne die Flügel auseinander zu werfen, weil eine zwischen zweien festen und unbeweglichen Punkten eingeschlossene krumme Linie sich zwischen dieselben unmöglich in eine gerade Linie verwandeln kann, und daher diese Punkte entweder ausweichen, oder die Truppen, welche die bewegliche Linie machen, in Unordnung kommen müssen.

Die Vermuthung, daß der Feldmarschall Brown vielleicht aus Privatabsichten gehandelt haben sollte, ist unanständig und auf keine Weise wahrscheinlich. Zu dergleichen Vorwürfen muß man sichere Gründe haben, und nicht Muthmaßungen, und ein Geschichtschreiber der so etwas behaupten will, sollte seine Gewährsmänner anzeigen, sonst macht er sich eines Verdachtes schuldig, der seiner Ehre sehr nachtheilig ist.

---

*) Ich bitte den Herrn General Warnery um Erlaubniß, mich bei dieser Gelegenheit seiner eignen Worte zu bedienen. Da er nicht allein diese Schlacht selbst mitgemacht, sondern auch die Kavallerietaktik gründlich durchgedacht hat, so kann er am besten davon urtheilen. Man sehe Remarq. sur plusieurs Aut. mil. pag. 95.

V. Anmerkung.
Stärke beider Armeen bei der Schlacht.

Es ist für manchen eine sehr wichtige Sache zu wissen, ob eine Armee bei einer Schlacht stark oder schwach gewesen. Sie glauben dadurch den Schlüssel zu manchen Begebenheiten zu bekommen, die ihnen, ohne in diesem Punkt gewiß zu seyn, ganz unerklärbar zu seyn scheinen. Den Geschlagenen dient es gemeiniglich zu einer Beruhigung, zu einem großen Trost, wenn sie erfahren, daß sie mit einem überlegenen Feinde zu thun gehabt. Es ist selten Jemand so großmüthig, Fehler die er gemacht hat, einzusehen, sondern bietet lieber seine ganze Erfindungskraft auf, um Gründe zu erfinden, sie nicht allein zu bemänteln, zu entschuldigen, zu verbergen, sondern wo möglich die Welt noch überdies zu überreden, daß er gar keine begangen habe. In der That ist es im Kriege gar keine Schande, von einem großen General geschlagen zu werden. Wenn Montecuculi und Turenne zusammen getroffen wären, so würde gewiß einer von beiden eine Schlacht verlohren haben; und vielleicht wäre es alsdenn zweifelhaft gewesen, wer sich dabei als ein größerer Mann gezeigt. Wenn man wissen will, wer von beiden, der Sieger oder der Ueberwundene, am größten ist, so sehe man auf das Betragen beider nach der Schlacht. Nur dies ist der Maaßstab, nach dem man beide beurtheilen kann.

Ich habe bereits im Vorhergehenden gezeigt, daß im Jahre 1756 die Armee des Königs in Sachsen aus 70 Bataillons und 96 Schwadronen, in Schlesien aus 27 Bataillons und 50 Schwadronen, und in Pommern aus 11 Bataillons und 15 Schwadronen bestand. Im Winter detaschirte der König den General Winterfeld mit den sieben Bataillons: 2 Meyerink, 2 Schwerin, 2 Brandeis und dem Grenadierbataillon Ingersleben nach Schlesien, zog aber dagegen aus Pommern die Grenadierbataillons Waldow, Kahlden, Alt Billerbek; ferner 2 Bataillons Darmstadt, 2 Franz von Braunschweig, 2 Amstel und 5 Schwadronen Dragoner von Würtenberg nach Sachsen: das Füsilierregiment Alt-Würtenberg und die sogenannten rothen Husaren von Seidlitz mußten aber nach Schlesien gehn.

Die ganze preußische Armee, die im Frühjahr den Feldzug gegen die Oesterreicher eröfnete, war also in drei Hauptkorps vertheilt, nehmlich: es standen in Sachsen

unter dem König	52 Bataillons,	76 Schwadronen;
unter dem Herzog von Bevern	20 =	25 =
a Schlesien unter Schwerin	— 36 ,	60 ,
In allem	108 =	161 =

Hierunter

168   Geschichte des siebenjährigen Krieges in Deutschland.

Hierunter sind indessen die von den Sachsen übernommenen Regimenter nicht mit begriffen, weil diese größtentheils nur zur Besatzung einiger Städte gebraucht wurden. Auch befanden sich nicht alle diese Bataillons in der Gegend von Prag, als die Schlacht geliefert wurde. Von des Königs Armee waren 6 Bataillons zurük geblieben, um die Gemeinschaft mit Sachsen zu erhalten, und hin und wieder einige Posten zu besetzen. Der Feldmarschall Schwerin ließ die beiden Grenadierbataillons, Kreutzen in Kosel, und Roth in Neisse zurük, so daß er nur mit 34 Bataillons und 60 Schwadronen in Böhmen rükte. Von der Beverschen Armee blieben 1 Bataillon Prinz Heinrich in Reichenberg, 2 Bataillons Münchow in Jung-Bunzlau; von der Schwerinschen Armee 2 Bataillons Pionnier ebenfalls in Jung-Bunzlau; und nachdem er über die Elbe gegangen, blieb das Grenadierbataillon Nimschefsky bei der Schifbrükke bei Samost, und Manteufel bei der Schifbrükke über die Elbe; auch wurde das Regiment Kursel ebenfalls zurük gelaßen. 1 Bataillon von dem sächsischen Regiment Manstein mußte Brandeis besetzen, und am Tage der Schlacht blieb das zweite nebst einem Bataillon von Alt-Würtenberg zur Bedekkung der Bagage zurük.

Die Schwerinsche und Beversche Armee bestand also in der Schlacht aus 44 Bataillons Infanterie und 85 Schwadronen, zu der der König noch mit 20 Bataillons und 38 Schwadronen stieß, so daß die ganze Preußische Armee, welche ins Treffen gieng, 64 Bataillons und 123 Schwadronen stark war.

Auf der linken Seite der Moldau stand aber der Feldmarschall Keith mit 26 Bataillonen und 38 Schwadronen, die nach der Schlacht noch mit den so lange zurük gelaßenen 6 Bataillonen verstärkt wurden.

Ich habe alle Sorgfalt angewandt, um mich von der Richtigkeit dieser Angabe zu überzeugen, und ich getraue mich zu behaupten, daß sie vollkommen mit allen öffentlichen und besondern Nachrichten übereinstimmen wird.

Es ist nunmehr nicht schwer die Stärke dieser Armee zu berechnen, wenn man voraussetzt, daß alle Bataillonen und Schwadronen vollständig sind. In dem verflossenen Winter wurden bei den Regimentern, die gute Kantons hatten, die Kompagnien mit 40 Mann verstärkt, so daß jede aus 162 Mann ohne Ober-Unterofficier und Spielleute bestand. Dieses war nun wirklich bei allen Grenadierbataillons geschehen, allein die Regimenter, welche keine Kantons hatten, und überhaupt alle schlesische Regimenter hatten diese Verstärkung theils gar nicht erhalten, theils zurükgelaßen. Bei den Küraßier- und Dragonerregimentern sollte auch jede Schwadron auf 200 Mann gesetzt werden; dieses aber war theils bei vielen Regimentern noch nicht geschehen, theils war die Augmentation ebenfalls noch zurük geblieben.

V. Anmerk. Stärke beider Armeen bei der Schlacht.

blieben. Die Schwadronen der Husaren bestanden ohne Officier, Unterofficier und Spielleuthen aus 152 Pferden.

Bei der Schlacht befanden sich aber
13 Grenadierbataillons zu 753 Mann ohne Zimmerleute	9789
25 Musketierbataillons mit ganzer Augmentation	22500
26 Musketierbataillons ohne Augmentation	18200
64 Bataillonen Infanterie. In allem	50489
Artillerie	1200
40 Schwadronen Küraßier	6712
Ferner:	
3 Schwadronen Garde du Korps	600
30 Schwadronen Dragoner	5082
50 Schwadronen Husaren	8455
123 Schwadronen Kavallerie. In allem	20949 Mann

Rechnet man alles zusammen, so war die preußische Armee am Tage der Schlacht 72438 Mann stark; wenn man alles vollzählig annimmt; ohne die Reichsche Armee, die auf der andern Seite der Moldau stand, und ein bloßer Zuschauer des Treffens blieb.

Die Regimenter gehen aber niemals so in die Schlacht, wie sie auf der Liste stehen; man muß daher von dieser Summe einen guten Theil abrechnen: als Kranke, Kommandirte bei der Bagage, Deserteurs, und bei der Kavallerie die Unberittenen. Da ich keine genaue Liste von dem wirklichen Zustande der Bataillonen und Schwadronen vor mich habe, und dergleichen auch wohl schwerlich zu bekommen seyn möchte, so kann man doch nach einer ganz mäßigen Berechnung, und nach den Regeln der Wahrscheinlichkeit auf jede Kompagnie und Schwadron folgendes abziehen:

1 Unterofficier 2 Kommandirte bei der Bagage.
9 Kranke, matte und ermüdete und Unberittene.
3 Deserteurs.

Dieses macht durch die ganze Armee eine Summe von 6570 Mann. Rechnet man dazu den Verlust bei Reichenberg, und in andern kleinen Gefechten nur auf 1000 Mann, und ziehet von der obigen Summe 7570 Mann ab, so bleibt die Stärke der Armee in der Schlacht 64868 Mann, bis auf einige wenige Mannschaften, die zu viel oder zu wenig seyn möchten.

Nach einer sehr genauen Liste, die ich von der österreichischen regulären Infanterie vor mir habe, ohne Kroaten, und andere leichte Infanterie, und ohne die Garnison von Prag, wobei Kranke, Matte und Ermüdete abgerechnet sind, war die Stärke der Regimenter an diensttuenden Mannschaften am Tage der Schlacht folgende:

Kayser	2 Bataillon	2	Grenadier-Kompagnien		:	1758 Mann
Carl Lothringen	2	—	2	—	—	: 1527 —
Hildburgshausen	2	—	2	—	—	: 1625 —
Waldek	2	—	2	—	—	: 1645 —
Ludwig Wolfenbüttel	2	—	2	—	—	, 1543 —
Wallis	2	—	2	—	—	: 1709 —
Brown	2	—	2	—	—	: 1676 —
Pallavicini	2	—	2	—	—	: 1705 —
Königsegg	2	—	2	—	—	: 924 —
Mercy	2	—	2	—	—	: 1685 —
Collowrath	2	—	2	—	—	: 1726 —
Keuhl	2	—	2	—	—	, 1794 —
Marschall	2	—	2	—	—	, 1549 —
Harsch	2	—	2	—	—	: 1614 —
Alt-Colloredo	2	—	2	—	—	: 1650 —
Palfy	1	—	2	—	—	, 612 —
Durlach	2	—	2	—	—	, 1636 —
Giulay	1	—	2	—	—	: 842 —
Sprecher	1	—	2	—	—	, 910 —
Alt-Wolfenbüttel	1	—	2	—	—	, 1505 —
Bareuth	2	—	2	—	—	: 1336 —
Arberg	2	—	2	—	—	, 1538 —
Bethlem	2	—	2	—	—	= 1261 —
Macquire	1	—	2	—	—	, 926 —
Wied	2	—	2	—	—	: 1455 —
Jos. Esterhasi	2	—	2	—	—	, 1615 —
Sincere	2	—	2	—	—	: 1720 —
Nikl. Esterhasi	2	—	2	—	—	: 1514 —
Jung-Colloredo	2	—	2	—	—	, 1528 —
				Auf dieser Seite		42228 Mann
						Vorste-

V. Anmerk. Stärke beider Armeen bei der Schlacht. 171

				Vorstehende	42228 Mann
Würzburg	2 Bataillonen	2 Grenadier-Kompagnien	—	—	1782 —
Mainz	2 —	2 —	—	—	1840 —
Stahrenberg	1 —	2 —	—	—	911 —
Antlau	1 —	2 —	—	—	892 —
Harrach	2 —	2 —	—	—	1423 —
Los Rios	2 —	2 —	—	—	1628 —
Forgatsch	1 —	2 —	—	—	917 —
In allen	64 Bataillonen	72 Grenadier-Kompagnien	—	—	51621 Mann

Dazu kommen noch 4 Bataillon 4 Grenadierkompagnien Karlstädter, 2 Bataillonen 2 Grenadierkompagnien Warasdiner, und 2 Bataillonen 2 Grenadierkompagnien Bannalisten, deren wahre Stärke nicht in der Liste angegeben wird. Ich werde sie aber dennoch 6000 Mann rechnen können, ohne zuviel anzunehmen.

Die Kavallerie bestand in 127 Schwadronen Kürassier, Dragoner und Husaren, ohne was in Prag zur Besatzung geblieben war. Ich habe die wahre Stärke der Schwadronen ebenfalls nicht bekommen können, daher werde ich die ganze Kavallerie 18000 Mann stark annehmen, und diese Zahl scheint eher zu klein als zu groß zu seyn.

Rechnen wir alles zusammen, so war die österreichische Armee an gesunden dienstbaren Leuten während der Schlacht, ohne die Garnison in Prag:

Regulaire Infanterie	51621
Kroaten und irreguläre Infanterie	6000
Artillerie rechne ich	2000
Kavallerie	18000
In allen	76621 Mann

Daß dieses nicht zu viel ist, kann ich auch noch durch den Rapport beweisen, der den 10 Junius an dem Prinz Karl von Lothringen eingegeben wurde. Nach demselben befanden sich in Prag

4713	Grenadier
34007	Musketier
1049	deutsche ⎫ Artilleristen
401	niederländische ⎭
5337	Kroaten
3022	Kavalleristen
1049	Husaren
In allen 49578 Mann.	

Y 2   ohne

ohne Kranken und Bleßirten. Verwundete aber befanden sich in der Stadt in allen 242 Officier und 3427 Gemeine.

Man sieht hieraus, daß beide Armeen an Stärke einander beinahe gleich waren, und daß die österreichische mit der Garnison in Prag und einigen detachirten Truppen in der Gegend, als unter dem General Bek, der während der Schlacht Brandeis angrif ꝛc. wenigstens 90,000 Mann stark gewesen seyn müße, ohne die Armee von 30,000 Mann unter dem Feldmarschall Daun. Die preußische Armee aber konnte mit allem dem was in Böhmen stand, aufs höchste 110,000 Mann betragen, davon aber nur ohngefehr 64,000 Mann zur Schlacht kamen.

Ich würde mir vielleicht nicht die Mühe gegeben haben, diese Berechnung anzustellen und alles so genau auseinander zu setzen, wenn nicht jeder Theil seinen Gegner stärker angegeben, als er wirklich war. Die Oesterreicher, wenn sie es glimpflich machen, rechnen die preußische Armee in der Schlacht 120,000 Mann; verschiedene preußische Schriftsteller setzen die Oesterreicher nicht geringer an. Beide aber haben sich in ihrer Rechnung betrogen.

Es ist überhaupt nicht viel daran gelegen, ob eine von den streitenden Armeen stärker ist als die andre, wenn nur das Uebergewicht nicht außer allem Verhältniß ist. 50,000 Mann können es allemal mit 60, 70, ja wohl 80,000 Mann aufnehmen, und der König hat in diesem Kriege gewiesen, daß 20, bis 30,000 Mann eine Armee von 60, bis 80,000 Mann schlagen können, wenn sie gut angeführt werden; von seinen Feinden hat man dies aber nie erlebt. Oft ist die Stärke nur zur Last. Generals vom ersten Range wollen nur kleine Armeen und überlaßen mittelmäßigen den Grundsatz, nur dann Schlachten zu liefern, wenn man entweder dem Feinde gleich, oder noch stärker an der Zahl ist. Der Hauptvortheil einer stärkern Armee besteht darinn, daß man große Korps abschiffen kann, den Feind in der Flanke und im Rükken zu beunruhigen, Diversions zu machen, Belagerungen zu unternehmen. Dieses war der Fall, als der Herzog von Bevern bei Bretslau stand. Wären die Oesterreicher nur 20,000 Mann stärker gewesen als er, so würden sie die Belagerung von Schweidnitz nicht unternommen haben. Davon bin ich vollkommen überzeugt.

Nachdem

Nachdem der Feldmarschall Daun, der nunmehr die Armee in Mähren kommandirte, die im vorigen Feldzuge unter dem Befehl des Fürsten Piccolomini gestanden hatte, Befehl erhalten, zu der Hauptarmee bei Prag zu stoßen, verließ er zur Befolgung desselben Mähren, und richtete seinen Marsch so ein, als es mit diesem Plan übereinstimmte. Indessen war er den 6ten Mai noch nicht weiter, als bis Böhmisch-Brodt, das ist ohngefehr 4 Meilen von dem Platz gekommen, wo die Schlacht geliefert wurde. Nachdem er davon Nachricht bekommen hatte, blieb er einige Tage stehen, in der Absicht, sowohl ein Gefecht zu vermeiden, als den rechten Flügel der geschlagenen Armee an sich zu ziehn, der, wie wir schon gesagt haben, sich nach Beneschau flüchtete; und zog sich hernach bis Kollin zurük.

Der König, der befürchtete, daß diese Armee, die über 40,000 Mann stark war, nicht allein seine Operationen gegen Prag unterbrechen, sondern auch durch ein oder das andre Manöver dem Prinzen Karl Gelegenheit verschaffen möchte, aus der Stadt zu kommen, hielt es für nothwendig sie weiter zurük zu treiben. Der Herzog von Bevern bekam daher Befehl, diesen Plan mit ohngefehr 25,000 Mann auszuführen.

Indem dieser General vorrükte, zog sich der Feldmarschall sehr weislich zurük, um die Verstärkungen an sich zu ziehen, die auf dem Marsch waren, um zu seiner Armee zu stoßen. Er gieng allmählig nach Kollin, Kuttenberg, Golzjenkau und Haber.

Nachdem er endlich alle diese Verstärkungen, Artillerie ꝛc. die er erwartete, an sich gezogen, so gab er den 11ten Junius des Abends Befehl, daß die Armee den folgenden Morgen marschiren sollte. Die Armee verließ also den 12ten ihr Lager bei Jenikau, und marschirte denselbigen Tag bis Janovitzky. Den folgenden Tag wurde der General Nadasty bei Pikau angegriffen; da er aber von der ganzen Armee unterstützt wurde, mußten sich die Preußen mit Verlust zurük ziehen. Nachdem er einige Verstärkungen erhalten, bekam er Befehl, über Maleschau zu marschiren, und bei Suchdol Posto zu fassen, unterdessen der General Beck mit ohngefehr 6000 Mann Kuttenberg besetzte. Diesen Ort hatten die Preussen den 12ten verlassen, und sich nach Kollin zurük zogen. Den 14ten marschirte der Feldmarschall nach Ginitz und den 16ten nach Krichenau, wo er in A A sein Lager nahm. Dieser ganze Marsch wurde mit vieler Klugheit und Lebhaftigkeit ausgeführt; so daß der Feind mehr, als einmal in Gefahr stand, angegriffen, und wahrscheinlich geschlagen zu werden, weil er um einen großen Theil schwächer war. Der Feldmarschall schien bei diesem Marsch die Absicht zu haben, entweder den Herzog von Bevern zu einer Schlacht zu bringen, ehe er

Ver-

Verſtärkung bekommen, oder ihn von Prag abzuſchneiden. Allein die beſchwerlichen Wege und das kluge Verhalten des Herzogs vereitelten dieſes.

Als der König Nachricht erhielt, daß der Feind wieder vorrükte, ſo brach er den 13ten aus dem Lager bei Prag auf und marſchirte gegen Kollin, wo er verſchiedene Korps die er betachirt hatte, mit der Armee unter dem Herzog von Bevern vereinigen, und ſodann den Feind ohne Aufſchub angreifen wollte. Den 14ten marſchirte er bis Schwarz-Koſtelek und Jdanitz, in der Abſicht, ein Lager bei Malotitz zu nehmen; indem er aber daſelbſt ankam, entdekte man ein ſtarkes Korps feindlicher Truppen, welches hinter der Zaſſawa marſchirte. Da er zu keinem Gefechte vorbereitet war, weil er nur einige Bataillons bei ſich hatte, ſo warf er ſich in das Dorf Jdanitz, ſetzte die Kavallerie auf der Ebene vor daſſelbe, und blieb in dieſer Stellung ſo lange, bis er alle Detaſchementer an ſich gezogen, die er erwartete.

Das Lager, welches der Feind bei Krichenau genommen, wurde für zu vortheilhaft gehalten, als daß es in der Front mit Hofnung eines guten Erfolgs angegriffen werden konnte: ſeinem linken Flügel war ebenfalls nicht anders beizukommen, als daß man eine gute Strekke weiter hinauf bis dahin marſchirte, wo der Grund, der ihn dekte, ſeinen Anfang nahm: dadurch hätte aber der Feldmarſchall Zeit gewonnen, ſeine Stellung zu verändern, und den Umſtänden gemäß einzurichten, vielleicht auch gar dem König zu entwiſchen, und nach Prag zu marſchiren. Daher beſchloß der König, die Höhen von Chotzemitz hinter des Feindes rechtem Flügel zu beſetzen. In dieſer Abſicht brach die Armee den 18ten des Morgens auf, und marſchirte links ab, längſt der großen Straße, die von Parg nach Kollin geht. Auf dem Marſch lief Nachricht ein, der Feind retirire. Man fand aber bald, daß dieſes ein Mißverſtändniß ſey. Der Feind änderte nur ſeine Stellung, und man wurde bald gewahr, daß er ſeine Armee auf eben der Gegend in Schlachtordnung ſtellte, die der König beſetzen wollte.

Da der Feldmarſchall ſahe, daß der König links marſchirte, ſo begrif er den Augenblik, daß dies in der Abſicht geſchähe, ihn in ſeiner rechten Flanke anzugreifen, daher ließ er ſeine Armee rechts marſchiren. Seine Armee, die 60,000 Mann ſtark war, ſtand in zwei Treffen, die Infanterie auf den Flügeln, und die Kavallerie in der Mitte. Der rechte Flügel der Infanterie ſtand auf einem hohen Berge dichte an einem lichten Walde, der mit leichten Truppen beſetzt war. In einer geringen Entfernung vor der Front, lag das Dorf Krjeczor, das man mit einigen Bataillons beſetzt hatte. Dieſes war im gegenwärtigen Falle ganz recht, denn ſie konnten von dem hinter ihnen ſtehenden Treffen kräftig unterſtützt werden. Der Berg, auf dem dieſes Dorf liegt, hat rechter Hand ſteile und tiefe Abgründe, wo keine Art von Truppen durchkommen kann. Am Fuße dieſes Berges liegt ein ander Dorf, das ebenfalls mit Infanterie beſetzt war. Aus dieſem Berge kömmt etwas hinter dem Dorfe ein kleiner Bach, der beinahe perpendikulär auf
des

Feldzug im Jahre 1757.

des Feindes Linie fortging; die Ufer desselben sind ungemein hoch und felsicht. Hinter diesem Bach stand erst das Nadastische Korps, hernach aber in O O. Der Feind konnte also nicht vorrüken, wenn er die Linie angreifen wollte, ohne diesem Korps seine linke Flanke zu geben. Linker Hand von Krzeczor liegt das Dorf Brzist auf einem hohen und steilen Berge, und dies war ebenfalls mit Infanterie besetzt. Der linke Flügel stand auf einem sehr hohen Berge, der die herumliegende Gegend völlig kommandirte. Nicht weit von diesem Flügel ist das Dorf Podhorz, durch welches ein sumpfigter Bach fließt, und daher sehr geschikt war die linke Flanke zu deken. Das Terrein vor der Front ist durchgehends sehr durchschnitten, so daß eine Linie die auf demselben vorrüken und angreifen will, alle Augenblik gezwungen ist Halt zu machen um sich zu schließen, und wieder in Ordnung zu stellen. Dieses ist ein sehr schlimmer Umstand, besonders wenn dies in Gegenwart des Feindes geschehen muß, dessen Artillerie alsdenn Gelegenheit hat, ihr Feuer mit der besten Wirkung anzubringen, und eine große Niederlage anzurichten.

Der König ließ seine Armee in der Ebene von Slatißlunz und Novomiest Halt machen, und nahm unterdessen die feindliche Stellung in Augenschein. Ihrer Stärke ohn=erachtet entschloß er sich doch den Feind anzugreifen. Die Armee sezte sich daher von neuem in Marsch, und nicht lange darauf gieng die Schlacht an, von der wir verschiedene Erzeh=lungen mittheilen wollen, so wie sie bekannt gemacht worden. Der Leser wird durch sie leicht in den Stand gesezt werden, ein richtiges Urtheil von dieser großen und entscheidenden Schlacht zu fällen. Die erste machte der Wiener und die zweite der Preußische Hof bekannt; die lezte aber, welche weitläuftiger und umständlicher ist, als beide vorhergehenden, hat ein französischer Officier aufgesezt, der damals auf Befehl seines Hofes bei der kaiserlichen Armee war.

„Sobald die kaiserlich-königliche Armee das Lager bei Cinttz den 16ten Junius ge=gen Abend verließ, um das bei Kriechenau abgestekte zu beziehen, rükte der König gleichfalls aus seinem Lager bei Kauerzim, und sezte sich mit seiner Armee auf die Höhen hinter Pla=nian. Hierauf verändherte die österreichische Armee ihre Stellung noch denselben Abend, und stellte sich zwischen zwei Bergen, die auf ihrem rechten und linken Flügel lagen, in Schachtordnung. Den 18ten des Morgens marschirte der Feind gegen Planian, und machte zwischen diesem Ort und Slatißlunz Halt. Um 1 Uhr sezte sich seine Armee aufs neue in vier Kolonnen in Marsch. Sobald der Feldmarschall Daun gewahr wurde, daß des Feindes Absicht war, ihm in die rechte Flanke zu kommen, gab er der Reserve und dem zweiten Treffen Befehl nach dem rechten Flügel zu marschiren, und daselbst eine Flanke zu ma=chen, um ihn zu deken. Der General Nadasty bekam zugleich Befehl, mit seinen Kroaten

und

und Husaren ebenfalls dahin zu rükken. Das erste Treffen behielt seine Stellung, bis man sahe, daß der feindliche linke Flügel in verschiedenen Kolonnen gegen die Flanke und den rechten Flügel der kaiserlichen Armee vorrükte; sobann bekam es Befehl rechts abzumarschiren, und sich dicht an die vorhin erwehnte Flanke anzuschließen; Nachmittags um 2 Uhr stand die Armee auf den Höhen völlig in Schlachtordnung. Um eben diese Zeit fieng die Artillerie auf beiden Seiten ihr Feuer an. Der Angrif des Feindes auf unsern rechten Flügel geschahe mit solcher Wuth, daß unsere Kavallerie in Unordnung gerieth. Sie wurde indeßen durch das muthige und kluge Betragen der Generale Serbelloni, Daun, Odonell, Trautmannsdorf und Aspremont bald wieder in Ordnung gebracht, so daß sie nun auch den Feind angrif und zum Weichen brachte. Daburch ließ sich indeßen der Feind nicht abhalten, gegen die Höhe von Krzezor auf unsere Flanke zu avanziren. Sobald er das Dorf erreicht hatte, stekte er es an, und dieses war für seinen rechten Flügel das Zeichen, daß er unsern linken angreifen sollte. Einige hundert Mann, die ein halbes Quarré gemacht hatten, drangen wirklich durch unsere Flanke, sie wurden aber durch unsere Kavallerie und die sächsischen Karabiniers bald wieder zurük getrieben. Der Feind wiederholte seinen Angrif siebenmal hintereinander, bei jedem aber wurde er zurük geschlagen und am Ende gezwungen uns den Sieg zu überlaßen. Hierauf nahm die östreichische Armee eine dritte Stellung auf den Höhen, wo sie die ganze Nacht in Schlachtordnung stehen blieb, und den 19ten sich in ihr altes Lager bei Kriechenau zurük zog. Während der Schlacht hielt der König auf einem Hügel hinter seinen linken Flügel, und gab von da aus seine Befehle. Um seinen Rükzug zu dekken, zündete der Feind die Dörfer Brzesan und Kurtlietz an; sein linker Flügel gieng nach Welin, der rechte zog sich nach Nimburg zurük. Diese Schlacht, welche von 2 Uhr bis des Abends um 9 dauerte, gehört mit unter die blutigsten und merkwürdigsten, die seit langer Zeit vorgefallen sind. Auf beiden Seiten wurde alles mit Klugheit und Tapferkeit ausgeführt, bis endlich die Preußen in die größte Unordnung gebracht und genöthigt wurden, in der größten Uebereilung die Flucht zu nehmen, und sich auf verschiedenen Wegen in kleinen Trupps, so wie sich die Leute nach und nach zusammen fanden, zurük zu ziehen. Ihr Verlust beträgt bei dieser Gelegenheit wenigstens 20,000 Mann, 6500 Mann lagen todt auf dem Wahlplatz und wir bekamen über 7500 Gefangene; unter denen sich der Generallieutenant Treskow, der Generalmajor Pannewitz 120 Staabs- und andere Officier befanden; 3000 Ueberläufer kamen hinzu. Wir erbeuteten 22 Fahnen, und 43 Kanons. Der Verlust der Oestreicher beträgt ohngefehr 6000 Mann an todten, verwundeten und vermißten. Unter den ersten befindet sich der Generallieutenant Lützow; und unter den zweiten Graf Serbelloni, General der Kavallerie; Generallieutenant Wolwart, und die Generalmajors Fürst
Lobko-

Feldzug im Jahre 1757.

Lobkowitz und Wolf. Der Sieg muß nächst Gott dem klugen und tapfern Verhalten des Feldmarschall Daun *) zugeschrieben werden. Der Graf Stampach, der den linken Flügel kommandirte, trug durch den lebhaften Angrif auf des Feindes rechten Flügel nicht wenig zum Siege bei. Die Generallieutenants Kollowrath, Wolwart, Wied und Sincere thaten sich sehr hervor, wie auch der General Nadasti **) mit der sächsischen Reuterei und den andern Truppen, die er unter seinem Befehl hatte. Die Regimenter von der Reserve, und die Grenadier litten sehr viel, weil sie alle Angriffe des Feindes aushalten mußten. Von der Infanterie zeichnete sich das Regiment Botta, welches der Fürst Kinsky kommandirte, vorzüglich aus; denn nachdem es schon alle seine Patronen verschossen hatte, blieb es doch in der Linie stehen, und schlug den Feind mit aufgepflanztem Bajonet zurük. Von der Kavallerie thaten sich die Regimenter Savoyen, Ligne, Birkenfeld auf eine ganz besondere Art hervor. Die Artillerie, welche der Oberste Feuerstein kommandirte, ward sehr gut bedient. Unter den Volontairen unterschie-

---

*) Leopold Graf von Daun war 1705 gebohren. Er war anfänglich Maltheser Ritter und Obrister bei seines Vaters Regiment; 1736 Kammerherr; 1737 Generalmajor, und diente gegen die Türken; 1739 Generallieutenant; 1740 bekam er ein Regiment; 1745 wurde er General von der Infanterie; 1748 Geheimer Rath; 1751 Kommandant von Wien; 1753 Ritter vom goldenen Vließ; 1754 Feldmarschall. In dem vorhergehenden Kriege bezeigte er nicht weniger Muth als Klugheit. In den Schlachten bei Kruzka und Friedberg ward er verwundet. Er führte neue Kriegesübungen ein, und entwarf den Plan für die Militairakademie. 1745 verließ er den Maltheser Orden und heirathete die Gräfin Fuchs, (eine Favoritin der Kaiserin) mit der er verschiedene Kinder zeugte. Er war ein Mann von mittlerer Größe, und hatte eine einnehmende Bildung. Er war außerordentlich tapfer und kaltblütig bei einem Gefechte. Ein Grad mehr von dem, was man Vigor animi nennt, würde ihn zu einem von den größten Männern seines Zeitalters gemacht haben.

**) Der General Nadasti ist ein gebohrner Ungar. Er war anfänglich Obristlieutenant bei dem Baronialschen Husarenregiment, und wurde 1736 Obrister; 1741 Generalmajor; 1744 Generallieutenant; 1753 Geheimer Rath; 1754 Kommandant von Buda und General der Kavallerie; 1756 Bannus von Kroatien und 1758 Feldmarschall. Er wohnte den Kriegen in Italien, Schlesien und am Rhein bei, und that sich bei dem Uebergange über diesen Fluß in dem vorigen Kriege sehr hervor; besonders aber durch die Eroberung von Schweidnitz im Jahre 1757. Zur Belohnung seiner großen Verdienste gab ihm die Kaiserin alle Güter wieder, die man seinem Großvater genommen hatte, und übertrug ihm die Kommandantenstelle von Buda, ohngeachtet er ein Ungar war. Er vermählte sich 1745 und zeugte verschiedene Kinder. Nach der Schlacht bei Lissa entstanden zwischen ihm und den andern Befehlshabern einige Mißhelligkeiten, so daß er hernach nie wieder bei der Armee erschien.

schieben sich der Herzog von Würtenberg und der Genaralmajor Graf Czernichew vorzüglich." *)

Die preußische Erzählung lautet folgendermaßen.

„Unmittelbar nach der Schlacht bei Prag wurde der Oberste Putkammer mit seinen Husaren detaschirt, den Feind zu verfolgen. Diesem folgten den 9ten Mai der Herzog von Bevern und der General Ziethen **) mit 20,000 Mann. Das erste erhebliche Scharmützel fiel bei Suchdol vor, wo das große österreichische Mehlmagazin weggenommen wurde. Der Generallieutenant Ziethen, die Generalmajors Krokow und Manstein wurden zu dieser Unternehmung mit 4 Bataillons und 1100 Pferde aus dem Lager bei Kollin detaschirt. Es gelang ihnen, dieses Magazin im Angesicht des Feindes, der mit einem starken Korps Husaren und Kroaten auf den Höhen bei der Johanneskapelle hinter Suchdol stand, wegzunehmen. General Nadasti detaschirte den Obristlieutenant Bellasti mit einigen hundert Husaren den Obristen Warnery vom Putkammerschen Regiment anzugreifen; er ward aber mit Verlust zurükgeschlagen. Der Obriste Wernherr, der die Oesterreicher beobachten sollte, ward von den Obristen Zobel und Lusinsky mit 600 Pferden bei Krathenau angegriffen, die er aber über den Haufen warf und 43 Gefangene machte. Den 5ten Junius verließ der Herzog sein Lager bei Kollin, in der Absicht den General Nadasti anzugreifen, der auf den Höhen bei der Johanneskapelle sein Lager hatte. Dieser hielt aber so wenig hier, als auf den Höhen von Kanck Stand, sondern verließ sie, so wie hernach auch noch Kuttenberg. Wir bekamen 73 Gefangene und der Feind verlor an Todten und Verwundeten über 150 Mann. Nach diesem Vorgange bekam der Herzog von Bevern zwei Magazine voll Fourage und anderm Proviant in Kuttenberg und Neuhof in seine Gewalt, und nahm sein Lager bei Neschkarziz, einem Dorfe zwischen Neuhof und

Kut-

---

*) Dieses ist nicht der Graf Czernichew, der die Expedition gegen Berlin kommandirte, und hernach die rußische Hülfsvölker die 1762 bei der preußischen Armee standen, sondern ein anderer.

**) Dieser General ist ein Liebling des Königs. 1740 diente er in dem schlesischen Kriege als Major bei den Husaren; 1741 wurde er Obristlieutenant und bekam den Orden pour le merite; auch wurde er in eben diesem Jahre Obrister und erhielt ein Regiment. Nach der Schlacht bei Prag, in der er sich sehr hervorgethan, bekam er den Schwarzen Adler=Orden. Gemeiniglich kommandirte er die Avantgarde. Nach der Schlacht bei Breslau machte er einen schönen Rükzug. Bei der Schlacht bei Torgau machte er seinen Ruhm durch die Besetzung der Höhen bei Ziptitz unsterblich, weil er dadurch dem Feldmarschall Daun den Sieg aus den Händen riß, der den König schon geschlagen hatte. Er ist gegenwärtig 84 Jahr alt.

Kuttenberg. Durch diese Stellung zwang er den Feldmarschall Daun sein festes Lager bei Czaslau zu verlassen und sich bis Goltzienkau und hernach weiter bis Haber zurückzuziehen. Die Menge der Defileen, welche wir vor uns fanden, hinderte uns des Feindes Arriergarde anzugreifen, so daß bei diesem Marsch kein Scharmützel vorfiel, ausgenommen den 7 Junius bei dem Defilee bei Czurckwitz, wo der General Nadasti allarmirt wurde, der mit seinem Korps, das durch vier Regimenter sächsische Kavallerie war verstärkt worden, hinter Czaslau im Lager stand. Indem dieses alles vorging, wurde die Armee unter dem Feldmarschall Daun immer mehr verstärkt, so daß sie endlich bis auf 60,000 Mann anwuchs. So viel man urtheilen konnte, schien seine Absicht zu seyn, mit dem größten Theile seiner Truppen gegen das Lager des Königs bei Prag auf der andern Seite der Moldau zu marschiren, und um diesen Marsch zu decken, den Herzog durch das Korps des Generals Nadasti angreifen zu lassen. Der Herzog von Bevern hatte nur 18 Bataillons und 70 Schwadronen bei sich, er brauchte also eine schleunige Verstärkung. Der König zog daher seine Posten bei Prag näher zusammen, brach den 13ten mit 10 Bataillons und 20 Schwadronen auf und marschirte über Kosteletz gegen Zasmuck. An eben diesem Tage ließ der Feldmarschall Daun die Vorposten des Herzogs von Bevern durch den General Nadasti angreifen, und machte zu gleicher Zeit mit seiner ganzen Armee eine Bewegung nach der Flanke der preußischen Armee, wodurch sie sich genöthigt sahe, nach Kollin und den 14ten weiter nach Kaurzim zurückzugehen, wo sie sich mit dem König vereinigte. Den 15ten und 16ten war man beschäftigt die Wege nach Wisocka zu besichtigen, wo die österreichische Armee stand. Dieses aber konnte wegen der Menge der feindlichen leichten Truppen nur auf eine sehr unvollständige Art geschehen. Vier tausend Kroaten und Husaren griffen einen Transport an, der von Nimburg kam. Aber die Bedekkung von 200 Mann, unter dem Major von Billerbeck, vertheidigte sich über drei Stunden, bis sie einige Verstärkung erhielt und hernach glücklich im Lager ankam, ohne mehr als sieben Mann verloren zu haben. Den 17ten, da wir nach Schwopsitz marschiren wollten, war die feindliche Armee auf den Höhen in Schlachtordnung. Sie hatte sich in ein halbes Quarré gestellt, mit dem rechten Flügel gegen Kuttenberg und Kollin und dem linken gegen Zasmuck; die Fronte war durch Teiche und Moräste gedekt. Wir machten eine Bewegung, so daß der rechte Flügel an Kauerzim, der linke gegen Nimburg zu stehen kam, Planian aber vor der Fronte blieb. Den 18ten besetzten wir einige Höhen vor diesem Ort. Die Armee marschirte links ab, in der Absicht den Feind anzugreifen, sobald nur die nöthigen Vorkehrungen würden gemacht seyn, und unsere leichten Truppen sich den

Z 2   feind-

feindlichen gegenüber gestellet hatten, die sich auf unserer linken Flanke formiren wollten. Wir trieben sie bis auf die Höhen hinter Kollin zurük, die wir aber nunmehr einnehmen mußten, wenn wir den Feind in seiner rechten Flanke angreifen wollten. Der Generalmajor von Hülsen *) erhielt daher Befehl, sich ihrer mit sieben Bataillons zu bemächtigen. Die Infanterie sollte sich alsdann formiren und diesen Angrif unterstützen, jedoch ohne sich mit ihrem rechten Flügel einzulassen, der sich immer zurük halten sollte. Unsre Grenadier kletterten die Berge hinauf, bemächtigten sich eines Dorfes, das der Feind verlassen hatte, und eroberten hinter demselben zwei Batterien von 12 oder 13 Kanonen, als auf einmal unsere ganze Infanterie, ohne daß sie sich aufhalten ließ, avanzirte und das erste Treffen des Feindes angrif. Dieses verhinderte, daß wir den Angrif gegen die Höhen nicht unterstützen konnten; vier Bataillons wären dazu hinreichend und der Sieg unser gewesen. Der Feind machte sich dieses Fehlers zu Nutze, ließ etwas Infanterie hinter seinen Treffen rechts her auf gehen und unsre sieben Bataillons angreifen. Sie schlugen ihn indessen doch zurük, ohngeachtet sie durch einen dreimal erneuerten Angrif und das Feuer aus 40 Kanonen vieles gelitten hatten. Das Dragonerregiment von Normann grif die feindliche Infanterie an, zerstreute verschiedene Bataillons, erbeutete 5 Fahnen, ging hernach auf die sächsischen Karabiniers los, schlug sie zurük und verfolgte sie bis hinter Kollin. Indem unsre Infanterie den Feind angrif, litte sie sehr durch das Feuer des feindlichen schweren Geschützes, in den Bataillonen entstanden hin und wieder große Lüffen. Das Kürassierregiment des Prinzen von Preussen setzte sich die Intervalle zwischen dem Regiment von Bevern und Heinrich, um diese Lüffen zu decken. Es grif ein österreichisches Infanterieregiment an, das ihm gegenüber stand, und würde es auch ohne Zweifel geworfen haben, wenn es nicht auf eine Batterie gestoßen wäre, welche mit Kartätschen feuerte, und es dadurch auf das Beversche Regiment trieb. Die österreichische Kavallerie verfolgte es und dadurch wurden die Regimenter Bevern und Heinrich so stark mitgenommen, daß sie aus der Linie gezogen werden mußten. Dadurch entstand eine Oefnung, wodurch die Gemeinschaft mit den Bataillons, welche die Höhen angriffen, abgeschnitten und wir genöthigt wurden, uns zurükzuziehen. Das erste Bataillon Garde auf dem rechten Flügel trieb vier Bataillons und zwei Regimenter Kavallerie zurük, die es umringen wollten. Unser linke Flügel blieb bis 9 Uhr des Abends
auf

---

*) Dieser General war 1740 Major; 1743 Obristlieutenant; 1745 Obrister; 1754 Generalmajor und bekam den Orden pour le merite. 1756 erhielt er ein Regiment; 1758 ward er Generallieutenant. Er kommandirte ein ansehnliches Korps in Sachsen gegen die Reichsarmee und erwarb sich, besonders durch die Aktion bei Strehlen, vielen Ruhm.

Feldzug im Jahre 1757.

auf dem Platz stehen, den der Feind vor der Schlacht besetzt hatte, und zog sich hernach zurük. Die Armee zog sich nach Nimburg, ohne daß sie der Feind verfolgt hätte. Wir mußten einige Kanonen stehen lassen, weil keine Protzen und Pferde da waren. Der Verlust dieser Schlacht nöthigte uns die Belagerung von Prag aufzuheben. Die Armee, welche auf der rechten Seite der Moldau stand, marschirte nach Brandeis, und vereinigte sich daselbst mit der Armee, die bei Kollin geschlagen hatte. Der Feldmarschall Keith aber ging nach Budin zurük.

Nach der Angabe der Preussen betrug ihr Verlust 1450 Mann, 1667 Pferde todt bei der Kavallerie; 8755 Mann Todte und Vermiste bei der Infanterie, und 3568 Verwundete: in allen 13,773 Mann. Nach dem Verzeichnis, das zu Wien herausgekommen, betrug der Verlust der Oesterreicher 819 Todte, 3616 Verwundete bei der Infanterie; 163 Mann, 414 Pferde Todte, 825 Mann und 748 Pferde an Verwundeten bei der Kavallerie. Unter den Verwundeten befinden sich 20 Staabsofficiere und der Feldmarschall Daun selbst."

Die beiden vorhergehenden Erzählungen, besonders die letzte, sind sehr deutlich und gut auseinander gesetzt. Indessen will ich doch noch diejenige hinzusetzen, die nach Frankreich geschikt wurde; denn eine so wichtige Schlacht kann nicht genug untersucht und aufgeklärt werden.

"Den 11ten Junius bekam der Feldmarschall Daun Befehl, zum Entsatz von Prag zu marschiren und völlige Gewalt, so zu verfahren, als er es für das Beste des Dienstes der Kaiserin zuträglich erachten würde. Hierauf verließ er den folgenden Morgen sein Lager und kam nach einigen beschwerlichen Märschen den 15ten bei Gintiz an. Den andern Tag wollten Se. Excellenz nach Kauerzim marschiren, welches der nächste Weg nach Prag ist. Den Abend vorher aber war der König mit einem starken Korps bei der Beverschen Armee angekommen; und da er eine vollkommne Kenntnis des Landes hatte, so glaubte er den Feldmarschall Daun in keine geringe Verlegenheit zu setzen, wenn er sein Lager bei Kaurzim nähme. In der That sahe der Feldmarschall alle die Unbequemlichkeiten sehr wohl ein, in die ihn diese Stellung des Königs setzte, denn dadurch sahe er sich in die Nothwendigkeit gesetzt, entweder rechts oder links zu marschiren. Der Marsch linker Hand war unendlichen Schwierigkeiten unterworfen, weil man dabei nichts als Defileen, Wälder nnd Moräste antraf. Wollte er hingegen rechts marschiren, so mußte er nahe bei Kaurzim vorbei und also dem Feinde die Flanke geben. Um beides zu vermeiden, hätte er können rechts einen großen Umweg nehmen, aber dadurch wäre er am Ende des Marsches weiter von Prag gewesen, als er gegenwärtig war; zugleich würde er dadurch dem Feinde Gelegenheit gegeben haben, zwanzig andre Stellungen zu nehmen, wodurch er ihn wieder eben so gut hindern konnte, sich dieser Stadt zu nähern; denn dieses ist in diesem Lande sehr leicht, wo man überall vortheilhafte Lager findet. Da also der Feldmarschall voraussahe, daß es schlechterdings zu einer Schlacht kommen müßte, wenn er Prag entsetzen wollte, so beschloß er, den folgenden Morgen im Angesicht des Feindes ein Lager zu nehmen, um ihn zu der Nothwendigkeit zu zwingen, ihn anzugreifen, oder dem Feldmarschall Gelegenheit zu geben, daß er den Feind angreifen könnte. In dieser Absicht marschirte die Armee nach Krichenau. Den 17ten bekam der Feldmarschall Nachricht, daß der Feind gegen Planian marschirte; er stieg den Augenblik zu Pferde, um die Bewegungen desselben selbst in Augenschein zu nehmen. Da er gewahr wurde, daß der König seinen Marsch gegen den rechten Flügel der kaiserlichen Armee richtete, so fand er es für nöthig seine Stellung zu verändern. Er formirte also seine Armee dergestalt, daß Planian vor der Fronte blieb, der linke Flügel der Infanterie in zween Treffen mit einer zahlreichen Artillerie auf einem Berge zu stehen kam, der nur allein auf der Ebene hervorragte. Rechter Hand lag ein anderer Berg, etwas niedriger als der erstere; auf diesem stellte er den rechten Flügel seiner Infanterie ebenfalls in zween Treffen, und zwei Treffen Reiterei auf ihre Flanke. Zwischen diesen beiden Anhöhen ist am Fuße derselben eine Ebene von 2500 Schritt; auf diese stellte der Feldmarschall zwei Treffen von seiner Kavallerie und hinter derselben in der dritten Linie noch eine Reserve; denn da der König eben so stark an Reiterei war, so glaubte man, er würde seine größte Gewalt gegen den Mittelpunkt gebrauchen, um die Armee auseinander zu sprengen. Se. Excellenz brauchte alle mögliche Vorsicht die Absicht des Königs zu vereiteln: eine Menge Artillerie wurde auf die Flanke und vor die Kavallerie gesetzt. In dieser Lage blieb alles den 17ten. Den 18ten marschirte der König mit der Armee links ab auf der großen Straße von Prag nach Wien, und gab sich dabei alle Mühe, der kaiserlichen Armee in die rechte Flanke zu kommen. Feldmarschall Daun merkte die Absicht des Königs und befahl also, daß das Korps der Reserve auf den rechten Flügel marschiren und die Flanke decken sollte. Zwischen 9 und 10 Uhr des Morgens erschien die Tete der königlichen Armee bei Slatislunz, ohngefähr eine halbe Meile von dem kaiserlichen Lager; hier verweilte sie sich bis gegen Mittag, damit die Kolonnen Zeit hatten heran zu kommen: nachdem dieses geschehen, so setzte sich die Armee wieder in Bewegung und richtete ihren Marsch gerade auf die rechte Flanke der kaiserlichen Armee.

Der Feldmarschall, der dieses erwartet hatte, ließ das zweite Treffen auch dahin marschiren und sich an die Reserve schließen. Um halb zwei Uhr stand die Tete der preußischen Kolonne, sowohl Infanterie als Kavallerie, der kaiserlichen Armee gerade gegenüber, die Anstalten gemacht hatte, sie aufs beste zu empfangen. Die preußische Infanterie formirte sich in einem Augenblik und avanzirte in der schönsten Ordnung, um den Feldmarschall anzugreifen, der ihr ebenfalls entgegen rükte. Um zwei Uhr ging der Angrif, der von einer

zahl=

Feldzug im Jahre 1757.

zahlreichen Artillerie unterstützt wurde, mit einer so unglaublichen Lebhaftigkeit vor sich, daß nur ein Augenzeuge sich einen richtigen Begrif davon machen kann. Die kaiserliche Armee antwortete mit einem unaufhörlichen Feuer, sowohl aus dem schweren Geschütz als kleinem Gewehr. Der König hatte einige schwere Artillerie auf einen Hügel hinter seine Infanterie gesetzt, welche den Oesterreichern vielen Schaden that. Dieser erste Angrif dauerte ohngefähr anderthalb Stunden, als das Feuer der Kaiserlichen anfing über das preußische die Oberhand zu behalten und die Feinde nöthigte, das Schlachtfeld zu verlassen. Dies geschah, aber in keiner andern Absicht, als bloß um sich wieder in Ordnung zu stellen und den Angrif zu erneuern. Sie kamen auch bald wieder und griffen an, wurden aber eben so wie das erste mal zurükgeschlagen. Sie machten sieben auf einander folgende Angriffe von zwei Uhr bis halb sieben, welches der letzte und heftigste war. Dieser Angrif war allgemein und dauerte bis nach 7 Uhr, da denn endlich die Preussen gezwungen wurden, auf allen Seiten zu weichen und sich in Unordnung zurükzuziehen. Der Feldmarschall schikte ihnen einige Infanterie und Kavallerie nach, um sie zu verfolgen. Die leichten Truppen vom Nadastischen Korps verfolgten sie eine gute Strekke und brachten noch viele Gefangene ein. Die sächsischen Karabiniers standen der preußischen Infanterie gegenüber, von der sie eben so, wie von der Artillerie, viel litten. Sie baten um Erlaubniß sie angreifen zu dürfen; diese wurde ihnen gegeben, und sodann führten sie ihre Unternehmung mit so vieler Unerschrokkenheit aus, daß sie die feindliche Infanterie in Stükken hieben, und verschiedene Kanonen und Fahnen erbeuteten. So ging es auf dem rechten Flügel zu, wo das Gefecht am hitzigsten war. Zwei Stunden nach dem ersten Angrif auf unserm rechten Flügel avanzirte die preußische Armee, um den linken Flügel der Oesterreicher anzugreifen. Dieses hätte sie in Betracht der Stärke seiner Stellung gar nicht thun sollen. Er stand auf einem Berge, den man unmöglich ersteigen konnte, und der ganz mit Artillerie bedekt war, die den Preussen vielen Schaden that. Als der preußische rechte Flügel am Fuß des Berges kam, machte er Halt! Da dies der österreichische linke Flügel sahe, verlies er seine Stellung, ging vom Berge herunter, um den Feind anzugreifen und mit dem übrigen Theil der Armee die Ehre dieses Tages zu theilen. Die österreichische Infanterie grif die preußische mit vieler Unerschrokkenheit an und zwang sie nach einem Gefecht von einer Stunde, das Feld zu räumen. Die österreichische Kavallerie rükte gleichfalls vor, um die feindliche anzugreifen; diese aber zog sich, ohne sie abzuwarten, auf ihre Infanterie zurük. Die Kaiserlichen waren klug genug ihre Vortheile auf dieser Seite nicht zu verfolgen, aus Furcht von ihrem rechten Flügel getrennt zu werden. Ohngefähr eine Stunde darauf grif der preußische rechte Flügel den österreichischen

schen linken aufs neue an, aber in weniger als einer halben Stunde wurde er wieder in Verwirrung zurükgeschlagen. Sie nahmen darauf ihre erste Stellung wieder ein, und feuerten aus aller ihrer Artillerie auf die Oesterreicher, so lange noch die Schlacht dauerte. Bei dem zweiten Angrif gingen 6 Bataillons, unter Anführung des Grafen Esterhasi, nachdem sie alle ihre Patronen verschossen hatten, mit aufgepflanztem Bajonet auf den Feind los, und zwangen ihn mit vieler Tapferkeit zum Weichen. Diese Schlacht war allgemein und jedes Korps war mehr als einmal mit dem Feinde im Gefechte. ic.„

Da diese Schlacht eine merkwürdige Epoche in der Geschichte dieses Krieges macht, und die erste ist, welche der König von Preussen jemals verloren, so wollen wir hier unsere Betrachtungen sowohl über sie selbst, als über die verschiedenen Manövers mittheilen, welche vorhergingen.

Betrachtungen
über die Schlacht bei Kollin.

Es ist bereits angemerkt worden, daß die Belagerung einer Stadt, wie Prag, mit ohngefähr 50,000 Mann in ihren Ringmauern, ein unschikliches und gefährliches Unternehmen war. Belagerungen erfordern einen großen Aufwand, und man verliert dabei so viel Zeit und Leute, daß man sie nur in dem äußersten Nothfall unternehmen muß. Der König war um diese Zeit in einer Lage, in der er so geschwinde als möglich einen entscheidenden Streich ausführen mußte; daher hätte er sich nicht mit Belagerungen aufhalten sollen. Er konnte leicht vorhersehen, daß die Oesterreicher dadurch Zeit und Mittel gewannen, auf das nachdrüklichste für ihre Vertheidigung zu sorgen, es mögte mit Prag ablaufen, wie es wollte. Man muß nie Belagerungen unternehmen, außer 1) wenn Festungen an Pässen liegen, durch die man in des Feindes Land gehen muß, und ihre Lage überdies von der Art ist, daß man nicht eher vorrükken kann, als bis man sie in seiner Gewalt hat; 2) wenn sie in der Linie liegen, auf der man die Gemeinschaft mit seinem Lande haben muß und des Feindes Land nicht hinlänglichen Unterhalt darbietet. 3) Wenn ihr Besiz nothwendig ist, um die Magazine zu dekken, die man in dem Lande hat, und die Operationen zu begünstigen. 4) Wenn sie beträchtliche Magazine des Feindes und zwar solche enthalten, die er auf keine Weise entbehren kann. 5) Wenn die Eroberung derselben uns augenbliklich in dem Besiz eines beträchtlichen Stük Landes sezt, und wir die Armee in des Feindes Lande in Winterquartiere legen können. In dergleichen Fällen muß man seine Operationen mit der Belagerung einer solchen Festung anfangen; in allen andern aber sie vermeiden. Keiner von allen diesen trift aber

Feldzug im Jahr 1757.

aber bei Prag zu. Es bedekt keinen wesentlichen Paß im Lande, es enthielt kein beträchtliches Magazin, der König brauchte auch nicht nothwendig eins darinnen anzulegen, denn das Land selbst verschafte ihm alle Art von Unterhalt; und wenn es dies auch nicht gethan hätte, so konnte er ohne alle Gefahr seine Armee aus Schlesien damit versorgen; denn der Prinz Karl konnte dies auf keine Weise hindern, er mochte in oder bei Prag stehen. Hätte der König anstatt diese Stadt zu belagern, den Tag nach der Schlacht gleich 20,000 Mann dem feindlichen rechten Flügel nachgeschikt, der sich nach Beneschau zurük gezogen hatte, und wäre mit dem übrigen Theil seiner Armee nach Böhmischbrodt gegen den Feldmarschall Daun marschirt, so ist es mehr als wahrscheinlich, daß er beide aufgerieben hätte. Wenigstens hätten sie alle ihre Artillerie und Bagage verloren, und wären gezwungen gewesen, sich mit der größten Eilfertigkeit nach der Donau zu ziehen. Dadurch bekam der König völlige Freiheit, Olmüz zu belagern, und die Eroberung dieser Festung hätte ihm zugleich Böhmen in die Hände geliefert; denn der Prinz Karl mußte ebenfalls an die Donau marschiren, um sich mit dem übriggebliebenen Theil seiner Armee zu vereinigen; weil er in seiner damaligen Lage, ohne alle Magazine und Artillerie, allein nichts von Erheblichkeit unternehmen konnte. Auch durfte er es nicht wagen, dem Könige zu nahe zu kommen, wenn er nicht seine Armee einem völligen Untergange aussetzen wollte. Der König konnte verschiedene Stellungen nehmen, die Belagerung von Olmüz zu bestehen, die Donau und die Hauptstadt zu beunruhigen und den Prinz Karl zu zwingen nach Linz zu marschiren, um daselbst über diesen Fluß zu gehen und sich mit dem Ueberrest seiner Armee zu vereinigen. Dies alles würde den Preussen Zeit genug gegeben haben, Olmüz zur Uebergabe zu zwingen und vielleicht Prag oben ein, weil die Oesterreicher darin gewiß nur eine schwache Garnison würden gelassen haben. Der König aber durch eine ungewisse und eitle ob zwar schmeichelhafte Hofnung 50,000 Mann zu Gefangenen zu machen, verführt, ließ Daun und den ganzen rechten Flügel aus dem Gesichte, und verlor damit zugleich die Gelegenheit einen entscheidenden Streich auszuführen. Er hatte noch Zeit seine Fehler zu verbessern und ungeschehen zu machen, sobald er von der Annäherung des Feindes Nachricht bekam. Er konnte und mußte sogleich die Belagerung von Prag aufheben und mit seiner ganzen Macht dem Feldmarschall Daun auf den Leib gehen. Gelang es ihm diesen zu schlagen, so war es höchst wahrscheinlich, daß er bei einem so weiten Marsch, als der Prinz Karl machen mußte, um die Ufer der Donau zu erreichen, würde Gelegenheit gefunden haben, ihn ebenfalls anzugreifen. Dieser durfte es auch nicht einmal wagen sich der Donau zu nähern, so lange der König noch mit einer Armee in der Gegend von Kollin stand.

186 Geschichte des siebenjährigen Krieges in Deutschland.

stand. Man darf nur die Karte zur Hand nehmen, so wird man dies mit einem Blik sehen.

Der König wußte, daß der Herzog von Bevern viele Mühe hatte, der so überlegenen Macht des Feindes auszuweichen; wie konnte er sich vorstellen, daß eine Verstärkung von einigen wenigen Bataillonen und Schwadronen ihm den Sieg in die Hände liefern würde? Seine ganze Armee war kaum stark genug sich mit der Daunschen zu messen; dem allen ohngeachtet bestand er auf den Entwurf, Prag zu erobern. Dadurch setzte er sich offenbar einem völligen Untergange aus, wofern nur der Feind etwas von allen dem unternommen hätte, was sowohl der Garnison von Prag als dem Feldmarschall Daun nach der Schlacht ungemein leicht war. Es ist eine von den wesentlichsten Eigenschaften eines Generals, nicht mit Leidenschaft für ein Lieblings- und auffallendes Projekt eingenommen zu seyn; denn dadurch setzt er sich manchmal so vielen nachtheiligen und öfters für ihm höchst unglüklichen Folgen aus. Es ist freilich sehr schwer, einen einmal unternommenen Entwurf aufzugeben. Denn dabei findet die Welt allemal Gelegenheit, uns zu tadeln, daß wir uns nicht Mühe genug gegeben haben, einen Blik in die Zukunft zu thun, oder nicht Standhaftigkeit genug besitzen, ihn auszuführen. Dieses verursacht der Eigenliebe keine geringe Marter. Es ist indessen ausgemacht, daß es mehr Ehre macht, wenn man seine Fehler verbessert und ablegt, als wenn man aufs hartnäkkigste in denselben beharret. Der König hat aus einem zu großen Zutrauen auf seine überwiegenden Talente und einer etwas zu geringen Meinung von seinen Gegnern, vielleicht aber auch durch gewisse dringende Umstände, in denen sich seine Angelegenheiten befanden, gezwungen, öfters Dinge unternommen, die seine Kräfte zu übersteigen schienen. Man darf sich daher nicht wundern, wenn verschiedene von seinen Entwürfen, die dem ersten Ansehen nach sehr gut ausgedacht zu seyn schienen, nicht die gehörige Festigkeit hatten und daher von keinem glüklichen Erfolg seyn konnten.

Da er bey Kaurzim ankam, und den Feind in einer Stellung antraf, in der er unmöglich mit Hofnung eines guten Erfolges angegriffen werden konnte, so hätte er sich zurük ziehen und eine andre Stellung nehmen sollen. Dadurch würden sich die Oesterreicher vielleicht haben verleiten lassen, weiter vorzugehn und ihm Gelegenheit zu geben, sich mit ihnen unter vortheilhafteren Umständen einzulassen. Will man hier den Einwurf machen, daß der Prinz Karl sobald er von seiner Abwesenheit Nachricht erhielt, die bei Prag zurük gelassene Armee angreifen konnte: so beweiset dies nichts weiter, als daß der König dadurch seine Armee dem völligen Untergange aussetzte, weil dies lediglich auf einen Umstand beruhte, den der

Feind

Feldzug im Jahre 1757.   187

Feind auf hundert verschiedenen Arten erfahren konnte. Sobald er endlich beschlossen hatte, sich der Höhen auf der rechten Flanke des Feindes zu bemächtigen, so mußte er nicht am hellen Tage dahin marschiren; denn dadurch gab er gleich seine Absicht zu erkennen, und dem Feinde Zeit Gegenanstalten zu machen, wie es auch in der That geschah. Hätte der König den Abend vorher ein starkes Korps Kavallerie gegen des Feindes linke Flanke detachirt, das er in diesem gebürgigten Lande leicht entbehren konnte, so würde er dessen Aufmerksamkeit dahin gezogen, und Gelegenheit bekommen haben die Nacht unbemerkt einen Marsch zu machen, um die Höhen von Chotzemitz zu gewinnen. Da er es aber bei Tage unternahm, so sahe man gleich die Unmöglichkeit davon ein. Der König marschirte in einem Theile eines Zirkels; der Feind marschirte auf der Chorde desselben und konnte daher sehr leicht in einer kürzern Zeit mehr Leute bei jeden Punkt, der angegriffen wurde, ins Feuer bringen als er, welches allemal entscheidend seyn mußte, gesetzt auch beide Armeen wären von gleicher Stärke gewesen. Da der König verhältnißmäßig stärker an Kavallerie als Infanterie war, so hätte er vor der Fronte des Feindes die Gegend aussuchen müssen, die sich für diese Art Waffen am besten schikte. Da er dem Feind Zeit gegeben hatte, seinen rechten Flügel und Flanke zu verstärken, wohin er schon zwei Drittel seiner Armee gesetzt hatte, so mußte er seine beiden Flügel zurük halten, mit seiner Kavallerie einen lebhaften Angrif auf den Mittelpunkt zwischen Brzist und Chotzemitz versuchen, wo der Feind nur wenig Reuterei hatte, und diesen mit Infanterie und Artillerie auf das nachdrüklichste unterstützen. Dieser wäre aller Wahrscheinlichkeit nach durchbrochen, und beide Flügel auseinander gesprengt worden, welches ohne Zweifel ihre Niederlage nach sich gezogen hätte. Da er aber darauf bestand, des Feindes rechten Flügel anzugreifen, so konnte er dazu nur seine Infanterie gebrauchen; denn das Terrein war durch Gründe, Wälder und Dörfer daselbst so durchschnitten, daß die Reuterei wenig oder gar nicht darauf agiren konnte. Wenn er den rechten Flügel angreifen wollte, so mußte er dazu alle seine Infanterie nehmen, und bloß etwas Kavallerie auf seinem rechten Flügel stehen lassen. Dieses wäre hinreichend gewesen, des Feindes linken Flügel in Furcht zu erhalten; denn dieser konnte nicht seine vortheilhafte Stellung verlaßen, und von den Anhöhen in der Ebene herunter gehen. Auf diese Art hätte er seine Avantgarde auf das kräftigste und in der gehörigen Entfernung unterstützen können, anstatt daß er sie völlig in die Luft setzte; denn sein Treffen war zu weit zurük und je bessern Erfolg diese Avantgarde hatte, desto eher näherte sie sich ihrem Untergange, weil sie immer mehr der Gefahr ausgesetzt war, von allen Seiten angefallen und umringt zu werden, je weiter sie avanzirte. Denn nachdem sie die erste Linie des Feindes durchbrochen hatte und die zweite in der Flanke angrif, so sahe sie den größten Theil der feindlichen Armee in der Fronte vor sich, und zugleich das ganze

188 Geschichte des siebenjährigen Krieges in Deutschland.

Korps der Reserve, das aus Infanterie und Kavallerie bestand, auf ihrer Flanke. Ueberdies war sie dem Feuer einer zahlreichen und gut bedienten Artillerie ausgesetzt, und da sie so weit vor war, daß sie von der Armee keine Hülfe mehr bekommen konnte, so mußte sie wohl endlich der Uebermacht nachgeben und sich zurük ziehn. Wäre sie hingegen gehörig unterstützt und ein Korps auf ihrer linken Flanke der feindlichen Reserve gegen über gesetzt worden, um diese in Furcht zu erhalten, so war die Schlacht gewonnen: das erste Treffen des Feindes war schon durchbrochen, und fand rükwärts kein bequemes Terrein, auf dem es sich wieder setzen konnte; so daß die ganze Armee wäre in der Flanke genommen worden. Die Reserve durfte ihre Stellung nicht verändern, um die Avantgarde in der Flanke anzugreifen, weil sie dadurch ihre eigene Flanke blos gegeben, und alle die Vortheile verlohren hätte, die ihr die Natur der Gegend verschafte. Da aber diese Vorkehrungen nicht gemacht wurden, so konnte die feindliche Reserve ohne Gefahr ihren Posten verlaßen, und die Avantgarde des Königs in der Flanke angreifen, die also leicht über den Haufen geworfen wurde, weil sie von der Armee keine Unterstützung bekam, wie bereits angemerkt worden. Dadurch gieng die Schlacht verlohren.

Die Hauptfehler in der Disposition des Königs vor und während der Schlacht sind also folgende: 1) Daß er seine Manöver bei Tage machte, und dadurch dem Feinde Zeit und Gelegenheit gab, seine Stellung nach Maaßgabe der Umstände zu verändern; 2) daß er seinen Angrif an einem Orte unternahm, wo er die verschiedene Gattungen von Truppen nicht mit Bequemlichkeit verbinden konnte, um einander wechselsweise zu unterstützen: da hingegen der Feind sowohl Infanterie als Kavallerie, und eine Menge Artillerie bei der Hand hatte, um den angegriffenen Posten zu behaupten; 3) daß er den General Hülsen so weit vorrüken ließ, daß ihn die Armee nicht mehr unterstützen konnte; und 4) daß er bei seinem Angrif in Rüksicht auf das Terrein zu wenig Infanterie gebrauchte.

Auf der andern Seite scheint das Verfahren des Feldmarschalls Daun gleichförmig zu seyn und auf richtigen Grundsätzen zu beruhen. Nach der Schlacht bei Prag handelte er mit großer Ueberlegung. Ohngeachtet er anfänglich stärker war, als der Herzog von Bevern, zog er sich doch zurük: theils um seinen Leuten Zeit zu geben, sich wieder zu faßen, theils auch, um die Verstärkungen an sich zu ziehen, die er erwartete. Sobald diese angelangt waren, änderte er sein Betragen nach Maaßgabe der Umstände; er war nunmehr eben so lebhaft und thätig, als er vorhin langsam und zaudernd zu seyn schien. Sein Vordringen hatte die Absicht, den Herzog von Bevern von der Armee bei Prag abzuschneiden, oder zu verhindern, daß er keine Verstärkung erhielt. Ohngeachtet dieser Entwurf nicht gelang, so war er doch sehr wohl ausgedacht. Sein Verhalten während der Schlacht scheint nicht weniger klug zu seyn. Der Feind begieng keinen Fehler, den er sich nicht zu Nutze machte;

machte; nur einen scheint er selbst dadurch begangen zu haben, daß er seine Linie so weit rükwärts formirte. Dadurch bekam der General Hülsen Gelegenheit, sich der Dörfer vor der Fronte zu bemächtigen, und hernach die Linie zu durchbrechen. Dieses würde den Verlust der Schlacht nach sich gezogen haben, wenn er wäre gehörig unterstützt worden. Wenn sich eine Armee hinter Dörfer setzen will, so muß dies in einer Entfernung geschehen, bei der man sie durch Hülfe der Linie behaupten kann; sonst gereichen sie ihr zum größten Schaden, wenn sie der Feind wegnimmt; denn ihr Besitz verschaft ihm hernach den Vortheil, daß er seine Bewegungen decken und nachdrüklich unterstützen kann. Kömmt man ihnen aber allemal zu rechter Zeit zu Hülfe, so kann sie der Feind nicht so leicht wegnehmen, aber sie auch nicht hinter sich lassen und vorwärts gehen. Denn dadurch, daß er seine Linie unterbrechen muß, kommt sie allemal in eine gewisse Unordnung, und wenn diese Gelegenheit gehörig benutzt wird, so kann sie leicht die Niederlage der Armee nach sich ziehen. Ueberdies ist er der Gefahr ausgesetzt, von den darin postirten Truppen in die Flanke genommen zu werden. Der Besitz von Dörfern ist daher auf einem Schlachtfelde ein so vortheilhafter Umstand, als man nur wünschen kann; nur müssen sie so liegen, daß man sie unterstützen kann; geht dieses aber nicht an, so ist es gerade umgekehrt, und alle Vortheile, die man sich von ihnen verspricht, gehen verlohren. Wenn ein Dorf gehörig besetzt ist, so rathe ich keinem General es anzugreifen, sobald er sieht, daß es der Feind unterstützen kann. Er thut allemal besser, wenn er es nur bedroht, oder mit Haubitzen in Brand zu stecken sucht, und seinen Hauptangrif auf einen andern Punkt richtet, der im ganzen genommen immer besser gelingen wird. *) Wäre der Feldmarschall den 19ten mit seiner ganzen Armee nach Prag marschirt, so würde noch aller Wahrscheinlichkeit der König eine völlige Niederlage erlitten haben. Im Kriege muß ein General glauben er habe noch nichts gethan, so lange noch etwas zu thun übrig ist. Die schon erhaltenen Vortheile muß er nur als Mittel ansehen, sich noch größere zu verschaffen. Er muß aber niemals einen Stillstand machen, um sich Betrachtungen zu überlassen, so lange er noch Sieg und Ehre vor sich her gehen sieht.

---

*) Der berühmte Marlborough hat uns hiervon ein vortrefliches Beispiel in der Schlacht bei Hochstädt gegeben. Er grif das Dorf Oberklau verschiedenemal an, ward aber immer mit Verlust zurük geschlagen. Endlich ließ er ein Korps Infanterie stehen, das es beobachten mußte, rükte weiter vor, durchbrach des Feindes Treffen, und gewann badurch die Schlacht. Die Franzosen hatten alle Dörfer vor ihrer Front mit Infanterie besetzt, am stärksten aber Oberklau und Blenheim; sie glaubten die Aliirten würden sie zwar angreifen, aber nicht das Herz haben vorzurükken, und sie hinter sich zu lassen. Sie irrten sich aber in dieser Voraussetzung, wurden geschlagen, und die Infanterie, welche in den Dörfern stand, mußte das Gewehr strekken.

VI. Anmerkung.

Lloyds Fehler in der Beurtheilung des Verfahrens des Königs nach der Schlacht bei Prag.

Das Raisonnement des Verfassers über diese Schlacht fließt so wenig aus richtigen Grundsätzen, es ist so voll von abentheuerlichen Entwürfen, daß es bloß in der Hitze der Tadelei hingeschrieben zu seyn scheint. Lloyd ist mit vieler Begierde gelesen worden. Vielleicht ist dieses nur deswegen geschehen, weil er die Dreistigkeit gehabt, seine Gedanken über die Operationen des Königs der Welt vorzulegen. Es ist für einige Menschen so etwas trostreiches, so etwas beruhigendes, wenn sie sehen, daß sich jemand findet, der das Herz hat, einen großen Mann zu tadeln, und sie sind daher sehr geneigt, ihm ihren Beifall laut zuzurufen.

Lloyds Lieblingsentwurf ist: die Oesterreicher bis an, und wo möglich über die Donau zu treiben, und hernach Olmütz zu belagern. Mit diesem kömmt er auch hier wieder angezogen. Ich habe bereits in den vorigen Anmerkungen die Gründe angezeigt, warum sich der König nicht in diese Unternehmung einlaßen konnte, ich werde also nur noch eins und das andre hinzufügen, um das Chimärische dieses Plans noch deutlicher vor Augen zu legen. Der Uebersetzer der ersten Ausgabe dieser Geschichte hat eine sehr treffende Anmerkung gemacht: was ich hier sagen werde, wird größtentheils eine weitere Ausführung seiner Gedanken seyn.

Um eine Armee in einen guten Stand zu setzen, sagt Jemand, muß man bei dem Bauch anfangen: dieses ist die Grundlage aller Operationen. Diese Regel ist so wichtig, daß die meisten Unternehmungen fehl geschlagen sind, weil man sie aus den Augen gesetzt hat. Die Beobachtung derselben ist aber mit desto größern Schwierigkeiten verbunden, je zahlreicher eine Armee ist. Kleine Korps von 10, 15 bis 20,000 Mann können eher tief in die feindlichen Länder eindringen, als Armeen von 50, 60 bis 100,000 Mann. Daher war es den Armeen im dreißigjährigen Kriege leicht, ganz Deutschland zu durchlaufen, welches gegenwärtig nicht so leicht angehen würde.

Sowohl bei dem Entwurfe zu einem Feldzuge, als auch bei der Ausführung desselben, wird ein General es gewiß seine erste Sorge seyn laßen, nicht allein die Verpflegung der Armee selbst, sondern auch die Mittel nach den Grundsätzen der Wahrscheinlichkeit zu bestimmen, durch die ihr während des Laufes ihrer Operationen der Unterhalt verschaft und zugebracht werden kann. Alle Operationen geschehen aber auf einer oder mehrern Linien, je nachdem

VI. Anmerk. Lloyds Fehler in der Beurtheil. des Verfahrens des Königs ꝛc. 191

dem ein General nur mit einem oder mit verschiedenen Korps agiren will. Bei einem Angrifskriege laufen diejenigen, auf denen die Hauptkorps fortgehen sollen, von verschiedenen festen Punkten aus, und vereinigen sich in einem, auf den die Hauptabsicht gerichtet ist, oder wo der General aus guten Gründen vorhersehen kann, daß es zu etwas Entscheidendem kommen werde. Bei einem Vertheidigungskriege hingegen laufen diese Linien von einem Posten zum andern längst der Grenze, und von da aus rükwärts nach einem gewissen Vereinigungspunkt fort, auf dessen Erhaltung größtentheils die Hauptabsicht gerichtet seyn muß. So liefen die Operationslinien des Königs im gegenwärtigem Feldzuge auf der einen Seite von Dresden über Budin, Welwarn auf Prag, auf der andern, von Zittau über Gabel, Jung-Bunzlau, Brandeis auf Prag, auf der Seite von Schlesien von Schweidnitz und Glatz aus, über Landshut, Königshof, Gitschin und weiter über Bunzlau, Brandeis ebenfalls auf Prag: und die Gegend um diese Festung war der Vereinigungspunkt der verschiedenen Korps, welche in Böhmen einbringen und die Sache daselbst zur Entscheidung bringen sollten. Es ist unstreitig eine von den vornehmsten Eigenschaften eines Generals, daß er unter diesen verschiedenen Operationslinien eine geschikte Wahl zu treffen, und diejenigen auszusondern wisse, die ihm ohne Weitläuftigkeit auf die leichteste und kürzeste Art zum Zwekke führen. Der gute oder schlechte Fortgang der meisten Unternehmungen hängt lediglich davon ab. Sind sie gut gewählt, so kann eine Armee die erfochtenen Siege und andre über den Feind erhaltene Vortheile gehörig benutzen, und sich ohne Gefahr zurükziehen, wenn sie das Unglük hat, geschlagen zu werden, oder durch andre Widerwärtigkeiten gezwungen wird, ihren ursprünglichen Plan abzuändern. Im Gegentheil aber können Schlachten gewonnen werden, die keine wesentliche Vortheile bringen, und wenn eine Armee unterliegt, so ist sie öfters gezwungen ganze Länder zu räumen und alle Eroberungen fahren zu lassen, die sie in glüklichen Zeitpunkten gemacht hat. Wer sich die Mühe nehmen will, den Krieg zu studiren, von dem hier die Rede ist, wird leicht Beispiele finden, die das, was ich hier sage, bestätigen.

Da die Unterhaltung der Armee eins von den wesentlichsten Stükken ist, auf die man sein Augenmerk richten muß, so muß man bei dem Festsetzen des Operationsplans eines Feldzugs sorgfältig untersuchen, ob man auch auf beiden Seiten der Operationslinien für eine bestimmte Zeit alles das finden wird, was zur Verpflegung der Armee erforderlich ist. Dabei muß man nicht allein auf die Beschaffenheit des Landes, in dem man seine Operationen vornehmen will und auf dessen Fruchtbarkeit, sondern auch auf die Jahreszeit Rüksicht nehmen, in der dies alles geschehen soll. Das wesentlichste des Unterhalts, den eine Armee

mee gebraucht, ist Brodt und Fourage. Beides kann man selten in der gehörigen Menge aus der Gegend, wo man hinkömmt, erhalten; daher müssen längst der Operationslinie Magazine angelegt und dazu Oerter gewählt werden, die entweder an und für sich haltbar sind, oder in einer Gegend liegen, wo sie durch wenige Truppen gedekt werden können. Ferner müssen sie mit dem Hauptmagazine in einer sichern Verbindung stehen, damit der Abgang ohne große Schwierigkeiten wieder daraus ersetzt werden könne. So war in diesem Feldzuge das Hauptmagazin des Königs in Dresden; weiter vorwärts liegende in Leutmeritz, Melnik; auf der andern Seite die Hauptmagazine in Zittau, Schweidnitz, und nähere in Jung=Bunzlau, Brandeis. Diese Magazine müssen allezeit einen hinlänglichen Vorrath von Mehl enthalten, und wenn die Armee keinen Brodtmangel selben soll, so muß man sichere Mittel in Händen haben, den allmähligen Abgang wieder zu ersetzen, es sey nun aus seinem eigenen oder aus dem feindlichen Lande. Ob man aber auch Fouragemagazine während der Zeit, die eine gewisse Operation erfordert, nöthig haben werde, muß die Jahreszeit bestimmen.

Da ein General den Zustand seiner Armee weiß, so ist es ihm leicht, die ganze Masse des Brodts und der Fourage zu bestimmen, die er täglich gebraucht. Wenn er nun bei dem Entwurfe seines Operationsplans nach den Regeln der Wahrscheinlichkeit die Zeit bestimmt, die eine gewisse Unternehmung erfordern dürfte, so kann er auch ohne Schwierigkeit die Verpflegung berechnen, die zur Erhaltung seiner Armee diese Zeit über erfordert wird. Ehe er sich daher in etwas einläßt, wird er untersuchen, ob es ihm möglich seyn wird, zu einer gewissen Jahreszeit seine Anstalten so zu treffen, daß die Truppen in dem Lande, in dem er seine Operationen machen will, überall wo sie hinkommen, das nöthige Brodt erhalten und die Pferde mit hinlänglicher Fourage versehen werden können. Er muß daher entweder selbst, welches allemal das sicherste ist, eine kleine Rechnung darüber anstellen, die weiter gar keine Schwierigkeit auf sich hat, oder sich dieselbe von einem andern vorlegen lassen. Diese beruht auf folgenden wenigen Grundsätzen.

Ich will eine Armee annehmen, die mit allem, was zu dem Etat derselben gehört, 100,000 Mann verpflegen muß, so wird dieselbe täglich 200,000 Pfund Brodt gebrauchen, wenn die Portion wie gewöhnlich zu zwei Pfunden gerechnet wird. Die Erfahrung hat aber gelehrt, daß 75 Pfund oder ein Berliner Scheffel Mehl hundert Pfund Brodt geben, wenn sie verbakken werden. Man kann daher täglich auf 100 Mann zwei Scheffel Mehl rechnen, und zur Verpflegung dieser Armee werden demnach täglich 2000 Scheffel oder 83 Wispel 8 Scheffel erfordert. Wenn sich also ein General mit einer Armee von dieser

IV. Anmerk. Lloyds Fehler in der Beurtheil. des Verfahrens des Königs ꝛc. 193

dieser Stärke in eine Unternehmung von einer gewissen Art gegen den Feind einlassen und sich nicht dabei in die Verlegenheit setzen will, mitten in seinen Bewegungen stehen zu bleiben, oder sie aus Mangel des nöthigen Brodts aufgeben zu müssen; so muß er aus richtigen Gründen überzeugt seyn, daß es ihm die Zeit über, die seine Ausführung wegnehmen dürfte, allemal möglich seyn werde, seine Vorkehrungen so zu machen, daß das nöthige Mehl herbeigeschaft werden könne. Wenn eine Armee mit allen zu einem Kriege erforderlichen Bedürfnissen gehörig versehen ist, so befindet sich bei derselben allemal ein gewisses bewegliches Magazin, welches aus dem Brodtwagen bei jeder Kompagnie und Schwadron und dem Proviant-Fuhrwesen besteht. Erstere sind gemeiniglich so eingerichtet, daß sie auf 6 Tage Brodt für die Kompagnie mitnehmen können und der Soldat trägt selbst auf 3 Tage. Dadurch ist also eine Armee allemal auf 9 Tage verpflegt, ein Zeitraum, in dem sich schon verschiedenes unternehmen läßt, wenn man nur nach Verfließung derselben aufs neue das benöthigte Brodt erhalten kann. Bei einem Vertheidigungskriege gehen größtentheils die Märsche längst der Grenze oder in der Kette der Magazine fort, die an derselben gemeiniglich in festen Plätzen angelegt sind. Daher ist eine Armee schon durch diese Anstalt im Stande, sich von einem Magazin bis zum andern zu bewegen, ohne einen Brodtmangel zu befürchten, wenn auch diese 8 bis 9 Märsche von einander entfernt sind.

Durch Hülfe des Proviant-Fuhrwesens kann man noch auf eben so viel, zuweilen auf mehrere Tage einen beständigen Vorrath bei der Armee halten, nachdem die Anzahl der Fahrzeuge ist. Da man aus vielen Ursachen die Fahrzeuge im Felde nicht zu stark beladen darf, so kann man auf einen mit 4 Pferden bespannten Proviantwagen nicht füglich mehr als 18 Scheffel laden. Da diese nun 1800 Pfund ausgebaknes Brodt geben, so reicht ein solcher Wagen zu, 100 Mann mit Brodt auf 9 Tage zu verpflegen. Soll daher die ganze vorhin angenommene Armee auf 9 Tage vorräthiges Mehl mit sich führen, so werden dazu 1000 Wagen erfordert, außer denen, die noch sonst bei dem Proviant-Fuhrwesen zu verschiedenen Gerätschaften nöthig sind. Dieses ist allerdings viel, dennoch aber von einer unumgänglichen Nothwendigkeit.

Die Feldbäckerei, um das Mehl zu verbakken, ist gemeiniglich so eingerichtet, daß die Armee in zwei Tagen auf drei Tage mit Brodt versehen werden kann. In einem gewöhnlichen eisernen Bakofen können 150 Brodte, das Brodt zu 6 Pfund, auf einmal gebakken, und wenn es die Noth erfordert, täglich fünfmal abgebakken werden. Daher können durch einen solchen Ofen täglich 750 Mann auf drei Tage mit Brodt versehen werden. Wenn demnach eine Armee, die täglich 100,000 Portionen gebraucht, in einem

nem Tage mit frischem Brodt auf drei Tage soll versehen werden können; so werden dazu 134 Ofen, und nur die Hälfte oder 67 erfordert, wenn dieses in zwei Tagen geschehen soll. Wenn die Bäckerei wie gewöhnlich in Städten angelegt wird, so kann man die darin befindlichen Oefen mit zu Hülfe nehmen, und dann in kürzerer Zeit das benöthigte Brodt für die Armee anschaffen.

Wenn alle diese Anstalten gemacht sind und mit Sorgfalt darauf gehalten wird, daß die Brodtwagen, das Mehl-Fuhrwesen und die Feld-Bäckerei beständig in gutem Stande sind, so ist eine Armee 18 Tage über verpflegt und kann sich also in alle Operationen einlassen, die diesen Zeitraum nicht übersteigen, oder wenn sie überzeugt ist, daß sie bei dem Abflusse derselben aufs neue die nöthigen Lebensmittel antreffen wird, es sey nun, daß sie zugeführt werden können, oder daß sie ein anderes von ihren Hauptmagazinen erreichen kann.

Man stelle sich die vorhin angenommene Armee vor, die von ihrem Hauptmagazine abgeht, und auf einer gewissen festgesetzten Operationslinie in des Feindes Land eindringen will. Man nehme an, daß dieses im Frühjahre geschähe; so darf sie nicht darauf rechnen, daß sie in dem Lande selbst Unterhalt finden wird, besonders wenn der Feind den Winter über darin gestanden hat. Sie muß sich also aus ihren eigenen Magazinen mit Brodt versehen und dies kann nach dem, was gesagt worden, auf 18 Tage geschehen. Allein da nur auf 9 Tage wirklich Brodt vorhanden ist, so muß einige Tage vorher neues gebacken werden. Sie kann daher schwerlich mehr als 6 auf einander folgende Märsche machen; denn wenn sie mehrere machte, so würde die Bäckerei nicht im Stande seyn, das Brodt auf die folgenden Tage zu liefern, weil wenigstens vier Tage erfordert werden, um der Armee wieder auf 6 Tage vorräthiges Brodt zu verschaffen. Die Bäckerei muß daher wenigstens am fünften oder sechsten Tage vom Ausmarsche an gerechnet, aufgeschlagen werden, damit am Ende des neunten Tages wieder Brodt geholt werden könne. Dabei darf sich aber die Armee auch nur bis auf eine gewisse Weite von dem Hauptmagazine entfernen, wenn sie nach und nach immer weiter vorrükken und nicht gezwungen seyn will, wieder zurückzugehen. Denn da sie alsdann auf ihrer Operationslinie Magazine anlegen muß, so muß das Proviant-Fuhrwesen nicht allein den Abgang ersetzen, sondern auch noch einen Ueberschuß so lange herbeischaffen können, bis es möglich wird, die Magazine durch Lieferungen aus des Feindes Lande anzufüllen.

Ich will annehmen, die Bäckerei werde am 5ten Tage des Ausmarsches 12 Meilen von dem Hauptmagazine angelegt, so kann daraus das zur Verpflegung der Armee erforderliche Mehl folgendergestalt herbeigeschaft werden. Die Hälfte des Proviant-Fuhrwesens
ladet

VI. Anmerk. Llopds Fehler in der Beurtheil. des Verfahrens des Königs ꝛc. 195

ladet den 5ten ab und geht zurük; sobald sie bei dem Magazine angelangt, ladet die andre Hälfte ab und geht ebenfalls zurük. Rechnet man nun auf jeden Marsch drei Meilen, und einen Tag zum Ab- und Aufladen, welches das wenigste ist, so ist es in 9 Tagen wieder zurük. Dadurch ist also die Armee den 14ten auf $22\frac{1}{2}$ Tage, am 17ten auf 27, am 23ten auf $31\frac{1}{2}$ und am 26ten auf 36 Tage mit Mehl oder Brodt versehen, wenn man das mit dazu rechnet, was an die Leute schon ausgegeben ist und die Brodtwagen mit führen. Aus dieser Berechnung sieht man, daß allemal auf 13 Tage Mehl zum Brodt vorräthig und also nicht leicht ein Mangel zu befürchten ist. Wollte man hingegen die Bäkerei so weit von dem Hauptmagazine anlegen, daß das Proviant-Fuhrwesen 12 und mehrere Tage gebrauchte, um den Abgang wieder zu ersetzen, so würde mit der Zeit ein Mangel entstehen. Gesetzt dies geschähe in einer Entfernung von 16 Meilen, so würde das Fuhrwesen gewiß hin und zurük 12 Tage gebrauchen. Wenn also die Bäkerei den 7ten angelegt würde, so wäre nach einer ähnlichen Rechnung, wenn die Zufuhr eben so veranstaltet wird, den 18ten die Armee auf $22\frac{1}{2}$ Tage, den 24ten auf 27, den 30ten auf $31\frac{1}{2}$ und den 36ten auf 36 Tage mit Brodt versehen. Folglich würde sich der Brodtmangel augenbliklich zeigen, und wenn sich die Armee zurükziehen müßte, dies unendlichen Unbequemlichkeiten unterworfen seyn. Hieraus folgt also der Grundsatz: daß eine Bäkerei, wenn sie lediglich aus dem Hauptmagazine versehen werden muß, und aus dem feindlichen Lande keine Zufuhr zu erwarten hat, in einer solchen Entfernung von dem Hauptmagazine angelegt werden müsse, daß das Proviant-Fuhrwesen im Stande ist, in 9 Tagen allemal den Abgang wieder durch neues Mehl zu ersetzen.

Die Armee kann sich ebenfalls nur bis auf eine gewisse Weite von der Bäkerei entfernen, und diese wird allemal dadurch bestimmt, daß aufs allerhöchste die Brodtwagen den Hin- und Rükmarsch in sechs Tagen zurük legen können. Denn da sie nur auf sechs Tage Brodt laden, so ist offenbar daß, wenn sie längere Zeit gebrauchen, um zur Bäkerei und von da wieder zur Armee zu kommen, sich endlich ein Mangel einfinden müsse. Ueberdies erfordert eine große Entfernung allemal eine starke Bedekung, und man ist alsdenn nicht allemal sicher, daß der Feind nicht einmal glüklich seyn und den Transport aufheben oder zerstören könne.

Aus allem diesen ergiebt sich, daß zu einer Jahreszeit, wo man keine Lebensmittel in dem Lande selbst findet, das heißt im Frühjahre, das Vordringen bis auf eine beträchtliche Weite in des Feindes Lande keinen geringen Schwierigkeiten unterworfen ist. Indessen giebt es Fälle, wo es von der äußersten Wichtigkeit ist, so früh als möglich im Felde zu erscheinen, und den Feind so weit als möglich zurük zu treiben. Z. B. wenn man den Feldzug mit der Belagerung einer Festung eröfnen will. Wenn man auf eine Unternehmung von dieser Art denkt, so muß man Anstalten treffen, daß in dem Lande, worin man die Winterquartiere genommen, eine Anzahl Fahrzeuge zusammen gebracht werde, die auf einen halben, oder wenn es angeht, auf einen ganzen Monat Mehl für die Armee mit fahren und das übrige nachgehends durch das Proviant-Fuhrwesen herbei geschaft werden könne. Dazu wird aber keine geringe Anzahl erfordert. Denn wenn man auch annehmen wollte, daß ein jeder Wagen vom Lande 12 Scheffel Mehl laden könnte, so würden schon 2000 Wagen nöthig seyn, um auf 12 Tage für eine Armee, die, wie ich vorausgesetzt habe, 100,000 Portionen gebraucht, das erforderliche Mehl nachzufahren. Man kann sich dabei einigermaßen dadurch helfen, daß man in dem feindlichen Lande, so weit man es im Besitz hat, alles Mehl zusammen bringen läßt, was nur zu finden ist; man kann auch Anstalten treffen, daß das noch vorräthige Korn gemahlen wird. Indessen darf man darauf nicht viel rechnen, sondern man fährt besser, wenn man mehr auf seine eigenen Magazine rechnet. Das was man noch zufälliger weise erhält, kann alsdann dienen, die Armee gegen unerwartete Zufälle z. B. die Aufhebung einer Zufuhre ꝛc. zu decken.

Wenn die Herbeischaffung des Brodtes schon die ganze Aufmerksamkeit eines Heerführers erfordert, so ist die Fourage nicht weniger ein Umstand, der in Betrachtung gezogen zu werden verdient, besonders wenn der Feldzug frühzeitig eröfnet wird. Wenn die Kavallerie und übrigen Reitpferde bei der Armee nicht gleich beim Anfange des Feldzuges herunter kommen sollen; so muß jedes Pferd täglich 3 Metzen Hafer haben, wenn auch die Pak- und Zugpferde mit Roggen und Gerste gefüttert werden. Bei dem Entwurfe zu einer Operation muß also nach den Regeln der Wahrscheinlichkeit bestimmt werden, wie viel Fourage ohngefähr man in dem Lande oder in dem Bezirk des feindlichen Landes, das man einzunehmen gedenkt, finden wird. Dazu gehört, daß man eine genaue Kenntnis von der Fruchtbarkeit des Landes habe, und wisse, wie der Landmann seinen Aker bestellt. Ich will annehmen, die Hälfte einer Quadratmeile werde zu Aker genutzt, die zweite Hälfte bleibe zu Holzung, Wiesen, Seen, Flüssen, Teichen, Dörfern ꝛc. übrig. Von dieser Hälfte nutzbaren Akers läßt der Landmann $\frac{1}{3}$ zur Brache liegen; $\frac{1}{3}$ besäet er mit Weitzen oder Rokken und $\frac{1}{3}$ mit Hafer, und das übrige $\frac{1}{3}$ mit andern Sommerfrüchten. Rechnet man nun auf eine deutsche Meile 2000 rheinländische Ruthen; so enthält eine Quadratmeile 4,000,000 und die Hälfte 2,000,000 Quadratruthen oder beinahe 11112 Morgen, den Morgen zu 180 Quadratruthen gerechnet, wovon der sechste Theil, 1852 Morgen, mit Hafer besäet ist.

ist. Auf jeden Morgen kann man aber 6 Scheffel oder doch wenigstens 5 Scheffel rechnen, wenn man sich nicht irren will. Eine halbe Quadratmeile giebt also 9260 Scheffel Hafer. Eine Armee, die täglich 100,000 Portionen gebraucht, hat nach der heutigen Verfassung wenigstens 48,000 Pferde bei sich. Wenn man nun auch darunter 16,000 Zug- und Pakpferde rechnet, die keinen Hafer bekommen dürfen, so bleiben doch noch 32,000 Reitpferde übrig. Diese gebrauchen also täglich 96,000 Metzen oder 6,000 Berliner Scheffel Hafer. Folglich würde eine Quadratmeile hinreichend seyn, die Kavallerie und andre Reitpferde bei der Armee auf 1¼ Tag, und 2 Quadratmeilen auf 3 Tage mit Hafer zu versehen. Die Zug- und Pakpferde würden auch in dem übrigen Getreide hinlänglichen Unterhalt finden.

Diese Rechnung findet aber nur alsdenn statt, wenn der Hafer noch auf dem Halme in der Reife steht, oder nach der Ernte in den Scheunen liegt. Zu einer andern Jahreszeit muß man nach einem gewissen Verhältnis etwas abrechnen, und im Frühjahre kann man sich gar nicht darauf verlassen.

Wird demnach ein Feldzug frühzeitig eröfnet, als im Monat April oder Mai, und man hat die Absicht in des Feindes Land einzubringen, so müssen ebenfalls die nöthigen Vorkehrungen gemacht werden, daß die zur Fütterung erforderlichen Körner die ganze Zeit der Operationen über und so lange man nicht auf dem Felde und in den Dörfern fouragiren kann, zur Armee geschaft werden können. Selbst wenn man auch Rokken, Gerste und Hafer grün fouragiren kann, so ist doch alles dieses nur als Gras zu betrachten, und wenn man auch dabei die Ration bis auf die Hälfte herunter setzen wollte, so würde doch noch eine beträchtliche Maße Körner nöthig seyn, und dabei die Kavallerie nicht sonderlich bei Kräften bleiben. Die Herbeischaffung dieser Fourage macht aber außerordentliche Beschwerlichkeiten, sobald man sich weit von seinen Magazinen entfernt. Es gehören dazu eine Menge Fahrzeuge, wenn die Armee stark ist, und diese sind nicht allemal in dem Lande zu haben, das man im Besitz hat. Nur alsdenn kann eine Armee mit Bequemlichkeit vorwärts gehen, wenn ihr die Fourage und so auch die übrigen Lebensmittel zu Wasser nachgeführt werden können. Dieses geht in Böhmen auf der Seite von Sachsen an, wo die Elbe bis Leutmeritz schifbar ist; wenn man aber von Schlesien aus in Böhmen oder Mähren bringen will, so muß die Zufuhr auf der Achse geschehen.

Um von diesen Schwierigkeiten einen Begrif zu machen, will ich annehmen, die Armee rükke so weit vor, daß eine jede Zufuhr 14 Tage Zeit erforderte, um zum Hauptmagazine und von da wieder zurük zur Armee zu kommen. So muß die Armee in der Gegend, wo sie Halt macht, wenigstens auf 14 folgende Tage mit Fourage versehen seyn. Wenn sie also 6 Märsche gemacht hat, so muß sie vom Hauptmagazine aus gleich auf 18 Tage Körner mitnehmen. Um die Rechnung nur mäßig zu machen, will ich ferner annehmen, daß sie nur die Hälfte jeder Ration aus dem Magazine nehmen darf, weil die andre Hälfte durch Beitreibung der noch vorräthigen Fourage auf dem Lande und durch die grüne Fütterung ersetzt wird. Bei einer Armee, die also 48,000 Pferde bei sich hat, werden nach dieser Voraussetzung täglich 4,500, folglich in 18 Tagen 81,000 Berliner Scheffel Hafer erfordert. Nimmt man nun an, daß ein mit vier Pferden bespannter Wagen vom Lande 18 Scheffel ladet, so gehören zu dem ersten Transport 4,500 dergleichen Wagen, und diese Anzahl müßte doppelt genommen werden, wenn man gleich aus dem Magazine die ganze Ration mitnehmen wollte. Rechnet man hierzu noch die 2000 Wagen, die zum Fortbringen des Mehls nöthig sind, so sind das 6,500 Wagen, die zusammen gebracht werden müssen.

Hieraus sieht man leicht, mit wie vielen Schwierigkeiten Operationen im Frühjahre verbunden sind, besonders in Ländern, wo man keine schifbaren Flüsse findet. Die Rechnung ist überdies noch sehr mäßig, denn außer daß man nur halbe Rationen rechnet, ist noch gar keine Rüksicht auf Heu und Stroh genommen, sondern vorausgesetzt worden, daß man dieses in dem Lande findet. So lange man also noch genöthigt ist der Kavallerie Körner zu geben, kann man sich nicht über zwei bis drei Märsche von seinen Magazinen entfernen. Nur mit kleinen Korps geht es an, irgendwo eine Unternehmung auszuführen, z. B. ein Magazin vom Feinde zu verderben, ꝛc. weil diese allenfalls noch so viel Fourage, als sie gebrauchen, in den Städten und Dörfern finden, wenn sie nur noch nicht gar zu sehr ausgezehrt sind. Dergleichen Expeditionen geschehen gemeiniglich mit einer gewissen Schnelligkeit, und werden in wenigen Tagen ausgeführt.

Es ist indessen ein Fall, wo ein General ohne alle, oder doch wenigstens ohne so weitläuftige Vorkehrungen es wagen kann, in des Feindes Land einzubringen. Nemlich: wenn der Feind in keiner zu großen Entfernung von der Grenze starke Magazine angelegt hat, und man durch gut berechnete Bewegungen sich ihrer bemächtigen kann, ehe der Feind im Stande ist, sie zu retten oder selbst zu zerstören. Dies war der Fall im gegenwärtigen Feldzuge. Ein General wagt bei einer Unternehmung von dieser Art nicht viel; denn wenn sie fehl schlägt, so kann er sich leicht wieder nach seinen Magazinen zurükziehen; gelingt sie aber, so setzt er dadurch den Feind in die größte Verlegenheit. Seine Entwürfe werden rükgängig, der ganze Zustand des Krieges bekömmt für ihm eine nachtheilige Wendung, er sieht

sich

sich öfters gezwungen, einen ganz neuen Plan zu machen, und wird nicht selten aus dem Angriffs- in den Vertheidigungskrieg hineingedrängt. Auch wenn man nicht die Absicht hat den Krieg in des Feindes Land zu versetzen, sondern nur bei der Vertheidigung bleiben will, muß man niemals verabsäumen, die Magazine des Feindes wegzunehmen oder zu verderben, wenn man sie nicht wegbringen kann, sobald sich nur eine günstige Gelegenheit dazu darbietet. Um aber in dergleichen Unternehmungen glüklich zu seyn, muß man die Kunst den Feind zu überfallen völlig in seiner Gewalt haben, und seine wahren Absichten so zu versteken wissen, daß der Feind mit allen Kenntnissen und aller Geschiklichkeit die er besitzt, gerade das Gegentheil davon schließen muß.

Wenn man diese Grundsätze auf den Entwurf des Verfassers anwendet, nemlich die Oesterreicher bis an die Donau zu treiben; so sieht man leicht, daß der König sich vor der Erndte gar nicht darauf einlassen konnte; denn er hatte bei seinem weitern Vorrükken in Böhmen keine Magazine, das Land war völlig ausgezehrt, und auf dem Felde konnte auch noch nicht fouragirt werden. Er mußte daher alles mögliche anwenden, um die in Prag befindliche Armee, die er nun einmal in der Falle hatte, zur Uebergabe zu zwingen. Der König, sagt Loyd, durch eine ungewisse und leere aber schmeichelhafte Hofnung 50,000 Mann zu Gefangenen zu machen, ließ Daun und den rechten Flügel aus dem Gesichte, und mit ihm die Gelegenheit einen entscheidenden Streich zu thun. Was würde er gesagt haben, wenn der König mit seiner Armee dem Feldmarschall Daun nachgelaufen wäre und eine Armee von 50,000 Mann im Rükken gelassen hätte, die ihm von Sachsen und von seinen Magazinen abschneiden konnte, und es auch gewiß gethan haben würde? Was sollte der König noch für einen entscheidenden Streich ausführen, wenn er 50,000 Mann entwischen ließ? Kann man wohl begreifen, was Loyd mit seinem entscheidenden Streich meint? Ich dächte, der entscheidendste Streich, den der König ausführen konnte, wäre eben gewesen, diese 50,000 Mann zu Gefangenen zu machen. Dazu hatte er mehr Hofnung, als zu allen übrigen, die der Verfasser vielleicht in Gedanken hat, worunter vermuthlich das über die Donau treiben der Hauptstreich seyn soll. Loyd macht übrigens Voraussetzungen, um seinen Gedanken ein gewisses Gewicht zu geben, von denen man wohl sagen kann, daß sie niemals in eines andern Menschen Sinn und Herz gekommen sind. Es ist ihm eine Kleinigkeit, zwei große Armeen aufzureiben, ihnen alle Artillerie und Bagage abzunehmen — Der Prinz Karl mußte über Hals und Kopf ohne sich weiter umzusehen bis an die Donau rennen — Er durfte sich gar nicht unterstehen, dem Könige unter die Augen zu gehen, wenn er nicht seine Armee dem Untergange ausſetzen wollte — ja er konnte ſich auch dieſſeits der Donau nicht ſicher halten, ſondern mußte dieſen breiten Fluß mit der größten Eilfertigkeit zu paſſiren ſuchen, um ſich mit den übrigen Truppen zu vereinigen — und denn würden die Oeſterreicher ſo mit Blindheit geſchlagen worden ſeyn, daß ſie da geſtanden und zugeſehen hätten, wie der König ihnen vor der Naſe Prag und Olmütz weggenommen hätte. — Lloyd macht durch dieſe Betrachtungen ſeinen Freunden, den Oeſterreichern und ihren Generalen ein artiges Kompliment! Ich, der ich in dieſem Kriege mich als ihren Feind betrachten mußte, habe aber das Zutrauen zu ihnen, daß ſie durch ihr Betragen dieſes Raiſonnement würden hinlänglich widerlegt haben.

Alles dieſes würde nach Lloyd ohne weitere Umſtände erfolgt ſeyn, wenn der König, anſtatt die Stadt zu belagern, den andern Morgen nach der Schlacht 20,000 Mann zur Verfolgung des Feindes nach Beneſchau abgeſandt und mit der übrigen Armee nach Böhmiſchbrodt gegen Daun marſchirt wäre. Ein herrlicher Entwurf! Man nehme die Charte, ſo wird man ſehen, daß am andern Morgen, wenn der Prinz Karl Freiheit gehabt hätte, die in Prag eingeſchloſſenen 50,000 Mann eben ſo geſchwinde und vielleicht noch eher bei Beneſchau ſeyn konnten, als die 20,000 Preuſſen. Ja wenn der König gegen Daun marſchirte, und dieſer ſich zurückzog, welches gewiß geſchehen wäre, ſo konnte der Prinz Karl Gelegenheit finden, dies Korps von des Königs Armee abzuſchneiden oder es zwiſchen ſich und dem bei Beneſchau ſtehenden Theil ſeiner geſchlagenen Armee einzuſchließen. Es iſt mir unbegreiflich, wie Lloyd auch nicht einmal daran denkt, ein Korps gegen den Prinz Karl ſtehen zu laſſen, um wenigſtens zu verhindern, etwas gegen die Magazine des Königs zu unternehmen. Dieſes Korps hätte wenigſtens 40,000 Mann ſtark ſeyn müſſen, und wenn man dann die Armee des Königs nach der Schlacht noch 90,000 Mann rechnet, ſo blieben ihm nur noch 50,000 Mann übrig: folglich wenn er 20,000 nach Beneſchau zur Verfolgung des geflohenen rechten Flügels der Oeſterreicher detaſchirte, ſo konnte er nur mit 30,000 Mann dem Feldmarſchall Daun entgegen gehn. Dieſer war aber eben ſo ſtark, und wenn er die aus der Schlacht gewichenen 17 bis 20,000 Mann an ſich zog, und der König ebenfalls die detaſchirten 20,000 wieder mit der Hauptarmee vereinigte, ſo waren beide Armeen von einerlei Stärke. Daher ſehe ich gar nicht ein, warum Daun nöthig hatte zu laufen, wie die Amalekiter, ob es gleich möglich geweſen wäre. Ich mag hier nicht das wie-

der-

VI. Anmerk. Lloyds Fehler in der Beurtheil. des Verfahrens des Königs ꝛc.

verholen, was ich bereits in den vorigen Anmerkungen über diese Materie gesagt habe; da aber der König bei Prag schlechterdings ein starkes Korps stehen lassen mußte, so ist offenbar, daß es den Grundsätzen des Krieges unendlich gemäßer war, den Prinz Karl eingeschlossen zu halten, als ihm Freiheit zu geben, neue Operationen zu machen.

Da Daun heran rükte, hätte der König die Belagerung aufheben und mit seiner ganzen Macht den Feldmarschall angreifen müssen. Dieser Gedanke ist so sonderbar, so ausschweifend, daß ich kaum begreife, wie Lloyd die Dreistigkeit haben kann, ihn von sich zu geben. Es ist einer von den ersten Grundsätzen im Kriege, die Absicht des Feindes zu vereiteln, oder gerade das nicht zu thun, was er gern haben möchte. Daun hatte keine andre Absicht, als den Prinz Karl zu entsetzen. Hob der König die Belagerung auf, so war diese ohne Schwerdstreich erreichet, und der österreichische Feldherr würde sich in nichts weiter eingelassen haben. Würde überdies der Prinz Karl zugegeben haben, daß der König den Feldmarschall mit seiner ganzen Macht angreifen konnte? Würde er ihm nicht nachgefolgt seyn und alles angewandt haben, um sich mit Daun zu vereinigen? Und würde Daun nicht Stellungen gefunden haben den König aufzuhalten, oder ein Gefecht zu vermeiden? Gesetzt aber auch der König hätte den Feldmarschall geschlagen, was würde er dadurch gewonnen haben? Nach der Schlacht wäre wieder eine eben so starke Armee in Böhmen gewesen, als er selbst hatte; weil sich die geschlagenen Truppen mit dem Prinz Karl, der nunmehr frei war, vereinigt hätten. Auf diese Art konnte also nichts weniger als ein entscheidender Streich ausgeführt werden, die Sachen blieben in der vorigen Lage, oder bekamen vielmehr für den König eine nachtheilige Wendung. Etwas ganz anderes würde aber erfolgt seyn, wenn er Daun bei Kollin geschlagen hätte; denn dadurch wäre nicht blos in der Einbildung, sondern wirklich ein so entscheidender Streich ausgeführt worden, als nur die militarische Geschichte der ältern und neuern Zeiten aufweisen kann.

Die Belagerung von Olmütz ist ein Entwurf, der mit der damaligen Lage der Sachen gar nicht übereinstimmt und nicht von dem geringsten Nutzen seyn konnte. Es ist außerordentlich, wie oft sich Lloyd selbst widerspricht. Wenn man die Gründe annimmt, die nach seiner Meinung einem Feldherrn bewegen sollen, eine Belagerung zu unternehmen, so findet man, daß kein einziger davon hier statt findet. Um sie zu unternehmen, hätte der König queer durch Böhmen marschiren müssen und an keinem Orte Brodt und Fourage gefunden. Dieses machte die ganze Sache schon an und für sich sehr schwer, und wäre allen allem diesem auch abgeholfen worden, so wären doch wenigstens zwei Monath verstrichen, um diesen Ort einzubekommen. Denn wenn man bedenkt, daß der König erst die nöthigen Vorkehrungen zur Belagerung machen, daß er in Mähren erst Magazine anlegen mußte, um die Belagerungsarmee zu unterhalten, daß dieses nicht anders als aus seinen Magazinen in Oberschlesien geschehen konnte, und daß zu dem Transport der Lebensmittel, der Belagerungs-Artillerie und anderer Erfordernisse eine ungeheure Menge Fahrzeuge beigetrieben werden mußte, so ist dieser Zeitraum gewiß nicht zu groß angenommen. Unterdessen sich der König damit beschäftigte, hätten die Osterreicher Gelegenheit gehabt, sich von dem Verlust bei Prag wieder zu erholen und sich durch neue Truppen zu verstärken. Es läßt sich nicht denken, daß sie in Unthätigkeit geblieben wären und mit einer Armee, die in kurzer Zeit bis auf 120,000 Mann anwachsen konnte, nicht einmal einen Versuch gemacht haben sollten, den König anzugreifen und die Festung zu entsetzen.

Der König mußte auf die Erhaltung von Sachsen bedacht seyn. Wollte er also nach Mähren gehen, so mußte er eine Armee zurücklassen, um Sachsen zu decken. Diese mußte wenigstens 30,000 Mann stark seyn, wenn sie einigen Widerstand leisten sollte. Da er nicht stärker als 90,000 Mann war, so blieben ihm also noch 60,000 Mann übrig. Von diesen hätte er wenigstens 15,000 zur Belagerung absenden und mit den andern 45,000 solche decken müssen. Die Oesterreicher konnten also mit einer überlegenen Macht gegen beide Armeen agiren. Denn wenn sie 50,000 Mann gegen die Armee abschickten, welche Sachsen decken sollte, so konnten sie noch mit 70,000 Mann gegen den König marschiren. Wären sie dabei nur mit einiger Ueberlegung zu Werke gegangen, so konnten sie leicht eben so glücklich seyn, als 1758, und der König hätte die Belagerung aufheben und sich nach Schlesien zurückziehen müssen. Eroberte hingegen der König die Festung, so war dieses doch für ihn von keinem großen Nutzen; weil er doch bei Annäherung der Franzosen und Reichsarmee wieder nach Sachsen gehen mußte. Dadurch hätte aber der Feind Freiheit bekommen die Festung wieder zu erobern, und der König hätte noch am Ende eine Besatzung von einigen 1000 Mann verloren. Hätten die Oesterreicher auch den Einfall gehabt, mit dem größten Theil ihrer Armee nach Sachsen zu gehen und das zur Bedeckung dieses Landes bestimmte Korps so weit als möglich zurückzutreiben, um Dresden zu belagern, so würde der König wahrscheinlich die Belagerung von selbst aufgehoben haben; denn der Besitz von Sachsen war für ihn allemal von größerer Wichtigkeit, als die Eroberung von Olmütz. Hätte er aber gar das Unglück gehabt, von der zum Entsatz herannähernden Armee angegriffen und geschlagen zu werden, so würde er alle seine großen Talente nöthig gehabt

VI. Anmerk. Lloyds Fehler in der Beurtheil. des Verfahrens des Königs ꝛc. 203

habt haben, um sich aus einer so verwirrten Lage zu reißen. Schlug er hingegen die Oesterreicher, so wäre die Eroberung von Olmütz lediglich die Frucht des Sieges gewesen, und er hätte dem allen ohngeachtet nach Sachsen gehen und diese Festung ihrem Schiksale überlaßen müßen. Vielleicht hätte ein Zufall von dieser Art die Oesterreicher gezwungen, klügere Maasregeln zu nehmen und sich mehr ihren Alliirten, den Franzosen und der Reichsarmee, zu nähern, um auf der Seite von Sachsen mehr ihre Stärke zu gebrauchen. Denn dieses wäre der einzige Weg gewesen, zu ihrem Zwekke zu gelangen.

Aus allem diesem scheint zu erhellen, daß Lloyd entweder keine richtige Theorie vom Kriege gehabt oder bei der Anwendung derselben gefehlt habe. La Theorie est le pied droit, et l'experience le pied gauche; il faut avoir les deux pieds pour marcher,*) sagte ein Mann, für dessen Verdienste ich viel Hochachtung habe. Dieser Gedanke ist so richtig, daß schwerlich Jemand auf dem Schauplatz des Krieges seine Rolle mit Beifall spielen wird, wenn er sich nicht eine gründliche Theorie von seinem Fache zu verschaffen gewußt hat. Es sind indeßen viele, die einen außerordentlichen Widerwillen gegen die Theorie haben. Gemeiniglich haben sie aber keinen richtigen Begrif davon und kennen dieses Wort nur nach dem Schalle. Weil es überdies mehr in der Schule und bei den Wissenschaften, als im gemeinen Leben vorkömmt; so bilden sie sich ein, Theorie und Schulfüchserei sey einerlei und daher ein Theoretiker nichts weiter, als ein trauriger Pedant. Vielleicht würden sie ihre Meinung ändern, wenn sie begreifen könnten, daß die Theorie nichts anders ist, als eine Sammlung von Grundsätzen, nach denen man verfahren muß, wenn man zur Ausübung schreiten und darin glüklich seyn will. Diese muß man aber haben, man befinde sich in welchem Fache man wolle, und ohne sie ist es ein bloßer Zufall, wenn etwas Kluges zum Vorschein kömmt; gemeiniglich entstehen Misgeburten.

Vielleicht ist aber noch ein anderer Grund da, warum die Theorie nicht nach dem Geschmakke einer jeden Art von Leuten ist. Die Erlernung dieser Grundsätze erfordert Fleiß, Mühe, ein anhaltendes Nachdenken und eine beständige Aufmerksamkeit bei Anwendung derselben. Dieses ist nun freilich eben keine angenehme Beschäftigung, und daher findet man auch wenige, selber! nur sehr wenige, die über ihr Fach nachdenken. Es scheint ihnen leichter und bequemer, das was sie in jedem Falle zu thun haben, durch die Erfahrung zu lernen, gerade als wenn die Erfahrung sie in alle Fälle setzen könnte die, besonders im Kriege

---

*) Die Theorie ist der rechte und die Erfahrung der linke Fuß; man muß beide haben, wenn man gehen will.

vorkommen können. Muß nicht eine Menge vorhergesehen, und ohne daß man sich jemals darin befunden, ausgeführt werden? Ist eine Unternehmung nur nach der Theorie gut entworfen, so wird die Erfahrung schon damit übereinstimmen.

Es ist außerordentlich, daß man sich einbilden kann, es in einer der schwersten Wissenschaften, in der Kriegskunst, zu einem gewissen Grade der Vollkommenheit zu bringen, ohne sich um die Grundsätze derselben zu bekümmern; und alles von der Erfahrung, oder besser zu sagen, von einer Reihe von Dienstjahren zu erwarten, die doch größtentheils nur zur Befriedigung der Leidenschaften und Aufsuchung neuer reizbarer Gegenstände des Vergnügens angewandt werden. Theorie und Erfahrung müssen sich mit einander verbinden, um einen großen General zu bilden. Durch die Theorie lernt man das Wesentliche bei der Einrichtung einer jeden Art von Truppen kennen, aus denen der große Körper, den man eine Armee nennt, zusammen gesetzt ist. Durch Hülfe derselben entdekt man die Gesetze, nach denen die verschiedenen Theile derselben mit einander verbunden und gebraucht werden müssen, um mit Nachdruk und ihrer Absicht entsprechenden Stärke würken zu können. Sie zeigt die Bewegungen, welche die Theile sowohl für sich als in Verbindung mit dem Ganzen machen können, und öfnet uns die Augen über Vorurtheile, Misbräuche, hergebrachte Gewohnheiten, falsche Maasregeln und öfters ganz unrechte und dem Endzwekke gar nicht entsprechende Vorkehrungen. Durch die Theorie lernt man die Möglichkeit einer Unternehmung einsehen, durch sie entdekt man die Maasregeln, welche bei dem Entwurfe derselben zum Grunde gelegt werden müssen, und die wirksamsten Mittel sie mit Geschiklichkeit auszuführen. Sie sezt uns in den Stand die Anstalten zu übersehen, die der Gegner dagegen machen, die Mittel die er anwenden kann, um unsern Entwurf zu vereiteln; zugleich aber zeigt sie uns auch, ob wir ihm etwas entgegen sehen können, wodurch es möglich wird, seine Bemühungen, troz allen seinen Gegenanstalten, unwirksam zu machen, oder ob es der Klugheit gemäßer sey, das Vorhaben aufzugeben. Ueberhaupt ist ein richtiges, standhaftes, ruhiges und gelassenes Betragen und eine beständige Gegenwart des Geistes in einer bedenklichen und verwirrten Lage die Wirkung einer guten Theorie: dahingegen der Mangel derselben Ungewißheit, Unentschlossenheit, Unruhe und ein gewisses ängstliches Wesen erzeugt, wodurch die Truppen oft unnöthiger weise mitgenommen und am Ende verdrießlich gemacht werden, viele Gelegenheiten entwischen, dem Feinde mit Vortheil etwas anzuhängen, kühne und ihm ganz unerwartete Streiche auszuführen, um sich aus der Schlinge zu ziehen, wenn er glaubt, daß er seine Gegner schon in seiner Gewalt hat. Ich möchte wohl wissen, wie Jemand einen zusammenhängenden Operationsplan machen will, wenn er die

Theorie

VI. Anmerk. Lloyds Fehler in der Beurtheil. des Verfahrens des Königs ꝛc. 205

Theorie des Krieges nicht in seiner Gewalt hat? Nur sie allein kann ihn zu dem Standpunkte führen, wo er das ganze vor ihm liegende Feld des Krieges übersehen, die Wege, die er auf demselben betreten kann, entdecken, die Stellungen, die er darauf nehmen muß, bezeichnen, und unter allen diejenigen bestimmen kann, die ihm am kürzesten, leichtesten und mit einer der Gewisheit sich nähernden Hofnung zum Zwecke führen können. Wie will er einen Blik in die Zukunft thun, wie will er die verschiedenen Fälle, die Kette von Begebenheiten, die in dem Laufe eines Feldzuges, eines ganzen Krieges vorkommen, alle Folgen, die daraus entstehen können, vorhersehen, bestimmen und auseinander wikkeln können, wenn er nicht durch eine richtige Theorie bei seinen Untersuchungen und Betrachtungen geleitet wird?

Doch müssen die Grundsätze, auf denen die Theorie einer Wissenschaft gebaut wird, richtig seyn, sonst läuft man Gefahr bei der Anwendung derselben in eine Menge Fehler zu fallen, sowohl bei der Beurtheilung als Ausführung gewisser Unternehmungen. Dieses ist besonders in der Kriegskunst von der größten Wichtigkeit. Ob der metaphysische Philosoph nach wahren oder falschen Grundsätzen raisonnirt, daran ist weiter nichts gelegen; denn es scheint gleichgültig zu seyn, wie man seine Zeit hinbringt, wenn man blos dafür bezahlt wird, müßig zu gehen; allein wenn ein General bei seinen Operationen nach unrichtigen Grundsätzen handelt, und darüber einige tausend brave und rechtschaffne Soldaten todtschlagen läßt, und seinen Herrn in die Verlegenheit setzt einen schimpflichen Frieden anzunehmen, so scheint dies in der That etwas mehr auf sich zu haben.

Wir scheinen indeßen von einer richtigen Theorie der Kriegskunst noch ziemlich entfernt zu seyn, ohngeachtet Frankreich Europa mit einer Menge von militairischen Systemen überschwemmt hat und noch überschwemmt; die aber, wie ein erhabner Schriftsteller bei einer andern Gelegenheit sagt, im Grunde nichts weiter sind, als ein Mischmasch des Krieges bei den Griechen und Römern, mit den Träumereien eines Folards vermischt. Wir würden sie haben, wenn wir die Grundsätze wüsten, nach denen sich der König, Prinz Heinrich, Herzog Ferdinand, Herzog von Braunschweig, Gustav Adolph, Conde, Turenne, ein Marlborough, Eugen, ein Marschall von Sachsen, und noch mehrere gebildet haben, ohne der Generals der ältern Zeiten bei den Griechen und Römern zu gedenken. Einem Soldaten der den Ehrgeiz hat, in seinem Fache nicht ein bloßer Handwerker zu bleiben, sondern sich ein System zu bilden, das ihn in den Stand setzen kann sein Fach zu übersehen, und die Pflichten in jedem Posten in den er kommen kann, mit Verstande zu erfüllen, bleibt daher nichts weiter übrig als die Kriegsgeschichte dieser Heerführer durchzugehn; über ihr Betragen bei Gelegenheiten, wo sie ihre Talente entwikkeln konnten, mit der größten Aufmerksamkeit nachzudenken, um auf die Spur der Grundsätze zu kommen, nach denen ihre Plane entworfen und ausgeführt wurden. Dabei muß man aber nicht blos lesen, man muß denken. Wie viel sind aber die denken können? Noch mehr: man muß mit Leidenschaft für sein Fach eingenommen seyn. Denn wer sein Fach nicht mehr liebt, als seine Maitresse, oder wenn er noch altväterisch denkt, mehr als seine Frau; wer nicht allen Arten von Vergnügen so lange entsagen kann, bis er seine Wißbegierde gestillt hat, der darf sich gar keine Rechnung machen, daß er es darin weit bringen wird.

VII. Anmerkung.
Schlacht bei Kollin.

Nachdem sich der König den 14ten Junius mit dem Herzog von Bevern vereinigt hatte, nahm er das Lager dergestalt, daß der rechte Flügel an Malhotitz und der linke an Kaurzim stieß, wo das Hauptquartier war. Hier blieb die Armee den 15ten und 16ten stehen, um den Fürst Moritz an sich zu ziehen, der noch mit 6 Bataillonen und 10 Schwadronen von Prag kam, und die Brodwagen zu erwarten, die nach Nimburg gegangen waren, um daselbst Brod für die Armee zu laden. Die Menge der feindlichen leichten Truppen, die vor der Armee herum schwärmten, verhinderte, daß man von der Stellung des Feldmarschalls Daun keine sichere Nachrichten bekommen konnte, so viel Mühe auch angewendet wurde, die Gegend so weit bis an den Feind zu recognosciren, als es nur angehen wollte. Der König hatte zwar den Obristen Warnery längst den Zassawa zum recognosciren ausgeschikt; allein dieser kam nicht eher wieder zurück, als einige Stunden vor der Schlacht. Nachdem endlich den 17ten Vormittag das Brodt bei der Armee angekommen und ausgegeben war, so beschloß der König noch denselben Nachmittag auf die Höhen von Suchdol zu marschiren. Allein Daun war den 17ten aus seinem Lager bei Gintitz aufgebrochen, und gegen Abend auf den Höhen bei Krichenau angekommen, wo er das Lager A A nahm, mit dem rechten Flügel hinter Chotzemitz und den linken an Swopschitz.

Die gerade Straße nach Suchdol von Kaurzim geht über die Gegend, auf der jetzt der Feind stand. Da der König gewahr wurde, daß der Feind ihm durch seine genommene Stellung den Weg versperrt hatte, so mußte er seinen Plan ändern, und dies geschahe dergestalt, daß die Armee treffenweise links abmarschirte, und sich weiter nach Nimburg zog, so daß Planian vor dem linken Flügel der Infanterie lag, und der rechte sich gegen Kaurzim erstrekte. Diese Bewegung machte dem Feinde die Besorgniß, daß ihn der König auf seiner rechten

VII. Anmerk. Schlacht bei Kollin.

rechten Flanke umgehen und vielleicht nöthigen würde eine andre Stellung zu nehmen; wirklich scheint dies auch die Absicht dieses Marsches gewesen zu seyn. Daun versäumte also nicht sein Lager noch denselben Abend und in der Nacht zu verändern, und zog den rechten Flügel näher an Krczezor zu ziehn. Das Nadastische Korps mußte vom linken Flügel hinter der Armee auf den Anhöhen rechts von Krczezor marschiren. Mit Tages Anbruch kam es daselbst an, und wurde so gestellt, daß die Husaren und etwas andere Kavallerie rechts des Eichbusches in dreien Treffen, 1000 deutsche Pferde und die drei sächsische Regimenter leichter Kavallerie, Prinz Albert, Brühl und Prinz Karl links demselben zu stehen kamen. Ein tiefer Grund trennte die Hauptarmee von diesem Korps. Der Busch und das Dorf Krczezor wurden mit Infanterie und Kroaten besetzt, und Batterien bei dem Dorfe und links dem Busche aufgefahren.

Der General Nadasti hatte den General Nostitz, der die sächsische Kavallerie kommandirte, befohlen, diese nebst den 1000 deutschen Pferden so viel als möglich auseinander zu dehnen, und den ganzen Raum zwischen dem Walde und dem rechten Flügel der Daunschen Armee einzunehmen. Das Terrein war aber zu weitläuftig und überhaupt durch Kavallerie gegen einen Angrif von Infanterie gar nicht zu behaupten. Der Obristlieutenant B... stellte dieses dem General Nostitz vor; dieser fand die Anmerkung gegründet, und eilte den General Nadasti aufzusuchen und ihm die Nothwendigkeit vorzustellen, diesen Posten mit Infanterie zu besetzen. Der General Nostitz konnte aber den General Nadasti nicht sogleich finden; da aber dieser kurz darauf nach dem Wald zu ritte, so verfügte sich der Obristlieutenant B... selbst zu ihm, und sagte ihm ebenfalls seine Bemerkung und die Besorgniß wegen dieses Postens. Auch Nadasti fand dies gegründet, und eilte den Feldmarschall Daun aufzusuchen, um die zur Besetzung dieses Postens erforderliche Infanterie zu verlangen. Dieser gab auch gleich Befehl ein Korps Infanterie von der Reserve zu nehmen, und mit demselben den Posten zwischen dem Wäldchen und dem rechten Flügel der Armee zu besetzen. Es mochte ohngefehr gegen 11 Uhr seyn, als diese ankam, und das Terrein bei F einnahm, und eine kleine Flanke oder Haken machte, der sich bis an dem Eichbusch erstrekte. Die sächsische Kavallerie mußte dagegen weiter zurük bis in G gehen, und sich näher an dem rechten Flügel der Daunischen Armee setzen. Die 1000 deutsche Pferde aber blieben links dem Busch stehen, so daß zwischen denselben und der sächsischen Kavallerie ein ziemlicher Zwischenraum war.

Den 18ten mit Anbruch des Tages sahe man von dem feindlichen Lager nichts mehr, nur einige Trups Kavallerie zeigten sich auf den Höhen zwichen Krichenau und Brzesan. Da der König bei dem Entschluß blieb, auf den Anhöhen bei Suchdol sein Lager zu nehmen,

so

so befahl er um 6 Uhr die Zelter abzubrechen, und links abzumarschiren. Dieses geschahe in folgender Ordnung. Der General Ziethen hatte die Avantgarde mit 55 Schwadronen Dragoner und Husaren. Auf diesen folgte der General Hülsen mit den Grenadierbataillons Nimschefsky, Waldau und Fink, und den beiden Infanterieregimentern Münchow und Schulz. Diese nahmen in zwei Kolomien ihren Marsch auf dem sogenannten Kaiserwege und links demselben. Auf diese Avantgarde folgte die Armee Treffenweise in dreien Kolonnen. Die erste machte die Infanterie des ersten Treffens, die ebenfalls ihren Marsch auf dem Kaiserwege nahm, der von Prag nach Kollin geht. Linker Hand derselben marschirte die zweite Kolonne, die aus dem zweiten Treffen der Infanterie bestand. Die dritte Kolonne machte die übrige Kavallerie der Armee.

Nachdem die Teten der Kolonnen über Planian heraus kamen, entdekte man die feindliche Armee auf den Höhen zwischen Krczezor und Brzesan. Das erste Treffen stand auf der Mitte des Abhangs der Berge und das zweite E auf den Höhen. Die ganze Front war durch Dörfer und Defileen gedekt, davon einige gar nicht zu erklettern waren. Die Artillerie war vor der Front in verschiedene Batterien vertheilt, die so vortheilhaft gestellt waren, daß wo noch einigermaaßen durchzukommen war, solches nicht anders als unter dem sich kreutzenden Feuer des Geschützes geschehen konnte. Daun hatte den vorigen Abend und die ganze Nacht zugebracht, um diese Stellung zu nehmen, und seine Armee unterm Gewehr bleiben laßen. Man konnte also leicht urtheilen, daß er Lust hatte den König zu erwarten und die Schlacht anzunehmen.

Es scheint daß der König wider alle Erwartung sich der Erfüllung seiner Wünsche nahe sah, als er den Feind in dieser Stellung erblikte. Er war in einer Lage, in der eine Schlacht nothwendig war. Je länger der Feind diese vermied, desto eher konnte der Prinz Karl endlich doch einmal auf den Einfall kommen, sich wenigstens mit einem Theil seiner Truppen durchzuschlagen, es koste auch was es wolle. Denn durch das Korps, welches er mitgebracht hatte, um den Herzog von Bevern zu verstärken, war die bei Prag stehende Armee doch um ein merkliches geschwächt worden.

Der König hatte bei diesem Marsch nur die Absicht die Höhen von Suchdol zu gewinnen; da er aber sahe, daß es vielleicht zu einer Schlacht kommen könnte, so ließ er die Tete der Kolonnen C bei Novimiest Halt machen, und die Avantgarde unter dem General Ziethen bis Slatislunz vorrükken. Dies geschahe, damit sich die Bataillons beßer aneinander schließen konnten, denn durch die Defileen bei Planian hatten sich die Kolonnen ziemlich verlängert. Auch erwartete er noch die Grenadierbataillons Kahlden, Möllendorf, Wangenheim die bei Kaurzim, zurükgeblieben waren, und also, da

sie

Schlacht bei Kollin.

fie an eben diesem Tage aufgebrochen waren, weiter zu marschiren hatten. Diese sollten sich auf dem linken Flügel formiren und den Angrif unterstützen. Unterdessen recognoscirte der König die feindliche Stellung und gab den Generalen die Disposition zum Angrif. Der General Ziethen sollte mit der Avantgarde bis gegen Kollin vorrükken, und wenn der General Nadasti sich mit seiner Kavallerie zeigte, dieselbe angreifen, sie zurük zu treiben suchen, und überhaupt der Armee, wenn es zu einer Schlacht kommen sollte, die linke Flanke dekken. Auf diesen sollte die Armee folgen und ihren Marsch in drei Kolonnen fortsetzen. Sobald aber die Teten der Kolonnen etwas über den rechten Flügel des Feindes herausgekommen seyn würden, welches ohngefehr Krzeczor gerade gegen über geschehen mußte; so sollte der General Hülsen mit den drei Grenadierbataillons und den Regimentern Münchow und Schulz den avanzirten Posten des Feindes bei Krzeczor angreifen, und dabei von 5 Schwadronen unterstützt werden, die sich hinter diesen Bataillons im dritten Treffen setzen sollten. Sobald er den Feind von diesem Posten vertrieben, sollte er sich immer links halten, und auch den Feind aus dem Eichbusch bei Radowesnitz vertreiben. Unterdessen dieser General vorrükte, sollte die Armee ihren Marsch immer noch in dreien Kolonnen fortsetzen, und ihn so einrichten, daß sie allemal den General Hülsen unterstützen könnte, wenn er einen zu großen Widerstand fände, oder zurük geschlagen würde. Erreichte er aber seine Absicht; so sollten die Bataillons vom linken Flügel ebenfalls gerade auf des Feindes rechten Flügel los gehen, und denselben ebenfalls über den Haufen zu werfen suchen. Die Linie sollte aber nicht auf einmal den Feind angreifen, sondern der ganze rechte Flügel sich beständig zurük halten, und sich schlechterdings nicht eher in das kleine Gewehrfeuer einlaßen, als bis er beim Avanziren auf den Feind stoßen würde. Die ganze Kavallerie sollte sich hinter dem linken Flügel aufhalten, um sowohl den General Ziethen als auch die Infanterie zu unterstützen, und wenn diese die Oberhand behielt, ihren Zeitpunkt in Acht nehmen, um in den Feind einzuhauen und den Sieg vollständig zu machen. Auf dem rechten Flügel blieben daher nur 10 Schwadronen Cuirassier, um allenfalls bei der Hand zu seyn, wenn es dem Feinde einfallen sollte, auf die Flanke desselben los zu gehen, welches aber doch wegen des für die Kavallerie zu beschwerlichen Terreins gar nicht zu vermuthen war.

Diese Disposition des Königs war so deutlich, daß ich nicht begreife, wie sie in der Folge so schlecht befolgt worden. Da der König die Gegend vollkommen kannte, und der Herzog von Bevern darauf über 6 Wochen verschiedene Bewegungen gemacht hatte, und die Beschaffenheit derselben daher den mehrsten Generalen und Staabsoffizieren, die bei seiner Armee waren, bekannt seyn mußte, so konnte er sicher voraussetzen, daß seine Disposition, die mit der Natur des Terreins so vollkommen übereinstimmte, von allen verstanden und seiner Absicht gemäß ausgeführt werden würde. Indeßen hat doch der Erfolg gewiesen, daß das Gegentheil statt gefunden, und der König das Unglük gehabt, von wenigen recht verstanden zu werden.

Nach dem Willen des Königs ging der Angrif des General Hülsen die Armee noch nichts an, sondern der linke Flügel sollte ihn nur unterstützen. Hieraus folgte also, daß sobald dieser seine Bataillons formirte, und gerade auf den Posten von Krzeczor avanzirte, welches geschahe, nachdem er bei dem Wirthshause auf der großen Straße nach Kollin hinter Slatislunz angekommen war, sich die Tete der Kolonnen nach Kutlierz wenden, und, wenn Hülsen den Posten bei Krzeczor über den Haufen geworfen, und weiter nach dem Eichbusch vorrükte, zwischen Krzeczor und Kurtlierz durchgehen mußte; so daß wenn dieser General sich auch Meister von dem Eichbusche gemacht, der linke Flügel sich an denselben angeschlossen hätte. Alsdann hätte die Armee sich durch ein rechts Schwenken der Züge formiren sollen und dadurch würde sie die schräge Stellung erhalten haben, die der König im Sinne hatte: der linke Flügel würde der feindlichen Flanke gegen über und der rechte ohngefehr in der Gegend vom Wirthshause zu stehen gekommen seyn. Auf diese Art war des Feindes rechte Flanke gewonnen und wenn nunmehr der Angrif geschahe, so kam vom linken Flügel herauf nur ein Bataillon nach dem andern ins Treffen, und die ganze Armee war nicht eher ganz im Feuer, als bis der Feind schon beinahe geschlagen war. Durch die Besetzung des Busches dekte der General Hülsen zugleich der Armee die linke Flanke gegen die Nabastische Kavallerie, und wenn der Angrif gegen die Hauptarmee des Feindes nicht glükte, so war seine Stellung wieder sehr geschikt, den Rükgang der geschlagenen Bataillons zu dekken, indem gleich andre, beßer herauf nach dem rechten Flügel zu, herab kommen, ihren Posten wieder einnehmen und den Feind aufs neue angreifen konnten. Drangen aber die Bataillons ein, so konnte Hülsen ebenfalls noch weiter vorrükken, und vermöge seiner Stellung dem Feinde in den Rükken kommen. Vielleicht wäre es bei diesem Angrif gut gewesen, wenn nicht die ganze Linie gleich vorwärts gegangen, sondern die Brigaden vom linken Flügel nach und nach vorgerükt wären, so daß die ganze Armee den Angrif mit Echelons gemacht hätte. Der Angrif mit Echelons hat große Vortheile. Die Armee wird dadurch in gewiße Theile getheilt, davon jeder ein besonderes Ganze ausmacht, das allein für sich manövriren kann, die aber zusammen doch mit einander in der genauesten Verbindung stehen. Die folgenden Echelons dekken allezeit die Flanken der vorwärts gehenden, nur das erste auf dem Flügel muß Kavallerie auf seinem Flügel haben: es sey denn, daß derselbe schon durch das Terrein selbst gedekt wäre, z. B. wenn er an einem Flusse, Morast oder See fortgeht. Die Kavallerie kann hinter jedem im dritten Treffen gesetzt werden, und dann ist sie nicht allein zu rechter Zeit

da,

VII. Anmerk. Schlacht bei Kollin.

da, in den Feind einzuhauen, wenn die Infanterie ihn zum Weichen bringt, sondern auch bei der Hand die feindliche Kavallerie zurük zu schlagen, wenn diese etwa bei einem fehlgeschlagenen Angrif eines Echelons in die weichenden Bataillons einzudringen herbei eilet. Ueberdies kann auf diese Art nicht die ganze Armee geschlagen werden; denn es bleibt allezeit in der Gewalt des kommandirenden Generals die folgenden Echelons in der größten Ordnung zurük zu ziehen, sobald er gewahr wird, daß das Echelon welches den Hauptangrif macht, nicht durchdringen und seine Absicht erreichen kann. Die Natur dieser Angrifsart zeigt schon, daß sie am besten mit Nutzen angebracht wird, wenn der Feind bei seiner Stellung einen Posten hat, von dessen Behauptung oder Verlust der Gewinn der Schlacht oder die Niederlage der Armee abhängt. Diese Posten sind aber entweder auf den Flanken oder in der Mitte, und daher kann auch entweder von den Flügeln oder aus der Mitte mit Echelons angegriffen werden. Dabei fällt denn leicht in die Augen, daß das Echelon welches den Angrif macht, auf das nachdrüklichste unterstützt werden muß.

Hätte die Armee diese schräge Stellung genommen, so war noch nichts verlohren, wenn auch der General Hülsen zurük geschlagen wurde. Der Feind hätte sich nicht einmal unterstehen dürfen ihn zu verfolgen, weil er dadurch alle Vortheile verlohren hätte, die ihm die Natur der Gegend verschafte, und er wäre auf die Armee gestoßen, die ihn so nachdrüklich würde empfangen haben, daß er sich mit der größten Uebereilung hätte zurük ziehen müssen.

Da der König den größten Theil seiner Kavallerie auf den linken Flügel zog, und sie hinter die Infanterie stellte, so gab er dadurch seine Absicht deutlich genug zu erkennen. Er mußte daß auf dem Terrein zwischen Kollin und Krzezor die Kavallerie allein mit einigem Nutzen zu gebrauchen war. Dieses hätten die Generals, die bei der Beverschen Armee standen, auch wissen müßen und den andern, die die Gegend nicht so genau kannten, bekannt machen sollen. Sobald also die Nadastische Kavallerie von dem General Ziethen wäre geschlagen gewesen, so hätte die Kavallerie vom linken Flügel nach Maaßgabe der Umstände sich ebenfalls links ziehen, und wenn der Angrif des General Hülsen glüklich ging und sich die Armee auch mit dem Feinde einließ, den Busch rechts laßen, um ihn herum und dem Feind in den Rüken gehen sollen. Hätte die Kavallerie dieses gethan, so wäre die Disposition des Königs richtig ausgeführt worden, und die Schlacht vielleicht, aller widrigen Zufällen ohngeachtet, am Ende doch noch gewonnen worden.

Es ist nicht genung, daß man die Disposition des kommandirenden Generals anhört, es ist in manchen Fällen auch nicht genung, daß man sie im buchstäblichen Verstande auszuführen bereit ist. Man muß einen Blik auf das Ganze werfen, und darüber die nöthigen Betrachtungen anstellen, und vorzüglich sich einen deutlichen Begrif von der Hauptabsicht des Feldherrn zu machen suchen. Und wenn man dann glaubt sie gehörig eingesehen zu haben, alsdann bei der Ausführung seine Anstalten so zu treffen suchen, daß alle Manöver, alle Bewegungen, die man mit den unter sich habenden Truppen machen kann, mit dieser Absicht übereinstimmen. Vorzüglich muß man sich Mühe geben zu entdekken, worauf es bei den Nebenumständen während der Schlacht, die so verschieden, so mannigfaltig, und oft so sonderbar seyn können, hauptsächlich ankömmt, um allemal diesen entsprechende, zwekmäßige Anordnungen zu machen. Denn der kommandirende General kann nicht überall seyn.

Nachdem der König seine Befehle gegeben, und die Bataillons aus den Defileen bei Planian heraus waren und sich aneinander geschlossen hatten, sezte die Armee des Nachmittags um 1 Uhr sich wieder in Bewegung, und in dreien Kolonnen DD ihren Marsch mit Zügen auf und längst dem Kaiserwege fort. Da der General Nadasti dies gewahr wurde, so rükte er mit dem größten Theil seiner Kavallerie bis Kutlierz in O O vor, und stellte sie in vielen Linien mit großen Intervallen dergestalt, daß, wenn die Frontlinie verlängert wurde, sie mit der Hauptarmee einen eingehenden Winkel machte. Dieses scheint eine Lieblingsstellung der Oesterreicher gewesen zu seyn, denn der General Haddik machte es bei Prag eben so. Nadasti glaubte vermuthlich durch diese Stellung die rechte Flanke der Armee desto besser dekken zu können, und der preußischen, wenn sie den Feldmarschall Daun angrif, in der linken Flanke und in den Rükken zu kommen. Dieses hätte geschehen können, wenn die Preußen die Gefälligkeit gehabt hätten, ihn da so ruhig stehen zu laßen. Sie hatten aber nichts weniger Lust zu thun, als dieses, und Nadasti hätte gar nicht eine so elende Voraussezung machen sollen. Ich weiß daher nicht, was er da wollte. Auch wurde er bald gewahr, daß er seine Rechnung ohne Wirth gemacht. So bald auch der General Ziethen mit der Avantgarde näher heran rükte, und ihn mit einen Angrif bedrohte, zog er sich weislich zurük, und sezte sich rechter Hand des Busches hinter Kutlierz.

Ohngefehr um 2 Uhr kam die Tete der Armee dem feindlichen rechten Flügel des Feindes gegen über an und daher formirte sich der General Ziethen mit der Kavallerie als bei der Avantgarde, um dem General Hülsen die linke Flanke zu dekken, und dieser ließ ebenfalls seine Bataillons aufmarschiren; die drei Grenadierbataillons kamen ins erste, und die Regimenter Münchow und Schulz ins zweite Treffen; hinter ihnen im dritten standen 5 Schwadronen Dragoner. Die Armee folgte in einer kleinen Entfernung in dreien Kolonnen, so wie es nach der Disposition des Königs geschehen sollte. Nachdem diese Vorkehrungen gemacht waren, rükte diese Avantgarde gegen den Feind an. Dieser machte von der bei Krzeczor befindlichen Batterie ein starkes Feuer, das aber wegen der großen Entfernung keinen Schaden thun konnte, daher es auch von der preußischen Artillerie noch gar nicht beantwortet wurde.

V. Anmerk. Schlacht bei Kollin.

wurde. General Hülsen avancirte mit seinen sieben Bataillonen mit schnellen Schritten und der den Preußen gewöhnlichen Lebhaftigkeit gegen die Anhöhen, erstieg sie und grif den Feind mit solcher Gewalt an, daß er gezwungen war, das Dorf Krzeczor und die daselbst befindliche Batterie zu verlaßen und sich in der größten Unordnung zurük zu ziehen. Die Infanterie in dem Dorfe und die Kroaten zogen sich theils nach dem Eichbusch zurük, theils durch die hinter sie stehende Reserve. Nachdem Hülsen diesen Posten erobert, blieb ihm nunmehr noch übrig den Busch wegzunehmen. Da seine Bataillonen bei dem Angrif schon vieles gelitten, und daburch etwas auseinander gekommen waren, so wandte er einige Augenblicke an, sie wieder in Ordnung zu bringen. Zugleich aber sahe er eine ganze Linie feindliche Infanterie vor sich, die sich hinter dem Dorfe bis an den Busch erstrekte. Um nicht von dieser überflügelt zu werden, mußte er seine Linie mehr ausdehnen; daher zog er die Bataillons aus dem zweiten Treffen ins erste, und formirte aus den sieben Bataillons nur eine Linie. Die ihm gerade über stehende feindliche Infanterie blieb indeßen in einer phlegmatischen Ruhe, und ließ dieses alles geschehen, ohne sich auch nur einen Schritt vorwärts zu bewegen. Zu gleicher Zeit wurde Hülsen aber auch gewahr, daß die Armee noch weit hinter ihm war, und keine Bataillons rechter Hand neben ihm standen, die ihn hätten unterstützen können. Er avanzirte daher nicht gleich weiter, sondern suchte nur seinen eroberten Posten so lange zu behaupten, bis die Armee heran kommen würde, um hernach weiter vorwärts zu gehen. Er begnügte sich unterdeßen den Feind mit seiner Artillerie zu kanoniren, deren Feuer auch nicht unbeantwortet blieb.

Während des Angrifs des General Hülsen ging der General Ziethen K auf die Kavallerie des General Nadasti los, grif sie an, warf sie nach einem kurzen Widerstande über den Haufen, und trieb sie theils bis hinter Kollin, theils bis hinter Rabowesnitz, so daß sie während der Schlacht hernach nicht wieder zum Vorschein kam. Bei dem Verfolgen der feindlichen Kavallerie mußte die preußische bei dem Busche hinter Krzeczor vorbei, der, wie vorhin angemerkt worden, mit Kroaten und Infanterie besetzt war, auch von einer Batterie gedekt wurde. Diesem mußte sie die rechte Flanke geben. Der Feind machte ein starkes Feuer auf die Kavallerie; diese wurde darüber stuzig, und stand am Ende ganz von dem Nachhauen ab und zog sich wieder bis Kutlierz zurük: die Husaren aber setzten sich jenseit des Baches zwischen Kollin und Kutlierz. Die Dragoner von Normann, welche den Hülsenschen Angrif unterstützen sollten, zogen sich links, und hieben auf die sich nach dem Eichbusch zurük ziehende Infanterie ein, und eroberten 7 Fahnen; auch trafen sie dabei auf die sächsischen Karabiniers und warfen sie über den Haufen.

Indem der Angrif der Avantgarde, unter den Generalen Ziethen und Hülsen, so glüklich von statten ging, vollkommen mit der Erwartung des Königs übereinstimmte und den besten Ausgang des Treffens versprach, wurde bei der Armee, die sie unterstützen sollte, nicht alles so genau beobachtet, als es wohl nach der Disposition des Königs hätte geschehen sollen. Man ließ sich in Nebensachen ein und verlor dabei das Ganze aus dem Gesichte. Ich bitte zu bemerken, daß vor der Fronte der österreichischen Armee viel Dörfer lagen und das Feld mit Getreide bedekt war, das in diesem fruchtbaren Lande bis zu einer beträchtlichen Höhe aufschießt. In diesem lagen die Kroaten und schossen nach ihrer Gewohnheit einzeln auf die vorbei marschirenden Kolonnen, ob zwar in einer großen Entfernung. Hin und wieder wurden dennoch aber Leute blessirt. Dies verdroß einen großen General, der daher Befehl gab, daß das zweite Bataillon von Bornstädt Front machen, herausrükken und die Kroaten aus dem Getreide jagen sollte. Dieses hätte vermuthlich nicht viel zu bedeuten gehabt, wenn nur die folgenden Bataillons von der Absicht dieser Unternehmung wären unterrichtet worden und daher ihren Marsch weiter ununterbrochen fortgesetzt hätten. Allein dies wurde in der Hitze vergessen und man dachte auf nichts weiter, als auf die Vertreibung der Kroaten. Da nach dem königlichen Befehl sich alles links richten sollte, so wurde daraus die Folge gezogen, daß wenn die linker Hand stehenden Bataillons Front machten, die ihnen rechter Hand stehenden ebendasselbe thun müßten. Dieses geschahe denn auch hier und der ganze auf das Bataillon von Bornstädt folgende Theil der Armee machte Front, und da er schon eine schräge Stellung angenommen hatte, so ging ein Bataillon nach dem andern ins Treffen, um das vorgerükte Bataillon zu unterstützen, das einen stärkern Widerstand fand, als man es geglaubt hatte, besonders als es die Kroaten aus dem Dorfe Chotzemitz vertreiben wollte, indem sie der Feind mit Infanterie und Artillerie auf das nachdrüklichste unterstützte. Daher entstanden denn verschiedene und nicht gut überdachte Angriffe H, I, L, M auf des Feindes Front, wo die Bataillons nichts als steile Höhen und das beschwerlichste Terrein vor sich fanden. Wenn man nur auf die Bravour einzelner Theile sieht, so wurden bei diesen verschiedenen Angriffen so außerordentliche Beweise des Muths, der Unerschrokkenheit und einer anhaltenden hartnäkkigen Tapferkeit gegeben, daß schwerlich eine Schlacht in der alten und neuern Geschichte dergleichen aufweisen kann. Die Preussen wurden zurükgeschlagen, aber niemals abgeschrekt. Kaum hatten sich die Bataillons wieder gesammelt, so gingen sie aufs neue auf den Feind los, und dies dauerte bis zum Untergange der Sonne. Es schien als wenn sich alle, vom General bis auf den gemeinen Soldaten, schlechterdings ver-

VII. Anmerk. Schlacht bei Kollin. 215

vorgenommen hätten zu siegen oder zu sterben. Ueberhaupt ist kein einziges Bataillon aus der Linie gewichen, daher denn auch einige so ansehnlich gelitten.

Indem dieses auf dem rechten Flügel der preußischen Armee vorging, setzten die Bataillons, die unterhalb Bornstädt standen, ihren Marsch immer weiter fort, um den Angrif unter dem General Hülsen zu unterstützen. Dadurch entstand natürlicher weise eine Lükke von einer beträchtlichen Ausdehnung. Endlich wurde man gewahr, daß sich der rechte Flügel schon formirt und mit dem Feinde eingelassen hatte. Man glaubte, daß es nun auch Zeit sey eben das zu thun, und machte also Front! Es wurde vorwärts Marsch! kommandirt, ohne daß man sich darum bekümmerte, ob es möglich wäre durch die Defileen und auf die fast gerade empor stehenden Berge zu kommen. Man fand hin und wieder das Terrein so durchschnitten, daß kaum ein Peloton mit gerader Front avanziren konnte, dennoch aber bestand man darauf, den Feind anzugreifen. Einige Bataillons erkletterten auch wirklich die Berge, allein das alles konnte dennoch von keiner Wirkung seyn, weil keine Unterstützung da war. Vier Küraßierregimenter setzten sich zwar in den Zwischenraum gegen Brzist über, machten auch sogar einen Versuch die Berge hinauf zu kommen, und in die Infanterie einzuhauen; ja ein Regiment ging auf eine große Batterie los, um sie wegzunehmen; aber alles dies geschah ohne Erfolg. Nur Hülsen, da er einige Bataillons ankommen sahe, setzte sich aufs neue in Bewegung, ging auf den Eichbusch los, und schlug auch die Kroaten und Infanterie, welche denselben besetzt hatten, heraus. Der Feind wehrte sich dabei mit vieler Hartnäkkigkeit, ließ frische Truppen anrükken und trieb auch den linken Flügel des Hülsenschen Korps etwas zurük. Hierauf dauerte das Feuer aus dem groben Geschütz und kleinen Gewehr beinahe zwei Stunden ununterbrochen fort: Hülsen behauptete seinen Posten auf den Höhen und der Feind behauptete ebenfalls sein Terrein mit vieler Standhaftigkeit. Da er aber zwei Bataillons zur Verstärkung erhalten hatte, so rükte er noch einmal an, und brach auch wirklich durch die feindliche Flanke und war eben im Begrif eine andre feindliche Batterie wegzunehmen, so daß nur noch ein Schritt nöthig war, und die Schlacht wäre gewonnen gewesen; allein um diese Zeit ereignete sich ein Umstand, den ich seiner Sonderbarkeit wegen genauer entwikkeln muß.

Ich habe bereits anfänglich angemerkt, was auf Seiten der Oesterreicher vorging: daß nämlich Nabasti das weitläuftige Terrein zwischen Krzezor und dem Eichbusche nur durch Kavallerie besetzt hatte, sich aber durch gegründete Vorstellungen bewegen ließ, von dem Feldmarschall Daun Infanterie zu fordern, welche auch kurz vorher, ehe die Preußen den ben Angrif machten, erschien, daher sich die sächsische Kavallerie zurük und näher an die Daunsche Armee ziehen mußte. In dieser Stellung blieb sie ruhig, während daß Hülsen seinen Angrif fortsetzte und im Begrif war die Flanke über den Haufen zu werfen. Indem der Feind gegen den Wald anrükte, ließ der General Nostitz, der die sächsische Kavallerie kommandirte, die Regimenter Prinz Albert und Brühl sich rechts näher an denselben ziehen, um die Infanterie in und bei demselben zu unterstützen, wofern sie etwa nicht vermögend seyn sollte, den Preussen allein zu widerstehen, und hernach nach den Umständen zu verfahren. Er vergaß aber dem Prinz Karlschen Regiment eben diesen Befehl zuschikken zu lassen. Diese Regimenter marschirten also rechts ab. Da dies der der Kommandeur des Prinz Karlschen Dragonerregiments sahe, ritt er zu dem General Nostitz und erkundigte sich, ob dieser Befehl auch das Regiment anginge. Die Antwort war: Ja! Der Commandeur versprach sogleich zu folgen; erinnerte aber doch, daß es ihm sehr unangenehm wäre ein Terrein zu verlassen, das er vollkommen kennte und daher hoffen dürfte, bei Gelegenheit etwas vortheilhaftes gegen den Feind unternehmen zu können. Der General Nostitz besann sich etwas und versetzte, er solle nur stehen bleiben, er wolle sogleich den andern Regimentern Befehl geben auch wieder zurük zu kommen. Indem dieser Kommandeur wieder zu seinem Regiment ritte, kam ein Officier gejagt und fragte nach dem General Nostitz. Der Obristlieutenant erkundigte sich, was er bei diesem General wollte? Der Officier wies ihm zur Antwort einen Zettel, auf dem mit Bleistift geschrieben war: die Retraite ist nach Suchdol. Er bat den Officier, diesen Zettel niemanden zu zeigen, als dem General Nostitz, gab ihm einen sichern Unterofficier mit, der ihn hinbringen sollte, und ritt hernach zu seinem Regiment. Dieses fand er in einer großen Bestürzung. Es hatte gesehen, daß schon vieles Geschütz zurükging und auf allen Seiten sich die Armee zum Rükzuge anschikte. Der Kommandeur verwies ihm seine unnöthige Aufmerksamkeit und wandte alle seine Beredtsamkeit an, um dessen Muth aufs neue wo nicht zu beleben, doch wenigstens aufrecht zu erhalten, und es gelang ihm.

In der That hatte Daun Zeit gehabt über die Art des preußischen Angrifs, über die Stellung, die er mit seiner Armee genommen, und über die Folgen, wenn er die Schlacht verlor, welches ihm der damalige Fortgang des preußischen Angrifs noch immer sehr wahrscheinlich machte, ernsthafte Betrachtungen anzustellen. Er sahe sich in einem sehr beschwerlichen Terrein verwikkelt. Da die Preussen ihn auf seinem rechten Flügel an-

VII. Anmerk. Schlacht bei Kollin.

angriffen und im Begrif waren, denselben über den Haufen zu werfen, um ihm alsdenn in den Rükken zu kommen, so schmissen sie ihn nach Krichenau und Schwoysitz zurük. Er sahe, daß der größte Theil der preußischen Kavallerie zwischen Kollin und Krczezor hielt, in einer Stellung, wo sie im Stande war, seiner Armee den Rükzug abzuschneiden, und die größte Verwirrung unter ihr zu verbreiten, so bald es der Infanterie gelang, seine Flanke über den Haufen zu werfen. So gut das Lager bei Krichenau war, wenn man dem Feinde die Fronte zeigen will, so beschwerlich war die Gegend, wenn die Armee in der Stellung, die sie genommen hatte, geschlagen wurde. Sie wäre alsdenn durch den siegenden Feind in Defilleen, Moräste, Teiche ꝛc. zurükgeworfen worden, und lief daher Gefahr, entweder niedergehauen oder gefangen zu werden. Geschütz und Bagage gingen verloren und die Flucht konnte nicht anders als in einer völligen Zerstreuung geschehn. Er hielt es also für rathsam, aus zwei Uebeln das kleinste zu wählen und gab vorläufig den Generalen eine Nachricht, die sich auf den Rükzug bezog, und dieser würde wahrscheinlich bald erfolgt seyn, wenn nicht eine Kleinigkeit der ganzen Sache eine andre Wendung gegeben, und sie wider alle Erwartung des Feldherrn zu seinem Vortheil entschieden hätte.

Ein General vom ersten Range bei der österreichischen Armee befahl dem unter ihm stehenden Brigadier, vermuthlich, nachdem er den mit Bleistift geschriebenen Zettel vom Feldmarschall gelesen hatte, sich zurükzuziehen. Dieser glaubte, daß er noch allemal Zeit dazu hätte und erklärte ein für allemal, daß er diesen Befehl nicht eher befolgen würde, als bis er sähe, daß es schlechterdings nicht anders seyn könnte; und blieb daher auf seinem Posten stehen und suchte ihn zu behaupten. Nicht weit davon bemerkte der schon so oft erwähnte Kommandeur des sächsischen Prinz Karlschen Regiments, daß das Feuer der preußischen Infanterie, die den kaiserlichen rechten Flügel angrif, anfing schwächer zu werden und bald darauf ganz und gar aufhörte. Dieses war ganz natürlich. Die Bataillons hatten schon seit halb 3 Uhr im Feuer gestanden und ihre Patronen größtentheils verschossen. Sie waren ermüdet und avanzirten daher nur langsam mit aufgepflanztem Bajonet. Dennoch aber waren noch andre, die ein lebhaftes Feuer machten; besonders die Regimenter Bevern und Hülsen, hinter denen zur Unterstützung auch das Regiment Heinrich folgte, das aus dem zweiten Treffen ins erste gerükt war, um die entstandenen lükken auszufüllen. Die Oesterreicher hielten noch ziemlich dagegen aus; endlich aber gerieth das Regiment Salm in Unordnung und zog sich aus der Linie zurük, so sehr auch die Officiere sich Mühe gaben, die Leute wieder in Ordnung zu bringen. Zum Unglük für die Preussen war einmal im Buche des Schiksals geschrieben, daß sie trotz aller

aller ihrer Tapferkeit die Schlacht verlieren sollten, und daß alles, wider die besten Dispositionen ihres Königs, dabei verkehrt gehen sollte. Daher mußte der Obristlieutenant des sächsischen Dragonerregiments anstatt vor der Fronte seines Regiments zu bleiben und Befehle zu erwarten, auf den Einfall kommen, daß er nicht blos eine Maschine sey und bei so bedenklichen Umständen es ihm auch erlaubt sey Betrachtungen anzustellen, und mit allem Respekt, Einwendungen zu machen. Das hätte nun auch nichts weiter zu bedeuten gehabt, wenn nur diejenigen, denen er seine Gedanken mittheilte, es für unmöglich gehalten hätten, daß ein Mann, der unter ihnen stand, denken und in manchen Fällen richtiger denken könnte, als sie; noch mehr aber, daß es ihrer Ehre nicht nachtheilig wäre, der Wahrheit ein Opfer zu bringen und ihm zu folgen. Wider alle Regeln der militärischen Etiquette mußte aber das Gegentheil geschehen. Da der Obristlieutenant sahe, daß das Regiment Salm zurük lief, rükte er ihm entgegen, sprach den Soldaten Muth zu und gab seine Ehre zum Pfande, daß er sie bis auf den letzten Augenblik unterstützen wollte. Daduch brachte er es so weit, daß sich die Leute faßten und so gut wieder formirten, als sie konnten, auch selbst wieder einen Versuch machten, in die Linie einzurükken. Indem dies vorging, sahe er einige preußische Schwadronen in vollem Trabe heran eilen, um dies Bataillon völlig über den Haufen zu werfen. Er besann sich daher nicht lange sondern gab Befehl, daß sein Regiment anrükken, den Feind angreifen und weil das Terrein sehr enge für die Kavallerie war, eine Schwadron der andern folgen sollte. Dieser Befehl wurde ausgeführt; das sächsische Regiment Prinz Karl zog sich links dem Regiment Salm durch die Intervallen, fiel mit der größten Furie auf die hervorrükkende preußische Kavallerie, warf sie über den Haufen und verfolgte sie eine ziemliche Strekke. Diesem folgten die übrigen sächsischen Regimenter Brühl und Prinz Albert, auch die kommandirten 1000 Pferde, und warfen die in der Gegend stehende preußische Kavallerie. Nachdem sie sich nach diesen glüklichen Chor wieder gesetzt hatten, wurden sie gewahr, daß sie Gelegenheit hätten der preußischen Infanterie in den Rükken zu kommen, während daß von noch mehrern Regimentern österreichischer Kavallerie in der Front angegriffen werden konnte. Da die preußischen Bataillonen, wie ich schon angemerkt habe, gewissermaßen nur einzeln angriffen, so waren große Intervallen geworden, zwischen denen die sächsische Kavallerie durchbrach. Als der Kommandeur des Beverschen Regiments die feindliche Kavallerie hinter sich sah, so kommandirte er: Das ganze Bataillon rechts umkehrt euch! mit Pelotons auf der Stelle chargirt! Der rechte Flügel fängt an! Chargirt! so wie es im Reglement steht. Das Regiment glaubte bei der Revüe bei Stargard zu seyn, und feuerte einigemal durch.

VII. Anmerk. Schlacht bei Kollin. 219

durch. Eben dieses thaten die nebenstehenden Regimenter Heinrich und Hülsen. Alles dieses hinderte aber nicht, daß die feindliche Kavallerie, die sie in Front und im Rücken angrif, endlich die Oberhand behielt und sie theils niedermachte, theils gefangen nahm. Sie hatten indessen den Ruhm, daß sie ihr Leben und ihre Freiheit sehr theuer verkauften.

Dieser Angrif entschied den Sieg. Denn ob zwar der Rest der Bataillonen, die geschlagen waren, sich wieder formirte und aufs neue angrif, auch der König selbst sich an die Spitze der Kavallerie setzte, um den Feind zurückzutreiben, so war doch alles vergebens, und man mußte bei Sonnenuntergang dem Feinde das Schlachtfeld überlassen. Dieser Unfall hatte indessen nur einige Bataillonen betroffen, und wenn sich der rechte Flügel nicht zur Unzeit mit dem Feinde eingelassen hätte, so hätte dies auch vielleicht noch nichts zu bedeuten gehabt. Allein so waren keine frische Bataillonen mehr da, welche die geworfenen ablösen konnten. Die meisten Bataillonen vom General Hülsen behaupteten doch noch lange ihren Posten, und die Kavallerie vom General Ziethen und der linke Flügel zog sich erst gegen 9 Uhr des Abends vom Schlachtfelde zurück. Einige Regimenter wollten sogar stehen bleiben, weil sie sich gar nicht einbilden konnten, daß die Schlacht verloren wäre.

Ich habe mir alle Mühe gegeben, die Beschreibung dieser Schlacht so vollständig und richtig zu liefern, als es nur möglich gewesen ist; und ich getraue mir zu behaupten, daß sie bis auf einige unbeträchtliche Umstände richtig seyn wird. Ich mache mir auch die Hofnung, daß ein jeder Leser durch sie im Stande seyn wird, ein richtiges Urtheil über sie und über die Anmerkungen zu fällen, die Lloyd darüber gemacht hat. Ich übergehe gleich die erste, deren Vorwurf die Schwäche der preußischen Armee ist. Hätte er die Geschichte zu Rathe gezogen, so würde er gefunden haben, daß die entscheidendsten Schlachten durch Armeen gewonnen worden, die um ein beträchtliches, ja zuweilen um eine ungeheure Anzahl schwächer waren, als die ihnen gegenüber stehenden. Ich mag nicht Beweise davon aus der ältern Geschichte nehmen. Schon in der Schule wird jedem gesagt, daß die Griechen, besonders Alexander mit einer unbeträchtlichen aber disciplinirten braven Armee die stärksten Heere der Perser geschlagen, daß 20,000 Römer unter Lukullus 200,000 Armenier unter dem Tigranes über den Haufen warfen; daß Hannibal allemal weit schwächer als die Römer war, und sie dem allen ohngeachtet in vier Schlachten überwand; ich will nur die Beispiele aus der neuern Geschichte anführen. Montecuculi bei St. Gotthard, Eugen bei Belgrad, schlugen die Türken mit einer Armee, die mit der feindlichen in keinem Verhältniß stand. Karl XII grif die Russen bei Narva mit 9000 Mann an und warf eine Armee von 80,000 Mann über den Haufen. In den Schlachten bei Soor, Roßbach, Leuthen, Zorndorf, Lignitz, Torgau, Freiberg waren die Preussen allemal um ein beträchtliches schwächer, als der Feind, und schlugen ihn dennoch. Bei Torgau grif 1759 der General Wunsch am hellen Tage mit 4500 Mann 14000 Mann österreichische und Reichs-Truppen an und warf sie über den Haufen. Warum hat Lloyd nichts gegen Roßbach und Leuthen einzuwenden? Aber diese Schlachten wurden gewonnen; daher hatte der König recht. Bei Kollin verlor er, folglich hätte er nicht mit so wenigen Truppen angreifen sollen. Das nenne ich eine gründliche Kritik!

Wenn Lloyd eine bessere Beschreibung von der Schlacht gehabt und das Terrein besser gekannt hätte, so würde er auch nicht das geringste gefunden haben, das an der Disposition des Königs auszusetzen wäre. Diese war vielmehr ein Meisterstük und nur ein General wie der König konnte sie machen. Hätte Folard gelebt, so würde er dabei Gelegenheit gefunden haben, etwas zu lernen, und nicht nöthig gehabt haben sein Leuctra und Mantinea als Muster der schiefen Schlachtordnung aufzustellen. Des Königs Absicht war, in dieser Schlacht in einer schiefen Linie anzugreifen. Bei dieser ist es ein Grundsatz, daß der Flügel, der angreifen soll, die größte Stärke habe, und daß nach Beschaffenheit des Terreins alle Arten von Waffen so angebracht werden, daß eine die andre unterstützen, den Fortgang der einen befördern, und wenn es glüklich geht, den Sieg entscheiden, bei widrigen Zufällen aber und wenn der Angrif nicht gelingt, den Feind verhindern kann, seine Vortheile zu verfolgen. Wenn man die Disposition des Königs mit kaltem Blute untersucht, so wird man finden, daß dieser Grundsatz dabei genau beobachtet worden. Ich habe schon bemerkt, daß man den Feldherrn aus der Anlage zu einer Schlacht beurtheilen müsse, und nicht aus dem Erfolge; weil sich bei der Ausführung öfters Dinge einmischen, die er gar nicht vorhersehen kann. Er muß voraussetzen, daß die unter ihm stehende Generale fähig sind, sich einen deutlichen Begrif von seiner Absicht und von seinem Entwurfe zu machen; daß sie bei Fällen, die er ihnen nicht alle auseinander setzen kann, ihren Verstand und Augen gebrauchen werden, und so viel Kopf haben, den Exerzierplatz vom Schlachtfelde, den denkenden Mann von einer Maschine, und die Bravour eines gemeinen Soldaten von der kaltblütigen, durch Ueberlegung geleiteten und immer auf das Ganze Rüksicht nehmenden Tapferkeit eines Generals zu unterscheiden. Es scheint, daß eine übel angebrachte Bravour einen großen Einfluß auf den Ausgang der Schlacht hatte. Es war gar nicht nöthig, sie hier zur Unzeit zu zeigen. Die Preussen hätten die Hölle gestürmt,

wenn's

VII. Anmerk. Schlacht bei Kollin.

wenn's ihnen der König befohlen hätte. Der Einfall, die Kroaten aus dem Korne zu jagen, war nicht am rechten Orte, der Disposition des Königs gerade entgegen und der erste Schritt zur Verwirrung, die sich allmählig durch die ganze Armee verbreitete. Hätte die Armee ihren Marsch ruhig fortgesetzt und sich immer an Hülsen gehalten, so würde der linke Flügel endlich hinter denselben gekommen und im Stande gewesen seyn, den Angrif desselben mit Nachdruk zu unterstützen. Indem alsdenn die ganze Armee in einer schrägen Linie vorrükte, so sahe der Feind immer frische Bataillonen vor sich, und da sein rechter Flügel auf die Mitte geworfen wurde, so wäre er nicht vermögend gewesen, der Unordnung abzuhelfen, die schon angefangen hatte in seiner Armee einzureißen.

Wie kann Lloyd sagen, daß der König an einem Orte angrif, wo er die verschiedenen Gattungen von Truppen nicht gebrauchen konnte? Dies ist ein Beweis, daß er entweder das Terrein gar nicht gekannt, oder sich nicht die Mühe genommen hat, es gehörig zu untersuchen und mit einem militärischen Auge zu betrachten. Was er von dem Angrif auf den Mittelpunkt sagt, ist ein Entwurf, den ich mit Folards Rükzug über einen Fluß im Angesichte des Feindes, nach seinem Lieblingssystem der Kolonnen, in eine Klasse setze. Die ganze Front der Daunschen Armee war so gebekt, daß es eine Unbesonnenheit gewesen wäre, sie an irgend einem Punkt in dem Umfange derselben anzugreifen. Nur da, wo der König angrif, war es möglich, und das Terrein gerade so beschaffen, daß der König alle Gattungen von Truppen gebrauchen konnte. Es ist mir unbegreiflich, wie Lloyd dies nicht gesehen hat. Der General Ziethen warf mit seiner Kavallerie die Nadastische über den Haufen, und zwar so, daß sie sich gar nicht mehr getraute zum Vorscheln zu kommen, ausgenommen die sächsische leichte Kavallerie, die bis zu der Zeit, da sie zu agiren anfing, gar nicht war angegriffen worden. Die Infanterie hatte den Feind schon größtentheils über den Haufen geworfen, und die Artillerie, so wohl schwere als leichte, war mit den Bataillonen immer vorgerükt und blieb da, wo die Bataillonen blieben. Auch fand die österreichische Kavallerie Gelegenheit zu agiren. Daraus folgt denn doch wohl offenbar, daß das Terrein so beschaffen gewesen seyn müsse, daß sich alle Gattungen von Truppen darauf gebrauchen liessen, weil sie wirklich darauf gebraucht wurden. Ich halte es nicht der Mühe werth, mich über den dritten und vierten Hauptvorwurf, den Lloyd dem Könige macht, weitläuftiger zu erklären. Die Beschreibung, die ich von dieser Schlacht gegeben habe, zeigt hinlänglich, daß wenn die Disposition des Königs gehörig befolgt worden wäre, Lloyd gar nicht Gelegenheit gehabt hätte, seine Kritik anzubringen.

222   Geschichte des siebenjährigen Krieges in Deutschland.

Wenn er hier sagt, der König hätte nicht seine Bewegungen bei Tage machen sollen; so scheint er nicht bedacht zu haben, daß am 18ten Junius die Nächte nicht viel über 4 Stunden lang sind. Wenn der König daher auch den Abend mit Sonnen Untergang aufgebrochen wäre, so konnte er doch nicht vor Anbruch des folgenden Tages aus den Defileen bei Planian herauskommen. Denn selbst am Tage dauerte es von 6 Uhr des Morgens bis Mittag um 12 Uhr, ehe alle Kolonnen sich in der gehörigen Ordnung in der Ebene von Planian befanden.

Man muß den Verlust dieser Schlacht lediglich dem Befehle zuschreiben, daß das 2te Bataillon von Bornstädt vorrükken sollte, um die Kroaten aus dem Getreide zu jagen, und dieses durch ein Misverständniß eine Trennung der Armee verursachte. Wäre die Armee im Zusammenhange geblieben, und hätte nach der Disposition des Königs den Marsch so lange fortgesetzt, bis der linke Flügel hinter die Bataillonen gekommen wäre, die unter dem General Hülsen den ersten Angrif mit so gutem Erfolge machten, so ist höchst wahrscheinlich, daß einer der der vollkommensten Siege die Güte der Anordnung des Königs würde bewiesen haben. Denn gesetzt auch, die sächsische Kavallerie hätte bei diesen Umständen das Glük gehabt, irgendwo in ein Bataillon einzubrechen; so würde sie durch die Bataillonen aus dem zweiten Treffen zurük gewiesen worden seyn. Vielleicht wäre sie auch gar nicht einmal auf diesen Einfall gekommen, wenn sie nichts als Infanterie vor sich gesehen hätte.

Die wichtigsten Begebenheiten in der Welt haben oftmals ihren Grund in Kleinigkeiten; dieses findet auch bei dieser Schlacht seine Anwendung. Der erste Umstand ist die Anmerkung des sächsischen Obristlieutenants B.., daß das Terrein zwischen Krzeczor und dem Walde nicht mit Kavallerie zu behaupten sey; der zweite, daß der General Nadasti die Richtigkeit derselben einsahe, und sogleich Infanterie kommandiren ließ, um die Stelle der Kavallerie einzunehmen. Wäre dies nicht geschehen, so wäre bei dem Angrif des General Ziethen diese Kavallerie wahrscheinlich auch geworfen worden, und Hülsen gleich, nachdem er sich des Dorfs Krzeczor bemächtigt, der Armee in die Flanke und in den Rükken gekommen, und wäre alsdenn zugleich die übrige Kavallerie herbei geeilet, so wären vielleicht diese wenige Bataillonen, durch die Kavallerie unterstüzt, schon hinreichend gewesen, den Feind völlig über den Haufen zu werfen.

Es gereicht dem General Nadasti zur Ehre, daß er diesen Vorschlag angenommen. Dieses ist ein seltnes Beispiel. Es giebt Leute, die gegen alle Gründe taub sind, und es als eine Beleidigung ansehen, wenn ein anderer einen Gedanken hat, der ihnen nicht in den Kopf gekommen ist; die aus diesem Grunde alles Gute unterdrükken, und ihm Hindernisse in Weg legen. Nadasti dachte als Patriot, und war zu groß um eigensinnig zu seyn. Er
konnte

VII. Anmerk. Schlacht bei Kollin. 223

konnte den Vorschlag des Herrn v. B.. eben so gut für eine Kritik über seine Anordnungen ansehen und es übel nehmen, daß jemand der so weit unter ihm war, sich unterstand, etwas an seiner Disposition auszusetzen. Allein er war großmüthig genug, diesem Manne Gerechtigkeit wiederfahren zu laßen, und legte dadurch ein öffentliches Geständniß ab, daß es ihm mehr um die Erfüllung der Pflichten gegen seinen Herrn, als um die Beschönigung seiner Fehler zu thun wäre. Ein vortreflicher Zug in dem Charakter dieses Generals!

Der dritte Umstand, der ebenfalls in Betrachtung gezogen zu werden verdient, ist: daß der General N o st i ß, da er mit den sächsischen Regimentern rechts nach dem Busche zu ging, vergessen hatte, dem Regiment Pr. K a r l eben diesen Befehl zu geben, noch mehr aber, daß er sich auch durch die Vorstellungen des Obristlieutenant B.. bewegen ließ, mit den andern wieder zurük zu kommen. Wäre diese Kavallerie nicht bei der Hand gewesen, da einige preußische Schwadronen eben im Begrif waren, in das Regiment Salm einzuhauen; so wäre die österreichische Infanterie durchbrochen und im Rüken genommen worden, und die Niederlage derselben nach aller Wahrscheinlichkeit die Folge davon gewesen.

Man sieht hieraus, daß die Anordnung des Feldmarschall Daun ihm nicht den Sieg zuwege gebracht hat; so weise auch diese Lloyd findet. Die Stellung, die er mit seiner Armee genommen hatte, war stark genug, aber höchst gefährlich gegen einen Feind wie der König von Preußen, der nicht blos Schlachten liefert, um einmal das Te Deum laudamus anstimmen zu laßen, sondern allemal eine totale Niederlage des Feindes zur Absicht hat.

Wenn man ein Lager, eine Stellung nimmt, so muß man nicht blos darauf sehen, daß Front und Flanke stark sind, man muß auch bei widrigem Glükke einen sichern Rükzug machen können, und die Armee nicht der Gefahr aussetzen, völlig aufgerieben zu werden. Daß Daun von diesem Grundsatze keine Anwendung gemacht, habe ich bereits vorhin angemerkt.

Das Verfahren desselben nach der Schlacht bei Prag scheint auch eben nicht auf den richtigsten Grundsätzen zu beruhen. Er hatte eine Armee von 25 bis 30,000 Mann unter sich, als er bei Böhmisch-Brodt stand, und nachdem er den aus der Schlacht nach Beneschau geflohenen Theil der Armee des Prinzen Karls an sich gezogen, war er wenigstens 40,000 Mann stark. Der Herzog von Bevern hatte hingegen nur 18 Bataillons und 70 Schwadronen bei sich, da seine Armee am zahlreichsten war. Die meisten von ihnen hatten schon die Schlacht bei Prag mitgemacht und waren gar nicht vollzählig; daher diese Armee aufs höchste 20,000 Mann stark seyn konnte. Wie manövrirte nun Daun gegen diese kleine Armee, der er um so ein Großes überlegen war? Er zog sich beständig zurük, und ließ
sich

224 Geschichte des siebenjährigen Krieges in Deutschland.

sich die Magazine bei Kollin, Kuttenberg, Suchdol und Neuhof vor seinen Augen wegnehmen. Dieses hätte er müssen auf alle Weise zu verhindern suchen, und wenn er sich auch mit dem Herzog in eine Schlacht hätte einlassen sollen, wenn sie auf keine andre Art zu erhalten waren. Er blieb vom 7ten Mai bis den 12ten Junius in einer völligen Unthätigkeit, und wäre vielleicht noch nicht vorgerükt, wenn er nicht von der Kaiserin ausdrüklichen Befehl erhalten hätte, Prag zu entsetzen, es möchte kosten was es wolle. Es war ihm nicht unbekannt, daß in Prag gar kein Magazin war, aus dem die darin eingeschlossene Armee auf eine lange Zeit unterhalten werden konnte. Durch sein beständiges Zurückziehen setzte er also den Prinz Karl der Gefahr aus, durch Mangel der Lebensmittel zur Uebergabe gezwungen zu werden. In dergleichen bringenden Umständen muß etwas gewagt werden, und man muß nicht erst warten, bis man seinem Gegner um 20, bis 30,000 Mann überlegen ist. Warum marschirte er nicht gleich auf Prag, so bald er sich mit dem geschlagenen rechten Flügel vereinigt hatte? Da der König seine Armee auf beiden Seiten der Moldau gestellt hatte, so hätte er es aufs höchste mit ⅔ derselben zu thun gehabt. Seine Nachbarschaft hätte dem Prinz Karl Muth gemacht, und beide hätten bei keinem Angrif auf die Preußen einander unterstützen können. So aber ließ er einen Zeitraum von 5 Wochen verstreichen, ohne etwas zu unternehmen und verfuhr gerade so, als wenn der Prinz Karl gar nicht in der Welt gewesen wäre. Dies verdient gewiß keine Nachahmung. Eine Armee von 40,000 Mann wäre für den König von Preußen hinreichend gewesen, im ähnlichen Falle einen 100,000 Mann starken Feind angreifen.

Nach der Schlacht hätte man zu ihm eben das sagen können, was jener zum Hannibal sagte, wenn das Siegen bei ihm so etwas gewöhnliches gewesen wäre:

Zu siegen weißt du, aber Gebrauch von deinem Siege zu machen, das weißt du nicht.

Es schien aber, als wenn er als ein guter Christ die Sonne nicht über seinen Zorn untergehen lassen wollte. An diesem Tage, der beynahe der längste im Jahre ist, erlaubte er der preußischen Kavallerie, die das Nadastische Korps geschlagen hatte, bis um 10 Uhr auf dem Schlachtfelde stehen zu bleiben, und sich hernach mit der größten Bequemlichkeit zurük zu ziehen. Auch schikte er nicht einen Husaren ab, die geschlagene Infanterie zu verfolgen. Er ließ seine Armee die Nacht unter dem Gewehr bleiben, und den andern Morgen in ihr altes Lager bei Kriechenau rükken, als wenn er befürchtet hätte, der König würde zurükkommen. Als er daselbst ankam, sahe er des Morgens um 10 Uhr noch die ganze preußische Bagage hinter Kautzim und Planian, die so zusammen gefahren war, daß sich die Fahrzeuge nicht aus einander wikkeln konnten. Dennoch ließ er sie unter Bedekkung des Grenadierbataillon von Manteufel in Frieden ziehen. Das war in der That großmüthig!

Die

VII. Anmerk. Schlacht bei Kollin.

Die Beschreibung des französischen Officiers von dieser Schlacht mag sich bei der Levée du Roi recht gut ausgenommen haben, und ich zweifle nicht, daß sich Abbés gefunden, die sie in dem damals gewöhnlichen Tone bekannt gemacht haben werden:

Messieurs, l'imperatrice reine, qui *a l'honneur, d'être notre alliée*, vient de gagner une grande Bataille sur le Roi de Prusse. Apparement que *Monsieur de Daun* doit ses belles dispositions aux conseils des Officiers françois, que sa Majesté a crû devoir envoyer à l'armée impériale pour *lui marquer sa protection*. Remarquez bien, Messieurs, que la Cavallerie saxonne, avant que d'attaquer l'Infanterie prussienne, *eut la politesse, d'en demander la permission*. Cette maniere de penser, si contraire au caractère brutal des Allemands, ne peut être attribuée qu'à l'honneur qu'ils ont, *d'avoir des Maitres françois pour l'instruction de leurs jeunesse*. Il y a une autre circonstance, qui prouve de quelle utilité les Volontaires peuvent être dans une armée, qui n'est pas tout à fait rompuë aux grandes manoeuvres, *comme c'est l'armée du Roi*. C'est la belle attaque de six bataillons aux ordres de Mr. d'Esterhasi, *la bajonnette au bout du fusil*; dont jusqu'à présent, aucune Nation n'a connu le vrai usage & qui ne semble *s'accorder qu'avec le caractère impétueux de la nation françoise*. Il est à souhaiter, que les Prussiens n'apprennent à leur tour le secret de se servir de cette arme; car si ce que Mr. de N * * nous dit des attaques reïterées de ces barbares, est vrai, qui *après avoir étés defaits entièrement, & taillés en pièces*, se léverent brusquement vers le coucher du Soleil, & montoient comme à un assaut général, il est à craindre qu'ils ne donnent un peu d'exercice à nos Généraux, qui ont l'honneur de commander les armées du Roi en Allemagne.

Ist es nicht lächerlich, wenn der Verfasser derselben die sächsischen Karabiniers um Erlaubnis bitten läßt, den Feind anzugreifen? Diese Karabiniers wurden von den Normanschen Dragonern geschlagen, aber die sächsischen Dragoner griffen ohne weitere Erlaubnis an, und trugen das meiste zum Siege bei. Eben so ist der Angrif mit den sechs Bataillons unter dem Grafen Esterhasi von Niemanden gesehen worden; dieses ist aber ein Lieblingsausdruck der Franzosen, und man muß ihnen solchen zu gute halten. Er gehört dahin, wo Mr. d'* * * a fait l'impossible. La Brigade d'* * a fait des merveilles; Mr. le Comte de Falkenstein *a eu l'honneur* d'être admis à la table de leurs Majestés, gebraucht werden.

Die preußische Armee bestand in dieser Schlacht aus 32 Bataillonen Infanterie und 118 Schwadronen. Da der größte Theil davon schon bei Prag gewesen war, so kann man ihre Stärke aufs höchste auf 32,000 Mann setzen. Die Armee unter dem Feldmarschall Daun bestand aus 42 Bataillonen, 38 Grenadierkompagnien und 103 Schwadronen. Dazu kamen das Korps unter dem General Nadasti von 10,000 Mann und noch einige 1000 Kroaten. Rechnet man dies alles zusammen, und bestimmt die Stärke der Bataillonen und Schwadronen nach den Regeln der Wahrscheinlichkeit, so bekömmt man ein Heer von 60,000 Mann. Denn man muß bemerken, daß die Oesterreicher bei jedem Regiment noch ein Bataillon haben, welches allemal zurük bleibt, und bei dem die Rekruten exerzirt werden. Durch dieses ward der Verlust, den einige Regimenter bei Prag erlitten hatten, wieder ersetzt; daher kann man rechnen, daß alle Bataillonen bei der Daunschen Armee vollzählig waren.

Den 19ten*) verließ der König die Armee, die bei Kollin geschlagen hatte, und ging nach Prag um die Belagerung aufzuheben: Dieses geschahe auch den folgenden Tag ohne irgend einen beträchtlichen Verlust. Die Armee, welche auf der rechten Seite der Moldau stand, zog sich nach Leitmeritz, und der Feldmarschall Keith ging mit seinem Korps über Welwarn und Budin; wo er die Eger paßirte, und sein Lager zwischen Libokowitz und Lowositz des Königs Division gegen über nahm. Auf diese Art machten beide Theile nur eine Armee aus, die blos durch die Elbe getrennt war, über die die nöthigen Brükken geschlagen waren, um die Gemeinschaft zu unterhalten; so daß nach Maaßgabe der Umstände sich beide leicht miteinander vereinigen konnten. Von dem Ueberrest seiner Macht hatte der König eine andere beträchtliche Armee formirt, die über 30,000 Mann stark war, und dem Prinzen von Preußen den Oberbefehl darüber aufgetragen, der mit derselben bei Böhmisch-Leipa Posto faßte. Durch diese Vorkehrungen glaubte er Sachsen und die Lausitz hinlänglich decken, und die Gemeinschaft zwischen dieser letzten Provinz und Schlesien offen erhalten zu können. Denn wenn der Feind auf der linken Seite der Elbe herüber marschiren, und in Sachsen über Außig eindringen wollte, so konnte der König mit der Armee, die bei Leitmeritz stand, über diesen Fluß gehen, und Stellungen zwischen Lowositz und Außig nehmen, wodurch er dem Vorrükken des Feindes Einhalt thun konnte. Richtete der Feind hingegen seinen Marsch gegen die Lausitz, so konnte des Prinzen von Preußen Armee in diesem gebürgigten Lande leicht ein so vortheilhaftes Lager nehmen, daß er seiner Schwäche ohngeachtet, sich dessen Fortgange widersetzen, und sich wenigstens so lange darin halten konnte, bis der König Zeit gewann, ein oder das andre Manöver zu seinem Vortheile zu machen.

Indem

---

*) Der König ging den 18ten gleich vom Schlachtfelde weg.

Feldzug im Jahre 1757.

Indem der König diese Anstalten machte, so lange als möglich in Böhmen zu bleiben, waren die Oesterreicher nicht weniger geschäftig, ihn daraus zu vertreiben. Dazu hatten sie drei verschiedne Wege vor sich: Erstlich, dem Feldmarschall Keith auf der linken Seite der Elbe zu folgen, und wo möglich in Sachsen zu bringen. Die Eroberung dieses Landes konnte ihnen Gelegenheit verschaffen, den Krieg in das Brandenburgsche zu versetzen, und ihn wahrscheinlich zu einem glücklichen Ende zu bringen; um so mehr, da die Russen und Schweden bei der Hand waren, miteinander gemeinschaftlich, folglich mit größerm Nachdruk zu agiren. Zweitens: eine Arme stehen zu laßen, um den Feind zu beobachten, und mit dem Ueberrest nach Schlesien zu marschiren und Neiße oder Schweidnitz zu belagern. Dadurch konnte der Feind gezwungen werden Böhmen zu verlaßen, um diese wichtigen Plätze zu dekken, von denen die Erhaltung von Schlesien größtentheils abzuhängen schien. Drittens: die Armee zusammen zu behalten, und gegen die Lausitz anzurükken. Dieses mußte den Feind nöthigen, sich entweder zurük zu ziehen oder eine Schlacht zu wagen. Dieses letztere machte der bekannte Charakter des Königs am wahrscheinlichsten. Daher schien es rathsamer, die Armee ungetrennt zu laßen, und nicht daraus verschiedene Korps zu formiren, die zwar verschiedene Dinge zugleich unternehmen konnten, aber auch Gefahr liefen einzeln geschlagen zu werden. Dieser Plan behielt also den Vorzug. Um ihn zur Ausführung zu bringen, ging die ganze österreichische Armee den 1sten Julius über die Elbe und nahm ihr Lager bei Lissau, welches der Feind den 26sten des vorigen Monaths verlaßen, und sich nach und nach über Jung-Bunzlau und Tschebitz auf der rechten Seite der Iser zurük gezogen hatte.

Prinz Karl detaschirte den General Nadasti mit einem ansehnlichen Korps gleichfalls auf der rechten Seite dieses Flußes, theils um die Bewegungen des Feindes bei Leitmeritz zu beobachten, theils auch um den Marsch der Hauptarmee nach Jung-Bunzlau zu dekken. General Morocz ward mit einem starken Korps nach der linken Seite der Iser gesandt, um auf die Bewegungen des Prinzen von Preußen Obacht zu haben, und zum Marsch der Hauptarmee die nöthigen Vorkehrungen zu machen. Nachdem das erste von diesen Korps bei Mschno zwischen des Königs und des Prinzen Armee Posto gefaßt, das zweite aber die Iser bei Bakofen paßirt war und sich auf des Prinzen linke Flanke gesetzt hatte, so glaubte er es sey nunmehr hohe Zeit das Lager bei Tschedit zu verlaßen; Da auch diese beide Korps beständig auf seinen Flanken blieben, so hielt er es für zuträglich, sich nach und nach über Hirschberg und Neuschloß nach Leipa zurük zu ziehen. Aus diesem Lager detaschirte er den General Putkammer mit 4 Bataillonen und 500 Husaren Gabel zu besetzen, und sich dieses wichtigen Passes nach der Lausitz zu versichern.

228 Geschichte des siebenjährigen Krieges in Deutschland.

Unterdessen rükte die österreichische Hauptarmee mit langsamen aber vorsichtigen Schritten bis Münchengrätz und von da weiter bis Hünerwasser vor. Des Feindes Stellung bei Leipa war durch die Polz gedekt, und ward daher für zu stark gehalten, als daß man ihn darin angreifen konnte. Man beschloß also, ihn auf seiner linken Flanke zu tourniren und Gabel anzugreifen, wodurch er genöthigt seyn würde, sich zurük zu ziehen, und den Weg nach der Lausiz frey und sicher zu laßen. Der General Macquire wurde zur Ausführung dieser Unternehmung mit einem beträchtlichen Korps detaschirt, das von der Avantgarde unterstützt werden sollte. Die Armee rükte bis Nimes vor um ihn zu dekken. Die Stadt ward nach einer Vertheidigung von 36 Stunden den 15ten eingenommen, und die Armee ging unmittelbar darauf über die Polz. Alle diese Manöver nöthigten den Prinzen von Preußen das Lager bei Leipa zu verlaßen, und da er durch die Einnahme von Gabel die Gemeinschaft mit Zittau verlohren hatte, worin eine starke Besatzung lag, und ein Magazin von allen Nothwendigkeiten angelegt war; so sahe er sich in der Verlegenheit, verschiedene forcirte und beschwerliche Märsche über Kamniz, Kreywiz, Georgenthal, Romburg und Unter-Hennersdorf zu machen, um wo möglich dem Feinde zuvor zu kommen. Allein er fand sich betrogen; denn nach der Einnahme von Gabel richteten die Oesterreicher ihren Marsch gleich auf Zittau, wo sie den 19ten ankamen, und gleich anfingen die Stadt mit unabläßiger Wuth zu bombardiren. Sie hatten indeßen versäumt, sie völlig einzuschließen. Der Prinz machte sich dieser vortheilhaften Gelegenheit zu Nutze, näherte sich mit seiner Armee der Stadt, und nachdem er in der vorhergehenden Nacht den größten Theil des darin befindlichen Vorraths, Bagage ec. herausgezogen, ging er den 23sten über Löbau weiter nach Bautzen zurük. Daher bestand der ganze Verlust in 200 Mann unter dem Befehl des Obersten Dierke, die troz des allgemeinen Brandes, wodurch eine der reichsten und volkreichsten Städte eingeäschert wurde, es noch unternahmen, sich bis auf den letzten Mann zu wehren. Nachdem es den Oesterreichern auf diese Art gelungen war, einen großen Theil der feindlichen Macht aus Böhmen zu treiben, und sich die Gemeinschaft mit diesem Lande durch die Eroberung von Gabel und Zittau zu versichern, so beschloßen sie weiter in der Lausiz vorzubringen, und alles anzuwenden, um den Feind völlig von Schlesien abzuschneiden. In dieser Absicht marschirte die Hauptarmee den 25sten von Zittau nach Ekartsberg und schikte von da verschiedene Detaschementer vor dem linken Flügel aus, um die Bewegungen des Feindes zu beobachten und andre vor dem rechten Flügel längst der Neiße um sich der Päße nach Schlesien zu versichern. Ein kleines Korps leichter Truppen unter dem General Janus war zwar bereits über Trautenau darin eingedrungen, allein es war zu schwach um etwas von Wichtigkeit unternehmen zu können.

Der

Feldzug im Jahr 1757.

Der Prinz Karl beschloß so lange in der Gegend von Zittau stehen zu bleiben, bis der Feind die böhmische Grenze verlassen und sich nach Sachsen gezogen haben würde. Er wußte, daß er bald genöthigt seyn würde, dieses zu thun, um sich der verbundnen französischen und Reichsarmee zu widersetzen, die sich um diese Zeit zusammenzog und Anstalten machte, über die Saale auf Leipzig zu marschiren. Unterdessen dieses zwischen dem Prinz Karl und dem Prinzen von Preussen vorging, blieb der König mit ohngefähr 40,000 Mann bei Leutmeritz so ruhig stehen, als wenn ihn die Sache gar nichts anginge. Die Uebergabe von Zittau rief ihn endlich zu mehrerer Thätigkeit auf, und öfnete ihm die Augen über die misliche Lage seiner Angelegenheiten, die lediglich durch eine überwiegende Geschiklichkeit und Anstrengung höherer Kräfte wieder hergestellt werden konnten. Als er bei Eröfnung dieses Feldzuges in Böhmen rükte, war Schlesien ohne alle Truppen geblieben, die schwachen Besatzungen ausgenommen, die in den Festungen lagen. Der Feind hatte eine Stellung genommen, bei der es schwer war, einige Hülfe dahin abzusenden: er konnte daher leicht in dies Land einbrechen und vielleicht einen Ort von Wichtigkeit wegnehmen, ehe es möglich war ihn zu entsetzen.

Um dieses Uebel abzuwenden, verließ der König den 20ten Leutmeritz, marschirte nach Pirna, wo er über die Elbe ging und von da über Bischofswerda nach Bautzen, wo er den 29ten ankam, und sich mit der Armee unter dem Prinzen von Preussen vereinigte. Dieser ging davon ab, erschien auch niemals wieder im Felde und starb bald darauf.

Von da marschirte der König nach Weissenberg und erwartete daselbst die Ankunft des Feldmarschalls Keith. Dieser hatte ein kleines Korps zur Bedeckung von Sachsen zurükgelassen, und folgte mit dem Ueberrest seiner Armee dem König, mit dem er sich im Anfange des Augusts vereinigte. Da nunmehr der König eine beträchtliche Armee zusammen hatte, so beschloß er, sich die Gemeinschaft mit Schlesien wieder zu eröfnen und, wenn es möglich wäre, den Feind zu einer Schlacht zu bringen. Gewann er diese, so stellte er seine Sachen wieder auf einen guten Fuß.

Um diese Absicht zu erreichen, verließ er den 15ten August seine Stellung bei Weissenberg und marschirte nach Ostritz. *) Seine Avantgarde nahm des Generals Beck Bagage bei Bernstädtel; einige leichte Truppen drangen bis Ostritz vor und überfielen daselbst den General Nadasti bei Tische, so daß er die größte Mühe hatte zu entkommen. Seine ganze Equipage ging indessen verloren. Man bekam dabei einige Briefe, welche das

---

*) Der König marschirte nach Bernstädtel.

230   Geschichte des siebenjährigen Krieges in Deutschland.

Vorhaben entdekten, Dresden den Oesterreichern durch Verrätherei in die Hände zu spielen. Dieses diente zum Vorwande die Königin von Pohlen mehr einzuschränken. Den 16ten rükte er bis auf die Weite eines Kanonenschusses gegen den Feind an, um ihm eine Schlacht zu liefern; er fand ihn aber in einer so vortheilhaften Stellung, daß er es nicht für zuträglich hielt ihn anzugreifen. Doch blieb er bis den 20ten stehen; da er aber fand, daß der Feind nicht seine Stellung verändern wollte, so kehrte er wieder in sein voriges Lager bei Bernstädtel zurük. Ohngeachtet nun der König seinen Entwurf nicht völlig ausführen können, so hatte er doch einen Punkt von der größten Wichtigkeit gewonnen, nemlich sich die Gemeinschaft mit Schlesien wieder eröfnet. Diese beschloß er zu behaupten, damit seine Armeen wenigstens gemeinschaftlich agiren könnten, dafern es auch nicht möglich seyn sollte, sie in eine einzige Armee zu vereinigen. Er ließ daher einen beträchtlichen Theil seiner Armee unter dem Herzog von Bevern in dieser Gegend zurük, und marschirte mit dem Ueberrest nach Dresden, um der vereinigten französischen und Reichsarmee entgegen zu gehen, die um diese Zeit gegen Sachsen im Anmarsch war.

Ehe wir fortfahren die fernern Operationen dieser verschiedenen Armeen zu beschreiben, wird es nicht ohne Nutzen seyn, diejenigen vorher zu untersuchen, die gleich nach Aufhebung der Belagerung von Prag vorgenommen wurden. Aus der Beschreibung, die wir von Böhmen gegeben, erhellet, daß aus diesem Lande drei Straßen nach der Lausitz gehen. Die erste längst der Elbe über Leipa, Kamnitz und Romburg nach Bautzen. *) Die zweite längst der Iser über Münchengrätz und Gabel nach Zittau. Die dritte über Reichenberg und Friedland nach Laubau. Alle diese Straßen sind voller Defileen, besonders aber die erste und letzte; so daß ein Korps von einigen Bataillonen hinlänglich ist eine ganze Armee aufzuhalten. Der Plan der Oesterreicher, lieber auf der rechten Seite der Elbe als auf der linken zu agiren, war gewiß gut entworfen; denn sie konnten auf diese Art den Feind leichter aus Böhmen vertreiben, als wenn sie es auf der andern Seite versuchten. Der Feind konnte daselbst so verschiedene gute Stellungen zwischen Lowositz und Pirna nehmen, daß es ihnen unmöglich geworden wäre, ihn daraus durch gerade auf ihn gerichteten Bewegungen zu vertreiben. Wollten sie hingegen einen Versuch machen, ihm seine Flanke

───────────────
*) Loyd irrt sich. Diese Straße geht über Gastorf, Sandau, Kamnitz und Romburg. Die Straße über Leipa ist der sogenannte Kaiserweg und geht über Melnik, Neuschloß, Leipa, und von da über Birckstein und Georgenthal auch auf Romburg. Der Weg von Leipa bis Kamnitz ist sehr beschwerlich und für Artillerie schwer zu passiren. Das weis ich aus dem Feldzuge von 1757 und 1778. Uebers.

Feldzug im Jahre 1757.   231

Flanke abzugewinnen, so erforderte dieser viel Zeit und am Ende wäre er vielleicht doch nicht gelungen. Der erste Entwurf verschafte noch einen andern wichtigen Vortheil, nemlich: wenn man des Feindes linke Flanke gewann und ihn nöthigte Böhmen zu verlassen, konnte man ihn zugleich von Schlesien abschneiden und sich selbst einen sichern Weg eröfnen, in diese Provinz einzudringen.

Sobald die Armee über die Elbe gegangen war, ward ein starkes Korps unter dem General Nadasti abgesandt, den König zu beobachten; und ein anderes zwischen dieses und des Prinzen Armee. Beide waren so stark, daß sie eine kleine Armee ausmachten, wenn sie zusammen stießen; daher konnten sie ohne Gefahr nahe an den Feind rücken und die Gemeinschaft zwischen beiden Armeen sehr erschweren. Ein drittes wurde in des Prinzen linke Flanke detaschirt; und mit diesen verschiedenen Korps rükte die Hauptarmee unter dem Prinzen Karl in einer Entfernung von einem Marsche vor. Bei dieser vortrefflichen Disposition war er allemal im Stande, sie im Nothfalle zu unterstützen, und sie konnten sich sicher nach der Armee zurükziehen. Er hingegen war durch sie gedekt, und wenn er sich auf der linken Seite der Iser hielt, so konnte er nicht wider seinen Willen zu einer Schlacht gezwungen werden. Er hatte seine Maasregeln so gut genommen, und führte sie mit so vieler Thätigkeit und Klugheit aus, daß der Feind gezwungen wurde in 20 Tagen Böhmen mit großem Verlust zu verlassen, und zugleich sich von der Gemeinschaft mit Schlesien abgeschnitten sahe.

Wenn der Prinz Karl nach der Einnahme von Zittau nach Stromberg jenseit Löbau oder nach Reichenbach oder endlich nach Jauternik marschirt wäre, ein starkes Korps bei Landskron gesetzt und die leichten Truppen in die Waldungen hinter Löbau geworfen hätte, so konnte sich der Feind die Gemeinschaft mit Schlesien nicht wieder eröfnen. Die Stellung bei Kleinschönau war zu weit zurük und ließ die Straße zwischen Bautzen und Görlitz offen, so daß der König ohne Widerstand nach Schlesien gehen konnte. Der Plan des Prinzen Karl, lieber mit starken Korps als mit der ganzen Armee zu agiren, ist mit unendlichen Vortheilen verbunden. 1) Erleichtert er die Mittel sich den nöthigen Unterhalt zu verschaffen, welches in jedem Lande allemal schwer hält, wenn die Armee zahlreich ist; 2) wir können auf diese Art uns jeden Tag in eine wichtige Aktion einlassen, ohne die Sache zur Entscheidung kommen zu lassen; 3) wird dadurch der Muth des Soldaten aufs neue belebt, wenn er durch vorhergegangene Unglüksfälle niedergeschlagen worden; 4) wenn man auf des Feindes Flanken Posto faßt, so sieht er sich allemal gezwungen jedes Lager, es mag so stark seyn als es wolle, und folglich nach und nach das ganze Land zu verlassen. Dieses

fes sind Folgen, von deren Nichtigkeit man sich durch das Verfahren des Prinzen Karl bei dieser Gelegenheit leicht überzeugen kann.

Das Verfahren des Königs im Ganzen genommen erscheint nicht in einem so vortheilhaften Lichte. Seine Thätigkeit in Aufhebung der Belagerung verdient allen Beifall; der geringste Aufschub würde von den nachtheiligsten Folgen gewesen seyn. Die Theilung seiner Armee in verschiedene starke Korps, nach der Schlacht bei Kollin, erleichterte seinen Rükzug ungemein. Der Feind sahe auf einmal so viel Gegenstände vor sich, daß er nicht sogleich entdekken konnte, welcher von ihnen seine größte Aufmerksamkeit erforderte; auch konnte er nicht eher etwas gegen sie unternehmen, als bis er eine genaue und sichre Kenntnis von ihrer Stärke, Art und Stellung eingezogen hatte: unterdessen zogen sie sich ruhig und sicher zurük. Aus dem Betragen des Königs bei dieser Gelegenheit kann man eine allgemeine Regel für den Rükzug einer Armee nach einer verlornen Schlacht herleiten; daß eine Armee, die sich zurükzieht, in so viele starke Korps getheilt werden müsse, als es die Natur des Landes erlaubt. In diesem Falle kann uns der Feind keinen wesentlichen Schaden zufügen; denn wenn er seine Armee in verschiedene Korps theilet, so ist keins stark genug, etwas von Erheblichkeit zu unternehmen; und wenn sie sich zu nahe wagen, können sie leicht einen beträchtlichen Verlust leiden. Ein andrer Vortheil, den uns diese Art des Rükzuges verschaft, ist: daß der Feind keins von diesen Korps abschneiden kann; denn er darf es nicht wagen, sich zwischen sie zu werfen, oder gar so weit zu gehen, daß er vor sie käme, ohne seine eigenen Truppen in Gefahr zu setzen, zwischen den verschiedenen Korps eingeschlossen zu werden. Folgt er hingegen mit seiner ganzen Armee, so ist bloß ein Korps in Gefahr, die aber leicht vermieden werden kann, wenn man eine starke Arriergarde macht, die dem Ueberrest Zeit verschaft sicher abzumarschiren, und dies um desto eher, da kleine Korps leichter marschiren, als eine ganze Armee. Man muß sich bei einer solchen Gelegenheit niemals mit dem ganzen Korps einlassen; denn wenn der Feind nahe ist, und mit Lebhaftigkeit agirt, so ist es verloren.

Als der Prinz Karl über die Elbe ging, so konnte man leicht einsehen, daß seine Absicht auf die Lausiz gerichtet war. Der König hätte daher den Feldmarschall Keith mit einigen wenigen Bataillonen und Schwadronen in dem Gebirge zwischen Lowosiz und Pirna müssen stehen lassen, um Sachsen gegen die feindlichen leichten Truppen zu bekken. Mit den übrigen hätte er sich hinter der Polz um Leipa oder bei Nimes setzen, ein starkes Korps auf seiner linken Flanke gegen Libenau und ein anderes, das schwächer gewesen, auf seiner rechten zwischen der Armee und der Elbe auf der Straße nach Romburg stellen sollen. Die-

Feldzug im Jahre 1757.

so hätte es dem Feinde unmöglich gemacht einen Schritt vorwärts zu gehn, ohne ihn zu vertreiben. Er durfte sich nicht in die großen Defileen wagen, durch welche die Straße nach Romburg geht, so lange er, nach meiner Voraussetzung, ein Korps in der Fronte und die ganze Armee auf der Flanke und im Rükken hatte; auch durfte er aus eben der Ursach nicht durch die Defileen von Libenau und Reichenberg gehen; folglich mußte er den König entweder angreifen oder auf der Stelle stehen bleiben. Es war noch weniger wahrscheinlich, daß die Oesterreicher ihre Armee theilen und ein starkes Korps abschikken würden, um eine Diversion in Schlesien zu machen. Die Stärke dieses Landes ist so groß, und man findet darin so viel gute Lager, daß wenn der Prinz von Preussen mit seiner Armee über Gabel und Zittau marschirt wäre, anstatt den Weg über Romburg zu nehmen, er den Prinz Karl wenigstens eine Zeit lang würde aufgehalten haben. Die Feinde getrauten sich nicht, zwischen seiner rechten Flanke und der Armee des Königs vorzubringen, und auf seinem linken Flügel konnten sie nicht leicht eine Stellung nehmen, durch die sie ihn gezwungen hätten Gabel und Zittau zu verlassen, wenn er sich in dem Gebirge zwischen diesen beiden Oertern gesetzt hätte. Da er aber, anstatt dieses zu thun, die Straße nach Romburg wählte, so verlor er beide und mit ihnen zugleich die Gemeinschaft mit Schlesien. Warum marschirte der König nicht gleich von Gastorf ab, als der Feind bei Hünerwasser ankam, um ihm in die Flanke und in den Rükken zu kommen, indeß der Prinz sein Bruder ihn in der Fronte angrif? Nichts in der Welt konnte sie hindern gemeinschaftlich zu agiren. Allein alle diese und noch andre günstige Gelegenheiten, die ihm der Feind gab, gingen verloren, weil der König die ganze Zeit über ruhig bei Leutmeritz stehen blieb.

Des Prinzen Armee war allerdings zu schwach der feindlichen Macht auf allen Seiten nachdrüklichen Widerstand zu thun, der über zweimal stärker war. Doch glauben wir, daß er Läger gefunden hätte, wo er ihnen das Vorrükken verwehren konnte. Wenn ein General das Unglük hat, eine Armee zu kommandiren, die um einen so beträchtlichen Theil geringer ist, als die feindliche, so muß er sich schlechterdings vor ihr zurükziehen, sobald sich starke Korps auf seinen Flanken zeigen. Denn dadurch wird nicht allein der Unterhalt ungewiß, sondern wenn der Feind einen geschikten Gebrauch von diesen Korps zu machen weis, so läuft er Gefahr, von der ganzen feindlichen Macht in der Front und im Rükken angegriffen zu werden und eine gänzliche Niederlage zu leiden, besonders wenn das Land voller Defileen ist. In so mislichen Umständen hat ein General nur einen Weg sich loszuwikkeln, nämlich: jedem Korps, das in seiner Flanke steht, mit seiner ganzen Macht auf den Leib zu gehen.

gehen. Ist er dabei ein oder zweimal glücklich, so wird es der Feind gewiß nicht zum drittenmal wagen. Da der Prinz dies aber verabsäumte, so mußte er sich aus einem Lager in das andre ziehen, und am Ende das ganze Land verlassen.

VIII. Anmerkung.
Operationen nach der Schlacht bei Kollin bis zur Einnahme von Zittau.

Der Verlust der Schlacht bei Kollin brachte die Angelegenheiten des Königs in eine mißliche Lage: seinen Feinden eröfneten sich hingegen die herrlichsten Aussichten. Die Franzosen unter dem Marschall d'Etrées hatten sich bereits seiner westphälischen Staaten bemeistert, drängten die schwache Armee unter dem Herzog von Cumberland zurük und näherten sich seinen Erbländern. Im Reiche erschien der Prinz von Soubise mit einer andern Armee, um sich mit derjenigen zu vereinigen, welche die Reichsstände zusammen bringen sollten, um mit Thätigkeit und Nachdruk gegen Sachsen zu agiren. Auf der andern Seite drangen die Russen mit einer Macht in Preussen, gegen die die Armee unter dem Feldmarschall Lehwald in keine Betrachtung zu kommen schien. In Pommern setzten sich die Schweden in Bewegung, um die Feindseligkeiten anzufangen, und vor sich hatte der König eine Armee von 110,000 Mann, die täglich aus Ungarn und Oesterreich neue Verstärkungen erhielt. Mitten unter diesen stand er mit einer Armee von ohngefähr 70,000 Mann, mit der er alle die weit aussehenden Entwürfe seiner Feinde vereiteln sollte. Sein Untergang schien unvermeidlich zu seyn, und niemand begrif die Möglichkeit sich dem Strome aller dieser Widerwärtigkeiten zu widersetzen, und ihm eine andere Richtung zu geben. Selbst der sonst so vorsichtige Reichshofrath wurde dreist gemacht, und glaubte: daß er nunmehr die Larve abziehen und ihn ohne Gefahr in die Acht erklären könnte.

Nur der König verlor dabei die Gegenwart seines Geistes nicht. Er fand in sich selbst ein gewisses Etwas, das alles ersetzte, was ihm an der Stärke seiner Armeen abging, und nie erschien seine wahre Größe in einem vortheilhaftern Lichte, als in diesem Zeitpunkte. Seine grossen überwiegenden Eigenschaften entwickelten sich mit einer ungewöhnlichen

VIII. Anmerk. Operationen nach der Schlacht bei Kollin ɾc.

lichen Lebhaftigkeit, und sein das ganze Feld der Kriegskunst umfassender Geist ließ ihn Entwürfe erfinden, die durch das Eigenthümliche, das Unerwartete und Große auf so eine unwiderstehliche Art auf seine Feinde würkten, daß alle ihre Seelenkräfte in eine Art von Stillstand versetzt wurden. Er wußte ihre Armeen in einer solchen Entfernung von einander zu halten, daß es ihm möglich wurde, diejenigen, deren Fortschritte von den nachtheiligsten Folgen für ihn begleitet werden konnten, anzugreifen, indessen auf der andern Seite der übrige Theil seiner Macht durch eine geschikte Vertheidigung den Feind verhinderte, etwas Entscheidendes auszuführen. Wenn er glüklich war, so kam die Reihe an diesen, und in kurzer Zeit sahe er sich aus dem Besitz aller Eroberungen, wenn er bis dahin einige gemacht hatte. Er wußte den Feind durch Vorhaltung schmeichelhafter Hofnungen zu verblenden, ihm den Hauptgegenstand aus den Augen zu rüken und zu verhindern, daß er seine wahren Vortheile kennen lernte.

Es war natürlich, daß das unerwartete Glük der Oesterreicher ihr eigenes und das Herz ihrer Alliirten aufschwellen und ihren Kopf mit Träumen von Eroberungen anfüllen mußte; daß die Franzosen, die sich vielleicht in einer politischen Entfernung gehalten hätten, sich nunmehr im Ernst in Bewegung setzen und die Reichsstände auch ihre Kinder hinschikken würden, um das preußische Pulver zu riechen. Die Hauptsache schien zu seyn, zu verhindern, daß diese verschiedenen Armeen nicht eine Stellung annahmen, in der sie mit einander gemeinschaftlich agiren, den König auf ein kleines Terrain einschränken, und Mittel finden konnten, ihn zugleich in der Front, in den Flanken und im Rükken anzugreifen. Alles dieses wußte der König auf eine meisterhafte Art zu veranstalten.

Diese Vereinigung der Oesterreichischen, Reichs- und Französischen Armee konnte nirgend anders als in Sachsen geschehen; daher scheint es ein wesentliches Stük bei dem Operationsplan dieses Feldzuges gewesen zu seyn, die Oesterreicher zu verhindern, diese Vereinigung zu bewerkstelligen. Nach der Kolliner Schlacht war es ungewiß, ob sie, um ihren Alliirten näher zu seyn, ihre Absicht auf Sachsen richten oder ob sie in Schlesien eindringen, und dieses Land, das ihnen so sehr am Herzen lag, würden zu erobern suchen. Der Eroberung dieses letztern standen indessen große Schwierigkeiten im Wege. Die Festungen waren mit allem, was zur Aushaltung einer langwierigen Belagerung in Rüksicht auf Ammunition und Lebensmittel erfordert wird, bis zum Ueberfluß versehen. Die Besatzungen waren zwar eben nicht die stärksten; dennoch aber konnten leicht Mittel gefunden werden, sie im Fall, daß eine oder die andre mit einer Belagerung bedroht würde, durch Detaschementer von der Armee zu verstärken. Vor der Erndte durften indessen die Oesterreicher auch nicht an ein schnelles

236   Geschichte des siebenjährigen Krieges in Deutschland.

schnelles Vorrükken denken: weil ihre so zahlreiche Armee einen außerordentlichen Vorrath von Lebensmitteln erforderte, den sie nicht anders als zur Achse erhalten konnten, besonders wenn sie sich nach Schlesien wandten. Zu einer Belagerung waren sie gewiß nicht vorbereitet, und wenn man bedenkt, was die Anstalten zu einer Unternehmung von dieser Art für Zeit und Kosten wegnehmen, so wird man sich leicht überzeugen, daß sie vor dem Monat Oktober schwerlich etwas von Erheblichkeit unternehmen konnten. Gegen diese Zeit konnte aber die Sache eine ganz andre Wendung bekommen, und wenn inzwischen der König Gelegenheit hatte, im August oder September sich die Reichs- und französische Armee vom Halse zu schaffen; so würde er schon zu rechter Zeit da gewesen seyn, um die Oesterreicher zu verhindern eine Belagerung zu unternehmen, und dann würden sie am Ende Wenig oder Nichts gewonnen haben. Wenn sie also ihre Absicht auf Schlesien richteten, so war vorauszusehn, daß sie nicht weit kommen würden.

Ganz anders wäre es aber vielleicht gegangen, wenn sie mit der ganzen oder doch dem größten Theil ihrer Armee nach Sachsen gegangen wären. Alsdenn hätte der König drei große Armeen vor sich gehabt, wovon die eine gegen das Halberstädtische und Magdeburgische, die andre gegen die Saale und Leipzig, und die dritte über Freiberg zwischen der Mulde und Elbe vorrükken konnte. Diese Armeen konnten einander immer beispringen, und wenn der König sich gegen die eine wandte, ihm folgen, ihm in die Flanken und in den Rükken kommen, und ihn entweder von Dresden und der Elbe und dadurch auch am Ende von Schlesien, oder von seinen Erbländern abschneiden. Gingen sie endlich bei ihren Operationen so vorsichtig zu Werke, daß er sie ohne offenbaren Verlust zu keiner Schlacht bringen konnte; so lief er Gefahr, nicht allein aus Sachsen vertrieben zu werden, sondern auch zugeben zu müssen, daß sie Winterquartiere in seinen Landen nahmen. Verlor er vollends eine Schlacht, so war er in Gefahr von Schlesien völlig abgeschnitten zu werden.

Die Erhaltung von Sachsen schien also bei der damaligen Lage der Sachen der wesentlichste Punkt zu seyn, auf den gesehen werden mußte, und wenn dieses Lloyd bedacht hätte, so würde er vielleicht nicht gesagt haben: das Verfahren des Königs erscheint im Ganzen nicht in einem so vortheilhaften Lichte. Dieses hängt aber von dem Besitz von Dresden ab; denn da in diesem Lande weiter gar keine Festung von Wichtigkeit und diese, wenigstens von Böhmen aus, der Schlüssel zu demselben ist; so schien es nothwendig zu seyn, diesen Ort so lange zu behaupten, als es nur angehen wollte, und solche Stellungen zu nehmen, daß dadurch jeder Entwurf, den der Feind darauf machen konnte, vereitelt wurde. Es schien daher auch sehr schicklich zu seyn, die Aufmerksamkeit der Oesterreicher

VIII. Anmerk. Operationen nach der Schlacht bei Kollin ꝛc. 237

reicher von diesem Gegenstand abzulenken und ihnen lieber einige andre Vortheile zu gönnen, die ihnen leicht wieder entrissen werden konnten. Der König konnte überall eine Schlacht verlieren, nur in einer kleinen Entfernung von Dresden nicht. Die Eroberung dieser Stadt und der Verlust von ganz Sachsen würde eine unmittelbare Folge davon gewesen seyn.

Ich will mir nicht anmaßen in die Bewegungsgründe, die den König zu den Operationen nach der Schlacht bei Kollin bewogen, einzubringen. Wenn ich sage, daß die Stellungen in Böhmen mit den vorhin von mir geäußerten Gedanken übereinstimmen; so leite ich dieses lediglich von dem Erfolge ab, mit dem am Ende dieser ganze Feldzug beschlossen wurde. Ein großer Mann zwingt oft die Erfahrung, mit seinen Entwürfen übereinzustimmen, und das kann auch gemeiniglich nicht anders seyn, weil die Grundsätze, nach denen er sie macht, selbst aus der Natur der Sache hergeleitet sind. Daher kann man denn leicht aus dem, was wirklich geschehn, auf dasjenige zurückschließen, was zu einem so glücklichen Erfolge vorbereitet werden mußte, das ist: auf einen nach richtigen Grundsätzen entworfenen Operationsplan.

Man wird nach dem Verlust der Schlacht in dem Verfahren des Königs nicht die geringste Spur einer Uebereilung finden; ein Beweis, daß er sich auf alle Fälle vorbereitet hatte. Der Rückzug von Prag geschah in der größten Ordnung. Den 19ten wurde das Belagerungsgeschütz von den Batterien ab- und auf die andre Seite der Moldau gefahren, von wo es weiter bis Leutmeritz ging, daselbst eingeladen und zu Wasser nach Dresden gebracht wurde. In der Nacht wurden die Batterien eingerissen, die angelegten Flattermienen verdorben, und den 20ten des Morgens um 3 Uhr mit klingendem Spiel in dreien Kolonnen ab- und nach Brandeis marschirt. Der Prinz Heinrich deckte mit der Arrieregarde den Rückzug so vollkommen, daß der Feind auch nicht den geringsten Vortheil erhalten konnte, ohngeachtet er mit einer Menge leichter Truppen denselben zu erschweren suchte. Auf der andern Seite marschirte der Feldmarschall Keith erst den 20ten Nachmittags um 4 Uhr ab und ging allmählig nach Leutmeritz zurück. Seine Arrieregarde wurde zwar von den leichten Truppen angefallen, alles dieses hinderte nicht, daß er seinen Marsch mit einem unbeträchtlichen Verlust von ohngefähr 400 Mann fortsetzen konnte.

Es war nothwendig der bei Kollin geschlagenen Armee zu Hülfe zu eilen, ehe sie Daun erreichen und aufs neue angreifen konnte. Daher ging der König ihr entgegen und nahm den 21ten sein Lager bei Lissa, wo er der Beverschen Armee, die sich zwischen Jdonim und Nimburg gesetzt hatte, in allen Fällen beistehen konnte. Da sich indessen der Feldmarschall ganz ruhig hielt und Nachricht einlief, daß der Prinz Karl den 23ten aus

Prag gegen Brandeis vorgerükt sey, und Daun sich mit seiner Armee demselben nähere, woraus man mit vieler Wahrscheinlichkeit schließen konnte, daß sie ihre Operationen längst der Elbe gegen Sachsen richten wollten; so ließ der König einen Theil seiner von Prag mitgebrachten Armee bei der von Kollin zurükgekommenen und ging den 24ten mit 14 Bataillonen und 7 Kürassierregimentern nach Leutmeritz, und nahm sein Lager auf den Höhen von Dirnowa.

Unterdessen blieb die Beversche Armee noch bis den 27ten in der Gegend von Nimburg stehen, an welchem Tage sie abmarschirte und ihr Lager bei Lustmitz nahm. Den 28ten ging sie bei Jung-Bunzlau über die Iser und lagerte sich bei Tschebitz. Den 1ten Julius kam der Prinz von Preussen bei derselben an und übernahm das Kommando. Nachdem endlich die große österreichische Armee immer weiter vorrükte, so ging er den 4ten bis Neuschloß und den 7ten bis böhmisch Leipa, wo die Armee bis den 17ten stehen blieb.

Beide Stellungen, des Königs bei Leutmeritz und des Prinzen bei Leipa, schienen der Absicht des Königs vollkommen zu entsprechen, nehmlich: die Oesterreicher zu verhindern, an dem linken Ufer der Elbe in Sachsen einzubringen. Sie schienen es nicht wagen zu wollen, einen Theil ihrer Armee zurükzulassen, den König und den Prinzen zu beobachten, und mit dem übrigen nach Schlesien zu gehen; weil der König diese leicht zurüktreiben und ihnen hernach in den Rüken kommen konnte. Wollten sie daher doch etwas unternehmen, so blieb ihnen nichts übrig, als nach der Lausitz zu gehen und dieses war mit unendlichen Schwierigkeiten verbunden. Der Prinz war durch seine Stellung bei Leipa Herr von den besten Straßen, die nach der Lausitz führen, von der Straße über Gabel, von dem Kaiserswege, von dem Wege über Kamnitz, Kreiwitz und Romburg. Nur die Straße über Reichenberg blieb dem Feinde offen, und diese war gerade die beschwerlichste. Ob nun gleich derselbe durch die Einnahme von Gabel sich noch einen Weg eröfnete, so war dieses lediglich ein Zufall, auf den er bei dem Entwurfe seines Operationsplans gar nicht rechnen konnte.

So viel Aufhebens auch Lloyd von diesem Entwurfe der Oesterreicher macht, so scheint es doch nicht, daß er der rechte Plan gewesen sey. Man sagte damals: Amerika muß in Deutschland erobert werden; man hätte mit eben so vielem Rechte sagen können: Schlesien muß in Sachsen erobert werden. Der Hauptvorzug, den dieser Plan nach dem Verfasser haben soll, ist die Hofnung, den König von Schlesien abzuschneiden. Dieser aber bestand lediglich in der Einbildung. So lange die Franzosen und Reichstruppen noch nicht mit ihren Operationen nach Sachsen gekommen waren, so konnte der König die Gemeinschaft mit dieser Provinz allemal wieder erhalten, wenn er sie auch auf eine kurze

Zeit

VIII. Anmerk. Operationen nach der Schlacht bei Kollin ꝛc.

Zeit verloren hatte; zumal da die Oesterreicher keine Freunde von ebenen flachen Gegenden waren, auf die sie sich doch wagen mußten, wenn sie dem Könige den Weg nach Schlesien versperren wollten. Ein General, der unaufhörlich Besorgnisse und nicht das Herz hat, mit einer ungleich stärkern Armee seinem Gegner unter die Augen zu gehn, sondern sich beständig in Lager einsperrt, in denen ihm gar nicht beizukommen ist, darf niemals auf kühne und weit aussehende Entwürfe denken. Aus dem Verfahren des Prinzen Karls nach der Einnahme von Zittau, kann man mit vieler Wahrscheinlichkeit schließen, daß er auf das Abschneiden von Schlesien, bei dem Entwurfe in der Lausitz einzubrechen, gar nicht gedacht hatte. Denn man kann sich schwerlich überreden, daß ein General einen Operationsplan entwerfen, und hernach ganz verkehrte Maasregeln nehmen sollte, ihn auszuführen. Die Oesterreicher machten bis zu Ende des Augusts auch nicht eine einzige Bewegung, um diesen Endzwek zu erreichen; denn die wenigen leichten Truppen, die sie bis Görlitz und Lauban streifen ließen, konnten zu dieser Absicht nichts beitragen, so bald die preußische Hauptarmee noch in der Nähe war. Nur wenn sie eine Schlacht gewannen, konnte dies bewerkstelligt werden; warum nahmen sie also solche nicht an, als ihnen der König eine anbot? Wenn man aber Lust hat zu schlagen, so muß man sich nicht so setzen, daß der Feind gar keine Möglichkeit vor sich sieht, irgendwo durchzubringen. So standen sie aber bei Zittau, als der König von Bernstädtel abmarschirte und sie angreifen wollte.

Wenn die Oesterreicher wirklich die Absicht hatten, in Schlesien einzubringen, so war der Weg durch die Lausitz gewiß nicht der kürzeste, und in Rüksicht auf den Unterhalt der Armee mit den meisten Schwierigkeiten verbunden. Die Preussen waren das Frühjahr Meister von dem Theile von Böhmen, der zwischen Sachsen, der Iser und der Elbe liegt; daher war dieser Strich Landes völlig ausgezehrt, und was von Fourage jezt auf dem Felde war, wurde sowohl durch ihre als die feindliche Armee verbraucht. In der Nähe hatten die Oesterreicher kein Magazin, sondern ihre Lebensmittel mußten aus dem Innern von Böhmen herbeigeschaft werden, dieses konnte aber nicht anders als mit großem Zeitverlust geschehen, welches nothwendig alle ihre Operationen verzögern mußte. Glükte es ihnen endlich auch über Lauban und so weiter in Schlesien einzubringen, so konnte ihnen die preußische Armee entweder zur Seite bleiben oder nachfolgen, und dadurch verhindern etwas von Wichtigkeit zu unternehmen. Wären sie endlich auf diesem Marsche irgendwo angegriffen und geschlagen worden, so konnte und mußte nach aller Wahrscheinlichkeit der Verlust der Schlacht ihren völligen Untergang nach sich ziehen. Denn sie hatten alsdenn zu ihrem Rükzuge keine andre Wege, als durch das Gebirge über Landshut oder nach der Oberlausitz und Böhmen.

Beide

Beide würden sie in unendliche Schwierigkeiten verwikkelt haben. Im ganzen Lande hatten sie überdies kein Magazin, und, ehe sie Böhmen wieder erreichen konnten, wäre ihre Armee zu Grunde gegangen.

Ein Blik auf die Karte ist hinreichend einen jeden zu überzeugen, daß von Jung-Bunzlau der nächste Weg nach dem Innern von Schlesien über Trautenau und Landshut geht. Sobald also die Oesterreicher bei Münchengrätz angekommen waren, hätten sie den Prinz von Preussen in dem Gebirge stehen lassen, und sich mit der ganzen Armee nach Schlesien wenden sollen; alsdann wäre es ihnen vielleicht gelungen, ihn von Schweidnitz und vielleicht auch zugleich von Breslau abzuschneiden, wenn sie bis Lignitz vorrükten. Sie durften nicht befürchten, daß ihnen der Prinz, oder der König in Vereinigung mit dem Prinzen queer durch Böhmen folgen würde, um sie in dem Gebirge zwischen Schlesien und Böhmen einzuschliessen, weil er auf diesem Marsche keinen Unterhalt für die Armee fand und sich zu weit von der Elbe entfernte, um ihn erhalten zu können. Er mußte also einen großen Umweg durch Sachsen und die Oberlausitz nehmen, und dadurch würden sie Zeit bekommen haben, eine so vortheilhafte Stellung zu nehmen, wodurch sie eine vorzunehmende Belagerung hinlänglich gebekt hätten. Diese konnten sie alsdann schon im Monat August oder wenigstens im Anfange des Septembers unternehmen, und die übrige Zeit anwenden, um sich in dem Lande festzusetzen oder, da der König unterdessen mit der Reichs- und französischen Armee beschäftigt war, die schwache preußische Armee völlig aus Schlesien zu vertreiben. Bei diesem Operationsplan hätten sie es zugleich den Preussen unmöglich gemacht, durch 5 Bataillonen und ein Regiment Husaren die Besatzung von Schweidnitz zu verstärken; und dies würde die Folge gehabt haben, daß sie die Festung in kurzer Zeit einbekommen hätten.

Der Marsch nach der Lausitz war also ihrem wahren Vortheile geradesweges entgegen, und wenn der König damals nicht von so vielen Feinden wäre bedrängt worden, so würde sich der Feldzug blos mit dem Vergnügen geendigt haben, Zittau bombardiren zu können. Der König erreichte schon einen Theil seiner Absicht, da er sie in einem Winkel der Lausitz so lange eingesperrt hielt, bis die Reichs- und französische Armee so nahe kam, daß er sich ihrer durch schnelle Bewegungen und eine glükliche Schlacht für diesen Feldzug entledigen und alsdann der Armee in Schlesien wieder zu Hülfe eilen konnte. Der Plan des Königs war so gut entworfen, und alle Schritte zur Ausführung desselben so gut berechnet, daß, wenn die französische und Reichs-Armee dreister gewesen und mehr Thätigkeit bezeigt hätte, so daß er Gelegenheit gefunden hätte sie im September oder Oktober zu schlagen, Schweidnitz gar nicht verloren gegangen wäre und die Oesterreicher, troß aller ihrer

VIII. Anmerk. Operationen nach der Schlacht bei Kollin ꝛc.

Uebermacht, in Schlesien nicht das geringste hätten ausrichten können. Aber die Vorsehung hatte beschlossen, daß ihr Glük zu nichts weiter dienen sollte, als den König noch grösser zu machen.

Lloyd rühmt die Geschäftigkeit der Oesterreicher den König aus Böhmen zu vertreiben. Ich kann aber nicht finden, worin diese eigentlich bestanden hat. Anstatt ihm oder dem Feldmarschall Keith auf dem Fuße zu folgen, war der Prinz Karl erst den 24ten völlig aus Prag gerükt und ging nicht weiter als bis Unter-Potschernitz. Auf der andern Seite war Daun wieder in sein altes Lager bei Krichenau gegangen, und ließ seine Soldaten ausruhen. Den 20ten folgten Festivitäten. Vormittags wurde dem allergütigsten Gott mittelst Absingung des Ambrosianischen Lobgesanges der schuldigste Dank abgestattet, und der fröhliche Tag des Abends durch dreimallige Abfeuerung des groben Geschützes und kleinen Gewehrs beschlossen. Endlich setzte sich die Armee in Bewegung und rükte dem Prinz Karl entgegen, mit dem sie sich den 26ten Junius bei Sworez vereinigte. Diese große Armee brachte hierauf bis den 30ten zu, um bis an die Elbe vorzurükken, und passirte den 1ten Julius über fünf Brükken bei Czelakowitz diesen Fluß und nahm ihr Lager bei Lissa. Es scheint, daß die Oesterreicher durch ihr unerwartetes Glük in eine Art von Betäubung gerathen waren, von der sie in einigen Tagen nicht wieder zu sich selber kommen konnten. Durch ihre Saumseligkeit gaben sie der geschlagenen Armee Gelegenheit sich wieder zu verstärken, und mußten es hernach geschehen lassen, daß sie noch einen ganzen Monat in Böhmen bleiben und auf Unkosten des Landes leben konnte. Allem Ansehen nach hatte Daun den alten Grundsatz, man müsse dem geschlagenen Feinde goldne Brükken bauen. Das mag in manchen Fällen seinen Nutzen haben. Der König von Preussen schien aber den Werth des Goldes besser zu kennen, als daß er es nach einer gewonnenen Schlacht zu diesem Behuf anwenden sollte. Er gebrauchte es zur Belohnung vorzüglich bewiesener Tapferkeit seiner Officier und Soldaten; der Regimenter, die Kanonen erbeutet, ꝛc.

Man kann indessen den Feldmarschall Daun gewissermaßen entschuldigen. Nach einer gewonnenen Schlacht ist selbst die Armee, die den Sieg davon getragen, nicht allemal in der Verfassung, daß sie gleich wieder etwas unternehmen könnte. Es geht wenigstens ein Tag vorbei, ehe die Regimenter wieder aufs neue mit Munition versehen werden können; Sobann kann man nicht vorwärts gehen, wenn man nicht Proviant hat. Dieses scheint auch wohl die Hauptursach gewesen zu seyn, warum sich sowohl der Prinz Karl als Daun einige Tage verweilen mußten, ehe sie auf neue Operationen denken konnten. Auf der andern Seite scheint es aber auch wieder, daß Daun keinen ordentlichen zusammenhängenden und sich auf die Folge beziehenden Plan gemacht hatte; sonst würde er sich auf alle Fälle vorbereitet haben. Hätte er sich in eine Schlacht einlassen wollen, so würde er sich die Fragen vorgelegt haben: was thust du weiter, wenn du die Schlacht gewinnst? und was hast du zu thun, wenn du geschlagen wirst. In beiden Fällen mußte er im voraus dafür sorgen, daß die Armee mit Lebensmitteln versehen war, um einige Tage mit Lebhaftigkeit vordringen oder sich mit Sicherheit zurükziehen zu können. Da er dies aber verabsäumt hatte, mußte er wohl eine Zeitlang in Unthätigkeit verbleiben.

Bei dem Rükzug des Prinzen von Preussen von Leipa mischten sich viele Nebenumstände ein, wodurch er so beschwerlich wurde, daß die Bagage, ein grosser Theil der Munitionswagen der Artillerie und die Pontons verloren gingen. Die Oesterreicher scheinen indessen doch dabei ihre wahren Vortheile verkannt zu haben, indem sie zugaben, daß der Prinz noch der Stadt zu Hülfe eilen konnte. Dies scheint ein Beweis zu seyn, daß bei der ganzen Bewegung nach der Oberlausitz kein rechter Plan zum Grunde gelegt war. Der Prinz von Preussen scheint daher mehr Ehre davon gehabt zu haben, daß er im Angesichte der grossen österreichischen Armee den grössten Theil der Garnison, des Proviants, der Bagage und andrer Bedürfnisse aus Zittau heraus zog, und ihr hernach den Aschenhaufen überließ, als der Prinz Karl, daß er dieses alles so zugab. Man betrachte die Abbrennung dieser blühenden Stadt aus welchem Gesichtspunkte man wolle, so wird man schwerlich Gründe finden, wodurch sich dieselbe entschuldigen läßt. Sie war keine Festung, bei der es öfters die Kriegspolitik erfordert, sie hatte blos eine Mauer, deren Bastionen und Außenwerke die Bravour der Besatzung seyn mußte. Außer dem Magazine enthielt sie nichts, woraus die Oesterreicher grosse Vortheile ziehen konnten, und wenn sie dies in ihre Gewalt bekommen wollten, um dadurch bei ihren Operationen unterstützt zu werden; so hätten sie es nicht verbrennen sollen. Der Schade, der dadurch der preußischen Armee zugefügt werden konnte, war unbeträchtlich gegen das Elend, worein der größte Theil der Einwohner versetzt wurde: denn sie konnte von Dresden und Bautzen aus immer mit Lebensmitteln versehen werden. Hätten die Oesterreicher nicht mit ihrer dem Prinzen so überlegenen Macht so manövriren können, daß sie ihn von dieser Stadt abschnitten? Ich denke, daß dieses möglich gewesen wäre. Dadurch würden sie alsdenn nicht allein die ganze Garnison, sondern auch das darin befindliche Magazin unversehrt in ihre Gewalt bekommen haben.

Ich kann nicht umhin, die Gedanken des General Warnery über den Rükzug des Prinzen von Preussen anzuführen, die sich in seinen Commentaires sur les Commentaires de Mr. Turpin sur Montecuculi 2 P. pag. 50 finden.

„Das

VIII. Anmerk. Operationen nach der Schlacht bei Kollin ꝛc.

„Das Lager bei Böhmisch-Leipa war das beste in ganz Böhmen; es glich sowohl „auf der Front als auf den Flanken einer Festung, und konnte niemals dergestalt tournirt „werden, daß uns nicht noch ein oder zween Wege übrig blieben, auf denen wir uns ohne „Gefahr zurückziehen konnten; kurz es konnte nicht vortheilhafter für eine so kleine Armee als „die unsrige war gedacht werden, die schlechterdings auf der Vertheidigung bleiben mußte „und nur sehr wenig Geschütz mit sich führte. Hätten die Truppen, welche in der kleinen und „elenden Stadt Gabel standen, in der sie dennoch den ersten Anfall der Oesterreicher abschlu= „gen, Befehl gehabt, sich bei Annäherung des Feindes nach Zittau zurückzuziehen, oder „solches von selbst gethan; so wäre unser Rückzug eben so schön gewesen, als bisher, und „hätte uns nicht zehn Mann gekostet. Es ist wahr; durch dieses Lager konnte Gabel nicht „behauptet werden; allein in der Lage, in der wir uns damals befanden, wäre es höchstge= „fährlich gewesen, unsern Rückzug auf der Straße über diesen Ort zu nehmen; denn wir „mußten uns bei diesem Marsche in so beschwerliche Defileen werfen, die an einigen Orten so „enge und steil waren, daß, wenn einige feindliche leichte Truppen zu Fuße daselbst gut ange= „stellt und angeführt worden, die halbe Armee durch sie allein zu Grunde gerichtet werden „konnte. Wäre Gabel zu rechter Zeit geräumt worden, so würde uns die Stellung des „Feindes bei Nimes in keine Verlegenheit gesetzt haben. Wir blieben allezeit Meister von „dem Kaiserwege, der von Leipa nach Romburg geht, und konnten allemal eher nach Zit= „tau kommen, als die feindliche Armee. Denn außer daß diese sich etwas aufhalten und „ihren ganzen Mehlvorrath mit sich führen mußte, so war sie auf diesem Marsch gezwungen, „die vorhin erwehnten Defileen zu paßiren, oder wenn sie das Gebirge rechter Hand lassen „wollte, so konnte sie doch wegen des noch überdies mit Waldungen bedekten hohen und nie= „drigen Terreins nicht eher als wir bei Hennewald ankommen. Der Prinz von Preußen „war auch entschlossen den Kaiserweg zu nehmen; allein ein gewisser Officier, der sich ein „Ansehen zu verschaffen gewußt hatte, versicherte Ihro Hoheit mit einer zuversichtli= „chen Miene, daß der Feind uns diesen Weg abgeschnitten und rechter und linker Hand des= „selben 40 Kanonen gesetzt hätte, welches indessen falsch war. Er hatte sich dieses von „einem Bauer einreden lassen, der vielleicht von dem Feinde abgeschikt war. Auf diese fal= „sche Nachricht wurde von der Generalität beschlossen, sich durch einen großen Umweg über „Kamnitz zurückzuziehen. Um unser Unglük vollkommen zu machen, schikte eben dieser Of= „ficier einen andern unter ihm stehenden ab den Kaiserweg zu rekognosciren. Dieser aber ging „nicht weiter als bis nach dem Schlosse Birkstein, wo er in einer großen Entfernung einige „Heerden Vieh weiden sah, die er für Truppen und Artillerie hielt.

„Einige

„Einige Tage vorher war ersterer mit einem General in Kamnitz gewesen, und „versicherte bei seiner Zurükkunft, daß jenseit der Stadt der Weg ganz vortreflich wäre; „dieses war aber falsch; denn derjenige, den wir hernach nahmen, wurde von niemanden „als nur Bauern befahren, wenn sie Holz holen wollten. Eben dieser Officier blieb nicht „dabei stehen, sondern da er sich bei der Avantgarde aufhielt, rapportirte er, daß der Feind „schweres Geschüz zwischen Neudorf und Kreibitz aufgefahren hätte, und dieses war die „Ursach, daß hernach die Pontons und Bagagewagen verbrannt wurden. Da ich ihn kann„te, so glaubte ich alles dieses nicht, sondern behielt die Wagen von den 5 Schwadronen „Husaren, die ich kommandirte, bei mich), und brachte sie auch alle glüklich durch, ohnge„achtet ich von Leipa bis Zittau beständig die Arriergarde machte. Sollte man wohl glau„ben, daß diese so zahlreiche Artillerie nichts weiter gewesen, als abgehauene Bäume, die „auf einem Akker lagen, den man urbar machte? — Hätten wir den Kaiserweg genom„men, so wären wir eher bei Zittau angekommen als der Feind; dennoch aber langten wir, „ohngeachtet des großen Zeitverlusts, doch noch zu rechter Zeit an, um die Garnison heraus„ziehen zu können. Wenn wir bei dieser Gelegenheit einige Fehler machten, so machte der „Feind gegen einen von unsrer Seite, zehn andre. — Unser Unglük war, daß der Prinz von „Preussen, um desto vorsichtiger und sicherer zu gehn, die Generals zu Rathe zog, denen er „die meisten Einsichten zutraute; wäre er seinen eigenen Gedanken gefolgt, so würde alles „gut gegangen seyn. Denn er verstand die Sache zehnmal besser als alle diejenigen, an die „er sich wandte."

Nachdem er alle Schwierigkeiten überstanden, und den 21ten Julius in der Ebene von Seit Hennersdorf angekommen war, so brach er den 22ten um 9 Uhr wieder auf und richtete seinen Marsch auf Zittau, wo er des Nachmittags um 2 Uhr ankam und die Armee bei Hertwigsdorf aufmarschiren ließ. Der General Winterfeldt war schon mit der Avantgarde Vormittags um 11 Uhr angekommen. Die große österreichische Armee stand jenseit der Neisse hinter Zittau, mit dem linken Flügel an Krottau, lief über Ullersdorf und Fridensdorf bis gegen Turkau und Reichenau fort, und der rechte Flügel stand an dem Walde von Reichenau. In dieser Stellung war sie vor allen widrigen Zufällen sicher. Des Prinzen Absicht war, sich der Höhen von Ekkartsberg zu bemächtigen, wodurch er den feindlichen Anschlag auf Zittau dennoch vereitelt hätte; allein sobald der General Winterfeldt mit der Avantgarde in der Ebene von Herwigsdorf zum Vorschein kam, ließen die Oesterreicher schon diese Anhöhen besetzen. Der Prinz sahe sich daher genöthigt sein Lager bei Herwigsdorf

VIII. Anmerk. Operationen nach der Schlacht bei Kollin rc. 245

dorf so zu nehmen, daß der rechte Flügel an Nieder-Herwigsdorf und der linke auf den Anhöhen von Ober-Herwigsdorf zu stehen kam, so daß dieser Flügel daselbst einen Haken machte. Beide Dörfer blieben hinter der Fronte. Der General Winterfeldt rükte indessen zwischen der Stadt und Nieder-Herwigsdorf vor, um den Rükzug des General Schmettau aus der Stadt zu deken, welches denn auch glüklich bewerkstelligt wurde; so daß 7 Bataillonen nebst einer Menge mit Brodt und Mehl beladenen und andern Bagage-Wagen in der Nacht glüklich bei der Armee anlangten. Wegen der Nähe der feindlichen Armee wurden keine Zelter aufgeschlagen, sondern die Armee blieb die Nacht unter dem Gewehr. Den 23ten fing es heftig an zu regnen, daher um 9 Uhr die Zelter aufgeschlagen wurden. Gleich darauf fing der Feind an die Stadt zu bombardiren, und brachte es auch so weit, daß um 12 Uhr die Hälfte der Stadt schon in vollem Brande stand. Um nun von dem großen Mehl- und Brodtvorrath noch soviel als möglich zu retten, mußten den Nachmittag alle Pakpferde und so viel Wagen, als nur bei der Armee aufzutreiben waren, nach der Stadt gehn; sie kamen aber zu spät, weil das Brodt schon größtentheils verbrandt war. Da endlich der größte Theil der Stadt in der Asche lag, und man wegen der Flamme und großen Hitze kaum mehr auf der Straße dauren konnte, fand der Kommendant, der Oberste von Dierke es nöthig, sich mit der noch darin befindlichen Garnison heraus und zur Armee zu ziehen. Er war aber noch nicht völlig aus der Stadt, als ihm der General Rebentisch den Befehl brachte, sich bis auf den lezten Mann zu wehren; daher er denn auch sogleich wieder umkehrte und aufs neue in die Stadt rükte. Unterdessen war aber der Feind schon auf der andern Seite an verschiedenen Orten eingedrungen, und die einrükenden Preussen wurden von allen Seiten umringt. Indessen schlug sich dennoch der größte Theil der Garnison durch, und sie bekamen nichts weiter gefangen, als den Obristen Dierke, den Generalmajor von Kleist, viele vom 1ten Bataillon Markgraf Heinrich und einen ziemlichen Theil des Bataillon von Seers, welches auch 5 Fahnen verlor. Einige Feldkanonen blieben ebenfalls in der Stadt zurük.

Der Prinz fand nunmehr für gut sich zurükzuziehen, daher wurde den 24ten die Bagage bis Löbau fortgeschikt; die Armee folgte den 25ten des Morgens um 2 Uhr nach und kam des Mittags ebendaselbst an. Den 26ten Mittags ging der General Winterfeldt voraus und besetzte die Anhöhen von Hochkirchen, um den Marsch der Armee bis Bautzen zu deken, welche den 27ten bei dieser Stadt ihr Lager nahm, und die Ankunft des Königs erwartete. Die beiden Regimenter Moritz und Bevern, welche bei Kollin so merklich ge-

litten

litten hatten, wurden von hier aus unter dem General Manteufel nach Pommern geschikt, um sich den Schweden entgegen zu stellen.

Den 29ten kam der König mit 16 Bataillonen Infanterie und 28 Schwadronen an: ihm folgte der Feldmarschall Keith mit einem andern Korps, welches bei Roth-Naustritz Posto faßte, um die Gemeinschaft mit Dresden zu decken. Der Fürst Moritz aber blieb jenseit der Elbe bei Cotta mit 15 Bataillonen und 20 Schwadronen stehen.

Den 30ten marschirte der König mit einem starken Korps nach Weissenberg, und überließ dem Herzog von Bevern das Kommando über die bei Bautzen stehende Armee. Dieser marschirte den 8ten bis Nehern, und ließ den General Rebentisch mit 10 Bataillonen bei Bautzen stehen, um die daselbst sich befindliche Beckerei zu decken. Der Feldmarschall Keith brach indessen aus seinem Posten bei Roth-Naustritz auf und rükte den 14ten auf die Anhöhen von Hochkirchen. Den 15ten ging der König mit seinem Korps bis Bernstädtel vor, und der Herzog von Bevern aus seinem Lager bei Nehern bis nach Herwigsdorf ohnweit Löbau. Der Feldmarschall stieß mit seinem Korps von Hochkirchen ebenfalls zum Herzoge, und die Armee nahm ihr Lager dergestalt, daß das lange Dorf Herwigsdorf vor der Fronte blieb. Dieses wurde mit 5 Grenadierbataillons besetzt.

Durch diese Stellung hatte der König die Gemeinschaft mit Schlesien schon wieder gewonnen, denn der Prinz Karl durfte sich nicht von Zittau entfernen, weil er Gefahr lief, alsdann von Böhmen abgeschnitten zu werden. Da er nun sahe, daß der König bis Bernstädtel und Herwigsdorf vorgerükt war, so nahm er seine Stellung gegen die Straße von Löbau und Zittau dergestalt, daß der linke Flügel an Zittau, der rechte auf einem hohen Berge hinter Seiersdorf und die Fronte auf den Höhen von Ekkartsberg zu stehen kam: weil er glaubte, der König würde über Hennersdorf weiter vorrücken. Allein der Feldmarschall marschirte den 16ten von Herwigsdorf nach Bernstädtel, und bei seiner Ankunft ging der König mit allen Husaren und Freibataillons und 10 Schwadronen Dragoner und 10 Bataillons Infanterie des Mittags weiter nach Hirschfeldt voraus, indeß die Armee ihren Marsch ebenfalls dahin fortsetzte. Dadurch kam er dem Feinde in den Rükken, der denn auch auf die Nachricht, daß sich die preußische Avantgarde in den Waldungen hinter Hirschfeldt zeigte, sogleich seine Stellung veränderte, und folgende annahm. Der rechte Flügel stützte sich an der Neisse und stand auf den Höhen vor Ratgendorf, der linke auf dem hohen Berge vor Seiersdorf; die Mitte wurde zurükgezogen, so daß die ganze Armee einen Zirkelbogen formirte, der auf den dort befindlichen Höhen fortlief. Vor der Fronte war der tiefe sogenannte Witgendorfer Grund, der sie vollkommen dekte. Die

VIII. Anmerk. Operationen nach der Schlacht bei Kollin ꝛc. 247

Seite deſſelben, welche der Feind im Beſitz hatte, iſt ſehr hoch und ſteil, ſo daß er daſelbſt keinen Angrif zu befürchten hatte; überdies wurde er noch von dem Berge auf dem linken Flügel völlig beſtrichen, ſo daß alles, was durch dieſen Grund vorrükken wollte, in der Flanke genommen werden konnte. In dieſem Grunde liegt das Dorf Witgendorf, welches mit Kroaten und 400 Mann Infanterie beſetzt wurde. Vor dem Berge auf dem linken Flügel war das Terrein ebenfalls ſo voller Chikanen, daß, wenn man auch nicht einmal auf ſeine Höhe ſieht, die ſich vor allen andern ausnahm, es doch nicht möglich war, ihm beizukommen. Der Feind hatte auch nicht vergeſſen, ihn mit einer ungeheuern Menge Artillerie zu beſetzen, und in das auf und vor demſelben befindliche Holz eine große Anzahl Kroaten zu werfen. Auf der rechten Seite der Neiße ſtand das Korps de Reſerve und des General Nadaſti mit dem linken Flügel am Fluß und den rechten am Walde bei Reichenau. Das Terrein vor demſelben war ebenfalls voller natürlichen Schwürigkeiten. Von Reichenau bis Hirſchfeld iſt der Boden ſumpfigt, mit untermiſchten Seen und von einem kleinen Bach, dem ſogenannten Kupferwaſſer, durchſchnitten. Auf der rechten Flanke befinden ſich dikke unburchbringliche Waldungen auf hohen Geburgen, die durch tiefe Defileen voneinander getrennt werden.

In dieſer Stellung traf der König den Feind, als er auf den Höhen von Tittelsdorf ankam. Da er geſonnen war ihn, wo möglich, anzugreifen, ſo recognoscirte er ihn, und ließ die Armee in drei Treffen aufmarſchiren. Der rechte Flügel ſtand an dem Witgendorfer Holze, dem feindlichen linken gerade gegen über, und von da lief die Fronte auf den diſſeitigen Höhen bis Tittelsdorf und zog ſich von da links bis an das Städtchen Hirſchfeld an der Neiſſe, welches mit einem Bataillon beſetzt wurde. Der tiefe Witgendorfer Grund trennte beide Armeen, die in der Weite eines Kanonenſchuſſes einander gegenüber ſtanden. Es kam zu einer heftigen Kanonade, die bis Untergang der Sonne dauerte. Auch wurde das im Grunde liegende Dorf Witgendorf beizukommen, allein nichts ausgerichtet. Da der König die Unmöglichkeit ſahe den Feind anzugreifen, ſo ließ er die Armee die Nacht unter dem Gewehr bleiben, und den andern Morgen die Zelter aufſchlagen. Er nahm ſein Hauptquartier in Tittelsdorf. Es blieb nunmehr nichts weiter übrig als ein Verſuch den Feind zu zwingen, ſeine vortheilhafte Stellung zu verlaßen, indem man ihn tournirte. In dieſer Abſicht ließ der König unterhalb Hirſchfeld einige Brükken über die Neiße ſchlagen, und betaſchirte den General Winterfeldt mit 10 Bataillonen Infanterie, 20 Schwadronen Dragoner und 15 Schwadronen Huſaren über dieſen Fluß, um das daſelbſt ſtehende Nabaſtiſche Korps zu vertreiben. Dieſer nahm ſein Lager auf den Anhöhen von Rona. Es kam zu einer heftigen Kanonade, ohne daß die Abſicht erreicht wurde, weil die Oeſterreicher den General

neral Nadasti immer mehr verstärkten. In dieser Lage blieben also die Sachen bis den 20sten. Unterdeßen detaschirte der König den General Grumbkow mit den 5 Bataillonen, 2 Hautcharnioi, 2 Kreutz, 1 Kursel und 10 Schwadronen Husaren von Warnery (sonst Wartenberg) nach Görlitz, um die dort befindliche Oesterreichische Besatzung aufzuheben oder zu vertreiben. Sie hatte sich aber den 19ten früh aus der Stadt gezogen, welche dann von den Preußen besetzt wurde. Da der König sahe, daß es vergebens seyn würde, den Prinz Karl zu einem Treffen zu bringen, so zog er sich den 20sten mit der Armee wieder bis Bernstädtel zurük, wo er bis den 24sten stehen blieb. Ein Korps lagerte sich in dem alten Lager bey Bernstädtel, welches den 16ten verlaßen worden und der andre größte Theil der Armee setzte sich bei Schöna unter Kommando des Herzogs von Bevern; der General Winterfeldt aber zog sich aus seinem Lager bei Rona längst der Neiße bis Buhra zurük.

Unterdeßen dies alles in Böhmen vorging, versammlete sich die Reichsarmee im Monath August im Fränkischen Kreise, und der Prinz von Hildburgshausen bekam den Oberbefehl über dieselbe. Sie bestand aus 32 Schwadronen, 32 Bataillonen, 23 Grenadierkompagnien, 2 Regimentern Husaren, und führte 52 Stük Kanonen mit sich. Mit derselben sollten sich 30,000 Franzosen unter dem Prinzen von Soubise vereinigen, der seit einiger Zeit schon am Mayn gestanden hatte. Die Vereinigung ging auch wirklich den 21sten August bei Erfurth vor sich, und die Armee nahm die Benennung der vereinigten Armee an. Ihre Absicht war die Preußen aus Sachsen zu vertreiben. Man glaubte daß dieses ohne erhebliche Schwierigkeiten geschehen könnte. Das Land war in gewißem Betracht ohne alle Vertheidigung, weil nur hin und wieder einige schwache Besatzungen standen, die, wenn sie auch zusammen stießen, niemals ein so beträchtliches Korps formiren konnten, das im Stande gewesen wäre, sich gegen eine so überlegene Macht blikken zu laßen, und das Feld zu halten. Blieben sie aber getrennt, so konnte ihr Widerstand noch weniger von einiger Bedeutung seyn. Man bildete sich ein, der König sey viel zu sehr beschäftigt die Oesterreicher zu beobachten, als daß er Zeit und Mittel finden könnte, ihnen entgegen zu gehen, und sich ihren Operationen zu widersetzen.

Aus diesem Grunde wurde beschloßen, längst der Saale herunter zu marschiren, und den Feldzug mit der Belagerung von Leipzig zu eröfnen. Diese wurde allen andern Unternehmungen vorgezogen, weil die große französische Armee unter dem Marschall von Richelieu alsdenn bei der Hand war, sie im nöthigen Falle auf das nachdrüklichste zu unterstützen. Diese war durch die Konvention von Kloster Seeven völlig frei und konnte nach einem glüklichen Erfolg ihre Winterquartiere in diesem Theile von Sachsen nehmen, und in dem folgenden Feldzug zur völligen Eroberung dieses Landes, und von Magdeburg und Brandenburg fortschreiten.

Der König sahe vollkommen ein, daß wenn er den Progressen der vereinigten und Richelleuschen Armee nicht unmittelbar Einhalt thäte, sie sehr bald die Ufer der Elbe erreichen würden; dieses konnte alsdenn für ihn von nachtheiligen Folgen seyn. Er ließ daher eine Armee von 40 Bataillonen und 70 Schwadronen unter dem Herzog von Bevern um Schlesien zu bekken, und brach den 25sten August von Bernstädtel auf und ging nach Dresden. Hier zog er eine kleine Armee zusammen und marschirte ohne Aufschub an der Saale. Den 12ten September kam er bei Erfurt an, welches der Feind auf die Nachricht von seiner Annäherung plötzlich verließ und sich nach Eisenach zurük zog. Der König folgte ihm auf dem Fuß nach, um ihn zu einer Schlacht zu bringen, er fand ihn aber in einer so vortheilhaften Stellung, daß er es nicht für rathsam hielt ihn anzugreifen. Da er endlich sahe, daß der Feind auf alle Art einer Schlacht auszuweichen suchte, so entschloß er sich, wieder bis an die Saale zurük zu gehen, um sowohl seiner Armee auf eine bequemere Art den Unterhalt zu verschaffen, als auch bei der Hand zu seyn, die Detaschementer zu unterstützen, die er abschikken wollte: Das erste unter dem Herzog Ferdinand, um Halberstadt und die benachbarten Provinzen gegen die Streifereien der leichten Truppen der Richelieuschen Armee zu dekken, die sie täglich beunruhigten; das zweite unter dem Fürst Moritz zwischen der Elbe und Mulde, um diesen Theil von Sachsen und die Mark Brandenburg zu beschützen. Nach diesem Entwurf ging er zuerst bis Buttelstädt und von da weiter bis Naumburg zurük, wo er den 13ten Oktober ankam. Dieser Rükzug machte der verbundenen Armee wieder Muth. Sie rükte vor, und nahm ihre vorige Stellung um Erfurth. Der Graf St. Germain wurde mit einem starken Korps bei dieser Stadt gesetzt, um den König zu beobachten und die übrige Armee zu dekken, die, weil sie die Kälte nicht ertragen konnte, in Kantonirungsquartiere gelegt wurde.

Als der Prinz Karl sahe, daß die feindliche Macht durch einen so unermeßlichen Zwischenraum getrennt und die Straße ins Brandenburgsche völlig offen war, so beschloß er ein starkes Detachement nach Berlin zu senden. Um diese Expedition zu dekken, mußte der General Marschall mit einem andern starken Korps an die Elster marschiren. Der Prinz Karl hatte bei dieser Unternehmung verschiedene Absichten; erstlich seinen Waffen ein hohes Ansehen zu geben, welches sie durch die Eroberung der feindlichen Hauptstadt ohnfehlbar erhalten mußten; zweitens zum Vortheil der vereinigten Armee eine Diversion zu machen; weil es leicht abzusehen war, daß der König Sachsen auf eine Zeitlang verlaßen würde, um seiner Hauptstadt zu Hülfe zu eilen; und drittens den Herzog von Bevern zu bewegen, ein starkes Korps zu detaschiren, wodurch man Gelegenheit zu bekommen glaubte ihn aus seiner vortheilhaften Stellung zu treiben.

Diesem Entwurfe gemäß marschirte der General Haddik mit einem Korps von ohngefehr 4000 Mann nach Berlin; nahm die Stadt ein, ließ sich eine starke Kontribution bezahlen, und zog sich hierauf sicher und mit Ehren wieder über die Spree zurük.

Prinz Moritz, den, wie wir schon gesagt, der König gegen die Elbe detaschirt hatte, war eben auf dem Marsche, als er Nachricht von der Unternehmung des Feindes auf Berlin bekam. Er ging daher unverzüglich über diesen Fluß, und richtete seinen Marsch auf diese Stadt, in der Hofnung, entweder dem Feinde zuvor zu kommen, oder ihm den Rükweg abzu-

Feldzug im Jahre 1757.

abzuschneiden. Als er aber bei Beliz ankam, erfuhr er, daß Haddik, nachdem er Berlin eingenommen und gebrandschatzt, sich wieder nach der Lausnitz zurük gezogen hätte.

Sobald der König von dieser Unternehmung gegen seine Hauptstadt Nachricht erhielt, glaubte er anfänglich, daß die Oesterreicher im Einverständniß mit den Schweden, die um diese Zeit ebenfalls in Bewegung waren, einen ordentlichen Plan entworfen hätten; daher hielt er für nöthig, in eigner Person hinzugehen, um ihre Anschläge rükgängig zu machen. In dieser Absicht ließ er den Feldmarschall Keith mit 6 bis 7000 Mann zurük, um die Saale zu deken, und die vereinigte Armee zu beobachten. Den 16ten Oktober verließ er Leipzig und kam den 20sten bei Annaburg auf der rechten Seite der Elbe an, wo er den Rükzug des General Haddik erfuhr. Hierauf mußte der Prinz Moritz seine Stellung zwischen der Elbe und Mulda wieder einnehmen: Er selbst aber ging mit einem Theil seiner Truppen nach Leipzig zurük.

Die Generale der vereinigten Armee, die durch ein starkes Korps unter dem Herzog von Broglio verstärkt wurde, beschlossen sich dieser günstigen Gelegenheit, die ihnen die Abwesenheit des Königs an die Hand gab, zu Nuze zu machen, um noch einmal in Sachsen zu bringen. Sie sezten sich daher in Bewegung, gingen den 25sten über die Saale, und nahmen den 27sten ihr Hauptquartier in Weißenfels. Der Graf von Mailly wurde von da aus abgesandt, Leipzig aufzufordern, er bekam aber von dem Feldmarschall Keith eine abschlägige Antwort. In dieser Lage blieb alles, als der König mit ohngefehr 10000 Mann ankam. Er zog sogleich die Korps unter dem Feldmarschall Keith und Herzog Ferdinand an sich, wodurch er eine Armee von ohngefehr 22000 Mann bekam, mit der er gegen den Feind anrükte.

Ohngeachtet die vereinigte Armee ihm um ein beträchtliches überlegen war, so hielte sie es doch nicht für rathsam, sich in eine Schlacht einzulaßen, so lange sie die Saale im Rüken hatte. Wahrscheinlich wollten ihre Anführer erst wieder eken andern Plan mit dem Herzog von Richelieu abreden, der jezt gar nichts mehr zu thun hatte. Die ganze Armee ging also den 29sten wieder über den Fluß zurük; 4 Bataillonen und 18 Grenadierkompagnien blieben zur Vertheidigung von Weißenfels, und 14 Bataillonen und einige Kavallerie wurden unter dem Herzog von Broglio abgeschikt, Merseburg zu besezen. Dadurch gaben sie zu verstehen, daß sie das Ufer der Saale vertheidigen wollten.

Den 30sten verließ der König Leipzig und marschirte den folgenden Tag bis Weißenfels. Bei seiner Ankunft fand er die Stadt noch vom Feinde besezt; er ließ sie den Augenblick angreifen, und eroberte sie nach einem kurzen Widerstande mit dem Degen in der Hand. Der größte Theil der Feinde zog sich über die Brüke, stekte sie hernach in Brand,

wodurch

woburch einige abgeschnitten wurden, die sich zu Kriegsgefangenen ergeben mußten. Ihre Armee war in zwei Theile abgesondert. Einer von diesen, unter dem Kommando des Prinzen Hildburgshausen setzte sich Weißenfels gerade gegenüber; der andre unter dem Prinzen Soubise näherte sich Merseburg um den Herzog von Broglio zu unterstützen, oder seinen Rückzug zu decken, dafern er genöthigt seyn sollte, diese Stadt zu verlaßen.

Der König sahe ein, daß so lange der Feind noch eine so beträchtliche Macht an den Grenzen von Magdeburg und Sachsen stehen hätte, er nicht daran denken dürfte, seine Truppen in Winterquartiere gehen zu laßen, sobald es die Jahreszeit erforderte, wenn er sie auch unzertrennt im Lande behalten konnte. Er beschloß daher, entweder dem Feinde eine Schlacht zu liefern, oder wenn er derselben ausweiche, ihn so weit zurück zu treiben, daß er wenigstens in diesem Feldzuge seine Operationen nicht weiter fortsetzen könnte. Es wurden daher bei Weißenfels, Merseburg und Halle Brücken über die Saale geschlagen, wo die Armee in dreien Kolonnen überging, die den 2ten November bei Roßbach zusammen stießen und das Lager in A A nahmen. Der Feind gab den Vorsatz auf, die Ufer der Saale zu vertheidigen, verließ Merseburg und zog seine ganze Macht bei Mücheln in D D zusammen. Der König recognoscirte den 3ten seine Stellung, und beschloß, ihn den folgenden Morgen anzugreifen. In dieser Absicht ging er mit seiner Kavallerie vor, um die Posten zu besetzen, die am schicklichsten waren, den Marsch seiner Infanterie zu decken, und ihr Zeit zu geben, die nöthigen Vorkehrungen zum Angrif zu machen. Als er aber auf den Höhen von Schortau in C C ankam, wurde er gewahr, daß der Feind in der vorigen Nacht seine Stellung verändert und eine andre in E E genommen hatte, die zu stark zu seyn schien, als daß man ihn angreifen könnte. Er ließ hierauf die Armee wieder links abmarschiren, und das Lager R R nehmen, mit dem linken Flügel an Roßbach, die Mitte hinter Schortau, und den rechten Flügel an Bedra. Die Kavallerie lagerte sich im dritten Treffen.

Die Anführer der vereinigten Armee hielten diese rückwärts gemachte Bewegung für ein Zeichen der Furcht. Dieser Gedanke, und die Stärke ihrer Armee schwellte ihr Herz dergestalt auf, daß sie sich vornahmen, den König den nächsten Morgen anzugreifen, und damit den Feldzug zu endigen; um so mehr, da ihre Truppen nicht mehr im Stande zu seyn, oder Lust zu haben schienen, die Beschwerlichkeiten deßelben länger zu ertragen. Man hielt den rechten Flügel und die Mitte der königlichen Armee für zu stark, um mit Erfolg angegriffen werden zu können, und beschloß daher sie in der linken Flanke und im Rücken anzugreifen. General St. Germain bekam Befehl mit einem starken Korps bey Grost in F Posto zu faßen, sowohl um den Feind einige Beschäftigung zu geben, als auch den Marsch der Armee zu decken. Um 11 Uhr setzte sich also die Armee in dreien Kolonnen in Marsch; die österreichische und

Reichs-

Feldzug im Jahre 1757.

Reichskavallerie hatte die Avantgarde, der die französische und Reichsinfanterie folgte. Die französische Kavallerie beschloß den ganzen Zug. Als sie auf der Höhe ankamen, die der linken Flanke der Preußen gerade über lag, machten sie Halt, und ließen die französische Kavallerie vorrücken, um sich an die übrige Kavallerie zu schließen, die an der Spitze der Armee marschirte.

Ohngefehr um 1 Uhr erhielt der König Nachricht, daß sich der Feind in Bewegung gesetzt hätte, und gegen seine linke Flanke marschire; weil er indeßen noch nicht seine wahre Absicht entdekken konnte, so blieb er ruhig stehen und beobachtete ihn. Um 2 Uhr ward er gewahr, daß er schon über seine Flanke hinaus war, und seinen Marsch auf Merseburg richtete. Sogleich gab Er Befehl, daß seine Kavallerie und Artillerie links hinter der Anhöhe fortmarschiren und die Höhen bei Lunstädt und Reichertswerben besetzen, die Infanterie aber so geschwinde als möglich folgen sollte.

Als die Generale der vereinigten Armee sahen, daß der Feind sein Lager mit einem Anschein von Uebereilung verließ, so bildeten sie sich ein, der König wolle sich zurük ziehen. Dieses kam ihnen um so wahrscheinlicher vor, da sie nichts von seinem Marsche entdekken konnten, weil die Anhöhen ihn zu sehen verhinderten. Ihnen ward bange, der Feind möchte ihnen entwischen, und sie also die Frucht ihrer schönen Disposition verlieren. Die Kavallerie bekam daher Befehl, so schnell als möglich vorzurükken, so daß die Infanterie ihr nur in einer großen Entfernung folgen konnte. Daburch glaubten sie noch des Feindes Arriergarde einzuholen, und sie durch einen lebhaften Angrif entweder aufzureiben, oder den Feind zu einem allgemeinen Gefechte zu bringen. Indem sie bei Reichertswerben ankamen, wurden sie etwas Kavallerie auf den Höhen hinter dem Dorfe gewahr. Da sie glaubten, diese stünde nur da, um die Armee Zeit gewinnen zu laßen und den Rükzug zu dekken, so rükten sie immer weiter vor. Allein diese angenehme Täuschung verschwand den Augenblik. Sie sahen auf einmal die ganze preußische Kavallerie vor sich, die sich unter Begünstigung etwas schwerer Artillerie formirte, die auf einer Anhöhe gesetzt war, in den Kolonnen eine große Niederlage anrichtete und etwas Wesentliches zu dem glüklichen Ausgang der Schlacht beitrug. Sobald sich die Kavallerie formirt hatte, befahl der König, den Feind ohne weitere Umstände anzugreifen. Dieses geschahe mit so außerordentlicher Bravour und Lebhaftigkeit, daß sie die feindliche über den Haufen und in der größten Verwirrung bis an Busendorf zurük warf, wo sie einem Versuch machte sich wieder zu setzen. Allein die Preußen ließen ihr keine Zeit dazu; sie griffen sie aufs neue an, und warfen sie so vollkommen über den Haufen, daß sie das Feld verlaßen mußte. Mittlerweile waren die Generale der vereinigten Armee sehr geschäftig ihre Infanterie zu formiren. Der König, der so eben mit 6 oder 8 Bataillonen Infanterie angekom-

Jl 3   men

254 Geschichte des siebenjährigen Krieges in Deutschland.

men war, befahl, daß sie ohne Zeitverlust vorrükken und den Feind angreifen sollten, ehe er mit der Formirung seiner Linie zu Stande kommen könnte. Dieses geschahe in dem Augenblik. Sie, durch Artillerie und Kavallerie unterstüzt, durchbrach leicht die wenigen Truppen, die sich an der Spitze der feindlichen Kolonnen formirt hatten, und schlug sie in Verwirrung zurük.

Prinz Soubise gab indeßen die Schlacht noch nicht verloren. Er ließ die Reserve, die aus fünf Regimentern Kavallerie bestand, vorrükken, um die Infanterie bei Formirung ihrer Linie, so gut als möglich zu unterstützen. Allein sie wurde in dem Augenblik angegriffen, durchbrochen, und aus dem Felde geschlagen. Die Infanterie, von ihrer Kavallerie verlaßen, vom Feinde in der Flanke angegriffen und dem stärksten Artillerie- und kleinen Gewehrfeuer ausgesezt, war nunmehr nicht mehr im Stande, ihr Terrein zu behaupten, am allerwenigsten aber eine Linie vorwärts zu formiren: Sie versuchte zwar dieses rükwärts unter Begünstigung einiger französischen Kavallerie zwischen Busendorf und Luftschif zu thun; allein diese wurde über den Haufen geworfen, und nach einer tapfern Gegenwehr geschlagen. Hierauf sahe sich die Infanterie ebenfalls genöthigt in der größten Uebereilung das Feld zu verlaßen. Graf St. Germain dekte den Rükzug.

So endigte sich die Schlacht bei Roßbach, in der 22000 Mann mit Lebhaftigkeit und Klugheit angeführt eine über 50,000 Mann starke Armee mit dem unbeträchtlichen Verlust von ohngefehr 300 Todten und Verwundeten aus dem Felde schlugen. Der Verlust der vereinigten Armee belief sich auf 800 Todte und 6000 Gefangene, worunter 11 Generals und 300 Officier waren. Außer diesen büßten sie 72 Kanonen, und verschiedene andere militairische Ehrenzeichen ein. Von dieser Schlacht wurden mit Genehmhaltung höheren Orts verschiedene Erzählungen bekannt gemacht. Die Wiener ist zu allgemein, und giebt nur einen sehr unvollständigen Begrif davon. Ich werde sie also ganz weglaßen, und nur die Berliner und eines Officiers von der vereinigten Armee hersezen. Durch sie wird der Leser in den Stand gesezt werden, über diesen außerordentlichen Vorgang ein richtiges Urtheil zu fällen.

Die Preußen erzählen ihn folgendergestalt:

„Im Anfang des Septembers versamlete sich die Reichsarmee und das Korps französischer Truppen unter dem Prinzen von Soubise bei Erfurt, um in Sachsen zu dringen, und sich Meister von der Elbe zu machen, worauf ein Theil der preußischen Armee gegen Naumburg vorrükte. Unsere leichten Truppen hatten ein Scharmüzel mit den feindlichen, über welche sie einen beträchtlichen Vortheil erhielten. Die Armee ging über die Saale und rükte bis Buttelstädt vor. Um diese Zeit wurde die Konvention von Bretterförde zwischen den Franzosen und Hanoveranern geschloßen, und ein starkes Korps von der Richelieuschen Armee drang in das Fürstenthum Halberstadt. Herzog Ferdinand ward ihm entgegen geschikt. Er reinigte auch in kurzer

Zeit

Feldzug im Jahre 1757.

Zeit das Land von den Franzosen, und nahm ihnen 20 Officier und 400 Mann ab. Da aber Richelieu sich mit seiner ganzen Armee näherte, zog er sich nach Wansleben zurük, von wo aus er ihre Zufuhren auffangen konnte. Der König marschirte mit seiner Armee nach Erfurth, welches der Feind verließ, und sich in das Geburge hinter Eisenach zurük zog. Wir hatten einen Posten in Gotha; der Prinz von Hildburgshausen grif ihn an, wurde aber mit vielem Verlust zurük geschlagen. Beide Armeen blieben in dieser Stellung bis gegen das Ende des Oktobers, als ein Korps Oesterreicher durch die Lausnitz ins Brandenburgische drang. Man glaubte das Marschallsche Korps würde ihm folgen; daher der König den Prinz Moritz voraus detaschirte, um ihnen Widerstand zu thun. Er selbst folgte demselben, und rükte bis Annaburg vor, um den Feind abzuschneiden. Diese Expedition hatte aber keine andre Absicht als Brandschatzungen einzutreiben, die aber wegen Annäherung des Prinzen Moritz nicht einmal völlig eingesamlet werden konnten. Unterdessen daß ein Theil unserer Armee der Mark zu Hülfe marschirte, zog sich der Feldmarschall Keith mit dem Ueberrest bis Leipzig zurük. Die Generale der vereinigten Armee hielten dies für eine günstige Gelegenheit ihre Entwürfe zur Ausführung zu bringen; daher marschirten sie unter beständigem Kantoniren ein Theil über Naumburg und Zeiz, ein anderer über Weißenfels und Leipzig, um unser großes Magazin in Torgau wegzunehmen. Unsere Armee bekam Befehl, sich bei Leipzig zu versammlen, wo auch die verschiedenen Korps den 26sten Oktober zusammen stießen. Den 31sten brachen wir auf, um die feindlichen Quartiere anzugreifen; gingen aber nicht weiter als bis Lützen. Der König bekam Nachricht, daß der Feind sich an allen Orten zurük zöge, und marschirte daher mit der Avantgarde bis Weißenfels. In der Stadt standen Bayrische und Reichstruppen, die sie vertheidigen sollten; wir griffen sie an, eroberten sie, und machten ohngefehr 300 Gefangene. Der Feind brannte die Brükke über die Saale ab, um seinen Rükzug zu befördern. Die Reichstruppen bezogen jenseit des Flußes, Weißenfels gerade über, ein Lager und setzten sich hinter den Häusern und Zäunen, um uns an der Wiederherstellung der Brükke zu hindern. Sie machten eine Kette auf der linken Seite des Flußes und der Feldmarschall Keith, der mit dem größten Theil der Armee nach Merseburg marschirt war, fand die Brükke ebenfalls abgebrannt und die Stadt mit 14 Bataillonen Franzosen besetzt, die ein Detaschement abgeschikt hatten, um auch die Brükke bei Halle abzubrechen. Der Feldmarschall ging mit einigen Bataillonen nach diesem letzten Ort, und ließ die Brükke wieder in Stand setzen. Dieses nöthigte den Feind, alle seine Posten an der Saale zu verlaßen, und sich nach Mücheln zurük zu ziehn. Wir beßerten sogleich auch die andern Brükken aus, und paßirten den Fluß bei Merseburg, Halle und Weißenfels, und die drei Kolonnen stießen noch an demselben Tage in der Gegend von Rosbach zusammen. Der König rekognoscirte den Feind, und da er fand, daß seine rechte Flanke angegriffen werden konnte, so beschloß Er ihn den folgenden Tag anzugreifen. Wir brachen auch in dieser Absicht auf, und die Kavallerie machte die Avantgarde. Als wir auf den Höhen ankamen, wo der König vorher die feindliche Stellung rekognoscirt hatte, so fanden wir, daß er solche verändert hatte. Seine Front war nicht allein mit unserer parallel, sondern auch durch einen tiefen Grund gedekt; der rechte Flügel stand in einem Walde auf einem hohen Berg und war überdies durch einen Verhak und drei Redouten gedekt. Der König hielt es daher nicht für rathsam, ihn in dieser vortheilhaften Stellung anzugreifen, und kehrte mit der Armee in sein voriges Lager zurük. Als der Feind gewahr wurde, daß wir nicht Lust hatten ihn anzugreifen, so schikte er uns einige Truppen nach, die einige Kanonenschüße auf unsere Kavallerie thaten, aber ohne ihr Schaden zu thun. Den 5ten des Morgens bekamen wir Nachricht, daß sich der Feind auf seinem rechten Flügel in Bewegung setze, und nicht lange darauf, daß die ganze Armee im Marsch sey. Gegen Mittag sahen wir die Teten seiner Kolonnen unserer linken Flanke gegen über. Wir wollten erst abwarten, bis sich seine Absichten näher entwikkeln würden, ehe wir unsere Gegenanstalten machten. Um 3 Uhr sahen wir, daß sie unsern linken Flügel passirt waren und ihren Marsch auf Merseburg richteten. Darauf formirte sich unsere Armee in Schlachtordnung, marschirte links ab und blieb ihnen immer zur Seite. Wir erreichten die Anhöhen auf denen sich unsere Kavallerie dergestalt formirte, daß sie der feindlichen Kavallerie in die Flanke kam und nach verschiedenen Angriffen über den Haufen warf und gänzlich zerstreute. Unsere Infanterie erreichte das Dorf Reichertswerben, an dem unser linker Flügel zu stehen kam. Da wir daselbst gewahr wurden, daß sich die feindliche Infanterie in Kolonnen formiren wollte, um uns anzugreifen, so kamen wir ihr zuvor. Die Schlacht dauerte ohngefehr anderthalb Stunden, und sechs Bataillonen von unserm linken Flügel kamen blos zum Treffen. Wir verfolgten den Feind bis Burgwerben. Die Nacht hinderte uns, noch größere Vortheile von diesem Tage einzuerndten. Den Tag darauf marschirte unsere Armee bis Freiburg: den 7ten ging ein starkes Detachement über die Saale, und rükte bis Ekkartsberg vor ꝛc.

Nachstehende Erzählung ist von einem französischen Offizier bei der vereinigten Armee aufgesetzt:

Es wurde beschlossen, die preußische Armee in der linken Flanke anzugreifen. In dieser Absicht setzten wir uns um 9 Uhr des Morgens in zwei Kolonnen in Bewegung. General St. Germain bekam Befehl mit 9 Bataillonen und 14 oder 15 Schwadronen vor unserm Lager Posto zu fassen, um den Feind gerade zu der Zeit in der Front anzugreifen, wenn wir eben das auf seiner Flanke thun würden. Als der König von unsern Bewegungen und Absichten

Absichten, auf die er so lange schon gewartet hatte, Nachricht erhielt, ließ er sein Lager stehn und ein kleines Korps zurük, um sich dem Grafen St. Germain entgegen zu stellen, und uns glauben zu machen, daß er gar kein Arges befürchtete. Sein linker Flügel stand hinter einem Hügel verborgen und war durch ein Dorf und einen etwas sumpfigten Boden gedekt. Ein Theil seiner Armee formirte sich hinter diesem Hügel, auf den eine Menge Artillerie gesetzt war. Nicht weit von diesem ist ein anderer, der an demselben stößt und von da aus weit in der Ebene fortläuft. Hinter diesem Hügel stand des Feindes Infanterie in Kolonnen, mit einer großen Menge Geschüz und seiner ganzen Kavallerie. Nachdem unsre Armee ohngefähr zwei Stunden marschirt war, stand sie des Feindes Flanke gegenüber. Wir hatten eine schöne Ebene vor uns und da wir keinen Feind gewahr wurden, beschleunigten wir unsern Marsch. Es schien als wenn uns bange wäre, der Feind würde uns entwischen. Wir hatten unser Auge nur auf seiner Front, ohne uns um seinen linken Flügel zu bekümmern. Dafür wurden wir denn aber auch derbe gezüchtigt. Ohngefähr um halb 4 Uhr stieß unsre Kavallerie auf die feindliche, die gegen sie in der besten Ordnung anrükte. Es fiel ihr nicht schwer unsre über den Haufen zu werfen, weil die Kavallerie der Reichsarmee so nahe bei ihr stand, daß sie weder frei feuern noch sich in gehöriger Ordnung stellen konnte. So bald wir den Feind das erstemal zu Gesichte bekamen, wurde der Kavallerie vom linken Flügel Befehl gegeben vorzurükken, welches denn auch in vollem Gallop geschahe. Indem sie aber ankam, sahe sie die Kavallerie vom rechten Flügel in der größten Verwirrung die Flucht ergreifen. Demohngeachtet fochten die Oesterreicher und die Regimenter Bourbon, Lameth und Fiz=james mit gutem Erfolge. Kaum war das Gefechte mit der Kavallerie angegangen, als der Feind seine ganze Artillerie auf die Fronte und Flanke unserer Kavallerie und Infanterie richtete. Unsre Infanterie formirte sich in der größten Geschwindigkeit; aber an einigen Orten stand sie zu dicht an einander, an andern waren große Oefnungen. Sie machte eine Bewegung links, wo einige Brigaden in einem Augenblik durch das Feuer der preußischen Infanterie zum Weichen gebracht wurden. Die Maillysche folgte denselben; die Witmersche, bei der sich das Regiment Dießbach befand, behauptete ihr Terrein am längsten; der Prinz von Soubise mußte selber hingehn und ihr befehlen, sich zurükzuziehen ꝛc.

Betrachtungen.

Die Generale der vereinigten Armee scheinen keinen festgestellten Operationsplan entworfen, sondern den Vorsaz gehabt zu haben, so zu verfahren, als es die Umstände gelegentlich mit sich bringen würden. Anfänglich schienen sie gesonnen zu seyn, Sachsen einzunehmen, wenn dies ohne alle Gefahr geschehen könnte. Sie vermieden daher den ganzen Feldzug über sorgfältig eine Schlacht und zuletzt, da es am allerunschicklichsten war, ließen sie sich darauf ein. Als der König die Saale verließ und nur 12,000 Mann in zween verschiedenen Korps in der Gegend vertheilt waren, so wäre es Zeit gewesen vorzurücken und Leipzig anzugreifen. Sie hätten verschiedene Stellungen nehmen können, wodurch sie es dem König schwer oder vielleicht gar unmöglich gemacht hätten, es zu entsetzen; weil er nur 10,000 Mann bei sich und ohngefähr 6000 Mann unter dem Fürst Moritz hatte; so daß sie es nur mit 16,000 Mann zu thun gehabt hätten. Das Korps unter dem Herzog Ferdinand konnte leicht unter die Kanonen von Magdeburg getrieben werden; ein kleines betaschirtes Korps von der Richelieuschen Armee wäre dazu vollkommen hinreichend gewesen. Da sie es aber geschehen ließen, daß der König seine verschiedenen Korps wieder bei Leipzig zusammenziehen konnte, so war es zwar der Klugheit gemäs, wieder über die Saale zurück zu gehen; denn es kann von zu gefährlichen Folgen seyn, sich in eine Schlacht einzulassen, wenn die Armee einen Fluß im Rükken hat; allein sie hätten alsdann auch dem Feinde den Uebergang so lange als möglich streitig machen sollen. Da sie ungleich stärker waren als der König, so konnte er den Fluß ohne ihr Wissen nicht passiren. Hätten sie ein starkes Korps Weissenfels gerade über und ein anderes bei Merseburg und mit der Armee sich zwischen diesen beiden Orten gesetzt, so konnten sie ein jedes unterstützen, ohne eben einen beschwerlichen Marsch zu machen; und dadurch würden sie dem Feinde den Uebergang gänzlich verwehrt haben. Hatten sie sich aber im Ernst vorgenommen zu schlagen, so fanden sie keine bessere Gelegenheit, als zu der Zeit, da der Feind über den Fluß ging; wollten sie das nicht, so mußten sie sich über die Unstrut zurückziehn, und diesen Fluß vor der Fronte behalten. Jedermann weiß, daß der König mit seiner Armee die Saale in drei Kolonnen paßirte; mit einer bei Weissenfels, mit der andern bei Merseburg und mit der dritten bei Halle. Auf diese Art waren sie über sieben Meilen von einander entfernt, und stießen erst bei Roßbach zusammen. Wir können nicht begreifen, warum die Generale der vereinigten Armee den Feind einen so großen Fehler begehen ließen, ohne ihn dafür zu bestrafen. Sie konnten hundert Stellungen nehmen, wodurch sie die Vereinigung dieser Kolonnen gehindert hätten; sie konnten auch mit ihrer ganzen Macht eine jede besonders angreifen, wie man leicht mit einem Blik auf der Karte sehen wird. Da sie den ganzen Feldzug über beständig einer Schlacht ausgewichen waren, so hätten sie noch einige Tage länger bei diesem Vorsatz bleiben sollen; denn die Lage der feindlichen Angelegenheiten in Schlesien und Westphalen machte es höchst wahrscheinlich, daß der König genöthiget seyn würde, in Person gegen die Oesterreicher zu marschiren; und wenn er auch dieses nicht that, so konnte er doch unmöglich der vereinigten und Richelieuschen Armee widerstehen, die nunmehr völlig frei war; denn eine von beiden hatte er allemal auf seiner Flanke. Da er aber nur den fünften Theil so stark war, als diese zusammengenommen, so mußte er entweder das Land räumen oder ein Opfer ihrer Uebermacht werden, wenn er darauf bestand, sie zu erwarten. Folglich hätte er in diesem einzigen Feldzuge Sachsen oder Schlesien verloren, vielleicht auch beide Länder, wenn Richelieu und die Generale der vereinigten Armee mit mehrerer Ueberlegung gehandelt hätten.

Der Plan, die linke Flanke des Feindes anzugreifen, widersprach allen Regeln der militärischen Klugheit. Denn wurden sie geschlagen, so blieb ihnen kein Rückzug übrig. Sie hatten einen Fluß hinter sich und den Feind zwischen sich und dem Lande, wo sie sich nothwendig hinwenden mußten. Ihr Betragen während der Schlacht war nicht weniger unbesonnen. Wie konnten sie sich einbilden, der Feind würde ihnen erlauben seinen linken Flügel einzuschließen, und ihn von der Saale abzuschneiden? Da sie überdies erst gegen Mittag aufbrachen, so konnte er ihre Absichten leicht merken. Kein General wird zugeben, daß man ihn in der Flanke und im Rükken angreift; wie konnten sie glauben, daß ein General wie der König von Preussen so einen Fehler begehen würde? Sobald sie den Entschluß faßten, seine linke Flanke anzugreifen, mußten sie einige Demonstrationen gegen seine rechte machen, um seine Aufmerksamkeit dahin zu ziehen; in der Nacht aufbrechen, sich seiner linken Flanke nähern und sie angreifen, ohne ihm Zeit zu lassen, seine Stellung zu ändern. Dies wäre das einzige wahrscheinliche Mittel gewesen, ihren Entwurf zur Wirklichkeit zu bringen. Der Weg, den sie einschlugen, machte es gleich von dem ersten Augenblik an unmöglich, als sie ihre Armee in Bewegung setzten.

Als der König sein Lager mit einem Anschein der Uebereilung verließ, hätte St. Germain ihm folgen sollen. Ein starkes Detaschement Kavallerie mußte auf der Straße nach Merseburg geschikt werden, um seine Bewegungen zu beobachten. Fanden sie, daß er sich wirklich zurükzöge, so wären diese beiden Korps hinreichend gewesen, seine Arrieregarde zu schlagen; veränderte er aber nur seine Stellung, so hätten diese ihn aufhalten und der Armee Zeit geben können sich entweder zu formiren, oder in ihr altes Lager zurükzukehren.

Es war ganz unverantwortlich mit der ganzen Armee zu marschiren, ohne eine Avantgarde vor sich zu haben: Dieses muß niemals geschehn, am wenigsten aber wenn man den Feind in der Nähe hat. Als sie sich endlich betrogen und den Feind auf den Höhen bei

Reichertswerben fanden, wo er sich formirte, warum bestanden sie darauf noch weiter vor zu marschiren? Sie mußten in diesem Augenblik ihre Linien so weit als möglich rükwärts formiren, und gar nicht einmal den Versuch machen, dies vor den Augen und unter dem beständigen Feuer des Feindes zu unternehmen; denn dergleichen Manövers können niemals gelingen, wenn der Feind weiß, was er in dergleichen Fällen zu thun hat, und Thätigkeit besitzt.

Der König erscheint in einem ganz andern Lichte. Ohngeachtet er den Feind alle Morgen in Bewegung sieht, ist er doch immer gelassen, still, und ohne die geringste Unruhe, welches, leider! nur gar zu oft der Fall ist. Sein Marsch hinter den Hügeln hatte verschiedene wichtige Vortheile. Dieser Anschein der Flucht hob den Geist der Feinde so hoch, daß sie alle Regeln der Vorsicht darüber aus den Augen setzten. Sie eilten so sehr, daß ihre Armee schon auf dem Marsch in Unordnug gerieth. Endlich ließen sie sich so offenbar betrügen, daß sie sich auf einmal mit den Teten ihrer Kolonnen in dem Feuer der feindlichen Linie und so nahe sahen, daß sie sich gar nicht formiren konnten. Der König ergrif diesen günstigen Augenblik; ließ seine Kavallerie ohne Zeitverlust angreifen und zugleich die wenigen Bataillonen, die er bei sich hatte, auf den Feind avanciren, ohne ihm Zeit zu lassen, seine Gegenanstalten zu machen. Der Verlust einer Hand breit Terreins, eines Augenbliks, würde dem Feinde Zeit und Raum gegeben haben sich zu formiren; allein des Königs Disposition war so genau abgemessen, so gut berechnet, daß so wenig das eine als das andre geschehen konnte. Mit dem größten Rechte krönte ihn der Sieg. Der Feldzug in Sachsen wurde dadurch geendigt.

IX. Anmerkung.
Schlacht bei Roßbach.

Nachdem der König dem Herzog von Bevern das Kommando der Armee aufgetragen, die er zur Beschützung von Schlesien zurüklassen wollte, so marschirte er den 25ten August mit 16 Bataillonen und 23 Schwadronen aus dem Lager bei Bernstädtel ab, und vereinigte sich mit dem Korps des Fürsten Moritz bei Dresden, der unterdessen daselbst mit 14 Bataillonen Infanterie, 1 Freibataillon Meyer und 20 Schwadronen stehen geblieben war, um

IX. Anmerk. Schlacht bei Roßbach. 261

um den Streifereien des nachherigen General Laudon Einhalt zu thun, und diese Hauptstadt zu decken. Des Königs Armee bestand nunmehr aus folgenden Bataillonen und Schwadronen:

Infanterie.

1	Grenadier Bataill.	von	Wedel
1	—	—	Fink
1	—	—	Kremzow
1	—	—	Ramin
1	—	—	Lubath
1	—	—	Billerbeck
2	Musq. Bataill.		Garde
1	—	—	Retzow
2	—	—	Markgr. Karl
2	—	—	Winterfeldt
2	—	—	Ihenplitz
2	—	—	Forcade
2	—	—	Meyerrinck
2	—	—	Anhalt
2	—	—	Alt Braunschweig
2	—	—	Goltz
1	—	—	Hülsen
2	—	—	Kleist

28 Bataillonen.

Kavallerie.

3	Schwadronen	Garde du Corps		
5	—	—	Gensd'armes	
5	—	—	Rochow	Kürassier
5	—	—	Driesen	
5	—	—	Leibregiment	
5	—	—	Meynicke	Dragoner
5	—	—	Katte	
10	—	—	Sczekuli Husaren.	

43 Schwadronen.

Die Infanterieregimenter Darmstadt und Rohr blieben zur Besatzung in Dresden.

Die Stärke dieser Armee läßt sich ohngefähr folgendergestalt bestimmen. Da die meisten dieser Truppen bereits die Schlachten bei Prag und Kollin mitgemacht, auch durch Desertion und Krankheiten vieles gelitten hatten, so kann man jedes Bataillon eins ins andre 600 Mann und jede Schwadron 120 Pferden rechnen. Dies giebt also

Infanterie	— — —	16,800
Kavallerie	— — —	5,160
Artillerie kann man rechnen		400
	In allem	22,360 Mann

mit denen der König der vereinigten Armee entgegen gehen wollte. In dieser Absicht formirte er eine Avantgarde von 6 Bataillonen, 15 Schwadronen und dem Freibataillon von Meyer, mit der er voraus marschirte, indessen der Feldmarschall Keith ihm mit dem übrigen Theil der Armee folgte. In Sachsen stand damals blos der Oberste Laudon mit ohngefähr 4000 Mann leichter Truppen Infanterie und Kavallerie in dem Gebirge und ließ bis Naumburg und gegen Leipzig streifen, und bei Annäherung der vereinigten Armee stieß er mit seinem Korps zu derselben. Der König nahm seinen Marsch mit der Avantgarde über Topschädel, Döbeln, Grimma, Rötha, Pegau, und die Armee folgte ihm auf eben diesem Wege in verschiedenen Kolonnen nach. Der größte Theil der Infanterie kantonirte beständig, nur einige wenige Bataillonen und der größte Theil der Kavallerie schlugen Läger auf. Man traf vom Feinde eher nichts an als in Pegau, worin 200 österreichische Husaren vom Laudonschen Korps standen, davon 1 Officier und 98 Husaren gefangen genommen wurden. Den 11ten ging der König bei Naumburg über die Saale, nachdem er ebenfalls einige österreichische Husaren in der Stadt zu Gefangenen gemacht und die übrigen zerstreut hatte. Da nun der Feind nicht mehr weit war, so rükte der größte Theil der Armee ordentlich ins Lager. Ob nun gleich der König den 13ten noch weiter bis Erfurth vorrükte, so fand man doch nichts vom Feinde; er hatte sich zurükgezogen und eine feste Stellung hinter Eisenach genommen.

Der König hielt es nicht für nöthig, ihm weiter nachzulaufen und sich dadurch zu weit von Sachsen und besonders von der Elbe zu entfernen; weil die Oesterreicher alsdann in seinem Rükken viel Streifereien unternehmen und vielleicht ein starkes Korps nach der Mark detaschiren konnten. Auch verübten einige Detaschementer von der Richelieuschen Armee verschiedene Gewaltthätigkeiten im Halberstädtischen und Magdeburgischen. So schwach auch des Königs Armee war, so glaubte er doch sicher zwei Korps detaschiren zu können, um seine Länder und Magazine in Sachsen zu bedekken. Er schikte also den 14ten den Herzog Ferdinand mit folgenden Bataillons 2 Alt=Braunschweig, 2 Anhalt, 1 Hülsen und die Kavallerieregimenter Leibregiment und Driesen in das Magdeburgische. Der Fürst Moritz hingegen ging mit 2 Bataillonen Winterfeldt,, 2 Meyerrinck, 2 Kleist, 2 Goltz und den Grenadierbataillons Billerbeck, Ramin und Wedel nebst den Kavallerieregimentern Gensd'armes und Seidlitz (sonst Rochow) über Naumburg in die Gegend zwischen der Elbe und Mulda zurük, um die Oesterreicher in Sachsen zu beobachten. Der König selbst blieb aber bei Erfurth mit den übrigen 12 Bataillonen, dem Freibataillon Meyer, der Garde du Corps, den Dragonern von Meinike und Czetteritz (sonst Katte) und den Husaren von Czekuli stehen. Die Infanterie wurde in den Dörfern

zum

IX. Anmerk. Schlacht bei Roßbach.

zum Kantoniren verlegt, die Kavallerie aber kampirte hinter Erfurth. Der König hatte sein Hauptquartier in Dittelstadt. Es schien, daß der Feldzug in dieser Gegend ohne einen Vorfall von Wichtigkeit würde beschlossen werden, und in der That fiel auch nichts merkwürdiges bis zur Schlacht vor, außer ein Streich des General Seidlitz, den ich nicht vorbei lassen kann. Den 15ten nahm der König alle Dragoner und Husaren, und rükte mit ihnen bis Gotha vor. Den 13ten waren darin 2 Schwadronen österreichischer und 1 Schwadron französischer Husaren eingerükt. Sie machten sich aber bei Zeiten aus dem Staube, und der König fand die Stadt unbesetzt. Indessen ließ er den General Seidlitz mit 5 Schwadronen Dragoner von Meynike und den Husaren von Czekuli zurük, die in und um die Stadt gesetzt wurden; 5 Schwadronen Dragoner von Czetteritz blieben zwischen Gotha und Erfurth stehn, und er ging wieder hinter Erfurth zurük.

Die Generale der vereinigten Armee bekamen inzwischen Nachricht, daß der König diese beiden Korps detaschirt hätte, und nur mit wenigen Bataillonen hinter Erfurth stünde. Sie glaubten, daß sie nunmehr etwas unternehmen könnten, und wollten den Anfang mit Aufhebung des Generalmajor von Seidlitz machen. Es wurden daher die beiden österreichischen Husarenregimenter Spleni und Sezini, und das französische Regiment Husaren von Nassau-Saarbrück, alle Grenadierkompagnien von der Armee, alle Kroaten und andre leichte Truppen nebst den österreichischen Kavallerieregimentern Pretlach und Trautmansdorf zu dieser Expedition kommandirt. Die Prinzen von Hilburgshausen und Soubise, und eine Menge anderer Generale wollten in Person bei dieser feierlichen Handlung gegenwärtig seyn, um den Muth ihrer Truppen zu beleben, und sie durch ihr Beispiel zu großen Thaten zu erwekken. Der General Seidlitz war zu wachsam, um sich überfallen lassen; da er aber auch zu schwach war, sich gegen eine so fürchterliche Macht zu behaupten, besonders da er keine Infanterie und Artillerie bei sich hatte, um sich so lange in der Stadt zu halten, bis ihm der König zu Hülfe kommen konnte; so zog er sich aus der Stadt heraus, setzte sich in einiger Entfernung hinter derselben bei Sebeleben, und sandte dem Czettrirschen Dragonerregiment Befehl, sogleich zu ihm zu stoßen. Die feindliche hohe Generalität rükte also ganz ruhig in die Stadt ein und besetzte solche und das Schloß mit den Grenadierkompagnien und übrigen Truppen. Da auch das ganze herzogliche Haus darin gegenwärtig war, so erforderte die Politesse, ohne sich vorher um etwas weiter zu bekümmern, demselben die Cour zu machen. Dieses geschahe auch mit dem bei einer so feierlichen Handlung gewöhnlichem Pompe. Der ganze Hof war gegenwärtig, und der Witz der Franzosen hatte Gelegenheit sich gegen die Damen in den galantesten Schmeicheleien zu ergießen und ihnen verstellte

Komplimente abzulocken, daß sie dieselben von den wilden und ungesitteten Preussen befreit hätten, die nie die Pfeiffe aus dem Munde nahmen und sie mit Tabaksdampfe erstikten. General Seidlitz hatte indessen die Dragoner von Czettritz an sich gezogen. Nunmehr glaubte er stark genug zu seyn, es mit dem Feinde aufnehmen zu können. Er schikte die Husaren vor, welche die Vorposten angreifen und zurüktreiben mußten. Seine übrige Kavallerie stellte er einen Mann hoch und rükte damit gegen die Stadt an. Die hohe Generalität wollte sich eben zur Tafel sezen, als ihnen gemeldet wurde, daß sich der Feind zeigte; zugleich wurde sie auch durch das starke Schießen von der Richtigkeit dieser Nachricht überzeugt. Die Franzosen haben eine lebhafte Einbildung. In ihren Gedanken erschien die ganze preußische Armee, und der König an der Spize derselben. Die Verwegenheit der preußischen Husaren, sogar die Infanterie anzugreifen und auf die Stadt loszugehen, wäre, nach ihrer Meinung, wider alle Regeln der Klugheit gewesen, wenn sie nicht gewußt hätten, daß sie bald durch Infanterie würden unterstüzt werden. Soubise war ein zu gelehrter Feldherr, als daß er sich dieses nicht vorstellen sollte. Er empfahl sich daher in der größten Geschwindigkeit dem Hofe und bedauerte sehr, daß er durch das ungesittete Betragen der Preussen sich genöthigt sähe, eine so angenehme Gesellschaft zu verlassen. An eine Disposition im Falle einer Ueberrumpelung hatte er nicht gedacht; er gab also das Signal *Sauve qui peut!* und jagte mit seiner Suite zur Stadt hinaus. Sein Beispiel ermunterte die übrige Generalität eben das zu thun; und alles lief in der größten Unordnung aus den Thoren hinaus und nahm die Straße nach Eisenach. Die Husaren waren so verwegen, daß sie das Schloß attaquirten und die 4 darin postirten Grenadierkompagnien heraustagten. Auf diese Art gelang es dem General Seidlitz mit ohngefähr 1500 Mann Kavallerie, ohne einen Mann Infanterie bei sich zu haben, ein Korps von 8000 Mann aus einer Stadt zu jagen und 6 Officiere und 51 Gemeine zu Gefangenen zu machen. Ausserdem bekamen die Husaren eine Menge Secretairs, Kammerdiener, Proviant-Officiers, Feld-Paters, Komödianten, Laquayen, Friseurs, Köche, Galanteriehändler, die Schönen ungerechnet, in ihre Gewalt. Seidlitz war so höflich, alle diese ohne weitere Umstände zurükzuschikken. Die Husaren machten überdies eine ansehnliche Beute an Generals- und andrer Equipage, worunter besonders des sächsischen Generallieutenant Rochow seine war, der sich für seine Person kaum retten konnte: auch ganze Kisten voll Eau de Lavande, de sans pareille, de mille fleurs etc., eine Menge Pudermäntel, Haarbeutel, Parasols, Manschetten, Schlafröcke, Papageien und mehr dergleichen Sachen, die den Gothaischen Damen zu Gefallen mitgenommen wurden. Dieser Vorgang giebt zu erkennen, was Kavallerie thun kann, wenn sie einen Mann von Einsichten und Entschlossenheit an der Spize hat. General

IX. Anmerk. Schlacht bei Roßbach.

ral Seidlitz fing bei diesem Zuge des Königs gegen die vereinigte Armee an, seine großen Talente zu entwikkeln, und der Welt zu zeigen, daß er des Vertrauens würdig sey, das der König in ihm setzte. Er war damals einer der jüngsten Generalmajors bei der Armee, kommandirte aber doch bei Roßbach die ganze Kavallerie.

Nachdem er Gotha wieder besetzt hatte, blieb er bis den 22ten darin stehn, und ging an diesem Tage wieder zum Könige. Dieser blieb noch bis zum 28sten in seinen bei Erfurth genommenen Quartieren, um zu warten, was die vereinigte Armee weiter vornehmen würde; diese aber hielt sich noch immer ruhig, außer daß sie Gotha wieder besetzte. Um seinen Truppen mehrere Bequemlichkeit und bessere Quartiere zu verschaffen, ging endlich der König den 28ten bis in die Gegend von Buttstädt zurük, und ließ die Armee daselbst kantoniren. Hier blieb er bis den 10ten Oktober stehen, ohne von dem Feinde im geringsten beunruhigt zu werden. Es hatte völlig das Ansehen, als ob die vereinigte Armee nicht mehr Lust hätte in diesem Feldzuge etwas weiter zu unternehmen, daher der König beschloß, sich näher an die Elbe zu ziehen, um im nöthigen Falle der Armee in Schlesien zu Hülfe marschiren zu können. Er brach in dieser Absicht den 11ten auf und ging über Naumburg nach Sachsen zurük.

Unterdessen waren die Oesterreicher mit ihrer Hauptarmee in Schlesien eingebrochen und hatten den Herzog von Bevern bis Breslau gedrängt. In der Lausitz hatten sie den General Marschall mit 6 Infanterie- und eben so viel Kavallerieregimentern bei Lauban, und ein Korps leichter Truppen unter den Generalen Haddik und Morocz zwischen Stolpe und Dresden zurükgelassen. Da diese die Straße nach der Mark völlig offen hatten, weil auf der rechten Seite der Elbe in Sachsen und in der Ober- und Nieder-Lausitz auch nicht ein einziger preußischer Husar zu sehen war; so wäre es ihnen gar nicht zu vergeben gewesen, wenn sie die ganze Zeit über in Unthätigkeit geblieben wären. Ohngeachtet nun der König in einer beträchtlichen Entfernung von ihnen stand, so war er doch in ihren Gedanken immer gegenwärtig; daher getrauten sie sich nicht auf eine Unternehmung von Wichtigkeit zu denken. Alles was sie thaten, war, den General Haddik nach Berlin zu schikken, um diese Stadt etwas heimzusuchen. Dieser kam auch daselbst den 16ten Oktober an, setzte sie in Schrekken, drang durch das schlesische Thor bis an die Vorstädte, ließ sich eine starke Kontribution bezahlen, und marschirte den 17ten wieder ab. Diese Unternehmung ist ein Beweis, daß eine wohl überlegte Kühnheit im Kriege gemeiniglich von den besten Folgen begleitet wird.

266 Geschichte des siebenjährigen Krieges in Deutschland.

Wenn indeßen die Oesterreicher über diesen Streich, den sie dem Könige spielten, laute Jubel erschallen ließen, so kam ihnen dieses doch in der Folge sehr theuer zu stehen. In der That muß man diese Expedition des General Haddik, menschlich zu urtheilen, als die zufällige Ursach der für dem Könige so glüklichen Begebenheiten ansehen, mit denen dieser Feldzug beschlossen wurde. Es würde Mühe gekostet haben, die vereinigte Armee aus ihren Schlupfwinkeln hinter Eisenach zu loken. Wäre sie auch wieder zum Vorschein gekommen, so würde sie auf Annäherung des Königs sich doch wieder zurük gezogen haben und dadurch hätte sie ihn vielleicht bis in die spätesie Jahreszeit aufgehalten. Wenn er auch nach Schlesien gegangen wäre, so konnte sie, so lange sie noch keine Schlacht verlohren hatte, indessen vielleicht Mittel finden, sich Meister von Leipzig und dem ganzen Theile von Sachsen längst dem linken Ufer der Elbe zu machen. Dadurch wäre der König, nachdem er die Oesterreicher aus Schlesien vertrieben, gezwungen gewesen, mitten im Winter noch einmal nach Sachsen zu gehen, um sie daraus zu vertreiben, wodurch seine Truppen wenigstens vielen Strapazen ausgesetzt gewesen wären.

Die Beschreibung, welche Lloyd von der Schlacht bei Rosbach giebt, ist bis auf einige Kleinigkeiten vollkommen richtig. Ich will nur noch eins und das andre hinzusetzen. Der König saß eben mit seinen Generalen bei Tische, als ihm die Bewegungen des Feindes gemeldet wurden. Hierauf befahl er, daß sich die Armee marschfertig halten sollte. Nicht lange darauf bekam Er Nachricht, daß die Teten ihrer Kolonnen schon seiner linken Flante gegen über stünden. Er befahl darauf dem General Seidlitz, daß er sogleich die ganze Kavallerie nehmen, und mit derselben links hinter den Anhöhen wegmarschiren sollte, um dem Feinde die Straße nach Merseburg zu coupiren. In einem Augenblik war die Kavallerie gesattelt und in Bewegung. Die Infanterie bekam ebenfalls Befehl links mit Zügen abzumarschiren, und hinter den Höhen der Kavallerie zu folgen. Unterdeßen setzte sich der König zu Pferde und recognoscirte den Feind. Die Kavallerie marschirte so schnell, daß ihr die Infanterie nicht folgen konnte, ohngeachtet sie ihr äußerstes that.

Als der General Seidlitz mit der Kavallerie hinter den sogenannten Janushügel in P ankam, wurde er gewahr, daß die Tete der feindlichen Armee H H, die aus lauter Kavallerie bestand, zwischen Reichertswerben und Lundsstadt zum Vorschein kam, und daß er sie schon überflügelte. Er besann sich daher nicht lange, sondern formirte sich in 2 Treffen, und ging gleich gerade auf den Feind los, ohngeachtet er noch keine Infanterie neben sich sahe. Sobald der Feind die preußische Kavallerie vor sich sahe, wollte er sich in I I formiren, aber er konnte damit nicht zu Stande kommen, weil der General Seidlitz ihn schon in K K in der Front und im Rüken angriff. Nur die beiden österreichischen Regimenter Bretlach

IX. Anmerk. Schlacht bei Roßbach.

lach und Trautmannsdorf hatten sich einigermaaßen in Ordnung gestellt. Allein sie wurden nebst der übrigen Kavallerie gleich geworfen, und durch Reichardtswerben und Busendorf bis an die Kolonnen ihrer Infanterie gejagt. Nach diesem glüklichen Choc war die Infanterie auch angekommen und formirte sich allmählich in Q Q: doch waren noch nicht mehr als 6 Bataillonen da, an deren Spitze sich der Prinz Heinrich befand. Dieser unterstützte sogleich den General Seidlitz, der sich aufs neue formirte um den Feind anzugreifen. Die Infanterie avancirte gerade auf die feindlichen Kolonnen, und zog sich immer dabei links, um ihnen mehr in die Flanke und in den Rükken zu kommen, so daß sie ohngefähr in L L zu stehen kam. Die feindliche Infanterie ward leicht geworfen, und zog sich bis in M M zurük, wo sie einen Versuch machte sich zu formiren. Es wurde ihr aber keine Zeit dazu gelaßen. Die preußische Kavallerie, die sich aufs neue formirt hatte, griff sie wieder in N an, und schlug sie gänzlich in die Flucht. Unterdeßen griff die preußische Infanterie, die im beständigen Avanciren blieb, auch die Infanterie in M M an, und kam ihr in die Flanke, während daß die Kavallerie sie in den Rükken nahm. Die gänzliche Zerstreuung der vereinigten Armee war die Folge davon. Nach der Schlacht nahm der König sein Lager in O O, und das Hauptquartier war in Burgwerben.

Wenn man das Betragen der Generale der vereinigten Armee mit demjenigen vergleicht, welches sie bis dahin während des Laufes dieses ganzen Feldzuges beobachtet hatten, so ist man in der That in Verlegenheit, Bewegungsgründe zu finden, wodurch man es einigermaaßen rechtfertigen könnte. Die Erfahrung hatte sie überzeugt, daß der König, anstatt ihnen auszuweichen, nichts mehr wünschte, als nur einmal mit ihnen handgemein zu werden; sie wußten mit welcher Schnelligkeit Er seine Bewegungen machte, und nur ein paar Tage zuvor hatten sie deutliche Beweise davon bekommen. Ohne eine außerordentliche Selbstverblendung hätten sie einsehen müßen, daß sie in der Kunst geschikte Manövers zu machen, noch vollkommene Neulinge wären, und dennoch kamen sie plözlich auf den Einfall, den König auf einem Terrein anzugreifen, wo er alle Künste der Taktik in Ausübung bringen und nicht befürchten durfte, durch ein Mißverständniß die Frucht seiner Dispositionen zu verlieren; auf einem Terrein, wo er alle Arten von Truppen gebrauchen und eine durch die andre unterstüzen konnte; wo sie alle Bewegungen mit Lebhaftigkeit und Ordnung machen konnten; kurz auf einem Terrein, wo die Kunst alles, und die Menge gar nichts vermochte.

Die Verstärkung, welche sie von der Richelieuschen Armee bekommen hatten, konnte vielleicht etwas zu diesem Schwindel beigetragen haben; vielleicht aber auch der Gedanke, daß der König blos nach den gewöhnlichen Grundsäzen handeln würde, die sie etwa im Puysegur, im Quincy, im Folard gelesen hatten; und darinn irrten sie sich. Die Wahl seines Lagers

bestärkte

bestärkte sie vielleicht in diesen Gedanken. In der That war es vortheilhaft. Die rechte Flanke war durch das Dorf Bedra und die linke durch Roßbach gut gedekt, und die morastigen Ufer der Leibe, eines kleinen Baches, verhinderte, daß die Front mit Hofnung eines guten Erfolges angegriffen werden konnte. Da ein Jeder einen andern nur nach den Grundsätzen beurtheilt, die er selbst hat, so glaubten sie wahrscheinlich, der König würde sich die vortheilhafte Lage seines Lagers zu Nutze machen, und erwarten, was sie gegen ihn unternehmen wollten. Ihnen fiel es gar nicht ein, daß er ihre Absichten mit einem Blicke übersehen, und in der größten Geschwindigkeit Mittel finden würde, sie zu vereiteln; daß es gar nicht sein System sey, den Angrif abzuwarten, sondern daß er allemal lieber der angreifende Theil zu seyn, und seinen Feinden zuvorzukommen trachtete. Die Geschichte der Kriege, die er geführt, mußte sie davon auf das deutlichste überzeugen, und wenn sie sich an die Schlacht bei Soor erinnert hätten, konnte ihnen kein Zweifel mehr übrig bleiben. Allein ihre Verblendung war so groß, daß sie sich ihres Fanges für gewiß hielten, und nicht damit zufrieden waren, ihn zu schlagen, sondern sie wollten ihn mit seiner ganzen Armee aufheben. Ein so kindischer Gedanke verdiente allerdings eine Züchtigung.

Aus dem Verfahren des Königs bei dieser Gelegenheit kann man den Grundsatz herleiten: daß eine Armee niemals abwarten müße, bis sie der Feind angreift, sondern ihm zuvorkommen und ohne Zeitverlust mit dem größten Ungestüm angreifen müße, sobald das Terrein so beschaffen ist, daß sie sich rükwärts und auf beiden Flanken frei bewegen kann. Daraus folgt denn ferner, daß wenn der Feind eine Armee am Tage einer Schlacht tourniren will, sie dieses allemal verhindern und ihn selbst tourniren könne. Dieses scheint aus der Natur der Sache selbst zu folgen. Wenn der Feind seinen Gegner tourniren will, so macht die Direktion seines Marsches mit der verlängerten Fronte beselben einen Winkel. Man kann also die ganze Sache so ansehen, als wenn zwei Armeen C D, A B sich nach der Richtung zweier Linien bewegen, die in den Punkt E zusammen kommen, und daselbst einen Winkel machen.

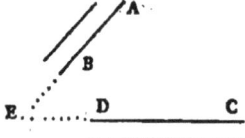

Hieraus ist denn offenbar, daß diejenige, welche am ersten den Punkt E erreicht, der andern die Flanke abgewinnen, und sie vollkommen überflügeln und nachgehends tourniren wird. Es

mag

IX. Anmerk. Schlacht bei Roßbach. 269

mag A B die Armee seyn, welche die in C D stehende angreifen und in die Flanke nehmen will; so wird erstere ihren Marsch treffenweise entweder mit Zügen oder auf eine andre Art fortsetzen, weil dieses die der Absicht am besten entsprechende Art des Marsches ist. Sie wird ein starkes Korps Kavallerie an der Spitze haben, um je eher je lieber die Flanke der Armee C D zu gewinnen. Ist diese wachsam, so fällt es ihr nicht schwer, die Absicht der Armee A B zu errathen, und dann behaupte ich, daß sie allezeit den Punkt E eher erreichen kann, als der Feind. Sie darf nur nach dem Beyspiele des Königs den größten Theil ihrer Kavallerie auf den Flügel setzen, den der Feind angreifen will, und diese gleich den Marsch antreten laßen, so wird dieselbe allezeit über den Punkt E heraus kommen, ehe der Feind denselben erreicht. Denn der Feind kann seine Bewegung nicht so schnell machen, und da man schon von dem Anmarsch desselben bei Zeiten Nachricht hat, so kann man leicht veranstalten, daß die Entfernung D E kleiner ist als B E, folglich ist es auch der Armee C D allemahl möglich, eher bei E zu seyn als der Armee A B. Sobald aber dieses ist, so ist die Armee A B schon in die Flanke genommen, und so gut als geschlagen, wenn die Armee C D nur ihren Vortheil in Acht nimmt, und den Angrif mit Lebhaftigkeit unternimmt.

Um sich davon zu überzeugen, darf man nur untersuchen, was die Armee A B für Gegenanstalten treffen muß.

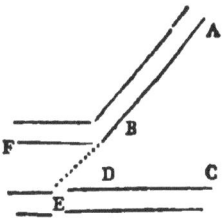

Sobald die Kavallerie über den Punkt E heraus ist, bleibt der Armee A B kein ander Mittel übrig, als da wo sie sich befindet einen Haken z. B. B F zu machen. Diese Bewegung muß schnell ausgeführt werden, daher kann sie nicht mit der besten Ordnung geschehen. Die Kavallerie des Gegners ist aber schon bei E formirt und rükt an, und nichts hindert sie, sich während der Attaque noch mehr rechts oder links zu ziehen, nachdem der Feind die Absicht hatte, den rechten oder linken Flügel anzugreifen. Sie muß also schon der Kavallerie, die sich erst in B F formiren will, auf den Leib kommen, und sie überflügeln, ehe diese einmal mit dem Formiren fertig ist. Bei der Formirung des Hakens kömmt noch eine

Ll 3   andere

andere Unbequemlichkeit hinzu. Wenn nehmlich die Armee mit ihren Kolonnen oder Treffen so marschirt, daß sie die gehörige Distanz haben, so geht diese allemal durch die Schwenkung bei B verlohren, und die Kolonnen kommen näher zusammen, als es seyn sollte, und wenn der Winkel bei B beinahe ein rechter Winkel ist, so gerathen die Treffen dicht aneinander. Dadurch muß nun natürlicher Weise gleich eine Verwirrung entstehen, und wenn der Feind den Haken angreift, so wird zugleich das zweite Treffen durch das erste mit fortgerißen; ehe sich denn diese wieder auseinander wikkeln, hat die angreifende feindliche Kavallerie vollkommene Zeit, sich wieder zu setzen, und ihren Angrif zu wiederholen.

Während der Zeit, da die Kavallerie der Armee C D ihren Angrif macht, kann die Infanterie ebenfalls schon bei E ankommen, und wenn es auch nur erst einige wenige Bataillons seyn sollten, so müßen sie sogleich auch auf den Feind los gehen, ohne erst zu warten, bis die übrigen heran sind. Nichts würde ungereimter seyn, als bei dieser Gelegenheit die Zeit mit Nebensachen zuzubringen. Wer nur ein wenig der Sache nachdenkt, wird leicht gewahr werden, daß die ersten Bataillonen immer vorrükken können, ohne daß sie besorgen dürfen von der Armee verlaßen zu werden.

Um dieses recht deutlich zu machen, will ich annehmen, die Armee C D marschire mit Zügen links ab, die Kavallerie aber gewönne während ihrer schleunigen Bewegung einen Vorsprung von 6 bis 800 Schritt, so wird der linke Flügel ohngefehr zu eben der Zeit bei E ankommen, wenn die Kavallerie den Choc gemacht, und hernach beschäftigt ist, sich aufs neue zu formiren. Folglich; indem sich die Kavallerie wieder formirt, formiren sich die ersten Bataillonen vom linken Flügel ebenfalls bei E und können die Kavallerie unterstützen. Sie können also mit derselben zugleich vorgehen, und den Feind angreifen. Dieser, da er seine Kavallerie beim ersten Choc übern Haufen geworfen sieht, wird seinen rechten Flügel der Infanterie ebenfalls einen Haken machen laßen, um aber die dazu nöthige Bewegung machen zu können, muß er seine Kavallerie rechts ziehen laßen, weil sie sonst die Infanterie hindern, und und vor ihr zu stehen kommen würde. Avancirt nun die zuerst angekommene Infanterie vom linken Flügel der Armee C D, so trift sie auch die Infanterie der Armee A B noch während der Formirung an, und wird sie leicht über den Haufen werfen. Gesetzt nun auch, der linke Flügel der Armee C D wäre einige 100 Schritt vor den nachfolgenden Bataillonen vorgeprellt, so werden diese doch auch nach einer kurzen Zeit ohnweit E anlangen um die angefangene Attaque fortzusetzen. Auf dieß Art entsteht also aus der Natur der Sache selbst eine Art von Attaque mit Echelons wo ein jedes gerade zu der Zeit auf seinem Posten ankömmt, wenn das nebenstehende ein paar hundert Schritt vorgerükt ist, uud wenn dabei noch drauf gehalten wird, daß sich

alles

alles links zieht, so sieht sich der Feind in kurzer Zeit völlig in der Flanke und im Rüken genommen, ehe er Gegenanstalten treffen kann.

Der Haken, der bei B entstehen muß, giebt der Artillerie der Armee überdies Gelegenheit, ihr Feuer mit der größten Wirkung anzuwenden; denn die um den Punkt B befindlichen Truppen werden theils enfilirt, theils auch gar im Rüken gefaßt, welches denn die Unordnung noch, um so mehr vergrößern muß. Eine kleine Armee kann auf diese Art die größte so zusammen drängen, daß sie sich auf allen Seiten eingeschloßen sieht.

Die Kavallerie kann bei solcher Gelegenheit außerordentlich viel zum glüklichen Fortgange der übrigen Bewegungen beitragen, und man muß der preußischen die Gerechtigkeit wiederfahren laßen, daß sie in dieser Schlacht den Weg zum Siege so vollkommen bahnte, daß es der Infanterie leicht wurde auf demselben fortzugehen.

Man kann aus dem Erfolge dieser Schlacht noch einen Nebengrundsaz herleiten, nemlich: daß ein General, der eine Armee führt, die in allen Arten von Bewegungen gehörig geübt ist, allemal sehen müße, seinen Gegner auf dem Marsch anzugreifen, derselbe mag ihm auch noch so sehr überlegen seyn. Dieses wird ihn in den Stand sezen, Dinge zu unternehmen, von deren Möglichkeit sein Gegner nicht einmal einen Begrif hat. Daduch wird er bald ein so entscheidendes Ansehen über seinen Feind gewinnen, daß er öfters Fehler vor seinen Augen machen kann, ohne daß dieser das Herz hat, ihn für seine Verwegenheit zu bestrafen. Nichts ist überdies fähiger einem General das Zutrauen seiner Armee zu erwerben, als wenn er sie oft gegen den Feind führt. Es fallen dabei gemeiniglich verschiedene kleine Gefechte vor, die größtentheils zum Nachtheil des Feindes ausschlagen, wenn der nicht eben diese Absicht hat, sondern allemal zu vermeiden sucht, auf dem Marsche angegriffen zu werden. Wenn man diesen siebenjährigen Krieg durchgeht, so wird man leicht gewahr, daß der König allemal suchte, seinen Feinden auf dem Marsche zu begegnen. Daun wußte dieses, und wählte daher lieber die beschwerlichsten Gegenden und unnöthige Umwege, als daß es wagen sollte, sich von dem Könige auf dem Marsche angreifen zu laßen. Daher entstand die entscheidende Superiorität der preußischen leichten Truppen, besonders der Husaren über die feindlichen; daher alle die kleinen Gefechte, in denen die Preußen allemal die Oberhand behielten; daher die Schüchternheit aller seiner Feinde sich in ein Terrein zu wagen, wo sie ihm nicht auswechen konnten.

In der ganzen Geschichte findet man kein Beispiel, daß eine Schlacht einen so besondern Eindruk gemacht, als diese. Freunde und Feinde lachten über die Generale der vereinigten Armee. Niemand aber verlohr mehr dabei als der Prinz von Soubise. Er wurde öffentlich lächerlich gemacht. Man sagt, er habe an den König von Frankreich geschrieben, er würde

würde ihm bald den König von Preußen als einen Gefangenen vorstellen. Da Er sein Wort nicht hielt, und eine Hiobspost nach der andern ankam, ließ sich der unbändige Witz der schönen Geister in Paris in verschiedenen beißenden Epigrammen aus. Unter andern hieß es:

> Fréderic combattant d'éstoc et de taille
> Quelqu'un au fort de la bataille
> Vient lui dire; nous avons pris —
> Qui donc? — le Général Soubise
> Ah! morbleu, dit le Roi, tant pis!
> Qu'on le relache sans remise!

Sein Freund Voltaire bedauert ihn. „Er gewann bald darauf zwei Schlachten," sagt er, „und man redete kaum davon in Paris. Er hätte hinzusetzen können: Sie waren auch darnach!

Feldzug im Jahre 1757.

Es ist bereits angemerkt worden, daß der König, als er aus der Lausitz gegen die Reichs- und französische Armee marschirte, ein starkes Korps unter dem Herzog von Bevern*) zurük ließ, um den Prinz Karl zu beobachten und vor allen Dingen zu hindern, etwas von Wichtigkeit gegen Schlesien zu unternehmen. Diesem gemäß verließ der Herzog, nachdem er eine starke Zufuhr von Bauzen erhalten, seine Stellung bei Bernstädtel, und nahm ein Lager auf dem Landskrone bei Görlitz. Um sich auch besto besser der Päße über die Neiße und den Queis zu versichern, um, wenn es die Umstände erforderten, nach Schlesien gehen zu können, so mußte sich der General Winterfeldt mit einem starken Korps zwischen diesen beiden Flüßen bei dem Dorfe Moys ohnweit Görlitz setzen.

Prinz Karl rükte nunmehr mit der Hauptarmee bis Bernstädtel vor, und sandte den General Nadasti mit einem starken Korps nach Seidenberg, ebenfalls zwischen diesen beiden Flüßen: theils um den General Winterfeldt zu beobachten, theils auch, um den Uebergang über die Neiße sicher zu stellen, und bei der Hand zu seyn, dem Herzog von Bevern entweder zu folgen, oder zuvorzukommen, wenn er sich nach Schlesien wenden würde.

Der Prinz wünschte den Feind zu nöthigen, seine gegenwärtige Stellung zu verlaßen, um den Krieg nach Schlesien zu versetzen. Denn alsdenn ward nicht allein die Armee

auf

---

*) August Wilhelm Herzog von Bevern war 1715 gebohren. 1733 diente er gegen den Franzosen; 1735 ging er als Obristlieutenant in preußische Dienste; 1739 wurde er Obrister und in der Schlacht bei Molwitz verwundet; 1741 bekam er ein Regiment; 1743 wurde er Generalmajor; 1747 Gouverneur von Stettin; 1750 Ritter des Schwarzen Adlerordens und Generallieutenant. Er that sich in den Schlachten bei Hohen-Friedeberg, Lowositz, Prag, Kollin und Breslau sehr hervor; nach dieser letztern wurde er gefangen, da er in Begleitung eines einzigen Knechts rekognosciren ritte. Er wurde 1758 wegen seiner nahen Verwandschaft mit der Kaiserin ohne Ranzion wieder losgelaßen. Der König schien mit seinem Betragen nicht zufrieden zu seyn, daher ging er zu seinem Gouvernement nach Stettin, wo er auch bis 1762 blieb. In diesem Jahre aber mußte er wieder nach Schlesien kommen, und kommandirte ein Korps Truppen während der Belagerung von Schweidnitz. Die Oesterreicher, welche den Ort entsetzen wollten, griffen ihn unter den Generalen Lasey, Laudon und Odonell an, die er aber jedesmal zurük schlug, ohngeachtet sie dreimal stärker waren, und dadurch gewann der König Zeit ihm zu Hülfe zu kommen. Er muß unstreitig unter die größten Generale dieser Zeit gerechnet werden.

auf Unkosten des Feindes erhalten, sondern seine große Ueberlegenheit konnte ihm auch Mittel an die Hand geben, eine Unternehmung von Wichtigkeit auszuführen: Behielt er aber seine Stellung, so ging der Feldzug bald zu Ende, und die Früchte aller der vorigen schönen Manöver giengen verlohren. — Eben diese Gründe machten es aber auch dem Herzog von Bevern zur Pflicht, alles anzuwenden, um die Sachen in der vorigen Lage zu erhalten, und den Krieg in die Länge zu ziehen, ohne dem Feinde Gelegenheit zu geben, irgend einen beträchtlichen Vortheil zu gewinnen. Seine Stellung schien ihn in den Stand zu setzen, diesen Endzwek zu erreichen. Nach seiner Meinung durften die Oesterreicher es nicht wagen, nach Schlesien zu gehen, und ihn hinter sich laßen, weil er alsdenn wieder in Böhmen gehen, ihnen die Lebensmittel abschneiden, und dadurch es ihnen unmöglich machen konnte, etwas von Erheblichkeit in Schlesien zu unternehmen. Da er überdies noch eine starke Garnison in Bautzen hatte, so war er allemal bei der Hand, die Operationen des Königs in Sachsen zu unterstützen, oder von ihm unterstützt zu werden. In der That, hätte er sich in dieser Stellung so lange behaupten können, bis der König die vereinigte Armee aus Sachsen getrieben, so würde der Feind gezwungen gewesen seyn, sich wieder nach Böhmen zurük zu ziehen, ohne einmal einen Versuch auf Schlesien gemacht zu haben.

Prinz Karl sahe diese Gründe und die Folgen derselben vollkommen ein, und beschloß daher den Feind zu zwingen, seine Stellung zu verlaßen, und sich nach Schlesien zu ziehen. Da sie aber zu stark zu seyn schien, als daß man ihn darinn angreifen konnte, so mußte man durch geschikte Manöver das zu erhalten suchen, was nicht mit Gewalt bewerkstelligt werden konnte. In dieser Absicht schikte er ein starkes Korps nach Bautzen, um die Besatzung zu vertreiben, und dem Feinde die Gemeinschaft mit Sachsen abzuschneiden, und beschloß den General Winterfeldt anzugreifen, wodurch der Feind zugleich die Gemeinschaft mit Schlesien verlor. Nachdem dieses festgesetzt war, wurde das Korps unter Nadasti beträchtlich verstärkt, und den 7ten September geschahe der Angrif auf das Winterfeldtsche Korps. Dieser General hatte auf dem sogenannten Holzberge nicht weit vor der Fronte seines Lagers zwei Bataillonen gesetzt; gegen diese richteten die Osterreicher ihren Angrif und kamen ihnen auf den Hals, ehe sie unterstützt oder zurük gezogen werden konnten. Sie vertheidigten sich indeßen mit einer außerordentlichen Tapferkeit, so daß der General Winterfeldt Zeit gewann, ihnen mit einigen Bataillonen zu Hülfe zu kommen, um ihnen den Rükzug zu erleichtern. Hierauf ward das Gefechte noch hitziger, weil sie nunmehr Hofnung hatten, ihren Posten zu behaupten Da sie aber schon einen großen Theil ihrer Leute verlohren, und ihr General tödtlich verwundet war, so sahen sie sich endlich genöthigt, ihren Posten zu verlaßen, und sich nach dem Lager zurük zu ziehen. Die Oesterreicher nahmen hierauf Besitz von dem Holzberg,

Feldzug im Jahre 1757.

berg, verließen ihn aber den folgenden Morgen, nachdem sie in dieser blutigen Action 2000 Mann an Todten und Verwundeten eingebüßt hatten.

Nachdem der Herzog von Bevern Bautzen und dadurch zugleich die Gemeinschaft mit dem Könige verloren hatte, und zugleich befürchtete, der Feind möchte nach der Niederlage des General Winterfeldt mit der Hauptarmee über die Neiße gehen, und ihm auf diese Art den Weg nach Schlesien versperren, so beschloß er, da es noch gegenwärtig in seiner Macht stand, sogleich dahin zu marschiren. Er hatte dazu um so mehr Gründe, da er bei seiner gegenwärtigen Stellung aus den in Sachsen befindlichen Magazinen keinen Unterhalt mehr ziehen, und auf Zufuhren aus Schlesien keine Rechnung machen konnte, weil diese durch die zahlreichen leichten Truppen des Feindes beunruhigt oder auch wohl aufgehoben werden konnten, da das Land ihrer Art Krieg zu führen, wegen der vielen Wälder, Berge, Gründe rc. außerordentlich günstig war. Da er es nun nicht wagen durfte, die Neiße bei Görlitz zu paßiren, so ging er längst diesem Fluß bis Naumburg und daselbst mit der Armee über. *) Von da marschirte er nach und nach über Bunzlau und Hainau bis Lignitz, wo er den 19ten ankam.

Sobald der Prinz Karl von dem Marsche des Feindes Nachricht bekam, setzte er seine Armee sogleich in Bewegung, und nahm seinen Weg über Lauban, Löwenberg, Goldberg, Hundorf, Jauer, Nikolstadt und Greibnig, wo er den 25sten eintraf. Durch diese Stellung schnitt er den Feind von Breslau, Schweidnitz und ganz Oberschlesien ab. Den Tag darauf ließ er das Dorf Barsdorf, welches der Feind mit Infanterie besetzt hatte, kanoniren, und nachdem er es in Brand gesetzt, sahe sich der Feind genöthigt, es zu verlaßen, und hinter demselben eine neue Stellung zu nehmen, wo er von der ganzen Armee unterstützt werden konnte. Prinz Karl nahm sich vor, den Herzog anzugreifen: dieser aber, um die Gemeinschaft mit Oberschlesien wieder zu gewinnen, brach in der Nacht vom 27sten auf, und richtete seinen Marsch auf Glogau, um daselbst ungehindert die Oder paßiren zu können, bafern ihm die ganze österreichische Armee folgen sollte. Da er aber sahe, daß ihn nur die Avantgarde des Feindes verfolgte, und zwar auf der rechten Seite der Katzbuch gegen Parchwitz zu, so beschloß er bei Lampersdorf überzugehen. Dies geschah auch den 29sten, und nunmehr

---

*) Lloyd macht hierinnen einen geographischen Fehler. Die Neiße geht nicht bei Naumburg vorbei, sondern der Queis. Der Herzog ging bei Görlitz über die Neiße und bei Seigersdorf ohnweit Naumburg über den Queis. Das Winterfeldtsche Korps, welches nunmehr der General Fouquet kommandirte, dekte seinen Marsch. M. s. Bellona, 2tes St. S. 61. Uebersetzer.

mehr marschirte er längst dem rechten Ufer der Oder hinauf bis Breslau, wo er sie wieder paßirte, und den ersten Oktober sein Lager hinter der Lohe nahm, so daß ihm die Stadt im Rükken blieb. Durch diesen geschikten Marsch eröfnete er sich noch einmal die Gemeinschaft mit Oberschlesien, dekte diese Hauptstadt mit seiner Armee und wurde zugleich durch sie gedekt.

Prinz Karl glaubte es würde ohne allen Nutzen seyn, dem Feinde, als er Lignitz verließ, nachzufolgen, weil er nichts weiter thun konnte, als ihn unter die Kanonen von Glogau treiben, wo er sicher stehen bleiben und mit allem benöthigten versehen werden konnte. Er hingegen hatte keine Magazine im Lande; noch weniger konnte er einige anlegen, weil er den Feind vor sich, und dessen Festungen im Rükken hatte. Er würde daher sich doch endlich genöthigt gesehen haben, zurük zu gehen und sich der Grenze von Böhmen zu nähern, aus welchem Lande seine so zahlreiche Armee allein den nöthigen Unterhalt ziehen konnte. Diese Gründe bewogen ihn, seinen Marsch auf Breslau zu richten, anstatt seine Truppen durch eine vergebliche Verfolgung des Feindes abzumatten. Er schmeichelte sich mit der Hofnung, daß er diesen Ort einbekommen würde, ehe sich der Feind demselben nähern könnte, weil derselbe an sich sehr schwach war, und in der Stadt eine unbeträchtliche Besatzung lag.

Als er bei dem Schweidnitzer Wasser, einen kleinen Fluß ohngefehr 3 Meilen von Breslau, ankam, sahe er, daß ihm der Feind vorgekommen war, und sich zwischen ihm und der Stadt gelagert hatte. Dieser Umstand erforderte andre Maasregeln. Der Prinz Karl konnte nicht lange mehr in dieser Lage bleiben, sowohl, weil er Mangel an Lebensmitteln hatte, als auch weil der Winter heran rükte, und es also bald unmöglich ward, länger im Felde zu bleiben. Er durfte es auch nicht wagen seine Armee in der Mitte des feindlichen Landes zu trennen, wo der Feind mit einer Armee stand, und noch im Besitz aller seiner Festungen war. Auf der andern Seite schien es der Ehre der österreichischen Waffen höchst nachtheilig zu seyn, sich wieder nach Böhmen zurük zu ziehen, ohne etwas unternommen zu haben, und dadurch die Früchte der vorigen Arbeiten zu verlieren. Dies wäre um so unrühmlicher gewesen, da seine Armee der feindlichen so sehr überlegen war, und ein starkes Korps Bayern und Würtenberger auf dem Marsch war, um zu ihm zu stoßen. Diese Gründe brachten ihn auf den Entschluß, eine oder die andre Festung zu belagern, um durch die Eroberung derselben einen Waffenplatz zu bekommen, und wenigstens einen Theil seiner Armee in Winterquartiere verlegen zu können, damit er den folgenden Feldzug ohne Schwürigkeiten wieder in das Land einrükken konnte. Ward der Ort mit allen zum Kriege erforderlichen

Feldzug im Jahr 1757.

derlichen Bedürfnissen den Winter über versehen, so bekam er dadurch Gelegenheit denselben mit weniger Beschwerlichkeiten und mehrerem Nachdruk fortzusetzen, als bisher geschehen war.

Nachdem dieser Entschluß gefaßt worden, so kam es weiter darauf an, zu bestimmen, welches der Ort sey, dessen Eroberung dieser Absicht am besten entsprechen würde. Neisse, das nahe an der mährischen Grenze liegt, konnte mit der mehresten Bequemlichkeit angegriffen werden; denn die Armee konnte bei dieser Unternehmung von Olmütz aus mit allem Nöthigem versehen werden, und die Eroberung derselben versicherte den Eingang in Oberschlesien; auch konnte man in dem folgenden Feldzuge von da aus Glatz mit besserem Erfolge angreifen, als es von jedem andern Orte aus geschehen konnte. Man wandte aber dagegen ein, daß Neisse so weit entfernt sey, daß die Armee nicht eher ankommen könnte, als bis die Jahreszeit schon so weit fortgerükt seyn würde, daß die Belagerung nicht anders als mit unendlichen Schwürigkeiten und wahrscheinlich ohne allen Erfolg unternommen werden könnte. Ueberdies stand es in des Herzogs Gewalt, mit seiner Armee eher da zu seyn, als der Prinz Karl, um eine solche Stellung zu nehmen, daß er diesen Ort vollkommen gedekt hatte. *) Endlich war der Vortheil, den man von dieser Eroberung erhalten konnte, von keiner Erheblichkeit. Denn man bekam dadurch nur einen kleinen Strich von dem Lande in seine Gewalt, so lange der Feind im Besitz von Kosel, Brieg und Glatz blieb; auch ward dadurch lediglich Mähren gedekt, die Straße nach Böhmen blieb aber allemal dem Feinde offen.

Man schlug hierauf vor, den Feind in seinem Lager bei Breslau anzugreifen. Hatte man das Glük ihn zu schlagen, so mußte sich nicht allein diese Festung ergeben, sondern man bekam auch freie Hand, noch einen andern Ort in Oberschlesien zu belagern; und da ein jeder nur mit einer schwachen Besatzung versehen war, so würde die Eroberung desselben wenig Mühe gemacht haben. Auf diese Art wäre die Armee durch diese Festungen gedekt worden, und hätte die Winterquartiere ruhig beziehen können. Dieser Vorschlag versprach viel Gutes, allein man hielt ihn für gefährlich; denn wenn der Versuch nicht gelingen sollte, so standen dem Rükzuge nach Böhmen viele Schwierigkeiten im Wege; das hohe Gebirge, das

---

*) Die Stärke dieses Einwurfs sehe ich nicht ein. Neisse ist von Breslau nicht um ein so beträchtliches weiter entfernt, als Schweidnitz, daß eine Armee so viel Zeit gebraucht hätte, um vor der Stadt anzukommen. Auch sehe ich nicht, wie der Herzog hätte eher da seyn können, als die österreichische Armee. Uebers.

es von Schlesien trennt; die beschwerlichen Wege, welche man durch dasselbe nehmen mußte, besonders aber die Festung Schweidnitz mit einer starken Besatzung im Rücken. Nachdem man alle Gründe in Ueberlegung genommen und gegen einander abgewogen hatte, ward die Belagerung von Schweidnitz allen übrigen Unternehmungen vorgezogen; denn dadurch sahen sie sich im Besitz von den vornehmsten Defileen, die auf dieser Seite nach Böhmen führen, und von allen Städten und Dörfern im Gebirge hinter Schweidnitz; dieses setzte sie in den Stand, den größten Theil der Armee in Schlesien in Winterquartiere zu legen. Bekamen sie diese Stadt auch ohne großen Zeitverlust ein, so konnten sie hernach den Herzog von Bevern angreifen, ohne viel dabei zu wagen, weil sie eine Festung im Rücken hatten, nach der sie sich zurückziehen konnten, wenn sie geschlagen wurden, oder auch auf irgend eine andere Unternehmung denken.

Der General Nadasti wurde demnach mit einem starken Korps abgesandt, Schweidnitz zu belagern, wo die Baiern und Würtemberger zu ihm stießen. Diese Stadt liegt in einer schönen Ebene, ohngefähr eine Meile von dem Gebirge zwischen Schlesien und Böhmen; sie ist reich und stark bewohnt. Als sie die Preussen durch die Eroberung von Schlesien in ihre Gewalt bekamen, hatte sie bloß einen alten Wall mit runden Thürmen nach gotischer Art. Der König, der ihre vortheilhafte Lage sogleich erkannte, Schlesien zu decken, um seine künftigen Entwürfe gegen Böhmen zu begünstigen, beschloß, sie befestigen zu lassen. Nach geendigtem Kriege ließ er also verschiedene Forts oder Sternschanzen rundum derselben anlegen und durch eine Kurtine mit einander verbinden.*) Zwischen denselben lagen halbe Reduten oder halbe Monde: vor allen diesen Werken war ein tiefer Graben und ein mit Palisaden versehener bedeckter Weg.

Von allen gebräuchlichen Festungsarten sind die Sternschanzen die schlechtesten. Denn sie können ihrer Einrichtung nach keine Flanken haben, und die eingehenden Winkel nehmen so viel Raum weg, daß man nicht so viel Artillerie und Truppen darin stellen kann, als ihre Vertheidigung erfordert. Ueberdies können sie von einem Ende bis zum andern enfilirt werden, und daher unmöglich einen starken Widerstand leisten, wenn sie mit Geschicklichkeit angegriffen werden.

Ge-

---

*) Die Forts oder Sternschanzen waren damals nicht durch eine Kurtine mit einander verbunden; dieses geschahe erst, wiewohl unvollkommen, als es die Oesterreicher in diesem Jahre wegnahmen. Ueberf.

Feldzug im Jahre 1757.

General Nadasti ließ zwei wahre und einen falschen Angrif machen. In der Nacht vom 27ten Oktober wurden die Laufgräben eröfnet, und nachdem man in drei von diesen Forts Bresche geschossen, so wurden solche den 11ten November in der Nacht mit Sturm weggenommen. Dies nöthigte den Kommendanten, den folgenden Morgen zu kapituliren. Die Garnison, die aus 4 Generalen und ohngefähr 6000 andern Manschaften bestand, mußte sich zu Kriegsgefangenen ergeben. Man fand eine große Menge von Bedürfnissen aller Art, Artillerie und Geräthschaften, auch 300,000 Gulden baares Geld in der Stadt.

Die ganze Zeit über blieben der Prinz Karl und Herzog von Bevern ruhig in ihren Lägern vor Breslau; ersterer um die Belagerung von Schweidnitz zu decken, letzterer um sein Lager zu befestigen; denn er durfte dasselbe nicht verlassen, und zum Entsatz von Schweidnitz marschiren, weil er dadurch Gefahr lief, Breslau zu verlieren und zwischen dem Prinz Karl und der bei Schweidnitz stehenden Armee eingeschlossen zu werden.

Nachdem dem Prinzen Karl bei der Belagerung dieser Festung alles nach Wunsche gelungen war, so munterte ihn dieses auf, den Feind trotz seinem so stark befestigten Lager anzugreifen. General Nadasti bekam daher Befehl, mit seinem Korps zur Hauptarmee zu stoßen. Dieser kam den 17ten an und nahm sein Lager rechter Hand der großen Armee. Die beiden folgenden Tage wurden angewandt, die nöthigen Zubereitungen zum Angrif zu machen. Als alles den 22ten des Morgens in Bereitschaft war, ging die Schlacht an. Ich will davon die Beschreibungen so hersetzen, wie sie mit Genehmhaltung jedes Hofes bekannt gemacht wurden. Diese und unsere nachherigen Betrachtungen darüber werden dem Leser einen vollständigen Begrif davon geben.

Die Wiener lautet folgendermaßen:

Die kaiserlich königliche Armee stand in zwei Treffen, mit dem rechten Flügel an Strachwitz und dem linken an Groß-Masselwitz; und die Reserve in der dritten Linie. Alle Grenadierkompagnien wurden bei Groß-Mochber gestellt, um den rechten Flügel; und einige Regimenter Infanterie bei Klein-Masselwitz, um den linken zu decken. Das Nadastische Korps stand auf unserm rechten Flügel, jenseit Operau an dem linken Ufer der Lohe, und hatte das Dorf Hartlieb jenseit des Flusses mit einigen leichten Truppen besetzt. Die preußische Armee war ebenfalls in zwei Treffen gelagert; die Infanterie stand im ersten und die Kavallerie im zweiten Treffen. Beide liefen von Kosel bis Klein-Mochber, und von hier in gerader Linie nach Breslau fort, so daß sie ein halbes Viereck machten, dessen ausspringender Winkel an Klein-Mochber stieß. Nachdem sie aber unsere Disposition gewahr wurde, änderte sie ihre Stellung dergestalt, daß derjenige Theil ihrer Armee, der zwischen Breslau und Klein-Mochber stand, näher an die Lohe vorrükte und einige Hügel nebst den Dörfern Kleinburg und Krithern besetzte, um Front gegen den General Nadasti zu machen. Der Feind war durch die Lohe gedekt, einen Fluß, der zwar nicht breit ist, aber ein sehr morastiges Ufer hat. Vor der Fronte seines Lagers war eine Menge Reduten und anderer Verschanzungen aufgeworfen. Der rechte Flügel war durch einen Verhak gedekt, hinter dem Jäger und sechs Bataillonen Grenadier standen. Das Dorf Pilsnitz, durch welches die Lohe fließt, war sowohl vor als hinterwärts mit Reduten versehen, so daß sich der Feind immer wieder setzen und neuen Widerstand leisten konnte. Eben so waren bei den Dörfern Schmidefeldt, Höfchen, Klein-Mochber und Gräbischen viel Verschanzungen mit Gräben und drei Reihen Wolfgräben angelegt worden, so daß es fast unmöglich war durchzukommen. Außer diesen Werken befanden sich zwischen und hinter den Dörfern noch andre Reduten und mit Brustwehren versehene Batterien, bis an die Vorstädte. Auf der andern Seite der Oder hatte sie die Dörfer Protsch, Weida, Hünern, Simsdorf und Rosenbahl mit Infanterie besetzt und zwischen derselben etwas Kavallerie gestellt. Auf dem linken Flügel standen noch zum Ueberfluß zwei Regimenter Husaren.

Dies war die Stellung beider Armeen, von welchen die österreichische 60,000 die preußische 40,000 Mann stark war.

Nach den Maaßregeln, welche der Prinz Karl mit dem Feldmarschall Daun verabredet hatte, wurden in der Nacht vom 21ten Batterien aufgeworfen, die Pontons an die Oerter hingefahren, wo Brükken geschlagen werden sollten, und alles herbei geschaft, was zum Uebergange und Angrif erfordert wurde. Den 22ten vor Tages Anbruch marschirte die Armee in zwei Treffen bis an die Ufer der Lohe; die Infanterie im ersten, die Kavallerie im zweiten. Die Bagage wurde über das Schweidnitzische Wasser geschikt, die Feldscheer aber mußten der Armee folgen und sich auf gewissen angewiesenen Posten aufhalten, wo die Verwundeten hingebracht werden sollten.

Das Wetter war an diesem Morgen sehr neblicht, daher wir die Disposition des Feindes gar nicht sehen konnten. Gegen 9 Uhr des Morgens errichteten wir vier Batterien, zusammen von 40 Kanonen, und beschossen damit die Dörfer Pilsnitz, Schmidefeldt, Höfgen, Klein-Mochber, Gräbischen und die Reduten bis gegen Mittag. Um diese Zeit verzog sich der Nebel, da wir alsdann weiter vorgingen und Brükken über den Fluß schlugen. In weniger als dreiviertel Stunden wurden sieben vor des Feindes Augen und unter seinem beständigen Feuer fertig.

Prinz

Feldzug im Jahre 1757.

Prinz Karl und Feldmarschall Daun waren bei Groß-Mochber. Nachdem auf ihrem Befehl das verabredete Signal gegeben wurde, rükte der General Sprecher, der den General Reichlin unter sich hatte, mit 35 Grenadierkompagnien, die durch 12 Kompagnien Grenabier zu Pferde unter Kommando des Fürsten von Löwenstein unterstüzt wurden, gegen den Feind an und ging über die Brükke bei Groß-Mochber. Diese Truppen sollten durch den rechten Flügel des ersten Treffens der Infanterie unter dem Generallieutenant Antlau, den Generalmajors Herzog von Urfel und Baron Unruh; ferner durch das Korps der Reserve unter Kommando der Generallieutenants Wied, Nikolaus Esterhasi und der Generalmajors Blonquet, Wolf und Otterwolf und endlich durch den rechten Flügel des zweiten Treffens unterstüzt werden, der von dem Generallieutenant Graf Minulph von Stahremberg *) und den Generalmajors Wulfen und Butler kommandirt wurde.

Zu eben der Zeit gingen der Graf Luchesi, General der Kavallerie, die Generallieutenants Spada und Wolwart, und die Generalmajors de Ville, Kolbel und Aspermont mit dem rechten Flügel der Kavallerie an eben dem Orte über den Fluß. Alle diese Truppen formirten sich in zwei Treffen jenseit der Lohe unter dem beständigen Feuer der feindlichen Artillerie, und griffen die feindliche Infanterie und Kavallerie an, die gegen sie avanzirte. Um 1 Uhr fing das Feuer mit dem kleinen Gewehr an und bauerte mit vieler Heftigkeit, dennoch aber in guter Ordnung wohl eine halbe Stunde fort, ohne daß man auf beiden Seiten einen Fuß breit gewichen wäre. Endlich wurde dennoch so wohl die feindliche Infanterie als Kavallerie gezwungen sich zurükzuziehen, worauf unsere Infanterie das Dorf Gräbischen und die hinter demselben befindliche große Batterie wegnahm. Unsre Truppen rükten noch weiter bis an die Verschanzungen bei Klein-Mochber vor und trieben den Feind zurük, ohngeachtet er Infanterie und Kavallerie zur Verstärkung hinsandte.

Der folgende Angrif wurde von dem Generallieutenant Graf Arberg und dem unter ihm stehenden General Lascy kommandirt; er wurde durch die unter dem Generallieutenant Maquire stehende Infanterie und den linken Flügel der Kavallerie, den der Graf Stampach, General der Kavallerie, kommandirte, unterstüzt. Diese Kolonne sollte die Dörfer Schmiedefeldt und Höfgen angreifen. Um 3 Uhr ging sie über den Fluß und die Grafen Arberg und Maquire griffen die Reduten bei Schmiedefeldt an und trieben nach

---

*) Der W. sagt der Generallieutenant Minulph und Graf Stahrenberg, und macht aus einem zwei Personen; welches falsch ist. Ueb.

nach einem blutigen Gefechte den Feind heraus. Zugleich avanzirte der Graf Wied mit der Reserve, die er kommandirte, gegen Höfgen und bemeisterte sich sowohl des Retranschements, der Graben und Wolfsgruben vor dem Dorfe, als der Redute bei demselben.

Der dritte Angrif gegen Pilsnitz war der heftigste und dauerte länger als alle übrigen. Dies Dorf wird durch die Lohe in zwei Theilen abgesondert. Die Ufer dieses Flusses sind hier sehr steil, und das Terrein enge und schwer zu paßiren; außerdem war sowohl der Eingang als Ausgang durch Reduten gedekt. General Keuhl bekam Befehl, dies Dorf und die um daßelbe befindlichen Verschanzungen anzugreifen, und dabei sollte er durch den linken Flügel des zweiten Treffens der Kavallerie, den der Graf Serbelloni kommandirte, unterstützt werden. Allein er ward wegen des beschwerlichen Terreins, der Stärke der Verschanzungen und durch die Tapferkeit des Feindes dreimal mit großem Verlust zurükgeschlagen. Endlich, ohngeachtet es schon finster war, machte er doch gegen 6 Uhr noch einen Angrif mit so anhaltender Bravour, daß der Feind gezwungen wurde, sich zurükzuziehen, und nach und nach das Dorf und die Reduten zu verlassen.

Wir glaubten, die Schlacht würde mit dem Tage ein Ende haben. Der Feind erschien aber noch einmal und avanzirte mit einer Kolonne gegen Klein-Mochber, um den Regimentern Erzherzog Joseph und Leopold in die Flanke zu kommen. Da diese aber durch sechs Grenadierkompagnien, die unter dem General Sprecher in den Reduten standen, unterstützt wurden, so machten sie so geschikte Manövers, daß sie den Feind so lange abhielten, bis das Infanterieregiment Prinz Karl und das Kavallerieregiment Luchesi Zeit gewannen herbei zu kommen. Dadurch sahe sich der Feind endlich genöthigt, sich ein für allemal zurükzuziehen.

Nicht weit von Pilsnitz hatte der Feind auf der rechten Seite der Lohe einen starken Verhau, der sich bis an die Oder erstrekte. Der Oberste Brentano sollte ihn mit seinen Kroaten, die durch 1000 Mann regulairer Truppen unterstützt wurden, angreifen. Er hatte das Glük durch denselben zu bringen, allein da wir noch nicht im Besitz von Pilsnitz waren, so sahe er sich genöthigt, sich mit einigem Verlust zurükzuziehen. Nicht lange darauf aber machte er einen neuen Angrif, und da zu gleicher Zeit unser linker Flügel gegen Pilsnitz avanzirte, so drang er durch den Verhau und brachte den Feind in keine geringe Verwirrung.

Der Generalmajor Beck wurde mit einem beträchtlichen Korps über die Oder geschikt. Nachdem er den Feind aus verschiedenen Dörfern getrieben, die er besetzt hatte, kanonirte

Feldzug im Jahre 1757.

nirte er des Feindes rechten Flügel von der andern Seite der Oder in der Flanke und im Rücken.

Das bisher erzählte ward durch die Armee ausgeführt, die während der Belagerung von Schweidnitz in dieser Gegend gestanden hatte. Außer diesen verschiedenen Attaquen, erhielt der General Nadasti Befehl, die Armee, die er bis auf wenige Bataillons bei gedachter Belagerung kommandirt, und die durch vier Regimenter verstärkt wurde, in drei Theile zu theilen. An der Spitze derselben sollten die Grenadier marschiren und durch einige Brigaden unterstützt werden, um gleich nach dem Uebergang über die Lohe den feindlichen linken Flügel anzugreifen, der ihnen gegen über stand. Diesem gemäs ließ er das Dorf Hartlieb, welches der Feind mit Infanterie und Kavallerie besetzt hatte, schon den 21ten wegnehmen; den 22ten ging er mit Tagesanbruch über die Lohe und formirte seine Armee mit dem rechten Flügel an Oltaschin und dem linken gegen Krittern, wo zugleich die Reserve-Artillerie angestellt wurde. Der Feind, dessen Kavallerie sich auf der Ebene von Dürjahn ausbreitete, gab sich viel Mühe unserm Korps in die Flanke zu kommen, welches aber durch die geschikten Vorkehrungen des General Nadasti vereitelt wurde.

Unterdessen griff der General Wolfersdorf mit 16 Grenadierkompagnien das Dorf Kleinburg an, schlug den Feind heraus, nahm ihm eine Kanone ab, und rükte bis Woisiwchitz vor. Die sächsische leichte Kavallerie, die auf dem rechten Flügel stand, machte sich fertig vorzurükken; da aber der Abend heran kam, und die feindliche Kavallerie auf einer kleinen Anhöhe hinter einigen Redouten sehr vortheilhaft gestellt war, so glaubte der General Nadasti, es würde von keinem Nutzen seyn, noch weiter etwas zu unternehmen.

Während dieser Zeit grif der Feind Kleinburg mit sieben Bataillonen und etwas Kavallerie an; nachdem er es in Brand gestekt, zog er sich nach den Anhöhen hinter den Redouten zurük. In dieser Stellung blieb er so lange, bis er gewahr wurde, daß der übrige Theil seiner Armee sich zurük zog. Hierauf folgte er derselben und ging durch Breslau über die Oder. Wir haben 36 Kanonen, ohngefehr 600 Gefangene und 6000 Ueberläufer bekommen.

Die preußische Erzählung von dieser Schlacht ist in vielen Stükken sehr unrichtig. Besonders wenn darin gesagt wird, der österreichische rechte Flügel sey nicht allein geschlagen worden, sondern habe auch das Feld verlaßen, und sich nach Neumark zurük gezogen, welches einige Meilen davon ist. Beides ist falsch und lächerlich. So lautet sie indessen:

Nachdem die Oestterreicher Schweidnitz weggenommen und das Belagerungskorps zur Hauptarmee bei Lissa gestoßen war, beschloßen sie das Korps unter dem Herzog von Bevern

Bevern anzugreifen, ehe ihm der König zu Hülfe kommen konnte. Sie wußten, daß er des Haddik- und Marschallschen Korps ohngeachtet, schon durch die Lausnitz gegangen war. Dieser Angrif geschahe auch wirklich den 22sten des Morgens um 9 Uhr. Der Feind war wenigstens dreimal so stark als wir, wovon man sich aus den Zeitungen überzeugen kann, die sie selbst verbreitet hatten: Ueberdies stand noch ein besonderes Korps unter den General Nadasti unserm linken Flügel gegen über. Der Angrif ging so schlecht von statten, daß der österreichische rechte Flügel völlig geschlagen und gezwungen wurde sich gegen Neumark zurük zu ziehen. Generallieutenant Ziethen, der unsern linken Flügel kommandirte, schlug ebenfalls das Korps unter Nadasti, so daß der Feind die Schlacht schon verlohren gab, weil er an verschiedenen Orten zurük geschlagen wurde. Da aber auf unserm rechten Flügel einige Regimenter stark gelitten hatten, so hielt der Herzog von Bevern es für das beste, das Schlachtfeld zu verlaßen, welches wir bis um 5 Uhr behauptet hatten, und sich in das alte Lager zu setzen, die Nacht aber über die Brükke in der Stadt Breslau über die Oder zu gehen. Da die Oesterreicher fanden, daß alles bis Breslau verlaßen war, kehrten sie wieder um, und besetzten das Schlachtfeld, welches wir zu ihrem großen Erstaunen ihnen abgetreten hatten. Unser Verlust ist sehr mittelmäßig; nach glaubwürdigen Nachrichten sollen die Oesterreicher 20,000 Mann verloren haben.

Den 23sten blieben wir hinter Breslau. Den 24sten ritte der Herzog von Bevern in Begleitung eines einzigen Knechts aus, um den Feind zu recognosciren, und stieß auf ihre Vorposten, die ihn gefangen nahmen. Da man lange auf die Ankunft des Herzogs vergebens gewartet hatte, übernahm der Generallieutenant Kyau das Kommando über die Armee. General Lestwitz, der nach dem Befehl des Königs als Kommandant in der Stadt zurük bleiben mußte, konnte sich in einem so weitläufigen und schlecht befestigten Orte nicht lange gegen eine so zahlreiche Armee halten. Daher mußte er nur zufrieden seyn, daß ihm erlaubt wurde, mit der Garnison und den Kranken, die wir in Breslau zurük ließen, bis Glogau zu gehen.

Die Oesterreicher verlohren in dieser Schlacht 666 an Todten, unter denen ein General war. 4620 nebst fünf Generalen wurden verwundet, 437 vermißt; 400 Pferde waren todt, verwundet und vermißt.

Die Preußen gaben ihren Verlust nicht an.

Betrach=

Feldzug im Jahre 1757.

Betrachtungen über die Schlacht bei Breslau und die vorhergehenden Operationen.

Es ist bereits angemerkt worden, daß sich bei jedem Lager ein gewisser wesentlicher Punkt befinde, den man den Schlüssel zu demselben nennen kann, weil von ihm die Stärke des Lagers unmittelbar abhängt. Eben dieses gilt auch von den übrigen Stellungen. In einem ganzen Lande ist oft keine einzige, die einen General in den Stand setzen könnte, seine Absicht völlig zu erreichen. Die Wahl dieses Punkts hängt in Rüksicht auf Stellungen von dem Zwekke ab, den ein General vor Augen hat, und muß bestimmt werden durch die Lage seiner Magazine, und endlich durch die Stärke und Gattung seiner Truppen, um nicht allein an und für sich eine gute Stellung, sondern auch, wenn er angegriffen wird, ein gutes Schlachtfeld zu haben.

Der Herzog von Bevern hatte einen doppelten Endzwek: der erste und vornehmste war Schlesien, besonders aber Breslau, Schweidnitz und Neiße zu bedken, gegen die der Feind allein seine Operationen richten konnte; der zweite war eigentlich nur eine Nebenabsicht und von weit geringerem Belange, nemlich: die Gemeinschaft mit der Elbe offen zu erhalten; theils um mit dem Könige im Einverständniß zu agiren, theils um seinen Unterhalt zu bekommen, den er größtentheils aus Dresden herbei schaffen mußte. Das Lager, welches er bei Bernstädtel genommen, entsprach demselben einigermaßen, ob es gleich ein wenig zu weit zurük lag. Denn er konnte allemal eher an die Elbe oder in Schlesien kommen, als der Feind, wenn er rechts über Löbau und Bautzen, oder links über Lauban und Löwenberg und so weiter nach Schweidnitz oder Breslau marschirte. Diese Stellung hatte nur den einzigen Fehler, daß der Feind, der ihm so weit überlegen war, ein starkes Korps in die Gegend von Bautzen schikken, und seine Zufuhren von der Elbe beunruhigen oder auffangen konnte. Diesem konnte indessen vorgebeugt werden, wenn ein starkes Korps Kavallerie mit einigen leichten Truppen bei Bautzen und eben so eins bei Löbau wäre gesetzt worden. Auf diese Art hätte er eine Kette von seinem rechten Flügel bis an die Elbe ziehen, und seine Stellung so lange als möglich behaupten können und müssen. Dadurch würde er dem weitern Vorschreiten des Feindes Einhalt gethan haben.

Statt dessen aber verließ er es, und nahm ein anderes noch weiter zurük bei der Landskrone ohnweit Görlitz. Die Folge davon war, daß er sogleich die Gemeinschaft mit der Elbe verlohr, und die mit Schlesien nur mit vieler Mühe erhalten konnte. Indessen hätte er dem Feinde noch immer zuvorkommen, und eher bei Schweidnitz oder Breslau

lau seyn können, wenn er, anstatt über Langenau, Lauban, Naumburg, Bunzlau, Haynau und Lignitz zu marschiren, über Lauban, Löwenberg, Goldberg und Jauer gegangen wäre. Der König that dies in dem folgenden Jahre nach der Schlacht bei Hochkirchen unter weit schlimmern Umständen; denn die ganze österreichische Armee stand in seinem Angesicht bei der Landskrone, dennoch aber ging er trotz derselben über die Neiße und den Queis nach Oberschlesien, und zwang den Feind die Belagerung von Neiße aufzuheben. Hätte also der Herzog von Bevern diesen Weg genommen, oder wäre auch nach Liebenbahl zwischen Greifenberg und Löwenberg gegangen, und hätte ein starkes Korps auf der rechten Seite des Queißes zwischen Marklissa und Greifenberg gesetzt, so wäre es dem Feinde unmöglich gewesen einen Schritt weiter vorwärts zu gehen. Er konnte nicht zwischen seinem linken Flügel und dem Riesengebürge durchgehen, weil keine Straße daselbst ist. Noch weniger konnte er, ohne seine Armee einem völligen Untergange auszusetzen, rechts neben ihm vorbei nach Löwenberg und Lignitz marschiren, und ihn Meister von den unendlichen Defileen und hohen Gebürge lassen, welche Böhmen von Schlesien trennen, und woher er allein seinen Unterhalt ziehen konnte. Er mußte daher entweder auf der Stelle stehen bleiben, oder eine Schlacht wagen. Diese konnte aber der Herzog in einem so starken Lager, wie das bei Liebenbahl, leicht annehmen, oder auch von sich ablehnen, und sich nach und nach über Lahn und Jauer nach Strigau und Schweidnitz zurük ziehen. Bei allen diesen Orten kann man Läger nehmen, aus denen man nicht mit Gewalt vertrieben werden kann. Das Land ist so voll natürlicher Hindernisse, als Hekken, Zäune, Gräben Feldgärten ꝛc. die fähig sind, den Zusammenhang einer Armee zu trennen, so daß die Zahl wenig hilft, weil man nicht alle Truppen zum Gefechte bringen kann. Durch den Marsch, den er aber nahm, überließ er dem Feinde die Straße, die für ihn die beste war, und dieser bekam dadurch Gelegenheit ihm zuvor zu kommen. Bei seiner Ankunft bei Lignitz fand er also, daß die Oesterreicher ihre Stellung zwischen ihm und Jauer genommen und ihn dadurch von Schweidnitz, Breslau und ganz Oberschlesien abschnitten. In der That ging er hernach doch noch nach Breslau. Allein man muß es seinem außerordentlichen guten Glükke zuschreiben, daß der Feind noch einen größern Fehler machte. Als er bei Breslau ankam, hätte er unserer Meinung nach die besten Effekten und Kriegsgeräthschaften nach Glogau schikken, und mit der Armee nach Schweidnitz gehen sollen. Der Feind mußte ihm folgen; denn wenn er auch Breslau wirklich eingenommen hätte, so konnte er es doch nicht behalten, so lange der Herzog Meister von Schweidnitz und den Defileen nach Böhmen war. Durch kein Manöver aber konnten die Oesterreicher ihn zwingen diese Stadt und die herum liegende Gegend

zu

zu verlaßen. Gesetzt auch, sie wären Herren von Breslau geblieben, so konnten sie doch ihre Armee nicht in die Winterquartiere gehen laßen, weil er hinter ihnen im Besitz einer Kette von Festungen war, und mit seiner Armee zwischen ihnen und ihrem Lande stand, und ihnen dadurch die Gemeinschaft mit demselben und selbst mit der Hauptstadt abschnitten. Sie würden also genöthigt gewesen seyn, Schlesien zu verlaßen, und sich nach Böhmen zurük zu ziehen. Dieses war aber nicht so leicht; weil die preußische Armee zwischen ihnen und diesem Lande stand, und sie die starken Festungen Schweidnitz, Glatz und Neiße nebst den Defileen hinter sich hatten, durch welche sie nothwendig gehen mußten. Menschlich zu urtheilen, war es wahrscheinlich, daß ihre Armee bei einer so späten Jahreszeit und beständig vom Feinde beunruhigt und gezwakt umkommen mußte. Da der Herzog aber bei Breslau stehen blieb und Schweidnitz wegnehmen ließ, so gab er dem Prinzen Karl Gelegenheit, einen festen Posten in dem Lande zu bekomnen, der ihn hernach in den Stand setzte, seine Vortheile mit Sicherheit zu verfolgen. Dieses verursachte den Verlust der Schlacht bei Breslau, und dieser Stadt selbst: und hätte der Feind von allen diesen Vortheilen den gehörigen Gebrauch gemacht, so hätte dies den Verlust von ganz Schlesien nach sich ziehen können.

Ueberhaupt, so oft die Desterreicher etwas gegen dieses Land von der Lausnitz aus unternehmen wollen, können die Preußen, wenn sie die vorhin gedachte Stellung nehmen, nach unserer Meinung, mit einer unbeträchtlichen Armee alle ihre Entwürfe vereiteln.

In Rüksicht auf die Schlacht bei Breslau hätten die Preußen, nach unsern Gedanken, zu den verschiedenen Werken, welche sie in den sieben Wochen aufwarfen, die sie da standen, noch wo möglich durch Hülfe der Lohe eine Ueberschwemmung hinzu thun sollen. Dadurch wäre ihr Lager vollkommen gedekt gewesen. Das Lager selbst scheint nicht am besten gewählt zu seyn; denn der linke Flügel und Flanke waren nicht so stark als die Fronte; so daß, wenn der Feind seinen Hauptangrif in der Gegend unternommen hätte, wo hernach Nabasti stand, die Preußen ihr festes Lager hätten verlaßen und die Frucht ihrer langwierigen Arbeiten verlieren müßen, um Front nach der Seite zu machen, wo der General Ziethen stand. Hätte überdies der Feind sich der Anhöhen hinter Kleinburg und Gräbischen bemächtigt, so wäre die ganze preußische Armee zwischen der Lohe und der Oder eingesperrt gewesen, ohne Terrein genug zu haben, um darauf gegen den General Bek auf der andern Seite der Oder in ihrem Rükken und gegen die große feindliche Armee in der Fronte die erforderlichen Manövers machen zu können. Bei diesen Umständen würde es denn äußerst schwer geworden seyn, sich auch nur in Breslau herein zu ziehen. Ich glaube, sie hätten besser gethan, wenn sie sich mit dem rechten Flügel an Breslau gelagert und die nahe dabei und unter

ter den Kanonen der Festung liegenden Dörfer besetzt hätten. Der linke hätte alsdann bis auf die Anhöhen bei Kleinburg und Gräbischen ausgedehnt, diese aufs sorgfältigste befestigt und längst der ganzen Fronte Redoutten angelegt werden müssen.

In dieser Stellung konnte die Armee gar nicht forcirt, noch weniger die Stadt angegriffen werden, so lange sie dabei stand. Nachdem der Feind bei Groß-Mochber über die Lohe gegangen war, mußte der General Ziethen, anstatt seinen linken Flügel auszudehnen, im Gegentheil seinen rechten so nahe als möglich bis an Gräbischen verlängern, alle seine Infanterie und Artillerie auf die daselbst befindlichen Höhen und die Kavallerie an den Fuß derselben setzen; der Herzog von Bevern hingegen mußte sich mit seinem linken Flügel an diesen rechten schließen. Dadurch wäre der Feind, nachdem er über die Lohe gegangen, in die Flanke genommen worden, er mochte nun Gräbischen oder Klein-Mochber angreifen. Allein nach der wirklichen Disposition blieb ein leerer Raum zwischen dem rechten Flügel des Ziethenschen Korps und dem linken des Herzogs, wo der Feind durchbrach, und nur bei dem Angrif auf Klein-Mochber Schwierigkeiten vor sich fand. Dieser Zwischenraum war der Schlüssel zum Lager, und sobald der Feind im Besitz desselben war, konnte der Herzog von Bevern seine Stellung nicht länger behaupten, wenn er auch auf seinem rechten Flügel und in der Mitte den Feind geschlagen hätte. Denn, wenn die Oesterreicher, nachdem sie sich desselben bemächtigt, einen neuen und verstärkten Angrif machten, welches sie allemal thun konnten, so waren sie in seiner linken Flanke, und konnten ihn nach und nach in die Oder treiben. Schlug er hingegen in dieser Gegend den Feind zurük, so war die Schlacht gewonnen; denn wenn sie auch bei ihrem Angrif auf Pilsnitz und Schmiedefeld glüklich waren, so konnten sie doch nicht auf dem erfochtenen Terrein zwischen der Lohe, der Oder Breslau vor der Fronte und der preußischen Armee stehen bleiben. Sie hätten also diese Dörfer wieder verlassen und über die Lohe zurük gehen müssen.

Der Ausgang bestättigt meine Meinung. Der Feind hatte über den rechten Flügel und die Mitte keine großen Vortheile erhalten, dennoch mußte man sich zurük ziehen, weil er Gräbischen und Klein-Mochber weggenommen, und dadurch die linke Flanke des Herzogs gewonnen hatte. Blieb dieser in seiner genommenen Stellung, so konnte er leicht von Breslau abgeschnitten und in die Oder geworfen werden.

Das Verfahren des Prinzen Karls scheint so klug als thätig gewesen zu seyn. Indem er zwei Korps auf des Feindes Flanken sandte, zwang er ihn sein, festes Lager bei der Landskrone zu verlaßen, und weiter zurük zu gehen, um die Neiße und den Queis zu paßiren. Dieses brachte den Oesterreichern einen wesentlichen Vortheil, denn sie hatten nunmehr einen

nähern

Feldzug im Jahr 1757.

nähern Weg nach Breslau und Schweidnitz. Als Se. Königl. Hoheit bei Lignitz ankamen, hätten Sie nach unserer Meinung gleich den Feind angreifen, oder wenn Sie es für zu gefährlich hielten, 20,000 Mann abschikken sollen, um Breslau zu belagern, welches damals nur eine schwache Besatzung hatte. Mit dem übrigen Theil der Armee konnten sie die Belagerung dekken; dies war um so leichter, da sie dem Feinde so sehr überlegen waren, der, ohne eine Schlacht zu wagen, sich Breslau gar nicht nähern konnte.

Sobald der Herzog von Bevern Lignitz verließ und auf Steinau an der Oder marschirte, hätte der Prinz Karl ihm ein starkes Korps nachschikken, und mit der Armee nach Dyherrnfurt marschiren und daselbst verschiedene Brükken über die Oder schlagen lassen sollen, um auf der andern Seite nach Befinden der Umstände agiren zu können. Auf diese Art hätte er die Belagerung von Breslau dekken und den Feind hindern können, ihn dabei zu stören. Es ist schwer zu begreifen, warum er den Herzog zweimal die Oder paßiren, 15 Meilen marschiren und ihn bei Breslau zuvorkommen ließ, da er doch nur einen Weg von 7 Meilen zu machen hatte, ohne dabei genöthigt zu seyn, über einen Fluß zu gehn. Sein Betragen bei der Schlacht scheint ebenfalls nicht völlig mit den Regeln der Klugheit übereinzustimmen und Tadel frei zu seyn. Seine drei Attaquen waren gerade auf die stärksten Punkte des feindlichen Lagers gerichtet; er setzte sich dabei zugleich vielen Schwierigkeiten aus, als er die Lohe unter dem Feuer ihrer Verschanzungen paßirte. Hätte er hingegen einen falschen Angrif auf des Feindes rechten Flügel und Mitte gemacht, seinen linken Flügel bei Neukirchen und einige schwere Kanonen und Haubitzen dabei gesetzt, seine Linie nahe bei Groß-Mochber zwischen Operau und der Lohe gestellt, über die die Brükken vorher geschlagen werden konnten, und das Nadastische Korps dicht an seinen rechten Flügel gezogen, um ihn Feind mit einer Art von krummen Linie zu umschließen; so würde er die Dörfer und Verschanzungen, auf die der Feind seine Hofnung gesetzt hatte, und alle übrigen Schwierigkeiten vermieden haben, die bei dem Uebergänge eines Flusses aufstoßen, wenn dieser vor seinen Augen vorgenommen werden soll. Noch mehr; er würde ihn gezwungen haben, seine Verschanzungen zu verlassen und eine neue Stellung mit dem rechten Flügel an der Lohe und dem linken auf den Höhen hinter Kleinburg zu nehmen, wodurch er sich der Gefahr ausgesetzt hätte, von der bei Groß-Mochber und Neukirchen stehenden Artillerie der Länge nach beschossen zu werden. Verließ der Feind alsdann sein Terrein, welches nothwendig geschehen mußte, so hinderte die leichten Truppen nichts, es zu besetzen und ihn in den Rükken zu fallen. Alle diese Gründe scheinen zu beweisen, daß die Oesterreicher ihren Angrif von der Seite machen mußten, wo Nadasti stand, wodurch sie alle die Schwierigkeiten vermieden hätten, die sie hernach vor sich fanden. Hätte auch dieser General, anstatt seinen rechten Flügel weiter auszudehnen, seinen linken dicht an die Armee anschließen lassen, die bei Groß-Mochber über die Lohe ging, und wäre hernach mit seiner gewöhnlichen Thätigkeit zu Werke gegangen, so wäre die preußische Armee völlig verloren gewesen, oder in die Oder gejagt worden.

Die unmittelbare Folge dieser Schlacht war die Einnahme von Breslau mit ohngefähr 300,000 Gulden baaren Geldes und einer ungeheuern Menge vorräthiger Kriegsbedürfnisse.

X. Anmerkung.
Ueber die Operationen in Schlesien.

Ehe ich mich in eine etwas umständliche Prüfung der Gedanken des Verfassers über die Operationen des Herzogs von Bevern einlasse, wollen wir einen Blik auf den Zustand der preußischen Armee nach der Schlacht bei Kollin werfen, und so viel möglich ihre wahre Stärke zu bestimmen suchen. Ob man nun zwar in diesem Stüke nicht alle Kleinigkeiten mitnehmen kann, so wird doch der Fehler in Rüksicht auf das mehr oder weniger von keiner Erheblichkeit seyn.

Es ist bereits gezeigt worden, daß im Anfange des Feldzugs die ganze preußische Armee in Böhmen aus 106 Bataillonen
und 163 Schwadronen

bestand, wenn man die von den Sachsen übernommenen 2 Schwadronen Garde du Corps mit dazu rechnet.

Davon gingen nun nach der Schlacht ab, die vier Bataillonen
   1 Würtemberg   1 Gren. B. Möllendorf
   1 Kalckreuth   1 — — Alt-Billerbeck.
welche in Gabel gefangen wurden.

Der König hatte   32 Bataillonen
        43 Schwadronen

L Anmerk. Ueber die Operationen in Schlesien.

mitgenommen, unter denen aber die 3 Bataillonen Anhalt nur 2, und das Regiment Hülsen 1 ausmachten, und das erste Bataillon Garde nicht gerechnet ist, so daß man diese Armee eigentlich 35 Bataillonen annehmen muß. Der General Grumbkow war mit den Regimentern Kreutz, Fouquet und 1 Kursel und den Husaren von Warnery nach Schlesien detaschirt, 2 Moritz und 2 Bevern waren nach Pommern gegangen. Es blieben daher dem Herzoge noch 58, nehmlich: 15 Grenadier und 43 Musquetier Bataillonen und 110 Schwadronen übrig. Unter diesen waren aber einige sehr schwach, so daß aus zwei nur ein Bataillon gemachet werden konnte. Diese waren die Grenadier-Bataillons Nimschefsky und Waldow, Kahlden, und Wangenheim, die Regimenter Kalckstein, Schultz, Treskow, Neuwied, Prinz Franz von Braunschweig, Prinz Heinrich, Markgraf Heinrich, Münchow, Seers, (oder Pionier). Daher denn zu der Zeit, da der König gegen die Reichsarmee gegangen war, die Armee unter dem Herzoge eigentlich nur aus 47 Bataillonen und 110 Schwadronen bestand.

Grenadier-Bataillonen.

1	{ Kahlden	1	Kleist
	{ Wangenheim	1	Hake
1	Unruh	1	Osterreich
1	Benkendorf	1	Schenkendorf
1	{ Nimschefsky	1	Plotz
	{ Waldow	1	Burgsdorf
1	Diringshofen	1	Manteufel
1	Anhalt		

Musquetier-Bataillonen.

2 — Prinz v. Preussen		2 — Lestwitz
1 — Pr. Heinrich		2 — Pannewitz
2 — Pr. Ferdinand		1 — Schultz
1 — Pr. Franz v. Braunschweig		2 — Hautcharmoi
1 — Markgraf Heinrich		1 — Münchow
1 — Alt-Würtemberg		2 — Brandeis
1 — Kalckstein		1 — Kalckreuth
2 — Asseburg		1 — Cursel
2 — Bornstädt		1 — Neuwied
2 — Manteufel		1 — Treskow
2 — Geist		1 — Pionnier
2 — Kannacker		

Oo 2   Kü-

Geschichte des siebenjährigen Krieges in Deutschland.

Küraffier.

5 Esq. Kyau			5 Esq. Pr. v. Schöneich	
5	—	Alt-Krokow	5 — Markgr. Friedrich	
5	—	Karabiniers	5 — Gesler	
5	—	Pr. v. Preussen	5 — Bar. Schöneich	

Dragoner.

10 Schwab. Bareuth	5 Schwab. Jung-Krokow
5 — Würtemberg	5 — Stechow
5 — Norman	

Husaren.

10 — Ziethen	10 — Werner
10 — Seidlitz	10 — Puttkammer

Um nun die Stärke dieser Armee beurtheilen zu können, will ich den Verlust der Bataillonen, den sie in den Schlachten bei Prag und Lowositz und andern Gelegenheiten erlitten, hersetzen, so wie solcher in den öffentlichen Nachrichten angegeben wird. Nehmlich:

Gren. Bat. von Kahlden	317	Gren. Bat. v. Wangenheim	238
— — Unruh	40	— — Ingersleben	142
— — Nimschefsky	673	— — Osterreich	410
— — Waldow	366		
Regiment Pr. v. Preussen	48	Regiment Hautcharmoi	456
— Kalckstein	967	— Markgr. Heinrich	67
— Münchow	929	— Treskow	225
— Schultz	865	— Brandeis	28
— Pr. Heinrich	848	— Kalckreuth	205
— Wied	1014	— Geist	736
— Manteufel	619	— Pr. Franz v. Braunschw.	504
— Bornstädt	738	— Kannacher	104
— Lestwitz	556	— Alt-Würtemberg	348

Da auch jedes der Regimenter Seers und Markgraf Heinrich nur ein Bataillon ausmachten, so kann man den Verlust eines jeden auch auf 800 Mann rechnen. Dieses giebt also eine Summe von 13097 Mann bei der Infanterie, ohne was gestorben und desertirt war, und in den Lazarethen als krank lag. Da nun die Desertion sehr stark ein-

X. Anmerk. Ueber die Operationen in Schlesien.

eingeriffen war, so werde ich darauf gewiß 10,000 Mann rechnen können, und was bei andern Gelegenheiten und durch Krankheiten verloren gegangen, auch noch in den Lazarethen zerstreut lag, auf 8000 Mann. Dies giebt eine Summe von 31000 Mann, die von dem kompleten Stand der Bataillonen abgerechnet werden muß. Man muß aber bei dieser Rechnung voraussetzen, daß alle Bataillonen die Augmentation erhalten; denn für die schlesischen Regimenter kam sie unter dem General Fouquet im Lager bei böhmisch Leipa an. Nach dieser Voraussetzung machten also

    15 Gren. Bataillonen   11295
    46 Musq. Bataillonen   41400
    in allen   52695 Mann

Zieht man hiervon die obige Summe von 31000 Mann ab, so bleibt die **Stärke der Infanterie bei der Armee** 21695 aufs höchste

Rechnet man noch dazu 4 Freibataillons Le Noble, Angenelli, Kalben und Chaussignon, und jedes zu 500 Mann; desgleichen 300 Jäger und etwa 600 Artilleristen: so war die ganze Infanterie 24595 oder in einer runden Zahl 25000 Mann. Jede Schwadron Kavallerie kann man aus eben dem Grunde nicht höher als 100 Mann rechnen, und dann wäre die ganze Kavallerie ohngefähr 11000 Mann stark gewesen. Demnach war die Armee unter dem Herzog von Bevern nicht stärker als ohngefähr 36000 Mann, mit der er der großen Oesterreichischen, die wenigstens 90 bis 100,000 Mann stark war, die Spitze bieten sollte.

Bei einer so großen Ueberlegenheit des Feindes schien nicht daran zu denken zu seyn, zu gleicher Zeit die Gemeinschaft mit der Elbe und Schlesien zu erhalten; besonders da der Herzog in der Gegend kein beträchtliches Magazin hatte, und der Strich zwischen Bautzen, Löbau und Görlitz größtentheils ausfouragirt war. Dresden war das nächste Magazin, aus dem man das nöthige Mehl zum Brodte hernehmen konnte. Da es aber 6 gute Meilen von Bautzen entfernt ist, so mußte allemal eine starke Bedeckung mitgegeben werden; und wäre nur eine Zufuhr aufgehoben worden, so gerieth dadurch die Armee in die größte Verlegenheit, weil eine jede nur hinreichte, dem Mangel abzuhelfen, ohne einen Vorrath auf einige Tage mitzubringen. Der Herzog mußte also suchen eine solche Stellung zu gewinnen, wo er mit den nöthigen Bedürfnissen versehen werden konnte, ohne nöthig zu haben große Detaschementer abzuschicken, um seine Zufuhren zu decken. Folglich mußte er sich entweder näher an die Elbe oder tiefer in Schlesien hinein ziehen; so daß er die großen

Magazine in Breslau und Schweidnitz hinter sich hatte. Das erstere schien gar nicht dem Endzwekke zu entsprechen, zu dem ihn der König zurükgelassen hatte, nehmlich: zu verhindern, daß der Feind nichts von Erheblichkeit in Schlesien unternehmen könnte; es blieb ihm daher in der That nichts übrig, als sich nach Schlesien zu wenden.

Wenn wir die Gedanken zergliedern, die Lloyd über die Stellung des Herzogs bei Bernstädtel äußert, so scheinen sie eben nicht die richtigsten zu seyn. Er sagt erstlich: das Lager habe zu weit rükwärts gelegen. Dieses rükwärts muß sich auf etwas beziehen, oder es ist kein Sinn in dem ganzen Ausdrukke. Bezieht es sich auf die österreichische Armee, so sehe ich nicht, wie der Herzog ein Lager nehmen konnte, das näher gewesen wäre. Die Oesterreicher standen bei Zittau, und hatten ein starkes Korps unter Nadasti jenseit der Neisse. Wollte er ihnen also näher seyn, so hätte er seine Stellung entweder bei Ostritz, oder da nehmen müssen, wo der König vorher gestanden. Dadurch aber entfernte er sich von Bautzen, wo er seine Bäkkerei hatte, und die Zufuhren wurden immer beschwerlicher. Auch wäre es den Oesterreichern leicht gewesen, ein starkes Korps über Löbau nach Bautzen zu schikken, welches ihn sogleich genöthigt haben würde, sich dieser Stadt zu nähern, und sich dadurch weiter von Schlesien zu entfernen. Bezieht sich hingegen das Rükwärts auf Schlesien, so sieht man wieder nicht, wo der Herzog sich näher an diesem Lande stellen sollte, um zugleich die Gemeinschaft mit der Elbe zu erhalten. Das Lager aber, was er nehmen konnte, sollte nach Lloyds Meinung, so beschaffen seyn, daß er sowohl die Gemeinschaft mit Schlesien als der Elbe behaupten konnte. Wenn dies noch auf irgend eine Art wenigstens eine Zeitlang geschehen konnte, so scheint in der That die Stellung bei Görlitz die einzige gewesen zu seyn, bey der es möglich war. Denn alsdann konnte der Herzog eher bei Lauban seyn als die Oesterreicher, und ihnen wenigstens immer zur Seite bleiben, wenn sie mit der ganzen oder doch dem größten Theil der Armee gegen die Elbe marschirten. Hätte aber der Herzog darauf bestanden, im Lager bei Bernstädtel so lange als möglich stehen zu bleiben, so konnte er gewiß nicht den Oesterreichern zuvorkommen, sobald sie auf den Einfall kamen, über Lauban nach Schlesien zu gehen. Denn sobald sie das Nadastische Korps dergestalt verstärkten, daß es dem Winterfeldtschen um ein großes überlegen war, welches sie allemal thun konnten, und es hernach bei Seidenberg Posto fassen ließen, so konnten sie allemal eben so geschwinde nach Lauban kommen, als der Herzog, und vielleicht noch eher, weil dieser erst über die Neisse gehen mußte, um sich mit dem Winterfeldtschen Korps zu vereinigen. Ging nun der Herzog auch dahin, so hätte es müssen zu einer Schlacht kommen, die der Herzog vielleicht aus guten Ursachen vermeiden wollte. Die Detaschemen-

X. Anmerk. Ueber die Operationen in Schlesien.

menter bei Löbau und Bautzen, die der Herzog nach Lloyd machen sollte, um die Gemeinschaft mit der Elbe zu erhalten, würden schwerlich ihre Absicht erreicht haben. Da sie größtentheils aus Kavallerie bestehen sollten, so wäre es den Oesterreichern leicht gewesen, sie zu vertreiben, sobald sie einige Bataillons Infanterie gegen sie anrükken ließen.

Eine schwache Armee kann überhaupt wenig Detaschementer ausschikken; weil diese gegen einen überlegenen Feind allemal der Gefahr ausgesetzt sind, abgeschnitten oder nach und nach einzeln (en detail) angegriffen und geschlagen zu werden. Die Stellung, welche die Armee des Herzogs angenommen hatte, schien an und für sich schon etwas gewagt zu seyn. Es stand nehmlich der General Winterfeldt jenseit der Neisse zwischen Rabmeritz und Buhra, mit 15 Bataillonen Infanterie und 45 Schwadronen Kavallerie gegen den General Nadasti. Bei Bautzen stand der Prinz Franz von Braunschweig mit 10 Bataillonen und einigen Schwadronen Kavallerie, um die Bäkkerei und die Zufuhren von Dresden zu dekken. Im Mittelpunkt stand der Herzog bei Schönau und Bernstädtel, mit dem Ueberrest. Seine Armee war also auf einem Raum von sechs Meilen zerstreut, und jedes Korps zu schwach, einen beträchtlichen Widerstand zu thun, sobald sich der Feind seine Uebermacht zu Nutze machte und eins davon angrif, während er die übrigen beobachten ließ, und verhinderte, daß eins dem andern unterdessen zu Hülfe kommen konnte.

Bei einer kleinen Armee scheint es daher ein Grundsaz zu seyn, beständig mit der ganzen Masse zu agiren; denn in diesem Falle kann sie nur allein auf Unternehmungen denken. Sie muß es aufgeben, dabei alles dekken zu wollen, und nur darauf denken, wie sie dasjenige erhalten will, wovon der Erfolg des ganzen Feldzuges abhängt. Läßt sie sich ins Detaschiren ein, so benimmt sie sich selbst alle Mittel, bei einer günstigen Gelegenheit, einen entscheidenden Streich auszuführen. Es scheint, daß sie ihre Augen allemal auf die feindliche Hauptarmee richten und sehr aufmerksam seyn müsse, jeden falschen Schritt derselben sich zu Nutze zu machen. Wenn sich der Feind zum Beispiel einfallen läßt, gewisse Korps von seiner Armee zu detaschiren, um irgendwo eine Diversion zu machen, oder etwas gegen ein oder das andre Magazin, oder eine Festung zu unternehmen; so giebt er dadurch zuweilen Gelegenheit, daß sein Gegner ihn mit seiner ungleich schwächern Armee angreifen kann. Wird er nun geschlagen, so müssen seine Korps wieder zurük, und alle seine weit aussehenden Entwürfe werden zu Wasser. Auch kann eine kleine Armee dabei zuweilen Gelegenheit finden, einem oder dem andern detaschirten Korps auf den Hals zu fallen, ehe es von der Hauptarmee unterstüzt werden, oder sich zurükziehen kann; so wie es der Prinz Heinrich 1759 bei Hoyerswerda mit dem General Vela und in eben diesem Jahre

mit

mit dem General Gemmingen bei Dommitſch machte. Ein paar dergleichen glükliche Streiche geben öfters der ſchwächern Armee die Superiorität über eine ungleich ſtärkere, und nöthigen dieſe mit mehrerer Vorſicht zu Werke zu gehen.

Es ſcheint alſo, daß der Herzog ſuchen mußte, ſeine verſchiedenen Korps wieder zuſammen zu ziehen, ſo bald es nur die Umſtände erlaubten. Auch hatte ihm der König die Inſtruktion gegeben, daß, ſobald die Fourage in der Gegend aufgezehrt ſeyn würde, er ſich nach Görlitz ziehen und daſelbſt ein feſtes Lager nehmen ſollte. *) Um aber daſelbſt eine Zeitlang ſtehen bleiben zu können, mußte noch eine Zufuhre von Dresden erwartet werden, die 700 Winſpel Mehl mitbringen ſollte, wozu der König ſchon die nöthigen Befehle gegeben hatte. Wäre dieſe angekommen, ſo hätte die Armee ſich einen Vorrath von Brodt auf 10 bis 12 Tage verſchaffen können, um auf alle Fälle bereit zu ſeyn. Der Herzog verließ daher den 3 iten Auguſt ſein Lager bei Bernſtädtel und Alt-Schönau und der General Winterfeldt das ſeinige bei Radmeritz, und zogen ſich, erſterer nach der Landskrone und letzterer jenſeit der Neiſſe bis Moys zurük, wo Brükken über den Fluß geſchlagen wurden, um die Gemeinſchaft beider Armeen zu unterhalten. Lloyd ſagt zwar, der Herzog habe den General Winterfeldt über die Neiſſe detaſchirt. Dieſes iſt aber falſch; denn dieſer blieb von der Zeit an, da er von dem Könige im Lager bei Tittelsdorf den 17ten Auguſt herüber geſchikt wurde, beſtändig jenſeit dieſes Fluſſes. Das bei Bautzen ſtehende Korps konnte aber nicht eher als den 7ten zur Armee ſtoßen, weil die Zufuhre von Dresden erſt den 3ten September bei Bautzen ankam. Mit dieſer brach der Prinz von Braunſchweig den 5ten auf und brachte ſie auch ohne einigen Verluſt nach Görlitz: aber anſtatt 700 nur 300 und etliche 40 Wiſpel. Da nun jeder Scheffel 100 Pfund, folglich jeder Wiſpel 2400 Pfund oder 1200 tägliche Portionen giebt, und man rechnet, daß die ganze Armee täglich 45000 Portionen à 2 Pf. mit Inbegrif aller Knechte und übrigen Mannſchaften, die ſich dabei befanden, gebrauchte; ſo reichte dieſes nur auf 9 Tage zu. Folglich konnte die Armee nach Empfang dieſer Zufuhre nur ſo lange bei Görlitz ſtehen bleiben, bis das Mehl verbakken war und mußte alsdann ſogleich aufbrechen, um ſich vor Aufzehrung des vorräthigen Brodtes einem andern Magazine zu nähern, aus dem ſie aufs neue verpflegt werden konnte. Daher wurde auch den 7, 8, und 9ten fleißig gebakken, und ſodann den 10ten mit der Armee aufgebrochen und nach Buntzlau marſchirt.

Es

---

*) Bellona 6tes Stük.

X. Anmerk. Ueber die Operationen in Schlesien.

Es ist kein Zweifel, daß der Herzog den Oesterreichern zuvorkommen und eher als sie bei Breslau oder Schweidnitz seyn, auch das Lager bei Liebenbahl nehmen konnte: und in der That erreichte er auch an eben dem Tage, nehmlich den 19ten, Lignitz, als der Prinz Karl bei Jauer ankam. Er konnte von hier gleich nach Breslau marschiren, wenn er nicht theils durch das in Lignitz befindliche große Fouragemagazin, theils auch, um aufs neue Brodt backen zu lassen, bewogen worden wäre, sich einige Tage daselbst zu verweilen, um es lieber größtentheils aufzuzehren, als es dem Feinde zu überlassen. Durch diese Stellung war er auch eben nicht von Breslau abgeschnitten, sondern wurde es erst durch die nachhärigen Bewegungen des Feindes.

Ohngeachtet der Herzog die Unthätigkeit der Oesterreicher schon aus der Erfahrung kennen mußte, so konnte er doch nicht seine Operationen lediglich auf diese Voraussetzung gründen. Ihre große Uebermacht setzte sie in den Stand, allemal mit zwei großen Armeen zu agiren. Wenn er daher das Lager bei Liebenbahl nahm, so konnte er dies doch nicht lange behaupten, so bald der Feind mit der Hauptarmee über Lauban auf Bunzlau vorrükte und ein starkes Korps bei Markliffa stehen ließ, um Böhmen zu decken. Denn die Oesterreicher zogen damals ihre Lebensmittel über Gabel und Reichenberg auf Zittau und von da weiter zur Armee. Bei dieser Stellung lief er auch Gefahr von Glogau und der Mark abgeschnitten zu werden, und daher konnte er seine Zufuhren lediglich von Breslau und Schweidnitz bekommen. Beide Oerter waren aber so weit, daß er ohne eine starke Bedeckung allemal befürchten mußte, eine oder die andre zu verlieren. Da ferner der General Janus schon mit einem ansehnlichen Korps in der Gegend von Landshut und Freiburg stand, so wären seine Transporte von Schweidnitz vielen Anfällen ausgesetzt gewesen, und er hätte ein Korps detaschiren müssen, um jenseit Jauer auf die Bewegungen dieses Generals ein Auge zu haben. Eben so hätte er auf der Straße nach Breslau ein anderes Korps zur Erhaltung der Gemeinschaft mit diesem Orte setzen müssen. Dadurch würde aber seine Armee geschwächt worden seyn, und der Feind hätte vielleicht Gelegenheit bekommen, etwas entscheidendes gegen ihn zu unternehmen. Da dieses nun bei der Schwäche seiner Armee eine etwas bedenkliche Sache war, so würde er bald gezwungen gewesen seyn, sich nach Schweidnitz oder Breslau zurükzuziehen; und dann war zu bestimmen, welches von beiden für ihm bei der damaligen Lage der Sachen das vortheilhafteste war.

Schweidnitz wurde für eine starke Festung gehalten. In derselben befand sich eins der stärksten Magazine in ganz Schlesien; überdies fehlte es an keinem Stükke, was zur hartnäkkigsten Vertheidigung einer Festung gehört. Der General Grumbkow war schon voraus geschikt worden, um die schwache Besatzung zu verstärken und der Herzog hatte auch die Generale Fouquet, Brandeis und Rebentisch detaschirt, um so wohl diese als Breslau und Glatz noch in bessern Vertheidigungsstande zu setzen; auch wurde das aus den beiden Grenadierbataillonen Anhalt und Diringshofen zusammen geschmolzene Bataillon Diringshofen nebst dem Bataillon Kursel nach Glogau geschikt. Es befanden sich dadurch in Schweidnitz 11 Bataillons nehmlich: 2 Kreutzen, 2 Hautcharmoi, 1 Kursel, 4 Mütschephal, 1 Jung-Bevern, 1 Grenadierbataillon Dizelsky, und 10 Schwadronen Husaren von Warnery, die aber nicht mehr als 450 Pferde betrugen. Der Herzog konnte also mit Recht sich die Hofnung machen, daß sich der Kommandant auf das tapferste wehren und wenigstens 6 Wochen halten würde.

Mit Breslau hingegen war es ganz anders beschaffen. Diese Stadt konnte für nichts weniger als eine Festung gehalten werden. Sie war bloß mit einem alten obgleich tüchtigen Walle, einigen Bastionen nach der alten Manier und einem bedekten Wege ohne Palisaden umgeben; die Courtinen waren größtentheils durch keine Ravelinen gedekt. Eine weitläuftige Vorstadt umschloß dieselbe. Diese hätte müssen zum unersetzlichen Schaden der Einwohner abgebrandt werden, so bald der Feind zu einer förmlichen Belagerung schritte, und der Kommendant sich bis auf den letzten Mann wehren wollte. Dieser hatte aber dazu eine schwache Besatzung, die aus der schlechtesten Infanterie bestand, nehmlich 1 Bataillon Jung-Bevern, und 1 Garnisonbataillon von Lange. Diese reichten kaum hin den 3ten Theil des weitläuftigen Umfanges der Stadt einen Mann hoch zu besetzen. Sie war also der Gefahr der Ueberrumpelung ausgesetzt, und wenn der Feind nur einige zwekmäßige Anstalten machte, so konnte sie auch leicht mit Sturm eingenommen werden. Daher durfte man sich gar nicht die Rechnung machen, daß sie lange aushalten würde, so bald sich der Feind ihr näherte und sie keinen Entsatz zu hoffen hatte. Die Erhaltung dieser Stadt war indessen bei der damaligen lage der preußischen Angelegenheiten eine Sache von zu großer Wichtigkeit, als daß der Herzog nicht seine Aufmerksamkeit vorzüglich darauf richten sollte. Es befand sich in derselben erstlich eins der stärksten Magazine in Schlesien, wovon man sich leicht überzeugen kann, wenn man bedenkt, daß der Herzog mit seiner Armee über 7 Wochen daraus verpflegt werden konnte. Zweitens eine Niederlage von den vornehmsten andern Kriegsbedürfnissen. Beides verdiente, daß man darauf in allem Ernst Rüksicht nahm. Drittens konnte er durch Hülfe der Oder die Gemeinschaft mit Brieg und Oberschlesien und auf der andern Seite mit Glogau und einigermaßen, ob zwar unvollkommen, mit Sachsen erhalten. Viertens war er wenigstens Herr von dem ganzen Strich von Schlesien

zwischen

X. Anmerk. Ueber die Operationen in Schlesien.

zwischen Pohlen und dem rechten Ufer der Oder. Fünftens konnte er seine Infanterie mit Rekruten aus der Mark und die Kavallerie mit Pferden aus Pohlen versehen, welche sie höchst nöthig hatte. Sechstens konnte er sich leichter mit dem Könige vereinigen, wenn derselbe nach geendigter Expedition gegen die vereinigte Armee, aus Sachsen wieder nach Schlesien marschirte. Gesetzt auch endlich: der Feind hätte Schweidnitz erobert, so konnte er doch deshalb nicht Winterquartire in Schlesien nehmen, so lange noch der Herzog darin stand, weil die Festung Glatz ihm im Rükken lag, und er unmöglich in dem Gebirge allein den Winter über seinen Unterhalt finden konnte. Auch würde ihn der König bald genöthigt haben, ohne einmal eine Schlacht zu liefern, sich wieder nach Böhmen zu ziehen, so bald er sich mit dem Herzog vereinigte, wenn es auch mitten im Winter geschehen wäre.

Alle diese Gründe schienen also zu erfordern, daß der Herzog sich eher nach Breslau als nach Schweidnitz ziehen mußte; und da er bei seiner Ankunft bei Liegnitz zweifelhaft zu seyn schien, welches von beiden er erwählen müsse; so kann man es mit unter die Glüksfälle dieses Krieges rechnen, daß ihm die Oesterreicher durch ihre Manövers in die Nothwendigkeit setzten, diesen Entschluß vorzüglich vor allen andern zu fassen.

Wenn man auch zugiebt, daß auf der Seite von Schlesien bei den Operationen bei der Armeen Fehler vorgegangen sind, so sind diejenigen, in die der Herzog vielleicht verfallen, Nichts gegen die Fehler der ihm entgegen gesetzten Generale. Im Kriege muß man Unglüksfälle gleich vom Anfange mit in die Rechnung bringen, oder man läuft Gefahr durch sie, wenn sie unvermuthet eintreten, aus aller Fassung und in eine Verlegenheit gebracht zu werden, aus der man sich zuweilen nicht anders als durch die zu gleicher Zeit begangenen Fehler des Feindes herauswikkeln kann.

Wenn man annimmt, daß der König glaubte, seine Operationen gegen die vereinigte Armee wenigstens mit Ausgang des Oktobers geendigt zu haben, um alsdenn sogleich nach Schlesien zurükkehren zu können; so kam es lediglich nur darauf an, daß sich der Herzog durch gute Manövers bei der großen Ueberlegenheit des Feindes bis dahin durchzuwikkeln suchte. Untersucht man nun das Verfahren desselben, so wird man leicht finden, daß er diesen Entzwek vollkommen erreichte. Nur durch die zu frühzeitige Uebergabe von Schweidnitz wurden seine Hofnungen vereitelt. Dies konnte aber nicht vermuthen, und wenn diese Festung sich in der That nur 5 Wochen, von Eröfnung der Laufgräben an gerechnet, gehalten hätte, so würden nach aller Wahrscheinlichkeit die Oesterreicher gezwungen gewesen seyn, die Belagerung aufzuheben; weil der König bereits den 28ten November bei Parchwitz ankam. Der Marsch, durch den der Herzog die Gemeinschaft mit Breslau nach der Aktion bei Barschdorf ohnweit Lignitz wieder erhielt, ist ein Beweis, daß er den österreichischen Feldherrn an Geschicklichkeit eben so sehr überlegen war, als sie ihm durch die Stärke ihrer Armee. Er mußte es ihnen so wahrscheinlich zu machen, daß er nach Glogau gehen würde, daß der Prinz Karl es gar nicht für nöthig hielt, sich bei seinem Marsche auf Breslau zu übereilen; wodurch der Herzog ihm den Vorsprung abgewann. Wenn man bedenkt, daß er dabei über zweimal so weit zu marschiren hatte, als der Feind; so ist dieser kühne Entwurf ein Beweis von seiner Gegenwart des Geistes, und seiner genauen Kenntniß des Charakters und der Denkart seines Gegners.

Wenn Lloyd in dem Verfahren des Prinzen Karl so viel Klugheit und Thätigkeit entdekt, so ist dieses bloß ein Kompliment, das er ihm machen will. Denn wenn man dasselbe unpartheiisch untersucht, so scheint gerade das Gegentheil Statt zu finden. Kann man es wohl Thätigkeit nennen, daß er vom 21ten Julius bis den 8ten September in der Gegend von Zittau stehen blieb, ohne auch nur das geringste zu unternehmen? So lange der König da war, war er gewissermaßen eingesperrt, und es ist kein Zweifel, daß er nicht einen Schritt weiter vorwärts gethan haben würde, wenn ihn nicht die vereinigte Armee aus der Verlegenheit gerissen hätte. War sein Plan wirklich, den König von Schlesien abzuschneiden, wie Lloyd behauptet, so waren die Maaßregeln, die er nahm, gewiß nicht mit dieser Absicht übereinstimmend. Da endlich der König mit einem kleinen Korps weg marschirte, warum erlaubte er dem General Winterfeldt auf der andern Seite der Neisse noch einige Tage zu stehen und sich ruhig nach Görlitz zurükzuziehen? Warum detaschirte er nicht gleich den Augenblik ein starkes Korps auf der andern Seite nach Bautzen, um diesen Ort wegzunehmen, indessen er mit der Hauptarmee den Herzog in seinem Lager bei Bernstädtel aufhielt? Nachdem sich endlich der Herzog schon bis Görlitz zurükgezogen, ließ er es geschehen, daß der Prinz von Braunschweig mit dem ganzen Transport Miehl und andern Bedürfnissen bei seiner linken Flanke vorbei ging, und ihn glüklich an den Ort seiner Bestimmung brachte. Dieses hätte er schlechterdings nicht zugeben müssen, und dazu gab ihm seine Ueberlegenheit verschiedene Mittel an die Hand. Hätte er diese Zufuhre weggenommen, oder zu Grunde gerichtet, so mußte sich der Herzog sogleich von Görlitz entfernen, und sich entweder nach Schlesien oder nach der Mark zurükziehen. Das Korps, was er nach Bautzen schikte, hielt sich, anstatt den Transport zu verfolgen, lange bei der Eroberung des Schlosses auf, in dem das Freibataillon von Chaussignon zur Vertheidigung gelassen

X. Anmerk. Ueber die Operationen in Schlesien.

laßen war, welches sich am Ende auf Discretion ergeben mußte. Dieses war eine Falle, die ihm der Herzog gestellt hatte, und er lief mit offenen Augen hinein.

Glaubte der Prinz Karl so lange nichts wagen zu dürfen als der König noch bei der Armee war; so stand es doch noch immer in seiner Macht, den Herzog völlig von Schlesien abzuschneiden, als der König mit den wenigen Bataillonen abgegangen war. Anstatt mit der Hauptarmee auf der linken Seite der Neiße zu agiren, hätte er, sobald der Herzog sein Lager bei Bernstädtel verließ, es auf der rechten Seite dieses Flusses thun sollen. Das Nadastische Korps hätte gleich seinen Marsch über Seidenberg auf Lauban richten, und daselbst zwischen Lauban und Naumburg, die Hauptarmee aber bei Seidenberg Posto fassen sollen. Von da aus hätten die leichten Truppen zwischen den Queis und Bober bis Sagan hinauf streifen und die Gemeinschaft mit Glogau sehr erschweren können.' Ein drittes Korps konnte auf dem Effardsberg stehen bleiben und daselbst ein so festes Lager nehmen, daß es Zittau vollkommen gedekt hätte. In dieser Stellung konnte er erwarten was der Herzog thun würde. Verließ derselbe sein Lager bei Görlitz um nach Schlesien zu gehen, so konnte er ihm mit der Hauptarmee zur Seite bleiben, während daß das Nadastische Korps ihm den Uebergang über den Queis streitig machte. Wollte er hingegen etwas in seinem Rükken gegen Zittau unternehmen, so konnte er allemal zu rechter Zeit wieder da seyn, um dem dort stehenden Korps zu Hülfe zu kommen. Die Besorgniß daß der Herzog gar in Böhmen gehen könnte, war unnöthig, da er in der Nähe kein Magazin hatte und die Gegend, durch welche er seinen Marsch nehmen mußte, ausgezehrt war. Es ist wahrscheinlich, daß der Herzog dadurch genöthigt worden wäre, sich so geschwinde als möglich nach Glogau zu ziehen, besonders da sein Vorrath von Lebensmitteln zu Ende ging; und auf diesem Marsch konnte ihm das Korps unter Nadasti beständig in der Arriergarde sitzen, wenn es nur einigermaaßen Thätigkeit bewiesen hätte. Vielleicht hätte er den Herzog auch bis nach der Mark zurük drängen können, wenn er zwekmäßig manövrirte. Sobald nemlich der Herzog von Görlitz aufbrach, mußte die Hauptarmee zwischen der Neiße und dem Queis gleich von Seidenberg aus grade vorrükken, das Nadastische Korps auf der rechten Seite des Queißes beständig auf der linken Flanke des Herzogs bleiben, das bei Zittau zurük gelaßene aber auf der linken Seite der Neiße hinunter gehen, und seine rechte Flanke zu tourniren suchen. Alles was der Prinz Karl dabei zu besorgen hatte, war, daß der Herzog entweder die Hauptarmee oder eins von den beiden Korps angreifen konnte. Ich sehe aber nicht, daß die Oesterreicher Ursach gehabt hätten, einer Schlacht auszuweichen. Wenn ich ihre ganze Armee nur 80,000 Mann rechne, und davon dem Nadastischen Korps 20,000 und dem andern 10,000 Mann gebe, so blieb die Hauptarmee noch immer 50,000 Mann stark, und damit, denke ich, läßt sich schon etwas anfangen. So ſtark waren aber die Oeſterreicher nach einer nur ſehr mäßigen Rechnung, die ſie nach der Schlacht bei Breslau von der Stärke ihrer Armee gaben. Sie rechneten ſich daſelbſt 60,000 Mann, in Schweidnitz war aber eine Garniſon von 3,000 Mann zurük geblieben. In der Oberlausnitz ſtand noch das Haddikſche und Marſchallſche Korps, die ich zuſammen genommen 12,000 Mann rechnen will. Gegen Oberſchleſien zu waren gewiß 6,000 Mann detaſchirt, dieſes macht zuſammen eine Armee von 81,000 Mann aus. Rechnet man nun, daß ſie in der Belagerung von Schweidnitz 600, bei der Action von Moys 1600 und durch Krankheiten, Deſertion und andere kleine Gefechte 8000 Mann verlohren, ſo bekommt man eine Summe von 91,000 Mann, darunter aber die Bayern und Württemberger mit begriffen ſind. Rechnet man auf dieſe 10,000 Mann, und zieht ſie von dieſer Summe ab, ſo bleibt noch immer eine Armee von 81,000 Mann übrig, die damals in der Gegend von Zittau ſtand. Man kann aber ſicher annehmen, daß ſie bei der Schlacht bei Breslau ſtärker und wohl 80,000 Mann geweſen ſind. Denn ſonſt müßte nach der Schlacht bei Leuthen nichts mehr übrig geblieben ſeyn.

Unſerer Meinung nach mußte der Prinz Karl je eher je lieber ſeinen Gegner zu einer Schlacht zu bringen ſuchen. Denn gewann er dieſelbe in dieſer Gegend, ſo wäre die Eroberung von Schleſien vielleicht die Folge davon geweſen; verloße er ſie hingegen, ſo hatte er eine ſichre Retraite nach Böhmen. Wenn er aber bei ſeinem gegenwärtigen Syſtem blieb, und ſich mit dem Herzog komplimentirte, ſo mußte er immer befürchten, daß er ihm bei ſeinen Operationen in Schleſien ſolche Hinderniſſe in den Weg legen würde, wodurch es ihm unmöglich geworden wäre, bei der herannahenden ſchlimmen Jahreszeit etwas Entſcheidendes zu unternehmen. Er konnte nicht vorausſehen, daß ſich Schweidnitz in ſo kurzer Zeit ergeben würde, und hätte es 6 Wochen ausgehalten, ſo wäre ſein ganzer Feldzug in Schleſien nichts weiter als ein bloßer das Land zerſtörender Spaziergang geweſen.

Es war ganz recht, daß er den General Winterfeldt bei Moys angrif; auf welche Art machte er ſich aber der kleinen Vortheile zu Nutze, die er dabei erhielt? Hätte der General Nadaſti nicht gleich gerade nach Lauban gehen und ſich dem Herzoge jenſeit des Queißes vorlegen und ihm den Uebergang ſtreitig machen ſollen? Allein ſo blieb er ruhig ſtehen, und die ganze Sache war weiter nichts als ein hartnäkkiges Gefechte, wobei ein jeder Theil auf eine Kleinigkeit beſtand, und eine Menge braver Leute aufgeopfert wurde. Es ſchien, als wenn beide Theile nur einen Verſuch machen wollten, wie groß die Wirkung des Schieß- und Stoßgewehres ſeyn könnte, wenn beide miteinander verbunden werden. Denn in der That ſchlugen ſich ſowohl die preußiſchen als öſterreichiſchen Grenadier mit beiden mit

ſolcher

X. Anmerk. Ueber die Operationen in Schlesien. 303

solcher Wuth, daß der Verfasser der Préjugés militaires *) gestehet, er habe nur ein einziges mal in seinem Leben bei dem Holzberge ein Gefechte mit Bajonetten gesehen. Die tapfre Vertheidigung dieses Berges brachte übrigens den Oesterreichern eine solche Ehrfurcht für die Preussen bei, daß sie sich nicht getrauten, etwas gegen das Lager zu unternehmen, und den Holzberg zu behaupten; denn sie verliessen ihn den folgenden Morgen freiwillig. Daher änderte auch dieser Angrif nichts Wesentliches in der Stellung der Armee sondern sie blieb in ihrem Lager noch den 9ten ruhig stehen, und nachdem sie alles Mehl verbakken lassen, und sich mit Brodte versehen, brach sie den 10ten auf, und ging im Angesicht des Feindes über den Fluß, ohne einigen Verlust zu leiden. Vielmehr wurden die Kroaten, welche die Arriergarde anfielen, vor seinen Augen durch das Freibataillon von Kalben tüchtig zusammen geklopft. Der Herzog paßirte eben so ruhig den folgenden Tag den Queis bei Siegersdorf und den 12ten den Bober bei Bunzlau.

Es war also nicht der Angrif des General Nadasti, welcher den Herzog nöthigte, sein Lager bei der Landskrone zu verlassen, sondern blos der Mangel der Lebensmittel, wie ich schon vorhin angemerkt habe. Hätte der Prinz Karl einen ordentlichen Plan entworfen, so konnte er voraus sehen, daß sich der Herzog nach Schlesien ziehen mußte, und da er bei diesem Marsche gezwungen war drei Flüsse zu paßiren, so hätte er ihm dabei alle mögliche Schwierigkeiten in den Weg legen müssen. Allein so that er gerade gar nichts, sondern folgte ihm nur ganz langsam, um doch zu sehen, wo er bleiben würde.

Die preußische Erzählung von der Schlacht bei Breslau ist in der That unvollständig; um diese Lükke auszufüllen, will ich eine andre geben, die mehr Licht über den ganzen Vorfall verbreiten wird.

Nachdem der Herzog sein Lager diffeit der Lohe genommen hatte, so war die Stellung der Armee AA folgende: Der rechte Flügel stützte sich an Kosel, der linke an Klein-Mochber; die Lohe, desgleichen die Dörfer Pilsnitz, Schmiedefeldt und Hofgen blieben vor der Fronte. Von Klein-Mochber lief die Flanke bis gegen die Nikkels-Vorstadt fort. Auf dem rechten Flügel wurde ein Verhau gemacht, der von Pilsnitz an bis an der Oder ging. Hinter demselben standen alle Jäger der Armee und die 6 Grenadierbataillonen Kleist, Burgsdorf, Haake, Oesterreich, Ploez und Manteufel. Das Dorf Kosel wurde mit dem Gren. Bataillon Unruh besetzt. Zwischen Kosel und Klein-Mochber stand das erste Treffen, welches folgende Regimenter ausmachten: Kalkstein, Asseburg, Bornstädt, Geist, Kannacker,

Prinz

―――――――――――――――――――――――――――――――――

*) Militairische Vorurtheile. Seite 34 nach der Uebersetzung von Herrn v. Brenkenhof. Der Verfasser derselben soll der Prinz von Ligne seyn, Kaiserl. Kön. Generallieutenant.

Prinz Ferdinand, Prinz von Preussen, Lestwitz, Pannewitz und Schulz. In Pilsnitz stand das Freibataillon Kalben; in Schmidefeldt das Regiment Manteufel; in Höfgen das Regiment Prinz Heinrich. In der linken Flanke B B standen die Grenadierbataillons Schenkendorf und Rosenberg oder (Kahlden) und die Regimenter Münchow, Neuwied, Franz Braunschweig, Württemberg, Treskow, welche das Dorf Gräbischen vor der Fronte hatten. Die 40 Schwadronen Kürassier standen zwischen Kosel und Klein=Mochber im 2ten Treffen; die Dragoner hinter der linken Flanke, nebst den Husaren von Ziethen, Werner, und einigen Schwadronen von Seidlitz; 3 Schwadronen von eben diesem Regiment standen aber auf dem rechten Flügel. Jenseit Breslau an der alten Oder wurden 2 Bataillonen Brandeis und 1 Bataillon Kalkreuth unter dem Kommando des General Widersheim gestellt; auch wurde der Obrist von Krockow mit einem Kommando von 1000 Mann Infanterie, dem Freibataillon Le Noble, 300 Dragonern und 200 Kürassiern, nebst dem Regiment Husaren von Putkammer jenseit der Oder bei Protsch postirt, um dem feindlichen General Beck Widerstand zu thun. Das ganze Lager wurde verschanzt, das Dorf Pilsnitz vorzüglich. Zwischen demselben und Schmiedefeld wurden 4 Reduten, zwischen Schmiedefeldt und Höfgen 2 Reduten angelegt; Schmiedefeldt aber mit einer zusammenhangenden Verschanzung versehen. Zwischen Höfgen und Klein=Mochber lag eine Redute. Die österreichische Armee hatte ihre Stellung jenseit der Lohe in C C zwischen Strachwitz und Gross= und Klein=Masselwitz mit der Reserve zwischen Goldschmieden und Stabelwitz; das Dorf Neukirchen lag vor ihrer Fronte und war mit einer starken Verschanzung umgeben.

In dieser Stellung blieben beide Armeen bis nach der Uebergabe von Schweidnitz, da der General Nadasti mit seinem Korps ankam, und sich auf dem rechten Flügel in D D zwischen Bethlern und Opperau lagerte. Er hatte anfänglich seinen Marsch auf Brieg gerichtet, wodurch der Herzog bewogen wurde, das Regiment Neuwied den 17ten November dahin zu detachiren, um die Besatzung zu verstärken. Auch wurden einige Reduten vor der Ohlauer Vorstadt angelegt, um zu verhindern, dass der nunmehr so weit überlegene Feind sich nicht derselben bemächtigen und der Armee in der linken Flanke kommen könnte. Das zu einem Bataillon zusammen geschmolzene Regiment Treskow wurde ins barmherzige Brüder=Kloster postirt. Das Ziethensche Korps, welches in der linken Flanke stand, rückte auf die Anhöhen zwischen Gräbischen und Gabitz in E E, um Front gegen den General Nadasti zu machen. Es bestand aus den 7 Bataillonen, Gr. B. Schenkendorf, G. Rosenberg, 2 Bataillonen Schulz, 1 Bataillon Münchow, 1 Alt Württemberg, 1 Franz Braunschweig, allen Dragonern und den Husaren von Ziethen und Werner. Vor Gräbischen wurde auf der Höhe eine Redute angelegt, und Kleinburg mit dem Freibataillon Angenelli besetzt.

X. Anmerk. Über die Operationen in Schlesien.

Den 22sten stand schon mit Anbruch des Tages die Armee im Gewehr, die österreichische rükte an der Lohe in F F und disponirte ihre drei Attaquen in H; das Nadastische Korps passirte die Lohe bei Hartlieb und stellte sich in G G, und die Bataillonen rükten aus dem Lager vorwärts auf den ihnen angewiesenen Posten. Der General Widersheim wurde mit dem Regiment Brandeis und 1 Bataillon Kalkreuth von der alten Oder weg und auf den rechten Flügel gezogen. Da man auch entdekte, daß sich der Feind gegen unsre linke Flanke und die Vorstadt zog, so marschirte der General Ziethen mit seinem Korps links ab, um dieses zu verhindern. Er war durch die Regimenter Leshvitz und Pannewitz und die Cürasierregimer Gesler und Marggraf Friedrich verstärkt worden, und nahm nunmehr folgende Stellung. Das Regiment Schulz besetzte die vor Gräbischen liegende Redute, und der Ueberrest marschirte vor dem Dorfe auf; das Regiment Lestwitz rükte in die beiden Reduten auf der Anhöhe zwischen Gabitz und Gräbischen und die Regimenter Gesler und Markgraf Friedrich setzten sich zwischen den Reduten zur Unterstützung der Infanterie. Der übrige gröste Theil des Korps, nemlich 1 Gr. Bat. Schenkendorf, Gr. Bat. Rosenberg, 1 Bat. Münchow, 1 Alt-Würtemberg, 1 Franz Braunschweig, 2 Pannewitz, die 5 Schwadronen Dragoner von Jung-Krokow, 5 Würtenberg, und 10 Schwadronen Husaren von Werner stellten sich ins erste Treffen; 10 Schwadronen Dragoner Bareuth, 5 Normann, 5 Stechow und 10 Schwadronen Husaren von Ziethen, ins zweite, vor Neudorf und Herdam. Zwischen Gräbischen und Klein-Mochber marschirte der Generallieutenant Schulz mit den beiden Regimentern Pr. Ferdinand und Pr. von Preussen auf, und hinter ihm standen die Kürasierregimenter Prinz Schöneich und Baron Schöneich. Hinter Höfgen und Schmiedefeldt stand der Generallieutenant Lestwitz mit seiner Division, die aus den Regimentern Kalkstein, Asseburg, Bornstädt, Geist und Kannaker bestand, und hinter ihnen die Kürasierregimenter Alt-Krokow und Kpow. Auf dem rechten Flügel hinter Pilsnitz und im Verhau vor Kosel stand der Generallieutenant Brandeis mit den schon erwähnten Grenadierbataillonen und dem Regiment Brandeis und 1 Bataillon Kalkreuth, in und zwischen den beiden Reduten hinter Pilsnitz. Die Kürasierregimenter Prinz von Preussen und Karabiniers nebst 3 Schwadronen Husaren von Seidlitz hinter ihm im 2ten Treffen. In Pilsnitz wurden zur Unterstützung der Freibataillons allmälig die Grenadierbataillons Burgsdorf und Manteufel hinein gezogen. Auf dem Plan sind diese verschiedene Stellungen mit O O bezeichnet.

Der Feind hatte indessen verschiedene Batterien von schweren Kanonen zur Deckung des Ueberganges und Schlagung der Brücken jenseit der Lohe aufgefahren; als rechter und linker Hand Gros-Mochber Drei, jede von 12 Kanonen, bei Neukirchen eine von 10

Kanonen, und eine von 10 Kanonen gegen Pilsnitz, die Bataillonskanonen ungerechnet. Das Nadastische Korps ging zuerst über den Fluß, und nahm seine Stellung in G G; die Kroaten L L mußten nebst einiger Infanterie durch Woischwitz gehen, um dem Ziethenschen Korps in die linke Flanke zu kommen. Sobald man nur den Feind entdekken konnte, ließ ihn der General Ziethen kanoniren, auch mußten die Husaren und Dragoner die Teten seiner Kolonnen angreifen. Dieses geschahe auch mit gutem Erfolge. Sie blieben in die Kroaten und Ungarische auch Würtenbergische Infanterie ein, machten einige 100 Gefangene und brachten sie in Verwirrung, so daß alles wieder nach der Lohe zurük lief. Unterdessen wurde das Dorf Kleinburg K K angegriffen. Das Freibataillon Angenelly hielt sich darinnen ausserordentlich tapfer. Die österreichischen Grenadier griffen es aber nicht mit geringerer Bravour an, so daß es endlich gezwungen wurde, das Dorf zu verlassen, nachdem es dasselbe vorher in Brand gestekt hatte. Es zog sich aber nicht weit zurük, sondern setzte sich gleich hinter demselben wieder vor einen Graben, und behauptete seinen Posten, bis ihm der Prinz von Bevern, ein Bruder des Herzogs, mit dem ersten Bataillon von Lestwitz zur Hülfe kommen konnte M M. Es ging unnmehr ein hartnäkkiges Infanteriegefechte an, und da der General Ziethen auch die Grenadierbataillons Schenkendorf und Rosenberg heranrükken ließ, auch die Husaren von Werner und Ziethen auf die Infanterie fielen, und vier feindliche Grenadierkompagnien so niederhieben, daß wenig entkamen; so mußte der Feind das Dorf mit Hinterlassung von 13 Kanonen verlaßen, davon aber nur wegen Mangel der Pferde 4 mitgenommen werden konnten *). Dadurch wurde der General Nadastl von allen fernern Angriffen abgeschrekt, so daß er sich die übrige Zeit bis in der Nacht ganz ruhig hielt, und der General Ziethen sein Schlachtfeld behauptete.

Während das Nadastische Korps wo nicht völlig geschlagen, doch aber von 9 Bataillonen so in Furcht gehalten wurde, daß es hernach ein bloßer Zuschauer blieb, war der Prinz Karl mit der Armee in F F vorgerükt und unternahm den Uebergang über die Lohe. Unter dem lebhaften Feuer seiner Batterien gelang es ihm denn auch einige Brükken Klein=Mochber gegen über und die andre rechter Hand Schmiedsfeldt zu Stande zu bringen. Die Preussen hatten damals nur wenig schwere Artillerie bei der Armee; daher konnte sie der feindlichen nicht die Waage halten. Ueberhaupt war die Anzahl des schweren Geschützes damals bei beiden Armeen nicht so stark, als sie nachher geworden ist. Nachdem die Brükken fertig waren, ging die feindliche Infanterie so schnell als möglich hinüber und suchte sich disseit der Lohe zu formiren. Bei Klein=Mochber geschahe der erste Uebergang. Sobald einige feindliche Bataillonen

---

*) Der gegenwärtige Kapitain Koch von der Preußischen Artillerie, der damals Feuerwerker war, hat diese 4 Kanonen selbst mitgenommen, und glüklich nach Breslau gebracht.

X. Anmerk. Ueber die Operationen in Schlesien.

taillonen hinüber waren, rükte der General Pennawaire mit den Regimentern Pr. Schöneich und Baron Schöneich ihnen entgegen, um sie zurük zu treiben. Allein er wurde nicht
allein von einem starken Kartätsch- und kleinen Gewehrfeuer empfangen, sondern, da das Ufer
zwar nicht morastig, aber doch so feucht war, daß die Pferde einfielen, so mußte er sich zurük
ziehen. Hierauf rükte der Generallieutenant Schulz mit den Regimentern Pr. von Preussen und Ferdinand gegen den Feind an. Dieser war in der Nothwendigkeit sich zu wehren,
weil er in der Lohe ersaufen mußte, wenn er zurük gegangen wäre. Er erwartete also den
Angrif mit vieler Kaltblütigkeit und da die Artillerie das Infanteriefeuer mit Kartätschen unterstützte, auch dadurch die Bataillons schon ziemlich verlohren hatten, ehe sie selbst zum kleinen Gewehrfeuer kamen, so geriethen sie in Unordnung. Der Prinz Ferdinand von Preussen nahm selbst eine Fahne in die Hand, und führte sie aufs neue gegen den Feind; allein der
Angrif wurde wieder abgeschlagen. Dazu kam noch der Umstand, daß die vor Gräbischen
liegende Rebute zu frühzeitig verlaßen wurde. Der Obriste Lindstädt, der das Regiment
Schulz kommandirte, befahl, daß die beiden Bataillonen, die vor dem Dorfe standen, gegen
den über die Brücke bei Mochber defillirenden Feind anrükken, und den vorhin gedachten Regimentern zur Unterstützung marschiren sollten. Der Major glaubte, daß, da die Besatzung
in der Rebute mit zum Regiment gehörte, solche auch herausgezogen werden müße. Er gab
daher dem darin stehenden Lieutenant von Pfuhl Befehl sich mit seinen 100 Mann und der
darin postirten Artillerie zum Regiment zu ziehen. *) Dieses geschahe; allein unglüklicher
Weise machte dies einen so widrigen Eindruk auf die jungen Leute, mit denen sich das Regiment im Lager bei Breslau aus seinem Kanton rekrutirt hatte, daß sie nicht vorwärts wollten, sondern ins Dorf zurük liefen, und nicht anders als mit vieler Mühe von dem tapfern
Obristen Lindstädt wieder zum stehen gebracht werden konnten. Der Feind machte sich dieses
Fehlers augenbliklich zu Nutze, besetzte die Rebute und ließ Kanonen und Haubitzen dabei auffahren, mit denen er hernach die ganze Linie flankirte. Eben dadurch bekamen auch einige
feindliche Bataillons Gelegenheit bis Gräbischen vorzubringen und das Dorf zu besetzen.

Unterdessen war auch die Brücke bei Schmiedefeldt fertig geworden, und der Feind
ging über den Fluß. Das Regiment Manteufel welches in Schmiedefeldt stand, wehrte
sich mit ausserordentlicher Bravour, und zog sich nicht eher zurük, als bis es alle seine Munition verschossen hatte. Eben dieses geschahe auch von dem Regiment Prinz Heinrich, das
Höfgen besetzt hatte, als es gewahr wurde, daß die Oesterreicher ihm bei Gräbischen
und Klein-Mochber in die linke Flanke kamen. Der Generallieutenant Lestwitz war so

lange

---

*) Bellona. 2tes St. S. 66.

lange mit seiner Division, um solche nicht der feindlichen starken Kanonade auszusetzen, hinter Hoefgen und Schmidefeldt stehen geblieben. Als aber der Feind die Lohe paßirte, rükte er gegen ihn an, und schlug ihn wieder aus Schmidefeldt heraus. Allein da ihm die feindliche Artillerie bei Gräbischen in die linke Flanke und in den Rükken nahm; so fingen auch einige von seinen Bataillonen an zu weichen und er zog sich zurük, um sie wieder in Ordnung zu bringen. Der Feind bekam indessen Gelegenheit auch Klein-Mochber zu besetzen. Dennoch aber war der Herzog noch nicht gesonnen das Feld zu verlassen. Die Regimenter Kalckstein, Asseburg, Bornstädt, Geist, Kannacker, Prinz von Preussen, Prinz Ferdinand, Schulz, Manteufel und Prinz Heinrich, wurden gegen halb 5 Uhr in Ordnung gebracht; auch hatten sich einige Kürassierregimenter wieder formirt, um sie zu unterstützen. Sie rükten in der besten Ordnung gegen Schmiedefeldt, Hoefgen und Klein-Mochber an, und trieben den Feind bis an die Lohe zurük. Allein kurz darauf hörte das Feuer auf beiden Seiten auf, und da auch die Nacht einfiel, so zog sich der größte Theil der Infanterie und Kavallerie nach der Nikels-Vorstadt in Q Q zurük, ohne daß man eigentlich die Ursach dieser übereilten Retraite angeben kann. Denn der Feind war nicht einen Schritt vorgerükt, um sie anzugreifen. Hier fand sie der Herzog zu seinem größten Erstaunen, als er vom General Ziethen zurük kam, zu dem er sich begeben hatte, um mit ihm einen Entwurf zu verabreden, den Feind nach Mitternacht unvermuthet zu überfallen: weil er glaubte, daß die Generale Lestwitz und Schulz gewiß Klein-Mochber wieder wegnehmen würden.

Auf dem rechten Flügel bei Pilsnitz kam der Feind den ganzen Tag über nicht einen Schritt vorwärts. Die Division des General Brandeis hielt sich so tapfer, daß sie sowohl die Anfälle der Kroaten und andrer Infanterie I I gegen den Verhau zwischen Kosel und Pilsnitz, als auch den Angrif gegen dies letzte Dorf abschlug. Ich erinnere mich dessen noch sehr genau, da ich in der ersten Redute hinter Pilsnitz bei einer Haubitze als Bombardier stand. Nur da es anfing finster zu werden, wurde Pilsnitz verlassen, und etwas feindliche Infanterie marschirte diesseit des Dorfes auf. Darauf fing die Artillerie in den Reduten, die bisher noch wenig gefeuert hatte, an zu agiren, und die Infanterie rükte bis an die Redute und feuerte mit kleinem Gewehr auf den Feind. Auch rükten, wenn ich nicht irre, die Karabiniers vor, um einzuhauen. Sie konnten aber wegen der vielen Gräben nicht vorwärts kommen. Dies Gefecht dauerte ohngefähr eine halbe Stunde, und da es hierauf gleich Nacht wurde, zog sich ebenfalls der rechte Flügel bis P P zurük, und die Artillerie nebst der Besatzung verließ die Reduten, ohne daß ich sagen kann, ob dazu Befehl gegeben

X. Anmerk. Ueber die Operationen in Schlesien.

gegeben worden oder nicht. Die Oesterreicher verfolgten uns gar nicht, und ich zweifle, ob sie es in der Dunkelheit einmal gewahr wurden, daß wir unsern Posten verließen. Wie es mit unserm Rückzuge zugegangen, weiß ich bis diese Stunde noch nicht; so viel ist gewiß, daß alles auf dem rechten Flügel voller Muth war, da alle Angriffe des Feindes auf Pilönitz abgeschlagen wurden. Auch erinnere ich mich noch, daß verschiedene Nachrichten kamen, der General Ziethen habe den Feind völlig geschlagen, worüber die Grenadier keine geringe Freude bezeigten.

Nach meiner Einsicht waren die Hauptursachen, daß diese Schlacht verloren ging, 1) das weitläuftige Terrein, sodann 2) die Ueberlegenheit der feindlichen Artillerie. Denn wir hatten außer den 3pfündigen leichten Bataillons-Kanonen nur sehr wenig schweres Geschütz bei der Armee. Daher konnte dem Feinde der Uebergang nicht mit Nachdruk verwehrt werden. Hätte hingegen rechter Hand Schmidefeldt eine Batterie von 10 bis 15 Zwölfpfündern und einigen Haubitzen, vorzüglich aber bei Klein-Mochber eben dergleichen Batterie gestanden, so ist es wahrscheinlich, daß aus der ganzen feindlichen Unternehmung nichts geworden wäre. Mir kömmt es auch vor, als ob der General Lestwitz mit seiner Division zu weit rückwärts gestanden und sich baselbst etwas zu lange aufgehalten. Ich glaube, daß es besser gewesen wäre, wenn er gleich anfänglich 4 bis 6 Bataillons rechter Hand Schmidefeldt und die übrigen 6 dicht hinter Hoefgen mit dem linken Flügel an Klein-Mochber gestellt hätte. Dadurch wäre er vermögend gewesen die Regimenter Ferdinand, Preussen und Schulz gehörig zu unterstützen. Da er aber erst den Feind herüber kommen und das Regiment Mantenfel aus Schmidefeldt vertreiben ließ, so war der Sache nicht mehr abzuhelfen. In der That kam alles darauf an, den Uebergang bei Groß-Mochber zu verwehren; daher mußten so viel Truppen dahin gegeben werden, als man nur missen konnte; und diese konnte, nach meiner Meinung, die Division des vorhin gedachten Generals am allererstem entbehren.

Daß Klein-Mochber der Schlüssel zum Lager war, zeigte der Erfolg, und dieses konnte Lloyd um so eher entdecken, da er die Thüre offen fand. Wäre das Nadastische Korps glücklich gewesen und dem linken Flügel des Ziethenschen Korps in die Flanke gekommen, so würde er vermuthlich den Schlüssel in dieser Gegend gefunden haben.

Die von Lloyd vorgeschlagene Stellung mit dem rechten Flügel an Breslau und dem linken auf der Höhe von Gräbischen und Kleinburg scheint mir nichts wenigter als gut gewählt zu seyn. Denn alsdann wäre es dem Feinde leicht gewesen, die Armee in der Front und im Rücken anzugreifen, wie man mit einem Blik auf der Karte sehen wird.

Die Stärke der Armee unter dem Herzog von Bevern bei dieser Schlacht kann man bis auf eine Kleinigkeit folgendergestalt bestimmen. Es ist S. 191 gezeigt worden, daß sie im Lager bei Görlitz aus 13 Grenadier- und 34 Musquetierbataillonen, 40 Schwadronen Kürassier, 30 Schwadr. Dragoner und 40 Schwadr. Husaren bestand. Nach dem Gefechte bei Moys aber stießen die Grenadierbataillons Unruh und Benikendorf, ferner Diringshofen und Anhalt zusammen und zwei formirten nur 1 Bataillon. Daher blieben nur 11 Grenadierbataillonen übrig. Davon wurde das Nimschefsky und Waldowsche nach Glatz, das Diringshofen und Anhaltsche nach Glogau detaschirt, folglich behielt der Herzog noch 9 Grenadierbataillonen.

Auch wurden die Regimenter Markgraf Heinrich nach Glatz, Hautcharmoi aber nach Schweidnitz, 1 Bataillon Kursel nach Glogau, die Pionier und Neuwied nach Brieg geschikt; folglich blieben noch 28 Musquetierbataillonen bei der Schlacht. Die Regimenter Kalckstein und Schultz erhielten aber einige Rekruten, daher jedes wieder 2 Bataillonen bekam. Nimmt man dies alles zusammen, so war die Armee bei der Schlacht stark.

9 Gren. Bataillonen.
30 Musq. —
40 Schwadr. Kürassier.
30 — Dragoner.
40 — Husaren.

Rechnet man nun jedes Grenadierbataillon 400 und jedes Musquetierbataillon 500 Mann, welches mehr als zu viel ist; so hat man nebst den Jägern und Freibataillonen, jedes zu 400 Mann, und Artillerie, ohngefähr 20,700 Mann Infanterie. Bei der Kavallerie aber kann die Schwadron damals aufs höchste zu 70 Mann gerechnet werden; besonders waren die Dragoner und Husaren sehr schwach. Dieses giebt also 7700 Mann Kavallerie. Demnach war die ganze Armee aufs höchste 28,400 Mann stark. Dieses scheint aber noch zu viel zu seyn, denn man hat niemals die Armee stärker als 22 bis 23,000 Mann gerechnet. Dieses ist ziemlich wahrscheinlich, wenn man bedenkt, daß die Armee, die nur bei dem Einmarsch in Schlesien 36,000 Mann stark war, durch Absendung verschiedener Bataillonen, durch kleine Gefechte, Desertion, Krankheiten ꝛc. gewiß mehr Abgang als 8000 Mann gehabt haben müsse. Indessen habe ich sie nicht zu klein machen wollen; nimmt man davon das Mittel, so bekommt man 25,000 Mann für die wahrscheinlichste richtige Stärke der Armee.

Die österreichische Armee mit dem Korps unter dem General Nadasti war wenigstens 80,000 Mann stark, welches durch die Schlacht bei Leuthen leicht zu beweisen ist.

Die

Feldzug im Jahre 1757.

Die Oesterreicher glaubten der Feldzug sey geendigt und machten Anstalten in die Winterquartiere zu gehen, als die Nachricht einlief, daß der König mit einem starken Korps gegen Schlesien anrückte. Alle Gedanken, die Armee auseinander gehen zu lassen, wurden hierauf bei Seite gesetzt und Maaßregeln genommen, dem Vorhaben des Feindes gehörig zu begegnen. In dieser Absicht wurde der Oberste Bülow mit ohngefähr 3000 Mann detaschirt, Lignitz zu besetzen. Man hofte dadurch Mittel zu bekommen, den König eine Zeitlang aufzuhalten, weil er dicht bei dieser Stadt vorbei gehen mußte. Der Prinz Karl faßte den Entschluß, dem Feinde entgegen zu marschiren und ging den 4ten December über das Schweidnitzer Wasser, um gegen Glogau vorzurücken. Allein die Ankunft des Königs verhinderte dieses und veranlaßte die Schlacht bei Lissa, von der wir nach unserer Gewohnheit die verschiedenen Erzählungen so hersetzen wollen, wie sie mit Genehmhaltung der Höfe bekannt gemacht worden.

Hier ist die österreichische:

Nachdem König von Preussen Sachsen verlassen und durch die Lausitz marschirt war, kam er mit einem starken Korps bei Parchwitz an der Oder an, wo die Beversche Armee zu ihm stieß. Seine Armee wuchs dadurch bis auf 40,000 Mann an, und war mit einem starken Train Artillerie, Faschinen, Schanzkörben rc. versehen. Da er über die Katzbach gegangen war, so konnte man leicht voraussehen, daß seine Absicht auf Lignitz und Neumark gerichtet sey; wo er hernach die kaiserliche Armee bei Breslau entweder angreifen, oder über Strigau nach der böhmischen Grenze marschiren würde, um ihr alle Gemeinschaft mit diesem Lande abzuschneiden.

Der Prinz Karl beschloß daher mit dem Feldmarschall Daun und mit Beistimmung aller Generale über das Schweidnitzer Wasser ohne Aufschub zu gehen und Lignitz sicher zu stellen; auch vor allen Dingen die Absicht des Feindes zu vereiteln. Diesem gemäß wurde die Besatzung in Lignitz verstärkt, und ein starkes Korps Pannalisten, Husaren und Kavallerie Piketter, welche durch die sächsische leichte Kavallerie unterstützt wurden, bei Neumark postirt.

Nachdem die Armee den 3ten December mit allem Nöthigen auf 4 Tage versehen und auf alle Fälle vorbereitet war, so brach sie den 4ten früh Morgens auf, ging über die Lohe und Schweidnitzer Wasser, um auf der andern Seite ein Lager zu nehmen. Indem sie über die Brücken defilirte, kam Nachricht, daß der König den 4ten von Parchwitz

bis

bis Neumark vorgerükt sey, und unsere Truppen zurükgetrieben hätte. Hierauf wurde die Bagage über das Schweidnitzer Wasser zurük geschikt und die Kolonnen erhielten Befehl, ihren Marsch zu beschleunigen, damit sich die Armee formiren könnte; dieses geschah auch in zwei Treffen. General Nadasti machte mit seinem Korps das dritte Treffen, und war bestimmt, die linke Flanke zu dekken: das Korps der Reserve aber die rechte. Die Armee stand mit dem rechten Flügel an Nipern, mit dem linken an Leuthen, und Frobelwitz lag vor der Mitte. Alle diese Dörfer wurden stark mit Infanterie und Artillerie besetzt. In Frobelwitz standen 8 Kompagnien Grenadier und eben so viel Piketter; in Leuthen 7 Kompagnien Grenadier und eben so viel Piquetter, und verschiedene Piketter in Nipern. Alle Grenadierkompagnien und Reservepiquetter standen auf dem rechten Flügel der Kavallerie, an der Spitze eines Waldes, der daran stieß.

General Lusinsky sollte mit zwei Regimentern Husaren und einigen Gränitzern den linken Flügel dekken, und von der sächsischen leichten Kavallerie unter dem Graf Nostitz unterstützt werden; in eben dieser Absicht wurde der General Morocz mit zwei Regimentern Husaren und einigen Gränitzern auf dem rechten Flügel postirt. Indem wir diese Vorkehrungen machten, rükte der Feind diesseits Neumark vor, setzte seinen rechten Flügel an Krintsch, den linken an Bischdorf und seine Vorposten bei Borna. In dieser Stellung blieben beide Armeen die Nacht unter den Gewehr. Den 5ten des Morgens setzte sich der General Nadasti mit seinem Korps, welches im dritten Treffen gestanden hatte, noch vor Tages Anbruch links der Kavallerie vom linken Flügel, und dehnte seine Linie bis auf eine dort befindliche Anhöhe aus, die er mit Artillerie besetzte und vor ihr einen Werhau machen ließ. Die österreichischen Truppen unter seinem Kommando schlossen sich an den linken Flügel der großen Armee, die Baiern und Würtemberger aber machten die Flanke und besetzten den Werhau.

Mit Anbruch des Tages machte der Feind verschiedene Bewegungen und zog sich bald rechts, bald links, und dieses dauerte bis gegen 12 Uhr. Es hatte das Ansehen, als ob er unsern rechten Flügel angreifen wollte: daher der General Luchesi, welcher denselben kommandirte, verschiedene male um Verstärkung ansuchen ließ. Die Reserve wurde dazu bestimmt; dennoch aber wollte man sie nicht eher fortschikken, als bis sich die Absichten des Feindes näher entwikkelt hätten. Auf das dringende und wiederholte Ansuchen des Grafen aber, und da man die feindlichen Bewegungen hinter den Höhen nicht entdekken konnte, mußte die Reserve hinmarschiren, und der Feldmarschall Daun verfügte sich selbst dahin, um nöthigen Falls bei der Hand zu seyn. Kaum war die Reserve abmarschirt, als sich die feindliche

Kavallerie auf unserm linken Flügel zeigte. Dadurch gab er zu erkennen, daß er unsern linken Flügel und die daran stoßende Flanke angreifen wollte. Hierauf gaben der Prinz Karl und Feldmarschall Daun dem Fürsten Esterhasi, General der Kavallerie, den Generalen Maquite und Angern Befehl mit den unter ihrem Kommando stehenden Truppen und dem ganzen zweiten Treffen dahin zu marschiren, und diese Flanke zu unterstützen. Ohngefehr um 1 Uhr näherte sich ihr der Feind, und sogleich ging auch das kleine Gewehrfeuer zwischen ihm und den Württembergern an. Da dieses sehr heftig war, so wurden diese in der größten Verwirrung über den Haufen geworfen, und verlohren ihre ganze Artillerie. Die Baiern, welche die Flanke machten, geriethen dadurch ebenfalls in Unordnung. Diese Hülfsvölker brachten die andern kaiserlichen Regimenter, die zur Unterstützung anrükten, ebenfalls in Verwirrung, und hinderten sie, etwas zwekmäßiges zu unternehmen. Man ließ zwar kein Mittel unversucht, um die Truppen wieder in Ordnung zu bringen, allein es war alles vergebens. Unterdessen grif der Feind das Dorf Leuthen und den linken Flügel der Armee mit dem größten Theil seiner Macht an. Allein er wurde dreimal zurük geschlagen, und der Sieg blieb eine lange Zeit zweifelhaft. Endlich drangen die Preußen in die Oefnung zwischen dem linken Flügel und der Flanke, und kamen unserer Armee im Rükken. Wir mußten Leuthen verlaßen und uns über die Lohe und dem Schweidnitzer Wasser zurük ziehen. Dies geschahe in der besten Ordnung und unter einem beständigen Feuer. So endigte sich die Schlacht, die von Ein Uhr bis Fünfe gedauert hatte.

Hier ist die preußische Beschreibung:

„Nach der Schlacht bei Roßbach richtete der König seine Gedanken auf Schlesien, um sich den Progressen der Oesterreicher auf das nachdrüklichste zu widersetzen. Er verließ daher an der Spitze von 33 Schwadronen und 19 Bataillonen Leipzig den 12ten November, und ging den 13ten bis Eulenburg, den 14ten bis Torgau, den 16ten bis Mühlberg, den 17ten über die Röder bei Großen Hayn, wo der General Haddik mit 2000 Mann gestanden, sich aber nach Königsbruk zurük gezogen hatte. Er ließ einige Husaren hinter der Röder, um uns zu beobachten; unsre aber jagten sie zurük und nahmen ihnen ohngefehr 40 Gefangene ab.

Den 18ten marschirte der König über Polsnitz nach Königsbrük, wo sich wieder einige Kroaten vom Haddikschen Korps setzen wollten; sie wurden aber zurük getrieben und gezwungen, sich zu dem Korps des General Marschall zu ziehen, der in der Lausnitz stand, und sich ebenfalls hinter Löbau zurük zog, auch sich hernach nicht wieder sehen ließ. Den 20sten paßirte der König die schwarze Elster bei Kamenz, und den 21sten die Spree bei Bautzen, von wo sich das Marschallsche Korps gegen Böhmen zurük gezogen hatte. Den 22sten

22sten ging der König über die alte Spree bis Maltitz, und den 23sten nach Görlitz, von wo sich das Haddikische Korps gleichfalls nach Böhmen zurückzog; den 24sten pasirte er den Queis und ging bis Naumburg in Schlesien; den 26sten nach Deutmansdorf; den 27sten nach Lobethau, und den 28sten nach Parchwitz, wo er um 6 Uhr des Abends ankam. Hier war kurz vorher der österreichische General Gersdorf mit ohngefehr 1100 Mann Kavallerie und Infanterie angekommen. Der König ließ ihn den Augenblick angreifen, hieb ohngefehr 80 Mann nieder, machte 150 Gefangene und zerstreute die übrigen. Die Armee pasirte die Katzbach und blieb einige Tage bei Parchwitz stehen, um sich nach einen so langen und beschwerlichen Marsch einige Tage auszuruhen. Den ersten December stießen die Husaren von der Beverschen Armee zu uns und den 2ten folgte der übrige Theil derselben. Den 4ten marschirten wir bis Neumark. Wir fanden hier einige tausend Kroaten, welche das Thor auf unserer Seite verschlossen hatten, und sich durch das auf der andern Seite gelegene zurück ziehen wollten. Unterdessen gingen einige von unsern Dragonern und Husaren um die Stadt, und andre suchten das Thor aufzusprengen. Dadurch wurde der Feind in die Mitte genommen; 300 Mann wurden niedergehauen und ohngefehr 600 gefangen. Auch bekamen wir die ganze feindliche Bäckerei, ein kleines Magazin und zwei Kanonen. Wir bekamen hier Nachricht, daß der Prinz Karl von Breslau aufgebrochen, bis Lissa vorgerückt sei, seinen rechten Flügel am Nipern und seinen linken an Gohlau gesetzt, und das Schweidnitzer Wasser im Rücken hätte. Der König beschloß ihm entgegen zu gehen und ihn anzugreifen. Die Armee erhielt demnach Befehl, den 5ten um fünf Uhr des Morgens aufzubrechen. Mit Tages Anbruch wurden wir auf der Höhe bei Borna, einem Dorfe ohngefehr anderthalb Meilen hinter Neumark, ein starkes Korps Kavallerie gewahr, das wir in der Dämmerung für die ganze feindliche Armee hielten. Als wir aber näher kamen, fanden wir daß es blos zwei Regimenter Husaren und die sächsische leichte Kavallerie unter dem Graf Nostitz war. Unsre Avantgarde grif sie sogleich an, trieb sie nach ihrem Lager zurük, und machte 500 Gefangene. Wir setzten unsern Marsch noch eine Meile bei feuchtem und dunklem Wetter fort, und ohngefähr um 12 Uhr bekamen wir den Feind zu Gesichte, dessen Armee hinter Leuthen in Schlachtordnung aufmarschirt war. Alle Hügel vor der Fronte waren mit Artillerie besetzt, und außer einer starken Batterie hatte der linke Flügel noch ein Verhau vor sich. Der rechte Flügel wurde durch verschiedene Batterien gedekt. Der König beschloß des Feindes linken Flügel anzugreifen, sobald Er nur die vor demselben liegende Hügel erreicht haben würde. Wir waren rechts abmarschirt, so daß unser rechte Flügel an das Schweidnitzer Wasser stieß. Zuerst griffen wir den Busch an, und trieben ohne viele Mühe die feindliche Infanterie aus demselben. Als der Feind gewahr wurde, daß wir ihn überflügelten

gelten

Feldzug im Jahre 1757.

gelten, und in die Flanke nahmen, mußte er seine Stellung verändern. Da wir aber schon seine Flanke gewonnen hatten, so mußte er die erste die beste Stellung nehmen, um nur zu verhindern, daß wir nicht seine Armee von einem Flügel bis zum andern enfilirten. Er stellte einige Brigaden Infanterie auf die Anhöhen hinter den Busch, allein unser rechter Flügel schlug sie nach einem hartnäckigten Gefechte herunter. Der Feind nahm eine neue Stellung hinter Leuthen, und vertheidigte sich mit vieler Tapferkeit. Endlich wurde er doch gezwungen, das Feld zu verlaßen. Zu gleicher Zeit grif unsre Kavallerie vom rechten Flügel die feindliche an, und warf sie über den Haufen. Sie ward zwar hernach von der feindlichen Artillerie etwas zurük getrieben, allein sie setzte sich gleich wieder und grif die Infanterie an, und machte eine Menge Gefangene. Während dieser verschiedenen Angriffe avanzirte des Feindes rechter Flügel. Unsre Kavallerie vom linken Flügel grif die feindliche an und schlug sie. Darauf grif unser Dragonerregiment Bareuth die Infanterie, die auf einer Anhöhe stand, in der Flanke an, indeßen sie von unserer Infanterie in der Fronte angegriffen wurde. Dadurch wurde sie gleich zur Flucht gebracht. Der König verfolgte den Feind bis Lißa, die Schlacht fing um 1 Uhr an, und dauerte bis 5. Hätten wir einige Stunden mehr Tag gehabt, so würde der feindliche Verlust weit stärker gewesen seyn. Der Fürst Moritz kommandirte den rechten Flügel unter dem König, General Retzow den linken. Wir haben 500 Todte und 2300 Verwundete, unter denen sich der General Krokkow befindet, der auch gefangen wurde. Der Feind, der über 80,000 Mann stark war, focht bei keiner Gelegenheit mit mehrerer Bravour als bei dieser. Unsre Armee war ohngefehr 36,000 Mann stark. Der Feind stand auf einer Ebene, und hatte die darauf befindlichen Hügel ganz mit Artillerie bedekt. Es befanden sich auch verschiedene Büsche auf dieser Ebene, die sich der Feind fürtreflich zu Nuze machte. Auf seinem linken Flügel war ein starker Wald, in dem er einen Verhau machte, und alles Mögliche anwendete, um nicht von uns in die Flanke genommen zu werden. General Nadasti wurde mit seinem Korps vor und hinter demselben gestellt, um uns in unsere rechte Flanke zu kommen. Da aber der König seine Absicht merkte, stellte er 4 Bataillonen hinter den rechten Flügel der Kavallerie. Diese weise Vorkehrung that uns hernach große Dienste; denn als Nadasti unsere Kavallerie vom rechten Flügel angrif, und auch wirklich einige Regimenter in Unordnung brachte, so feuerten diese Bataillonen auf seine Kavallerie, schlugen sie in die Flucht, und reinigten die Flanke. Dadurch bekam unser rechter Flügel Gelegenheit gegen des Feindes linken mit mehrerem Nachdruk zu agiren, der denn auch in kurzer Zeit zum Weichen gebracht wurde. Unser rechter Flügel avanzirte, troz der starken feindlichen Kanonade und dem kleinen Gewehrfeuer in der besten Ordnung. Unsre Artillerie, die auch sehr zahlreich war, that gute Dienste, und unterstüzte die Infanterie beim

Avanziren aufs beste. Das feindliche Geschütz wurde auch bald zum Schweigen gebracht, und am Ende größtentheils verlassen. Hatte der Feind in der Schlacht mit vielem Muthe gefochten, so verdoppelte er noch seine Kräfte und Tapferkeit bei dem Dorfe Leuthen, das mit Reduten und andern kleinen Verschanzungen *) befestigt war. Das Gefechte dauerte hier wohl eine gute Stunde, und unsre brave Bataillonen mußten verschiedene Angriffe versuchen, ehe sie sich des Dorfes bemächtigen konnten. Dadurch wurde aber die Schlacht entschieden: denn sobald der Feind das Dorf verlassen hatte, nahm er in der größten Uebereilung die Flucht, und versuchte auch hernach nicht weiter einen beträchtlichen Widerstand zu thun. Unsere Kavallerie, und besonders die Husaren verfolgten den fliehenden Feind, und machten einige Tausend Gefangene. Der König verfolgte den Feind bis Lissa, und befahl, daß die Armee die Nacht unterm Gewehr bleiben sollte. Unsre Infanterie fochte mit außerordentlicher Bravour. Anfänglich glaubten wir unser linker Flügel würde nicht zum Gefechte kommen, weil unser rechter so weit vor demselben avanzirte; allein um 4 Uhr war die Schlacht allgemein; selbst unsre kleine Reserve mußte in die Linie rükken. Unsre Kavallerie fand anfänglich wegen der Hekken und Gräben viele Schwierigkeiten, endlich aber verschafte ihr doch die Thätigkeit unsers braven General Ziethen Gelegenheit sich zu zeigen. Den 6ten wurde der Feind verfolgt, und den 7ten in Breslau eingeschlossen. Der General Ziethen wurde mit einem starken Korps Infanterie und Kavallerie nachgeschikt. Er nahm ihm noch einige Kanonen und über 3000 Wagen ab. Wir haben in und nach der Schlacht 21,500 Gefangene, unter denen die Generale Nostitz und Odonell, 116 Kanonen, 51 Fahnen und Standarten und 4000 Wagen bekommen.

Der Verlust der Oesterreicher ohne die Würtenberger und Baiern belief sich auf 6574 an Todten und Verwundeten. Unter den ersten befanden sich die Generale Luchesi, Otterwolf und Prinz von Stollberg, unter den letztern die Generale Haller, Maquire, Lasey Fürst Lobkowitz und Preisach. Die Preussen verlohren ohngefehr 5000 Mann an Todten und Verwundten, ohne die Kavallerie.

Prinz Karl ließ eine starke Garnison in Breslau unter dem Befehl des General Sprecher und zog sich nach Schweidnitz zurük. Nachdem er auch diese Stadt mit allem versehen, was zu einer tapfern Vertheidigung erfordert wird, so ging er nach Böhmen zurük. Noch vor Ende des Monaths verließen die Oesterreicher ganz Schlesien bis auf Schweidnitz.

Unter-

---

*) Ich habe keine einzige gesehen. Auch war die Zeit zu kurz, dergleichen anzulegen.
Uebersetzer.

Feldzug im Jahre 1757.

Unterdessen eröfnete der König die Laufgräben vor Breslau. Den 16ten fiel gegen Abend eine Bombe in ein Pulvermagazin, und sprengte das angegrifne Bastion und einen großen Theil der daran stoßenden Kurtine und ohngefehr 800 Mann von der Besatzung in die Luft. Dieser Unfall nöthigte den Kommandanten den 19ten gegen Abend zu kapituliren, und sich mit der ganzen Garnison, 13 Generalen und allen Kranken, und den bei der Schlacht verwundeten zu Kriegsgefangenen zu ergeben. General Driesen wurde mit einem kleinen Korps detaschirt Lignitz zu belagern; den 26sten nahm er diesen Ort mit Kapitulation ein. Der Obrist Bülow, der Kommandant war, erhielt mit seiner 3000 Mann starken Garnison einen freien Abzug nach Böhmen.

Auf diese Art brachte ein einziger Sieg, von dem das thätige und große Genie des Königs einen rechten Gebrauch zu machen wußte, ihm alles bis auf Schweidnitz wieder, was er in dem ganzen Feldzug verlohren hatte.

Es ist bereits angemerkt worden, daß als der König aus Sachsen nach Schlesien ging, der Feldmarschall Keith mit ohngefehr 8000 Mann nach Böhmen geschikt wurde, um den General Marschall, der damals in der Lausnitz stand, gegen sich zu ziehen, und dadurch den Marsch des Königs zu erleichtern. Dieses alles führte er glüklich aus, und nachdem er verschiedene Magazine zerstöhrt, und die Brükke bei Leitmeritz verbrannt hatte, ging er nach Sachsen zurük und legte seine Truppen in die Winterquartiere.

Betrachtungen über die Schlacht bei Lissa und die vorhergehenden Operationen.

Der Prinz Karl wußte schon vor der Schlacht bei Breslau, daß der König mit ohngefähr 10 oder 12000 Mann aus Sachsen nach Schlesien aufgebrochen war. Der König konnte keine andre Absicht haben, als sich mit der Beverschen Armee zu vereinigen, ohne die er nichts vornehmen konnte. Auch durfte er sich mit einem so unbeträchtlichen Korps, als er bei sich hatte, der österreichischen Armee nicht nähern, ohne sich einem ohnfehlbaren Untergange auszusetzen. Prinz Karl hatte also nur einen Gegenstand vor sich, nehmlich: diese Vereinigung zu verhindern. Er mußte daher nach Parchwitz marschiren und sich zwischen dieser Stadt und Lignitz lagern, und mit einem starken Korps die Höhen bei Pfaffendorf besetzen. Dadurch würde er den König gehindert haben sich zu der Oder zu nähern; auch konnten Se. Majestät nicht nach Glogau gehen, ohne vom Feinde angegriffen und folglich geschlagen zu werden, da die Oesterreichische Armee sechsmal stärker war als er.

Allein die Oesterreicher schikten blos eine Garnison nach Lignitz, die zu nichts helfen konnte, uud Gefahr lief dem Feinde in die Hände zu fallen. Es war gar nicht wahrscheinlich, daß sich der König mit der Belagerung eines so elenden Platzes aufhalten würde, da ganz Schlesien auf dem Spiele stand.

Als endlich die Oesterreicher gestatteten, daß der König seine ganze Macht zusammenziehen und seine Armee mit der benöthigten Artillerie ꝛc. versehen konnte, so ist es unbegreiflich, warum sie plötzlich den Entschluß faßten, Breslau zu verlaßen, um ihm entgegen zu gehen. Ich weiß wohl, daß Schmeichelei, die in Lägern eben so gut, als bei Hofe, Sitz und Stimme hat, ihren Verstand verblendete, und ihnen ein größeres Zutrauen auf sich Selbst einflöste, als mit der Klugheit übereinstimmt. Dennoch aber konnten sie damals keine Gründe haben eine Schlacht zu wünschen. Denn, wenn sie auch sieghaft waren, so konnten sie doch bei der schon so weit fortgerükten Jahrszeit den Feind nicht weiter als bis Glogau verfolgen; wurden sie aber geschlagen, so mußte dies die nachtheiligsten Folgen für sie haben.

Als sie den 4ten über das Schweidnitzer Wasser gegangen waren, erfuhren sie, daß der Feind gegen sie anrükte; warum zogen sie sich also nicht gleich wieder über den Fluß zurük, und ließen ihn lieber vor der Fronte als im Rükken? Wenn dieser Fluß gleich schmal ist, so sind dessen Ufer doch größtentheils morastig, so daß eine Armee ihn nicht anders als mit vieler Schwierigkeit und vielleicht gar nicht paßiren kann, wenn sie einigen Widerstand antrift. Hätten die Oesterreicher dies gethan, und ein starkes Korps höher hinauf nach ihrer linken Flanke, die leichten Truppen aber über den Fluß auf die Seite, wo der Feind stand, an der Straße nach Striegau gestellt, so würde der König den Uebergang vielleicht nicht versucht haben. Unternahm er ihn aber, so würde das vorhin gedachte Korps ihm bei dem Uebergange und während der Aktion in die Flanke gekommen seyn. Da sie viel stärker waren als er, und ihre Armee durch den Fluß gedekt wurde, so konnten sie 20,000 Mann auf ihre Flanke stellen, die es dem Feind unmöglich gemacht haben würden, den Fluß zu paßiren. Wahrscheinlich wäre er auf Striegau marschirt, um dadurch, daß er ihnen die Gemeinschaft mit Böhmen abschnitte, die Oesterreicher aus ihrer vortheilhaften Stellung zu bringen. In diesem Falle konnte das Korps, welches nach unserer Voraussetzung auf der linken Flanke stand, eher bei Striegau seyn als der König. Wenn hernach die ganze Armee hinter Schweidnitz marschirte, ihren rechten Flügel an Hohen-Giersdorf und den linken an Freiburg setzte, so versicherte sie sich der Straße nach Landshut und folglich der Gemeinschaft mit Böhmen. Diese Stellung ist sehr stark und ich glaube nicht, daß sie darinnen geschlagen werden konnte; auch konnte sie nicht in dieser schon so weit vorgerükten Jahreszeit durch irgend ein Manöver auf ihrer linken Flanke gezwungen werden, sie zu verlaßen; endlich konnte der König nicht in der

Gegend

Feldzug im Jahre 1757.

Gegend von Striegau stehen bleiben, weil er über 20 Meilen von seinen Magazinen entfernt war. Er hätte daher seinen Entwurf aufgeben und sich nach Glogau zurückziehen müssen, um seinen Truppen einige Erholung zu verschaffen, die der Ruhe in der That sehr bedurften. Da die Oesterreicher aber diese Maaßregeln vernachläßigten oder nicht einmal daran dachten, so hätten sie noch weiter vorrücken und alle Anhöhen, besonders die bei Lobetinz, besetzen sollen, so wohl um dem Feind diesen Vortheil zu entziehen, als auch um mehr Platz zum Manövriren zu gewinnen. Allein es scheint, als wenn sie gleich aller ihrer Sinne beraubt waren, so bald sie Nachricht von dem Anmarsch des Königs erhielten. Starr und gedankenlos standen sie da und wußten nicht, ob sie vor oder zurük gehen sollten. Es ist unmöglich, daß eine stärkere Armee von einer schwächern überflügelt werden kann, wenn sonst keine Fehler dabei vorgehen. Dies aber geschahe hier. Der König machte verschiedene Drohungen gegen ihren rechten Flügel, und täuschte sie dadurch so lange, daß er unter Begünstigung der Hügel, die der Feind vergessen hatte zu besetzen, Zeit gewann, seine ganze Armee gegen ihren linken Flügel zu bringen. Nunmehr blieb kein ander Mittel übrig, als ihren rechten Flügel und die Mitte gegen des Königs linken Flügel anrükken zu lassen. Da sie weit stärker waren, und der preußische linke Flügel geschwächt worden war, um den rechten zu verstärken, so würden sie ihn eingeschlossen und wahrscheinlich aufgerieben haben. Wurde des Königs linker Flügel angegriffen, so konnte er seine Vortheile auf dem rechten nicht verfolgen, aus Furcht, zwischen dem Fluß und des Feindes rechtem Flügel eingeschlossen zu werden, wo nicht Platz genug war, um die gehörigen Bewegungen zu machen. Sie hätten zu gleicher Zeit eine oder zwei Linien hinter der angegriffenen Flanke formiren, mit großen Intervallen, um die geschlagenen Truppen durchzulassen, und hernach auf den Feind losgehen sollen, dessen Linien sie gebrochen und in Verwirrung gefunden, und ihn also leicht geschlagen haben würden.

Anstatt dies zu thun, ließen sie die ganze Armee eine Bewegung links hinunter machen, um den Flügel zu unterstützen. Die Kolonnen stießen dabei auf die Flüchtlinge und zugleich auf den avanzirenden Feind, wodurch sie verhindert wurden sich zu formiren. Auf diese Art wurde die ganze Armee geschlagen, ein Bataillon nach dem andern, welches nicht anders seyn konnte. Truppen, die in schmalen und langen Kolonnen marschiren, können sich niemals öfnen und in einer Linie aufmarschiren, so bald der Feind in der Nähe ist und ihnen mit seinem Feuer zusetzt. Aus diesem Grunde muß man dergleichen Manöver niemals unternehmen. Sie mußten alles anwenden, um den Feind so lange abzuhalten, bis sie ihre Linien formirt hatten, und dann konnten sie entweder avanziren oder ihn erwarten.

Da

Da dies aber nicht geschah, so ging die Schlacht verloren, und dies war ganz unvermeidlich.

Es war ferner ein Hauptfehler, daß sie die Hülfstruppen, die nie einen Feind gesehen hatten, in die Flanke stellten. Hätten sie ihre leichten Truppen und 8 oder 10 Bataillonen Oesterreicher in den Wald vor Sagschütz gestellt, solche durch das Nadastische Korps und den ganzen linken Flügel unterstützen lassen, und wären hernach mit ihrem rechten Flügel und der Mitte vorwärts auf des Feindes linken Flügel los gegangen, so glaube ich, würden sie den Sieg davon getragen haben.

Des Königs Verfahren gründete sich auf die erhabensten Grundsätze des Krieges. Ohngeachtet seine Armee weit schwächer war als die feindliche, so wußte er doch gegen den angegriffenen Punkt durch geschikte und zwekmäßige Manöver mehr Leute in Aktion zu bringen, als der Feind; und dieses muß allemal entscheiden, wenn die Truppen auf beiden Seiten beinahe von einerlei Güte sind. Zu Friedenszeiten sollten daher die Generale es sich vorzüglich angelegen seyn lassen, solche Evolutionen zu erfinden, wodurch die Manöver ganzer Armeen erleichtert werden; im Kriege aber das Schlachtfeld so wählen, daß sie einen Theil ihrer Bewegungen verdekt machen und mehr Leute ins Feuer bringen können, als der Feind. Erlaubt aber die natürliche Beschaffenheit des Terreins oder die Wachsamkeit des Feindes nicht, ihre Bewegungen zu verbergen, so können sie durch eine größere Fertigkeit und Leichtigkeit im Manövriren eben das erhalten, und mehrere Leute auf den Hauptpunkt des Angrifs zur Aktion bringen, als der Feind. Der Hauptvortheil einer überlegenen Armee besteht lediglich darin, daß der kommandirende General bei einer Schlacht mehrere Leute zum Fechten anstellen kann, als der Feind; haben diese aber nicht gelernt sich mit Ordnung und Schnelligkeit zu bewegen, und können daher nicht zu gleicher Zeit zum Fechten gebracht werden, so hilft die Ueberlegenheit an der Zahl nichts; im Gegentheil macht sie die Verwirrung noch größer. Ich ziehe hieraus den allgemeinen Grundsatz — Ein General, der durch die Geschwindigkeit seiner Bewegungen oder durch andre Kunstgriffe zu einerlei Zeit und auf eben dem Punkte die meisten Truppen zur Aktion bringen kann, muß, wenn die Truppen auf beiden Seiten von einerlei Güte sind, nothwendig die Oberhand behalten: alle Evolutionen, alle Manöver, die dieses nicht zum Endzwek haben, sollten gänzlich abgeschaft werden.

XI. Anmer-

XI. Anmerkung.
Ueber die Schlacht bei Leuthen.

Nachdem die Expedition gegen die vereinigte Reichs- und französische Armee durch die Schlacht bei Roßbach so glüklich geendigt war und der König nichts erhebliches mehr auf der Seite von Sachsen zu befürchten hatte, beschloß er nach Schlesien zu gehen und den Progressen der Oesterreicher Einhalt zu thun. Das Korps, welches er mitnahm, bestand aus folgenden Truppen.

Infanterie.

1 Gren. Bat. Wedel	1 Bat. Retzow
1 — — Kremzow	2 — Alt-Braunschweig
1 — — Ramin	2 — Forcade
2 Musq. Bat. Markgr. Karl	2 — Winterfeldt
2 — — Meyerrinck	2 — Itzenplitz
2 — — Garde	

Kavallerie.

3 Schwadronen Garde du Corps ⎫
5 — — Gensd'armes   ⎬ Kürassier
5 — — Seidlitz   ⎪
5 — — Driesen   ⎭
5 — — Zettritz Dragoner
5 — — Sczekull Husaren

In allen 18 Bataillonen und 28 Schwadronen.

Mit diesem Korps brach er den 12ten von Leipzig auf und kam den 28ten bei Parchwitz an, wo er bis den 3ten stehen blieb und sich mit der jetzt unter dem Kommando des General Ziethen stehenden und von Breslau zurükkommenden Armee vereinigte. Auf dem Marsch kantonirte das Korps beständig und die Leute mußten in den Orten, die ihnen zu Quartieren angewiesen wurden, auf das beste verpflegt werden. Die Umstände machten diese Vorsorge nöthig. Die Armee konnte nur die unentbehrlichsten Bedürfnisse mitnehmen, und da sie auf dem ganzen Marsche kein Magazin fand, so mußte mit dem Brodte sehr wirthschaft-

322   Geschichte des siebenjährigen Krieges in Deutschland.

schaftlich umgegangen, und daher aus den Kantonirungsquartierende das fehlende mitgenommen werden. Hat der Soldat auch gute Quartiere, so werden ihm die längsten und beschwerlichsten Märsche leicht, sein Muth wird aufrecht erhalten und er geht willig gegen den Feind.

Da der König wußte, daß noch ein kleines Korps Oesterreicher in der Oberlausitz unter den Generalen Marschall und Haddik stand, das ihn auf dem Marsche beunruhigen konnte; so mußte der Feldmarschall Keith mit einem kleinen Korps durch das Erzgebirge über Marienberg und Pasberg nach Böhmen gehen, um die Aufmerksamkeit der Oesterreicher nach dieser Seite zu ziehen. Dieser führte auch seinen Auftrag mit vielem Glücke aus. Er ging über Kommotau und Laun bis Leutmeritz, trieb starke Kriegssteuern ein, und nachdem er das Magazin in Leutmeritz zu Grunde gerichtet und die Brücke abgebrannt hatte, zog er sich auf Annäherung des Marschallschen Korps wieder über Pasberg nach Sachsen zurük, und bezog die Winterquartiere.

Auf dem Marsche lief eine unangenehme Bothschaft nach der andern ein. Kaum erfuhr der König, daß Schweidnitz nach einem unbeträchtlichen Widerstande übergegangen war, als er Nachricht bekam, daß die Beversche Armee bei Breslau geschlagen, und endlich daß sogar Breslau vom Feinde erobert und der Herzog von Bevern selbst gefangen sey, auch die in der Stadt zur Besatzung zurükgelassene schlesische Regimenter gänzlich auseinander gegangen wären; denn die Regimenter 2 Bat. Schulz, 2 Lestwitz, 2 Brandeis, 2 Treskow, 1 Kalckreuth, 1 Jung-Bevern (aus Sachsen bestehend) 1 Garnisonbataillon von Lange, marschirten mit Prima plana nicht stärker als 400 Mann aus. Auch war die Desertion unter den schlesischen Kavallerieregimentern so eingerissen, daß manche kaum den dritten Theil so stark waren, als sie nach dem kompleten Stande seyn sollten. Dadurch war die Beversche Armee außerordentlich geschwächt worden. Denn wenn man diesen Verlust der 9 Feldbataillons und Kavallerie nur auf 6000 Mann und was in der Schlacht an Todten, Verwundeten und Gefangenen verloren gegangen, 4000 Mann rechnet, und dies von 25,000 Mann abzieht, so konnte die Armee unter dem General Ziethen aufs höchste 15,000 Mann stark seyn. Wenn man nun bei dem Korps des Königs jedes Bataillon eins ins andre 600 Mann und jede Schwadron 100 Mann rechnet, so war dasselbe 13,600 Mann stark. Folglich konnte des Königs Armee nach der Vereinigung aufs höchste 28,600 Mann stark seyn. Dieses war allerdings wenig, wenn man sie gegen die ganze vereinigte österreichische Armee hält, die wenigstens 80,000 Mann stark war.

XI. Anmerk. Ueber die Schlacht bei Leuthen. 323

war. Ihr Uebermuth war daher auch so groß, daß sie die preußische Armee spottweise nur die Potsdamsche Wachtparade nannten.

Eine Folge glüklicher Begebenheiten scheint großen Seelen ihre innre Stärke zu benehmen, ihre Wirkungskraft zu erschlaffen und sie oft in die Klasse der kleinen Geister herunter zu setzen. Unglüksfälle hingegen sind das wahre stärkende Mittel, das allen Nerven der Seele, wenn ich mich so ausdrükken darf, den Ton, die Festigkeit und die verlorne Elasticität wieder giebt. Der König ließ alle Generale und Staabsofficier im Hauptquartier zusammen kommen, und machte ihnen alle Widerwärtigkeiten bekannt, die ihm zugestoßen waren. Er erklärte ihnen, daß es den Oesterreichern gelungen sey, Schweidnitz zu erobern, den Herzog von Bevern zu schlagen und Breslau wegzunehmen; daß er aber bei allen diesen unglüklichen Begebenheiten ein so festes Vertrauen auf ihren Muth, ihre Standhaftigkeit, ihren Eifer und Liebe zum Vaterlande setzte, daß sie bei der ersten Gelegenheit durch ein vorzüglich tapferes Betragen dem Feinde alle seine bisher erhaltenen Vortheile entreissen würden. Er gab ihnen auf, dieses allen Officieren und der Armee bekannt zu machen, und den gemeinen Mann allmählig zu den Auftritten vorzubereiten, die bald erfolgen würden. Ihm zu sagen, daß er den Feind angreifen müsse, wo er stünde; daß hier die Frage gar nicht von der Menge sey; daß er hoffe, seine Truppen würden ihn mit der größten Herzhaftigkeit angreifen und alles anwenden, um ihn zu schlagen, wenn er sich auch bis an die Zähne verschanzt hätte. Gegenwärtig sey der Fall, wo sie sich als wahre und patriotisch denkende Preussen zeigen müßten. Daß es geschehen würde, dafür sey ihm der erst vor kurzem erhaltene Sieg über die vereinigte Reichs- und französische Armee bei Roßbach Bürge.

Wer hätte bei dieser Rede des Königs ungerührt bleiben, wer hätte nicht wünschen sollen, sogleich gegen den Feind geführt zu werden, um durch Thatsachen sich des Zutrauens würdig zu machen, das er in einem jeden setzte? Wirklich wurde der Muth eines jeden, sowohl Officiers als gemeinen Soldaten bis zur Begisterung erhöhet. Alle Vorstellungen der Gefahr verschwanden, und ein gewisses inneres Sieg versprechendes Gefühl trat an ihre Stelle.

Wenn man den Zustand der preußischen Armee untersucht, so ist es nicht schwer sich zu überzeugen, daß der König den Feind schlagen würde, wo er ihn anträfe. Sie bestand bis auf einige wenige aus lauter Landeskindern; denn die Ausländer waren größtentheils desertirt, und was davon noch übrig war, hatte den Charakter der Nation angenommen. Eine vorzügliche Liebe zu ihrem König und Vaterlande, war ein Hauptzug in demselben; und wenn ein Volk den Spartanern und Römern gleich gekommen ist, so waren es gewiß die da-

Ss 2 maligen

maligen Preussen. Bei dieser Denkungsart schien es, daß unter der Anführung ihres Königs der Sieg allemal vor ihnen hergehen müsse.

Die Vereinigung des Ziethenschen Korps mit dem Königlichen war daher kaum geschehen, als auch sogleich beschlossen wurde, gegen den Feind zu marschiren. Die Bataillons wurden in folgende Schlachtordnung gestellt:

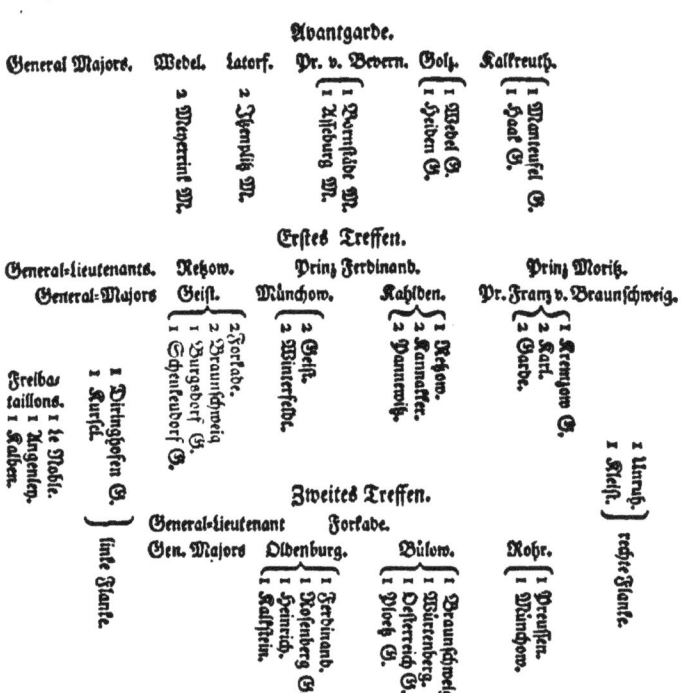

XI. Anmerk. Ueber die Schlacht bei Leuthen.

Kavallerie.
Erstes Treffen.

General-Lieutenants: Driesen.   H. v. Würtenberg.   Ziethen.
General-Majors: Meier Norman. Stechow. Baron Schöneich. Schmettau. Lentulus.

- 10 Bayreuth D.
- 5 Krau. Driesen.
- 5 Stechow D.
- 5 Prinz Schmettau.
- 5 Seidlitz.
- 5 Friedrich.
- 3 Garde du Korps.
- 5 Gens d'armes.

Zweites Treffen.

General-Majors: Brebow. Krokow. Krokow. Zettritz.

- 5 Baron Schöneich.
- 5 Gesler.
- 5 Krokow Kür.
- 5 Karabiniers.
- 5 Würtenberg.
- 5 Krokow. Dr.
- 5 Norman
- 5 Zettritz.

Husaren.

- 10 Puttkammer.
- 6 Seidlitz.
- 5 Eyrnll.
- 3 Warner.
- 10 Werner.
- 10 Ziethen.

Den 4ten Dezember früh mit Anbruch des Tages brach die Armee von Parchwitz auf und marschirte in folgender Ordnung bis Neumarkt. Die Avantgarde eröfnete den Marsch, sie bestand aus 800 Freiwilligen, die aus der Armee gezogen wurden, den vorhin angezeigten Bataillonen, allen Fourirschützen, den Fußjägern und Freibataillonen, aus allen Husaren, bis auf Werner, und aus den Dragonerregimentern Zettritz, Normann und Krokow; dabei befand sich eine Batterie von 10 Stük 12 pfündigen schweren Kanonen. Auf diese folgte die Armee in vier Kolonnen. Es wurde flügelweise rechts abmarschirt. Die erste Kolonne bestand aus der Kavallerie des rechten Flügels im ersten und zweiten Treffen. Nemlich Garde du Korps, Gens d'Armes, Seidlitz, Friedrich, Schöneich, Würten=

berg

berg (Dragoner) und Alt Krokow (Küraßier). Die zweite Kolonne machte der rechte Flü= gel der Infanterie im ersten und zweiten Treffen, nemlich Kreyzow, Karl, Garde, Retzow, Kannaker, Pannewitz, Unruh, Kleist, Pr. von Preussen, Münchow, Franz Braun= schweig, Würtenberg. Die drei Bataillonen Osterreich, Plötz und Ferdinand machten die Arriergarde und bekten die Bagage. Die dritte Kolonne bestand aus dem linken Flügel der fanterie im ersten und zweiten Treffen, nemlich: Geist, Winterfeld, Forkade, Braun= schweig, Burgsdorf, Schenkendorf, Düringshofen, Kursel, Kahlden, Heinrich, Kalkstein. Die vierte Kolonne machte die Kavallerie vom linken Flügel: Stechow, Kyau, Driesen, Bareuth, Karabiniers, Baron Schöneich, Geßler. Die Husaren von Wer= ner machten die Arriergarde. Die schwere Artillerie wurde in zwei Brigaden eingetheilt, die hinter der 2ten und 3ten Kolonne fuhren. In und hinter Neumark stand ein Korps Kroa= ten und Husaren von ohngefehr 4000 Mann zur Bedekkung der Bäkkerei. Dies wurde überrumpelt und die Husaren hieben mit Unterstützung der Freiwilligen und Freibataillons über 200 nieder, machten 600 Gefangene, und zerstreuten die übrigen. Die ganze Bäkkerei fiel ebenfalls in unsre Hände. Das Hauptquartier kam in Neumark, worin auch 10 Bataillonen gelegt wurden. Die Infanterie von der Avantgarde kantonirte in Kemmen= dorf, und die Kavallerie rükte vor demselben ins Lager. Die übrige Kavallerie von der Ar= mee lagerte sich jenseits der Stadt, der größte Theil der Infanterie diesseits. Die schwere Artillerie ging durch die Stadt, und fuhr auf der andern Seite derselben auf. An eben die= sem Abend bekam der König zuverläßige Nachricht, daß der Prinz Karl aus seinem Lager bei Breslau aufgebrochen, die Lohe und das Schweidnitzer Wasser paßirt sey, und diesseits ein Lager genommen hätte.

Den 5ten setzte sich die Armee noch vor Tages Anbruch in Bewegung. Das Gre= nadierbataillon Burgsdorf besetzte das Schloß in Neumark, und die beiden, Plötz und Oe= sterreich blieben bei der Bagage und Train der Artillerie zurük. Die Anordnung des Mar= sches blieb wie den vorigen Tag D D. Die Avantgarde formirte sich vor Kemmendorf, die Kavallerie vor der Infanterie, und diese auf den dort befindlichen Höhen. In dieser Stellung blieb sie halten bis es Tag wurde, und die Armee heran kam. Die Batterie von 10 schwe= ren zwölfpfündigen Kanonen setzte sich vor derselben. Es wurde der Armee bekannt gemacht, daß die Oesterreicher vorgerükt wären und auf der Ebene stünden, und es noch diesen Tag wahrscheinlich zu einer Schlacht kommen würde. Diese Nachricht verursachte eine allgemeine Freude, und man konnte es unsern braven und entschlossenen Truppen in den Augen lesen, daß sie mit Ungedult den Augenblik erwarteten, wo sie mit dem Feinde handgemein werden könnten. Alles vereinigte sich auch uns den Sieg zu versprechen. Das feuchte und dunkle

Wetter

XI. Anmerk. Ueber die Schlacht bei Leuthen. 327

Wetter verhinderte, daß der Feind unsern Marsch gewahr wurde. Daher wurde auch das Korps unter dem sächsischen General Nostitz, das sich auf den Anhöhen diesseits Borna in C C gesetzt hatte, und aus 3 sächsischen Dragoner- und 2 österreichischen Husarenregimentern bestand, überrumpelt, von unsern Husaren und Dragonern umringt, 11 Offizier und 540 Mann gefangen genommen, verschiedene niedergehauen, und der Ueberrest bis an die feindliche Armee in E E gejagt. Während dieser Attaque hatte sich die Infanterie von der Avantgarde in den Gebüschen vor den Dörfern Polkendorf, Lampersdorf und Katlau postirt um den Angrif zu decken. Unterdessen setzten die Kolonnen ihren Marsch in der besten Ordnung fort. Es war kein schönerer Anblik. Die Teten waren beständig in gleicher Höhe, und in der zur Formirung nöthigen Entfernung voneinander; die Züge hielten ihre Distanzen so genau als wenn es zur Revüe gegangen wäre. Daher konnte denn auch die Armee in der größten Geschwindigkeit aufmarschiren.

Nachdem der feindliche Vorposten bei Borna zurükgetrieben war, bekam der König Gelegenheit die feindliche Stellung zu rekognoszieren. Dieser stand in A A mit seinem rechten Flügel hinter den Wald bei Nipern, und seine Flanke war durch das Dorf und verschiedene Seen und Brüche gedekt. Von da lief die Front hinter Frobelwitz und Leuthen fort, und der linke Flügel stand zwischen Sagschütz und Leuthen. An diesem linken Flügel schloß sich das Nadastische Korps B an, das bei Sagschütz einen Haken machte, der bis an die Teiche und Moräste von Gohlau fortlief. Zwischen dem linken Flügel der Hauptarmee und dem rechten des Nadastischen Korps stand Kavallerie, mit ihrem rechten Flügel an Leuthen. Der König kannte die Gegend zu genau, als daß er nicht gleich die Stärke und Schwäche dieser Stellung übersehen sollte, denn in Friedenszeiten hatte er darauf seine Truppen manövriren lassen. Das Terrein vor dem rechten Flügel und auf dessen Flanke war zu durchschnitten, als daß der Angrif auf dieser Seite geschehen konnte. Se. Majestät beschlossen daher des Feindes linken Flügel anzugreifen, und befahlen, daß bei dem Angrif der linke Flügel seiner Armee beständig aus dem kleinen Gewehr Feuer gehalten und refusirt bleiben sollte. Sobald also die Teten der Kolonnen das Dorf Borna passirt waren, so daß solches zwischen der zweiten und dritten Kolonne blieb, so mußte die Armee aus den vier Kolonnen in zwei Treffen fallen, das auch durch eine Schwenkung aller Teten rechts bei F augenbliklich mit einer ausserordentlichen Schnelligkeit bewerkstelligt wurde. Die Avantgarde blieb der Armee links, und war bestimmt, den ersten Angrif zu machen. Etwas nach 12 Uhr war die Armee, die nunmehr in zwei Treffen marschirte, die Kavallerie auf den Flügeln, die Infanterie in der Mitte, und die Avantgarde links der Tete, auf den kleinen Höhen zwischen Lobetinz und Kartschütz angekommen. Wir waren dem Feinde schon ziemlich nahe, daher konnte der König bei der Lobetinzer

Wind=

Windmühle die ganze Stellung desselben übersehen. Ich selbst konnte sie deutlich unterscheiden. Die Avantgarde, die in G stand, bekam Befehl den Feind anzugreifen. Sobald sie also die Dörfer Kartschütz und Striegwitz rechts hatte, formirte sich dieselbe in H, I und K. Sechs Bataillonen vom rechten Flügel derselben machten einen Haken, um die Flanke der Kavallerie zu decken, und die übrigen vier griffen das Dorf unter Begünstigung der Batterie K von 10 zwölfpfündigen schweren Kanons an.

Der General Nadasti hatte sich auf den linken Flügel gesetzt, um unserer Armee desto besser in die Flanke kommen zu können. Diese hatte sich auch kaum zwischen G und H formirt, als er mit seiner Kavallerie hinter dem Walde zum Vorschein kam, und unsre Kavallerie, die auch vorgerückt war, angrif. Es gelang ihm auch, diese etwas zum Wanken zu bringen; allein die Bataillonen, welche bei H den Haken gemacht hatten, feuerten mit solcher Wirkung auf die feindliche Kavallerie, daß sich dieselbe in der größten Uebereilung zurük ziehen mußte. Nunmehr ging das Feuer aus dem Geschütz und kleinen Gewehr an. Es mochte Ein Uhr seyn. Die sechs Bataillonen griffen die hinter dem Verhakke stehenden Würtenbergischen Grenadier an, und schlugen sie heraus. Der General Wedel ging mit den Regimentern Meierrink und Itzenplitz auf die auf den Anhöhen vor Sagschütz stehende große feindliche Batterie los, und nahm sie nach einem kurzen Widerstande weg. Das ganze Nadastische Korps gerieth dadurch in Unordnung, und ohngeachtet sich einige Bataillonen noch hinter einen Graben setzten, wurden sie doch gleich über den Haufen geworfen.

Während des Angrifs der Avantgarde avanzirte die Armee, und zog sich dabei immer rechts, und da die Avantgarde eben dieses that, so wurde der Feind beständig überflügelt, und zu gleicher Zeit kamen ihm die 6 erste Bataillonen von der Avantgarde immer in den Rücken; weil diese so avanzirten, daß sie mit der Armee eine Art von Haken vorwärts machten. Auf diese Art wurden alle Truppen, die der Feind zur Unterstützung seines linken Flügels abschikte, allemal in eben dem Augenblik geschlagen, da sie sich formiren wollten. Da der Feind auf seinem linken Flügel also in Verwirrung gebracht war, und sich zurük zog, befahl der König, daß sich die große Batterie von der Avantgarde während des Avanzirens der Armee immer links ziehen sollte. Dadurch wurden die feindlichen Truppen, die einige mahl versuchten, sich hinter Gohlau in einem Haken zu formiren, und die Flanke der Armee zu decken, beständig in der rechten Flanke gefaßt, während daß die übrigen das Feuer auf der Fronte bekamen.

Die Kavallerie in N vom rechten Flügel, die bisher durch viele Büsche, Graben und Hekken verhindert wurde zu agiren, fand hinter Gohlau endlich Gelegenheit sich hervor zu thun. Die Husaren von Ziethen fielen die sich zurückziehende Bairische und Würtenbergische Infanterie an, hieben eine Menge nieder, und machten über 2000 Gefangene.

Die

XI. Anmerk. Ueber die Schlacht bei Leuthen.

Die feindlichen Generale waren indessen beschäftigt mit dem übrigen Theil ihrer Armee der noch nicht zum Schlagen gekommen war, einen Haken M zu machen, dessen ausspringender Winkel an Leuthen stieß, und ließen so viel Artillerie als sie nur zusammen bringen konnten, auf die Höhen hinter dem Dorfe auffahren. Dieses war nicht allein schon von Anfang stark besetzt, sondern auch die vom rechten Flügel zurük kommende Reserve und eine Menge Flüchtlinge von dem linken Flügel hatten sich hinein geworfen und die Häuser und den Kirchhof besetzt. Alle schienen entschlossen zu seyn, diesen Posten bis aufs äusserste zu behaupten. Die preußische Armee, die bis L avanzirte, war indessen entschlossen, den Feind heraus zu schlagen, es möchte auch kosten was es wolle. Die beiden Bataillonen Garde und das Bataillon Retzow trafen gerade auf das Dorf. Hier entstand also das fürchterlichste, mörderischeste Infanteriegefechte, das man sich nur denken kann. Der Feind wehrte sich mit einer ausserordentlichen Hartnäkkigkeit. Ein Battaillon nach dem andern rükte dagegen an, so daß der linke Flügel, der nach des Königs Befehl beständig refusirt bleiben sollte, nun auch sich mit dem Feinde einlaßen mußte. Endlich drang doch die Garde unter Anführung des jetzigen Generallieutenant Möllendorf, der damals der älteste Kapitaine war, mit einer unwiderstehlichen Bravour ein und zwang den Feind es zu verlassen, nachdem er sich über eine halbe Stunde darin gehalten hatte.

Die Eroberung dieses Dorfes war allerdings ein Schritt näher zum Siege, allein der Feind hatte doch noch nicht Lust das Schlachtfeld gänzlich zu verlassen. Er wehrte sich hinter demselben noch einige Zeit, wobei ihm einige Feldgraben zu statten kamen, die er mit Grenadieren und anderer Infanterie besetzt hatte. Es war aber doch schon alles in der größten Verwirrung, und er stand, ich sage gewiß nicht zu viel, bei den Windmühlen wohl 100 Mann hoch; Daher konnte die Artillerie ihr Feuer mit der besten Wirkung anbringen. Er bequemte sich auch kurz darauf die Flucht zu ergreifen.

Während des Angrifs des Dorfes, grif der General Driesen mit der Kavallerie N vom rechten Flügel die österreichische O von linken Flügel in der Front an. Das Dragonerregiment Bareuth aber zog sich rechts und fiel ihr in die linke Flanke. Ob sie nun gleich dabei ein heftiges Kartätschenfeuer aushalten mußte, so warf sie doch die feindliche sogleich über den Haufen und schlug sie gänzlich aus dem Felde, so daß sie hernach nicht wieder zum Vorschein kam. Darauf hieb auch unsere Kavallerie in die österreichische Infanterie vom linken Flügel ein, und machte ganze Bataillonen gefangen. Der rechte Flügel ihrer Armee hatte kein besseres Schiksal. Nachdem sich der Feind bei Leuthen wieder gesetzt hatte, verließ dieser seine Stellung und schwenkte sich links bis nach P. Unsere Kavallerie vom linken Flügel,

Flügel, die bis jetzt noch immer hinter Lobetinz gestanden hatte, sah diese Bewegung kaum, als sie vorrükte, und die Kavallerie von des Feindes rechtem Flügel in Q angrif, ihr in die Flanke kam, sie gänzlich in die Flucht schlug und hernach ebenfalls in die Infanterie einhieb. Beide Angriffe der Kavallerie verursachten, daß der Feind sich um so eher von Leuthen zurükziehen mußte. Dennoch aber versuchte er es, sich zum dritten male in R zu setzen. Da aber unsere Armee im beständigen Avanziren blieb und in S S angekommen war, so sahe er sich auf seiner rechten Flanke überflügelt; und da auch seine Infanterie ohne alle Kavallerie war, so hieb die preußische in sie ein und machte eine Menge Gefangene. Es blieb ihm daher nichts weiter übrig, als sich über die Brükken T in Lissa und bei Rathen, und den Schifbrükken bei U über das Schweidnitzer Wasser zurükzuziehen, welches ihm durch die verfolgenden Preussen sehr schwer gemacht wurde. Die preußische Armee nahm nach geendigter Schlacht ihre letzte Stellung V V bei Einbruch der Nacht zwischen Gukerwitz und Lissa.

Nachdem die Armee Halt! gemacht hatte, kam der König die Front hinauf geritten, und fragte, ob noch einige Bataillonen Lust hätten ihm bis Lissa zu folgen. Sogleich nahmen die Grenadierbataillonen Manteufel und Wedel und das Regiment Bornstädt das Gewehr auf und folgten ihm. Die Häuser in der Stadt waren noch voll von Oesterreichern, theils Gesunden, theils Blessirten. Der König ritt nach dem Schlosse, in Begleitung einiger Officier von seiner Suite, und ging mitten durch eine Menge österreichischer Officiere nach einem Zimmer, das er für sich zubereiten ließ. Als aber die Grenadier einrükten, bekamen sie aus allen Häusern Feuer. Sie besannen sich daher nicht lange, sondern brachen in dieselben ein und machten alles nieder, was sich zur Wehre setzte.

Als die Generals und Staabsofficier nach und nach angekommen waren, trat der König mit einer vergnügten Miene in das Zimmer, wo die Parole ausgegeben werden sollte. Sie näherten sich sogleich, um Sr. Majestät zu dem erfochtenen Siege Glük zu wünschen. Nach einer so gethanen Arbeit ist gut ruhen! war die erste Antwort des Königs. Er dankte ihnen hierauf in den gnädigsten Ausdrükken für die aufs neue gegebenen Beweise ihres Muths und Eifers, die sowohl den Ruhm ihres Namens als der Nation auf die späteste Nachwelt bringen würden; befahl auch, der ganzen Armee bekannt zu machen, wie sehr er mit ihrem vorzüglich tapfern Betragen zufrieden sey.

Den 6ten marschirte die Armee in zwei Kolonnen rechts ab und ging über das Schweidnitzer Wasser. Der Feind war über die Lohe gegangen und hatte, so gut er gekonnt, seine Leute in der Gegend von Breslau gesammelt. Bei Höfgen und Klein-Moch-

XI. Anmerk. Ueber die Schlacht bei Leuthen.

Mochber stand der General Buccow mit der Arriergarde, die sich aber nach einigen gethanen Kanonenschüssen auf unsere Husaren, zurückzog. Der Prinz Karl brach den Nachmittag um 3 Uhr auf und zog sich nach und nach über Borau nach Schweidniß und so weiter nach Böhmen zurük. Der General Ziethen wurde den 7ten mit folgenden Bataillonen, Gren. Bat. Wedel, Manteufel und Heiden, den Regimentern Asseburg, Bornstädt und Meyerrinck, den Husaren von Ziethen, Putkammer, Werner und Seidlitz, und den Dragonern von Czettritz, Normann, Würtemberg, Stechow, Krokow, und den Freibataillonen Kalben und Angenelli zur Verfolgung des Feindes detaschirt. Dieses kleine unbeträchtliche Korps nöthigte den Prinz Karl in Zeit von 14 Tagen ganz Schlesien zu verlassen. Diese Expedition verdiente genauer auseinander gesetzt zu werden, wenn es hier der Ort wäre. Sie würde in Rüksicht auf den kleinen Krieg sowohl, als auf den großen außerordentlich lehrreich seyn. Es ist schon hinreichend, wenn man weiß, daß Ziethen sie kommandirte.

Diese Schlacht und die Folgen derselben kosteten den Oesterreichern beinahe 60,000 Mann. Dieses läßt sich leicht beweisen. In der Schlacht verloren sie an Todten und Blessirten über 6,500 Mann, davon will ich nur die Hälfte 3000 Mann rechnen, weil ein großer Theil der Bleßirten nach Breslau flüchtete; 21,500 Mann wurden gefangen; 17,146 Mann mußten nach der Uebergabe von Breslau das Gewehr strekken.*) Der General Ziethen machte noch an 2000 Gefangene. Bei Neumarck hatten sie den Tag vorher ohngefähr 800 Mann verloren. An 6000 Mann Deserteurs fanden sich bei der Armee ein, und im Frühjahr 1758 mußte sich die Garnison in Schweidniz ergeben, die an 5000 Mann stark war. 1000 Mann kann man auf Desertirte und Gestorbene rechnen; denn als der Prinz Karl nach Böhmen ging, war sie über 6000 Mann. Alles zusammen macht 56,446 Mann. Als wir Lignitz einnahmen, gestanden die österreichischen Officier, daß ihre Armee nicht stärker in Böhmen eingerükt sey, als 9000 Mann reguläre Infanterie und 28,000 Mann Kavallerie, Kroaten und andre leichte Truppen. Auf diese Art wäre ihre Armee in der Schlacht an 90,000 Mann stark gewesen. Dieses scheint auch nicht zu viel zu seyn; denn außer einigen wenigen noch in Sachsen und Böhmen stehenden Truppen, war die ganze österreichische Armee bei der Schlacht gegenwärtig.

Ich habe schon angemerkt, daß die Schlachten des Königs durchgehends Originale sind. Bei keiner aber fällt dies mehr in die Augen, als bei dieser. In der ältern Geschich-

---

*) Diarium von der Belagerung von Breslau. Breslau 1757. Wo der Verlust jedes Regiments und die Officiere mit Namen angeführt werden.

te ist schwerlich eine, und in der neuern gar keine, die ihr an die Seite gesetzt werden konnte: man mag die Anlage, die Ausführung und Folgen derselben untersuchen. Sie macht in gewissem Betrachte eine Epoche in der Kriegswissenschaft und enthält nicht allein die Theorie, sondern auch den Beweis eines Systems, dessen Erfinder allein der König ist.

Wenn man einen Blik auf den Plan dieser Schlacht wirft, so wird man leicht gewahr, daß der König die Armee dergestalt aufmarschiren ließ, daß sie mit der Fronte der feindlichen einen Winkel machte. Dieses ist die die schräge Stellung, die nach dem Urtheile aller über ihr Fach nachdenkenden Generale und militärischer Schriftsteller vom ersten Range der Schlüssel zum Siege seyn soll. Bis zu dem Zeitpunkte, da der König auf die Kriegesbühne trat, waren die Begriffe davon nur dunkel und unvollständig, und kein General, wenigstens in den neuern Zeiten, sahe die Vortheile derselben mit Ueberzeugung ein und hatte das Herz von der gewöhnlichen Art abzugehen. Gegenwärtig ist sie die Lieblingsstellung und scheint alle andre verdrängen zu wollen. Ob aber alle Generale einen so geschikten Gebrauch davon machen werden, als der König, lasse ich dahin gestellt seyn. Mir kommt es damit eben so vor, als mit Scanderbeg's Säbel. Er übersandte ihn an Mahomet, allein sein Arm ging nicht mit; daher that er in den Händen des Sultans nicht dieselben Dienste. Jezt kennt ein jeder den Werth der schiefen Schlachtordnung; allein das Genie des Königs fehlt; daher kommen nach vielen militärischen Kindesnöthen gemeiniglich nichts weiter als Misgeburthen zur Welt.

Die Natur dieser Schlachtordnung zeigt schon, daß der Angrif auf einen oder den andern Flügel des Feindes geschehen müsse. Die Hauptabsicht dabei ist den angegriffenen Flügel abzustoßen, und hernach den Feind zu überflügeln, und ihn in die Flanke und in den Rükken zu nehmen. Soll diese erreicht werden, so muß der Flügel, welcher angreift, so stark gemacht werden, daß er das Uebergewicht über den Feind bekömmt. Da indessen der Feind auch Mittel in seiner Gewalt hat, den Angrifspunkt zu verstärken; so scheint nichts wesentlicher zu seyn, als seine Vorkehrungen so zu treffen, daß er in Ansehung des wahren so lange in Ungewißheit erhalten werde, bis derselbe festgesetzt ist. So bald dies aber geschehen, muß der Angrif ohne Zeitverlust mit der größten Lebhaftigkeit und einem wahren Ungestüm geschehn. Denn Feinde muß gar nicht Zeit gelassen werden, sich zu besinnen, sondern er muß durch das Lebhafte, das Unerwartete, noch ehe er einen Schuß bekömmt, zu Boden geschlagen werden.

Es ließe sich noch verschiedenes über diese Schlacht anmerken — Sed sapienti sat.

Ope=

Operationen der Preußen gegen die Russen.

Nachdem der König von Preussen sichere Nachricht eingezogen, daß die Czarin dem Traktat von Versailles beigetreten, gab er dem Feldmarschall Lehwaldt Befehl, mit ohngefehr 30,000 Mann an der Grenze von Preussen gegen Rußland zu rükken, und sich dem Marsch des Feindes zu widersetzen. Diesem gemäß zog er seine Armee im Monath Junius zusammen, rükte bis Insterburg vor, und detachirte ein Korps in der Gegend von Memel, um die Bewegungen des Feiudes zu beobachten.

Die rußische Armee, die aus 31 Regimentern Infanterie, 14 Regimentern Kavallerie, 5 Regimentern Husaren, und ohngefehr 16,000 Tatarn, Kalmukken und Kosaken bestand, und ausser diesen letztern ohngefehr 62,000 Mann Infanterie und 19,000 Mann Kavallerie stark war, brach im Mai auf, und rükte in vier Kolonnen gegen die Grenze von Preussen.

Drei von diesen Kolonnen gingen durch Pohlen, und die vierte durch Samogitien auf Memel. Die letzte kommandirte der General Fermor, und sie war bestimmt, diese Stadt zu belagern. Um diese Unternehmung zu erleichtern, segelte der Admiral Lewis, ein Engländer von grossem Rufe in rußischen Diensten, mit einer starken Flotte die ohngefehr 9000 Mann am Bord hatte, von Reval ab, um eine Landung zu machen, und Memel von der Seeseite anzugreifen, während der General Fermor eben dieses auf der Landseite thun sollte. Ausgangs des Junius kamen beide vor Memel an, und nahmen es den 5ten August mit Kapitulation ein.

Die Eroberung dieser Stadt verschafte den Russen unendliche Vortheile. Sie konnten daraus einen Waffenplatz machen, und durch Hülfe ihrer Flotte sie mit so viel Proviant und andern Kriegsbedürfnissen versehen, daß die ganze Armee davon unterhalten werden und ihre Operationen den Feldzug über fortsetzen konnte. Dieses wäre auf eine andre Art unmöglich zu bewerkstelligen gewesen.

Nachdem diese Unternehmung glüklich ausgeführt worden, versammlete sich die ganze Armee unter dem Kommando des Feldmarschall Apraxin im Monath August am Flusse Ruß, und rükte von da aus weiter bis an den Pregel vor. Hierauf verließ der Feldmarschall Lehwald sein Lager bei Insterburg, und zog sich bis Wehlau zurük, wo er bis den 30sten

30ſten ſtehen blieb, und denn wieder vorrükte, um die Ruſſen anzugreifen, die über den Pregel gegangen waren und ſich bei Groß-Jägerndorf gelagert hatten. Dieſes gab Gelegenheit zu einer Schlacht, von der die Preußen folgende Beſchreibung gaben:

Nachdem der Generallieutenant Schorlemmer die Stellung des Feindes rekognoſzirt hatte, ſo wurde beſchloſſen, ihn den 30ſten anzugreifen. Wir griffen zuerſt ſeinen linken Flügel an. Das Regiment Prinz Holſtein, unter Anführung des Prinzen, das Regiment Rueſch und das zweite Bataillon von Schorlemmer thaten ſich ausserordentlich hervor. Sie nahmen verſchiedene Batterien weg, und warfen die feindliche Kavallerie völlig über den Haufen. Wir avanzirten über eine Menge Todten gegen den Mittelpunkt und den rechten Flügel der Armee, die durch eine Menge Batterien und verſchiedenen Verſchanzungen gedekt waren. Wir nahmen drei Batterien im Walde weg, jede von 10 bis 12 Kanonen; auf einer davon gab der Feldmarſchall ſelbſt einem ruſſiſchen Oberſten Pardon, und in einer andern wurde der General Lapuchin zum Gefangenen gemacht. Wir würden auch wahrſcheinlich das Feld behalten haben, wenn nicht unglüklicher Weiſe unſer zweites Treffen auf das erſte gefeuert hätte; dies geſchahe, weil der Dampf, den das Feuer der Artillerie verurſachte, und der Rauch, der von den beiden Dörfern herkam, die der Feind in Brand geſtekt hatte, unſere Leute verhinderte, einander zu erkennen. Auf dieſe Art hatte unſer erſtes Treffen das Feuer der feindlichen Infanterie, die durch 150 Kanonen unterſtützt wurde, vor ſich, und unſeres zweiten Treffens im Rükken. Dies verurſachte, daß wir das Schlachtfeld verließen, und uns in der beſten Ordnung zurük zogen, ohne vom Feinde verfolgt zu werden. Wir haben aufs höchſte 2000 Mann verloren; der Feind hingegen mehr als 9000. Unter dieſen befand ſich die Generale Liewen und Lapuchin.

Dieſe Nachricht iſt, wie gemeiniglich alle diejenigen, welche der Ueberwundene bekannt macht, wenig genau, und verdiente nicht einmal abgedrukt zu werden, wenn es nicht die Unparteilichkeit erfordert hätte.

Folgende iſt diejenige, welche der Feldmarſchall Apraxin der Czarin überſchikte.

Ich habe die Ehre gehabt Ew. Majeſtät zu melden, daß unzählige und unüberwindliche Schwierigkeiten uns hinderten, dem Feinde auf der rechten Seite des Pregels nahe genug zu kommen. Ich beſchloß daher über den Fluß zu gehen, um ihn zu einer Schlacht zu bringen. Dies geſchahe auch den 28ſten. Da der Feind gewahr wurde, daß wir ihm durch dies Manövre und den folgenden Märſchen die Gemeinſchaft mit dem Lande abſchneiden würden, aus dem er ſeinen Unterhalt zog, ſo hob er ſein Lager auf, und gieng an eben dem Tage ebenfalls über den Pregel. Den 30ſten war die Armee Ew. Majeſtät, nach dem den

Tag

Feldzug im Jahre 1757.

Tag vorher gegebenem Befehl, marschfertig, und die Avantgarde und ein Theil der Armee schon in Bewegung, als wir um 4 Uhr des Morgens gewahr wurden, daß der vor uns liegende Wald mit feindlichen Truppen angefüllt sey, deren Bewegungen uns durch ihn verborgen wurden. Wir waren noch nicht völlig formirt, als der Feind in der besten Ordnung gegen uns anrükte, und mit seiner Artillerie, gleich darauf aber mit kleinem Gewehr auf uns feuerte. Dies dauerte auch die ganze Zeit der Schlacht über ununterbrochen fort. Er grif unsre Fronte mit dem größten Ungestüm an, und unsre Truppen mußten alle ihre Standhaftigkeit zusammen nehmen, um ihm Widerstand zu thun. Der erste und heftigste Angrif war gegen unsern linken Flügel gerichtet. Er rükte bis auf einen Kanonenschuß in Kolonnen gegen uns an, und formirte sich alsdann. Nachdem sich beide Armeen formirt hatten, Front gegen Front, so dauerte das Artillerie- und kleine Gewehrfeuer drei gute Stunden fort, und der Sieg blieb unterdessen immer zweifelhaft. Der Feind that alles Mögliche um unsre Linien zu durchbrechen, allein bei jedem Angrif wurde er mit großem Verluste zurük geschlagen. Unterdessen dies auf unsern linken Flügel vorging, grif er unsern rechten und die Avantgarde die nach Maaßgabe des Terreins nicht anders als etwas weiter vorwärts als der linke Flügel gestellt werden konnte, mit zwei abgesonderten Korps Kavallerie an, die durch Infanterie unterstützt wurden; aber er wurde auch hier zurük geschlagen. Unsre Artillerie, besonders die Schuwalows, richtete eine große Niederlage an, und trugen das vorzüglichste dazu bei, die feindliche Kavallerie in Unordnung zu bringen. Ohngeachtet der Feind überall mit geringem Erfolge fochte, so machte er doch noch einen neuen Angrif. Auf unsern linken Flügel waren verschiedene Oefnungen in der Linie, die wegen des morastigen Bodens nicht geschlossen werden konnten. Der Feind versuchte durch diese lüken durchzubrechen, und unsre Linie auseinander zu sprengen und ihr hernach in die Flanke zu fallen: allein er betrog sich. Wir hatten einige Truppen aus dem zweiten Treffen hinter dieselben gestellt, so daß er kaum in den Wald gedrungen war, als er mit aufgepflanztem Bajonet empfangen, und gezwungen wurde, mit der größten Ueberellung die Flucht zu nehmen. Dies machte der Schlacht ein Ende ꝛc. Das Uebrige dieses Briefes des General Apraxin enthält nur Komplimente, die zur mehrern Aufklärung der Schlacht nichts beitragen.

Die Russen bekamen 29 Kanonen und ohngefähr 600 Gefangene. Sie hatten 800 Todte und darunter die Generale Lapuchin, Sybin und Kapnist, und 4260 Verwundete, unter denen die Generale Liewen, Tolstoi, Bosquet, Villeboy, Manteufel, Weimarn und Plemannikow waren. Die Preussen hatten ohngefähr 3000 Todte, Verwundete und Vermißte.

Die

Die Preussen zogen sich nach Wehlau und die Russen blieben in ihrem Lager bei Norkitten, bis den 7ten September. Sie machten darauf einige Bewegungen, als wenn sie über den Aller bei Friedland gehen wollten, um die rechte Flanke des Feindes zu tourniren; allein dies wurde nicht ausgeführt. Sie versuchten auch mit einigen Truppen im Kurischen Haf eine Landung vorzunehmen; allein sie wurden von der Landmiliz zurük geschlagen. Den 11ten brach die rußische Armee auf und zog sich in aller Eil bis an die Grenze zurük; so daß sie am Ende des Monats das Königreich Preussen, bis auf Memel, völlig geräumt hatte, wo sie eine Besatzung von 10 bis 12,000 Mann zurük ließ. Dies war das Ende des Feldzuges in Preussen.

Betrachtungen.

Auf die Nachricht, daß sich der Feind in Marsch gesetzt, hätten die Preussen bis an die Grenze rükken, Streifereien in Pohlen vornehmen, und die darin angelegten Magazine zerstören oder wegführen sollen. Dadurch würden sie das Vorrükken des Feindes verhindert haben, der schlechterdings keinen andern Unterhalt hatte, als den er auf der Stelle fand, wo er ankam: der durch das Schrekken, welches seine irregulären Truppen durch ihre Verheerungen und Grausamkeiten überall verbreiteten, ihm überdies unendlich erschwert wurde. Daraus entstand noch ein andrer Vortheil. Die Einwohner hätten Zeit bekommen, ihre besten Habseligkeiten und Vieh nach Königsberg oder sonst einem andern Orte in Sicherheit zu bringen. Da sie aber an der Pregel stehen blieben, so gerieth der beste Theil des Landes in des Feindes Händen.

Gegen das Betragen des Feldmarschalls in der Schlacht können keine Vorwürfe gemacht werden. Er hatte ohne Zweifel Befehl zu schlagen, ohngeachtet ihm der Feind um ein beträchtliches überlegen war. Er formirte sich parallel mit dem Feinde; dies kann mit Recht als ein Fehler angesehen werden, denn da seine Truppen durch das ganze Treffen überall gleich stark vertheilt waren, so konnte er an keinem Orte mit einer vorzüglichen Stärke agiren; der Feind brachte überall mehr Truppen zur Aktion, als er. Die Russen waren damals noch wenig bekannt. Man darf es sich daher eben nicht befremden lassen, wenn der preußische General glaubte, seine Truppen wären ihnen überlegen, und nicht für nöthig fand, andre Vorkehrungen zu machen, als Infanterie gegen Infanterie und Kavallerie gegen Kavallerie zu stellen. Allein die Erfahrung hat bewiesen, daß die rußische Infanterie alle andre in Europa weit übertrift; so daß ich zweifle, ob

sie

Feldzug im Jahre 1757.

sie von einer jeden andern über den Haufen geworfen werden könne. *) Da ihre Kavallerie aber nicht so gut ist, als bei andern Nationen, so können sie vernünftiger weise nicht anders als durch eine vermischte Schlachtordnung überwunden werden. Ja sie können nicht überwunden, sie müssen todtgeschlagen werden; und das kann blos Infanterie, vermischt mit Kavallerie, bewerkstelligen. **)

Wenn die Russen die Absicht hatten in Preussen zu bleiben, so hätten sie es sollen ihre erste Sorge seyn lassen, ein starkes Magazin in Memel anzulegen, um daraus die Armee zu verpflegen; denn sie konnten sich leicht vorstellen, daß ihnen das Land unmöglich alle dazu erforderliche Bedürfnisse liefern konnte, gesetzt auch, sie hätten die strengste Mannszucht beobachtet. Da sie diese Vorsicht nicht gebrauchten, so halfen ihnen alle ihre Siege in diesem und den folgenden Feldzügen nichts. Sie führten Krieg, und wahrscheinlich wird dies auch noch in der Folge geschehen, wie die Tartarn. Sie überschwemmen ein Land, plündern es aus und verheeren es, und dann gehen sie wieder zurük. Auf diese Art werden sie, so lange sie bei dieser Methode bleiben, niemals eine dauerhafte Eroberung machen. Sie selbst legen sich dabei unüberwindliche Hindernisse in den Weg. Ihre eigne leichte Truppen und der Mangel eines nach Grundsätzen entworfenen Operationsplans, werden mit der Zeit ihre ganze Armee ins Verderben stürzen.

Operationen in Pommern zwischen den Preussen und Schweden.

Unter dem Vorwand den Westphälischen Frieden zu garantiren, liessen die Schweden unter dem Kommando des General Ungern Sternberg eine Armee von ohngefehr 17,000 Mann gegen die Preussen marschiren. Diese Armee ging über die Peene, nahm Demmin, Anklam und die Inseln Usedom und Wollin weg, rükte weiter in Preussisch Pommern vor, und ließ sich starke Kriegssteuern bezahlen. Sie fanden nirgends Widerstand, denn die Besatzung von Stettin, die ohngefehr 10,000 Mann unter dem General

---

*) Dies kann unmöglich etwas anders als ein bloßes Kompliment seyn. Daß sie sich brav hält, ist ausgemacht, daß sie aber geschlagen werden kann, beweist Zorndorf! — Und bei Frankfurt — bei dem ersten Angrif warfen sie unsre Grenadier in einer Viertelstunde über den Haufen. — Ich dächte, die preußische Infanterie könnte doch wohl sagen — Anch' io son pittore! Uebers.
**) Eheu! iam satis! Ueb.

neral Manteufel stark war, durfte diesen Ort nicht verlaßen, um sich dem Vorbringen des Feindes zu widersetzen. *) Endlich kam die Armee unter dem Feldmarschall Lehwald aus Preussen an, und nöthigte die Schweden noch vor Ausgange des Dezembers alle ihre Eroberungen bis auf Anklam und die Peenamünderschanze fahren zu laßen, und sich unter die Kanonen von Stralsund zu ziehen.

So endigte sich der Feldzug von 1757, der in Rüksicht auf die vielen und großen Schlachten, der Mannigfaltigkeit der Ereignisse und der Ungewißheit des Beschlusses wichtiger ist, als alle die in der ältern und neuern Geschichte vorkommen. Wir hoffen, daß unsere Beschreibungen und Betrachtungen über die darin vorkommende Vorgänge dem Leser nützlich und angenehm seyn werden.

XII. Anmerkung.
Schlacht bei Jägerndorf.

Der Feldmarschall Lehwald ging den 28ten August über den Pregel und nahm sein Lager hinter einem dikken Walde zwischen Ranglack und Buschdorf. Dieser Wald hatte drei Ausgänge, welche zum feindlichen Lager führten. Der erste ging längst dem Flusse fort und wurde durch die Husaren von Malachowsky gedekt; die andern beiden waren so breit, daß mit ganzen Divisionen in Front marschirt werden konnte. Der Ausgang des Waldes, der zwischen den Wegen sehr dik und gar nicht zu paßiren war, wurde mit Pikettern besetzt.

Nach dem Uebergang über den Pregel hatte sich die russische Armee hinter dem Walde von Norkitten gelagert, in einer ziemlich irregulären Figur. Die Kavallerie vom rechten Flügel stand vor Weinoten bis Mischullen, der rechte Flügel ihrer Infanterie an Weinoten, und von da ging die Front hinter und durch den Busch bis nach Schloßberg fort, so daß der linke Flügel der Infanterie an dem kleinen Bache Aurine stieß, der steile und

---

*) Die Stettinsche Garnison war damals nicht 2000 Mann stark, und ist den ganzen Krieg über nicht 5000 Mann stark gewesen. Hätte sie diese von Lloyd angegebene Stärke gehabt, so würden die Schweden nicht einen Schritt vorwärts gethan haben.

XII. Anmerk. Schlacht bei Jägerndorf.

und beschwerliche Ufer hat. Die Kavallerie vom linken Flügel und der Schwarm ihrer leichten Truppen zu Pferde stand zwischen Sitterfelde und dem Norkitter-Walde.

Gleich nach seiner Ankunft in diesem Lager rekognoszirte der Feldmarschall Lehwald den Feind mit einer kleinen Bedekkung, konnte aber von dem Lager der großen Armee nichts entdekken, nur etliche Kosaken Läger wurde er gewahr. Um aber dennoch von der Stellung des Feindes unterrichtet zu werden, schikte der Feldmarschall den Generallieutenant Schorlemmer, den Prinzen von Holstein, die Generale Platen und Ruesch mit den Husaren von Ruesch und Malachowsky, 15 Schwadronen Dragonern und 2 Bataillonen Grenadier durch den Weg über Almenhausen, um genauere Nachrichten von der feindlichen Stellung einzuziehen. Die Grenabierbataillons wurden am Ausgang des Weges in dem Walde postirt und die Kavallerie rükte vor in die Ebene. Unterdessen mußte die Armee im Lager unter dem Gewehr bleiben und sich marschfertig halten. Die Rekognoszirung konnte nicht mit der dazu nöthigen Genauigkeit geschehen, und man hielt das für den linken Flügel der Armee, was vielleicht nur ein Lager von irregulären Truppen war. Man glaubte nehmlich, der linke Flügel des Feindes erstrekke sich bis Sitterfelde und nach diesen Gedanken wurde auch die Disposition zum Angrif auf den folgenden Tag gemacht. Während dieser Rekognoszirung wurde dem Feldmarschall gemeldet, daß sich ihm rechter Hand viele Fouragierer sehen ließen; um diese abzuschelden, ging er mit einigen Truppen aus dem Lager, um den General Schorlemmer zu verstärken. Durch einen Misverstand brach denn auch wider seine Ordre die Armee auf und folgte ihm durch den Wald, wo sie sich sogar vor demselben formirte. Durch die Kosaken wurde dies bald entdekt; In dem feindlichen Lager geschahen Lärmschüsse und die Armee trat ins Gewehr; hielt sich aber ruhig, so daß der Feldmarschall die Armee wieder zurük ins Lager marschiren ließ. Der General Schorlemmer, der noch vor dem Walde hielt, wurde indessen etwas kanonirt, aber ohne Schaden zu leiden. Einige wollen behaupten, der Feldmarschall hätte besser gethan, wenn er den Feind diesen Tag angegriffen; ich lasse dies dahin gestellt seyn; doch scheint es mir der Klugheit gemäß zu seyn, besonders wenn man in Verhältniß mit der feindlichen Armee sehr schwach ist, sich nicht dabei zu übereilen.

Der Feldmarschall glaubte wenigstens durch die Rekognoszirung entdekt zu haben, daß der linke Flügel des Feindes der schwächste sey, und mit Erfolge angegriffen werden könnte. In der That war das Terrein auf dem rechten Flügel bei Weinotten sehr beschwerlich, weil da verschiedne abgelassene Teiche waren, zwischen denen man genöthigt gewesen wäre auf schmalen Dämmen durchzugehen. Es wurde also der Angrif auf den folgenden

340 Geschichte des siebenjährigen Krieges in Deutschland.

Tag, den 30 August, festgesetzt. Diesem gemäß brach die Armee des Morgens um 3 Uhr in drei Kolonnen auf, und war zum Deplojiren geschlossen. Die erste Kolonne A marschirte links ab und bestand aus dem rechten Flügel der Infanterie, nehmlich 1te Bat. Kanitz, 2 Kalnein, 2 Lehwald, 1 Gohr, Gren: 5 Schwadronen Holstein Dragoner, 1 Bataillon Lossow, Gren. und Train der Artillerie. Die zweite Kolonne B marschirte rechts ab und bestand aus dem linken Flügel der Infanterie beider Treffen, nehmlich 2te Bataillon Kanitz, 2 Below, 2 Donah, 1 Polentz Gr. 1 Manstein Gr. 1, 2, 3, 4 Manteufel G. R. Beide Kolonnen marschirten dicht neben einander durch die Schluft bei Almenhausen, welches ihnen rechter Hand blieb. Vor beiden marschirte das Regiment Husaren von Ruesch, um den Aufmarsch zu decken. Die dritte Kolenne C ging durch die zweite breite Schluft, und bestand aus den Kavallerieregimentern, 10 Schwadronen Malachowsky, Husaren, 5 Platen, Dragoner, 5 Plettenberg, Drag. 10 Schorlemmer, Drag. 5 Finkenstein, Drag. die rechts abmarschirt waren; nur die Husaren links. So bald die Armee aus dem Walde heraus kam, wurde in D D deplojirt, die erste Kolonne rechts, die zweite und dritte links. Nachdem sich alles formirt hatte, blieb die Armee eine kurze Zeit halten. Der Feind hielt sich indessen ruhig, und man wurde nicht einmal Vedetten vor seinem Lager gewahr, und dieses rührte daher, weil die Russen damals die Gewohnheit hatten, nach dem Retraiteschuß alle Vorposten ins Lager zu ziehen und sie mit Tages Anbruch wieder auszustellen. Er that seinen Reveilleschuß und machte seine gewöhnliche Morgenmusik. Endlich setzte sich der Feldmarschall wieder in Bewegung und rükte mit gerader Front bis vor Groß-Jägerndorf in E E.

Unterdessen hatte der Feind seine Stellung etwas verändert, und seinen linken Flügel näher an Sitterfeldt gezogen, auch daselbst eine starke Batterie angelegt. Nach einigen Nachrichten soll er willens gewesen seyn, aus Mangel der Lebensmittel nach Allenburg zu marschiren: in dieser Absicht soll schon der General Liewen mit einem Korps den 29sten aufgebrochen und bei Sitterfeldt so lange geblieben seyn, bis die Armee auch den 30sten früh Anstalt gemacht ihn zu folgen. Der Feldmarschall Lehwald, der die Absicht hatte, den feindlichen linken Flügel anzugreifen, traf daher gerade auf die Mitte der feindlichen Linie; sobald er es aber gewahr wurde, mußte sich die Armee immer rechts bis F F ziehen, um den linken Flügel zu erreichen. Die Kavallerie G G vom rechten Flügel grif indessen die vor dem rechten Flügel stehende Kosaken und andre Kavallerie an, und warf sie auf und hinter ihre Infanterie. Das Holsteinische Dragonerregiment drang sogar in dieselbe, nahm eine Batterie von 8 Kanonen weg, und hieb alles nieder, was sich ihm widersetzte. Bei diesem

August

XII. Anmerk. Schlacht bei Jägerndorf.

Angrif war aber unsre Kavallerie zu weit von der Infanterie gekommen, und konnte nicht von ihr gehörig unterstützt werden. Ueberdies hatte der Feldmarschall, ich weiß nicht aus welchem Grunde die meiste Kavallerie auf dem linken Flügel gesetzt, und da er endlich merkte, daß er auf dem rechten zu wenig haben würde, so ließ er zwar noch 5 Schwadronen von Schorlemmer dahin rükken, allein diese waren noch nicht hinlänglich. Ohngeachtet also die Kavallerie schon in den Feind eingedrungen war, konnte sie doch ihre Vortheile nicht behaupten, sondern, da er seine Artillerie auf sie richtete, mußte sie sich wieder zurük ziehen. Während dieses Angrifs der Kavallerie avanzirte die Infanterie gegen den Feind und drang in den Wald und nahm verschiedene Batterien weg, besonders die Infanterie vom linken Flügel, welche eine vor dem Walde in O stehende große Batterie eroberte, und den Feind mit aufgepflanztem Bajonet bis P in den Wald verfolgte. Der General Lapuchin wurde dabei selbst gefangen, und gab einem Feldwebel vom Kanitschen Regiment seinen Orden, zum Zeichen, daß er sein Gefangener sey. Indem sie aber vorrükte, stieß sie immer auf andere Batterien, und da auch der General Romanzow mit der Reserve queer durch den Wald brach, um den geschlagenen Theil der Armee zu unterstützen, so wurde unsre Infanterie stuzig und fing allmählig an sich zurük zu ziehen. Das dikke neblichte Wetter trug auch vieles dazu bei, daß nach und nach die Unordnung in der Infanterie die Ueberhand nahm. Der Dampf, den die Kanonade und das kleine Gewehr verursachte, zog sich nicht in die Höhe, und da auch der Feind die beide Dörfer Ilberballen und Taupelke in Brand sezte, so wurde es so dunkel daß die Infanterie weder Feind noch Freund unterscheiden konnte. Daher ging es auch bei dem Avanziren nicht am ordentlichsten. Einige Bataillonen zogen sich zu weit rechts, andre zu weit links, wodurch große lükken entstanden. Ueberdies lief der rechte Flügel Gefahr in die Flanke und im Rükken genommen zu werden; daher der Feldmarschall für gut befand sich zurük zu ziehen. Die Kavallerie vom linken Flügel war anfänglich eben so glüklich. Nachdem die Husaren von Malakowsky K K den Wald I I rekognoszirt, ging die Kavallerie durch und um denselben, grif die rußische L L an, und warf sie auf ihre Infanterie. Indem sie aber beim Verfolgen bis M M gekommen war, stieß sie auf die feindliche Artillerie, von der sie übel behandelt und gezwungen wurde, sich bis N zurük zu ziehen. Der Rükzug geschahe in guter Ordnung, und die Kavallerie in N dekte denselben so gut, daß der Feind sich nicht getraute, die geschlagenen Truppen zu verfolgen.

Es scheint hier vieles zusammen gekommen zu seyn, den Verlust der Schlacht zu verursachen. Der Feldmarschall scheint sich etwas übereilt und nicht die genauste Kenntniß von der feindlichen Stellung gehabt zu haben. Da seine Absicht war, des Feindes lin-

342 Geschichte des siebenjährigen Krieges in Deutschland.

ken Flügel anzugreifen, so hätte er den größten Theil seiner Kavallerie auf dem rechten bringen, und den Angrif mit derselben nicht eher machen sollen, als bis sie nach gethanen Choc durch die Infanterie gleich unterstützt werden konnte. Auch hätte er seinen linken Flügel beständig refusiren sollen; dieser war zu hitzig, und ging zu früh auf den Feind los, wodurch der nämliche Fehler entstand, der bei Kollin den Verlust der Schlacht zuwege brachte.

Uebrigens werden die Russen den preußischen Truppen die Gerechtigkeit wiederfahren laßen, daß sie mit außerordentliche Bravour zur Schlacht gingen. Durch den ersten Stoß ward alles über den Haufen geworfen, nur waren sie zu schwach, es immer mit frischen Truppen in die Länge aufzunehmen. Das Regiment Kanitz ging aus der Linie mit gefällten Gewehr vor, und drang durch das erste Treffen der Feindes bis ins zweite, das es auch zum Weichen brachte; allein es wurde nicht unterstützt, und daher mußte es wieder zurük. Die rußische Kavallerie war völlig geschlagen, und schon ein großer Theil nach Insterburg geflüchtet. Endlich war die preußische Armee zu schwach, nemlich kaum 20,000 gegen 60,000, worauf man doch in vielen Fällen auch Rüksicht nehmen muß.

Einige Druckfehler.

Seite 1. Anstatt Vorbericht lese man Einleitung, und so auch über allen Seiten.
— 8. Zeile 1. statt 11 — lies 1
— 40. — 5. — und den 23sten — und nahm den 23sten
— 45. — 9. — Diese Vorsicht war vergeblich — Dieser Versuch war vergeblich.
— 150. — 31. — hatte — hatten.
— 151. — 31. — ließ sie — liest.
— 163. — 7. — Roth — Rath.
— 180. — 10. — sich die — sich in der
— 222. — 13. — deelben — derselben
— 228. — 18. — itm — und
— 292. — 14. — Lowositz — Kollin.

Nachricht für den Buchbinder.

Um recht gute Kupferabdrücke zu bekommen, ist bei den ordinairen Exemplaren das feine Drukpapier beibehalten worden, und der Buchbinder wird deshalb gebeten, die Plane vorzüglich gut zu planiren, und jedes Kupfer an ein besonder weisses Blatt zu kleben, damit man beim Lesen den Plan vorziehen, und ganz übersehen kann.

Das Blatt pag. 163. muß ja heraus geschnitten, und das am letzten Bogen (U u) befindliche dafür eingeschaltet werden.

Die Vorrede des Uebersetzers folgt gleich nach dem Titel, und das Privilegium wird neben dem Titel linker Hand geheftet.

April 1757 woselbst der Preusische General Lieutenant Feldzeugmeister Graff v. Königseck den Sieg erhalten.

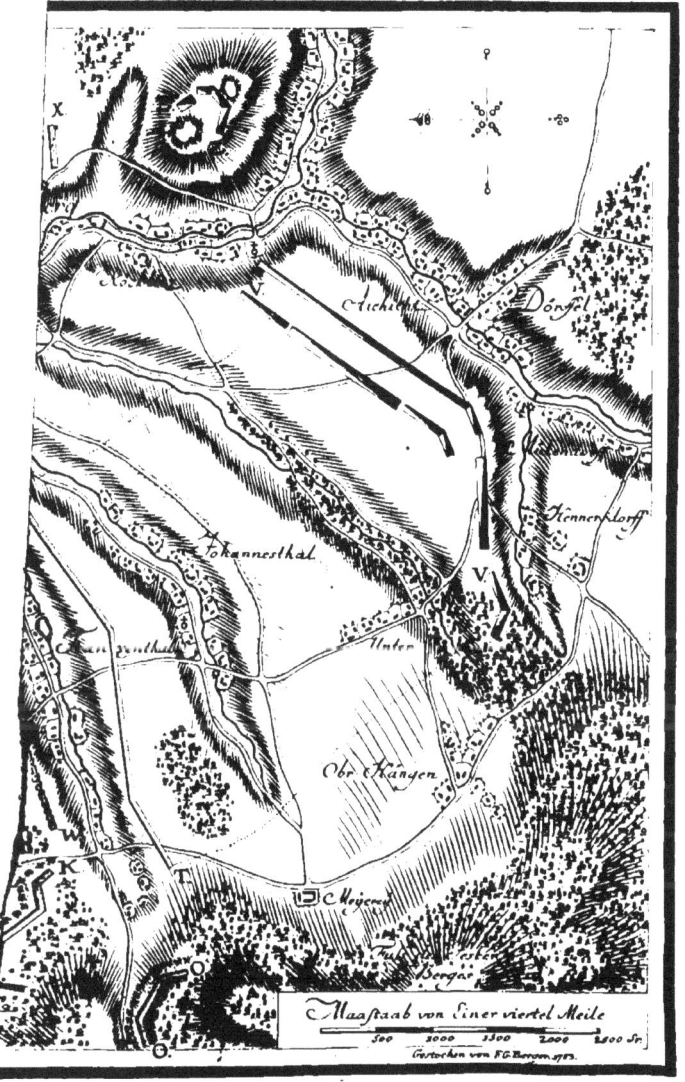

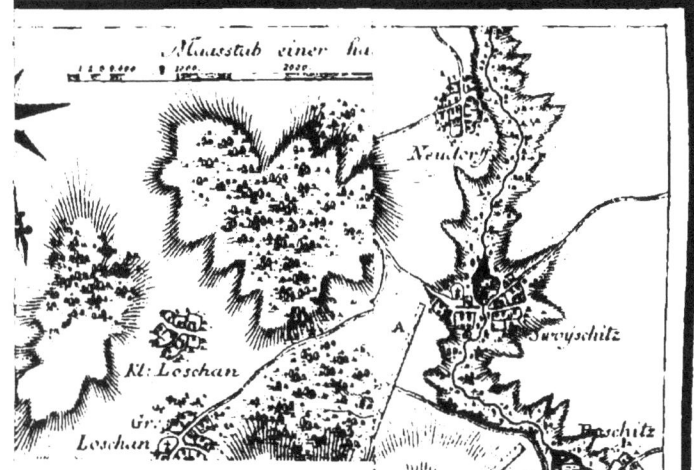

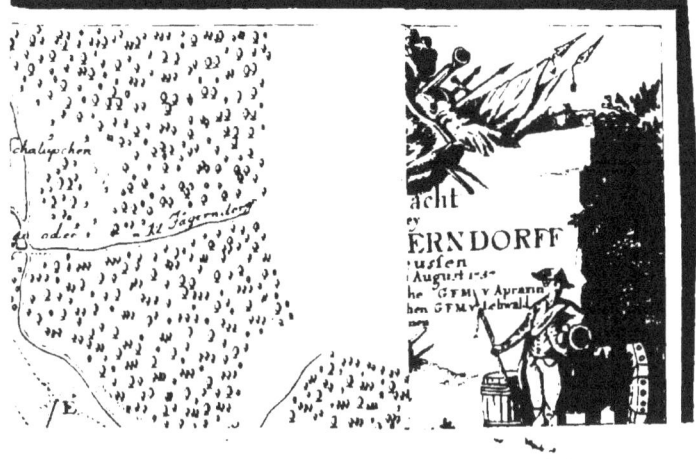

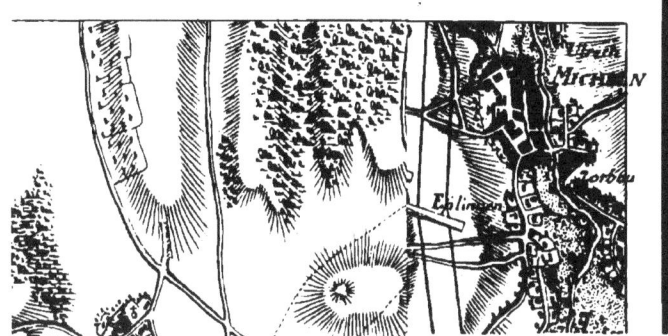

7tes Blat